구약을 그리다

이 책은 동일교회(예장통합)
설립 55주년을 기념하여 만들어지게 되었습니다.

구약을 그리다

초판 1쇄 발행 | 2025년 2월 28일
초판 2쇄 발행 | 2025년 4월 25일

지은이   김진명
펴낸이   김운용
펴낸곳   장로회신학대학교 출판부

등록   제1979-2호
주소   (우)04965 서울시 광진구 광장로5길 25-1(광장동)
전화   02-450-0795
팩스   02-450-0797
이메일   ptpress@puts.ac.kr
홈페이지   http://www.puts.ac.kr

값   30,000원
ISBN 978-89-7369-497-6   03230

구약을 그리다

김진명

구약을 그리다

목 차

질문하시는 하나님, 질문하는 사람

Deus quaerens, Homo quaerens

창세기부터 말라기까지 하나님은 사람을 향하여 질문하셨다. 하나님의 형상 곧 하나님을 닮게 창조된 사람도 그래서 질문하는 사람으로 살아간다. 구약성경은 그렇게 하나님과 사람의 질문과 대답으로 이루어진 대화를 소개하기도 하고, 사람들 서로의 대화와 함께 드물게는 동물과의 대화를 수록하기도 했다. 그 대화와 이야기는 때로 단절되기도 하고, 사람의 문자와 언어의 범위를 넘어서는시 8:3-4 하나님과 사람과 땅생태계 사이의 다양한 이야기로 이루어지기도 했다.

창세기부터 말라기까지 이어진 각 책은 우선 하나님이 어떤 분인가를 사람들에게 알려주는 다양한 사건과 이야기로 이루어져 있으며, 그 이야기들을 통하여 우리는 하나님을 좀 더 알아가게 되고, 사람과 세상에 관한 이해의 폭과 깊이를 더하게 되기도 한다. '하나님의 말씀'이라는 비교 불가의 독특한 성격 때문에 때로는 어렵게 느껴지기도 하지만, 마음을 담아 구약성경을 읽어가는 이들은 다양한 의미의 '변화'를 경험하게 되기도 한다.[1]

1. 구약성경은 어떤 책일까?

구약성경은 직접적으로 기독교와 유대교의 경전이며, 간접적으로는 이슬람의 경전인 코란과도 연관성을 갖는 종교적 경전이다. 성경 자체에서

---

[1]   이 책의 특징을 이루는 '질문-대답'의 형식과 구성에는 평소 이 글의 초안을 읽고 생각을 함께 나누었던 아내(백혜정)와의 대화 내용이 반영되어 있으며, 책의 제목을 정하는 과정에는 2024-2학기 조교(오민지)와 나누었던 대화가 함께 반영되었다. (교정 도움: 오민지, 양지민, 김진태, 원승호)

는 "구약"이라는 표현을 사용하기도 했고[고후 3:14], "모든 성경은 하나님의 감동으로 된 것"이라고 말하고 있다[딤후 3:16]. 한동안 구약학계에서는 구약성경을 오래된 고대 서적 가운데 하나로 보고, '하나님의 말씀'이라는 계시와 초월적 성격의 특수성보다는 보편적 학문의 영역 안에서 본문의 실제 역사와 배경 연구에 학문적 노력을 기울이며, 본문을 해부하듯이 분석하는 연구가 유행처럼 이루어져 왔다. 본문 오류의 여러 가능성을 전제로 학자들의 주장을 펼쳐왔던 구약 해석학의 역사가 최근까지도 지속되었다.

그렇지만 많은 이들에게 구약성경이 종교적 경전이라는 사실은 변화된 적이 없었다. 구약성경은 기독교인들에게 여전히 하나님의 말씀이고, 신앙과 삶을 위한 "영의 양식"이며 "생명의 말씀"으로 인식되고, 예배당의 강단에서 선포되고 있는 책이다. 그렇다면 구약성경은 과연 무엇을 말하려고 기록된 책이었을까? 구약성경은 읽는 이들에게 무엇을 알게 하고, 깨닫게 하고, 믿게 하려고 이야기하는 책일까?

구약성경이 하나님의 말씀이고, 이 말씀이 육신이 되기도 했으며, 이 말씀은 곧 하나님이라고 성경 자체에서는 이야기하고 있다[요 1:1]. 구약성경이 하나님의 말씀이고, 말씀이 곧 하나님이시라면, 구약성경은 사람들의 계산과 의도를 포장하고 정치적 선동을 위한 목적을 가질 수 없고, 누군가의 위대함과 업적을 기리기 위한 선전의 목적을 가질 수도 없다. 구약성경은 하나님을 향하고, 하나님을 증언하고, 하나님을 선포하며, 그 하나님이 곧 독생자 예수 그리스도와 하나임을 증언하고, 하나님과 예수 그리스도의 영이 성령이심을 이야기하는 책일 수밖에 없다.

그러므로 구약성경은 각각의 39권에서 증언하는 하나님이 어떤 분인가를 선포하고, 그 내용을 듣거나 읽는 이들에게 설득하여 전달하고자 했던 책이라는 생각을 해볼 수 있다. 예를 들어, 창세기는 창조주 하나님이 어떤 분인가를 선포하는 책이며, 출애굽기는 구원의 주 하나님이 어떤 분인가를 증언하는 책이며… 말라기는 사람들을 향하여 계속해서 질문하시는 하나님에 관하여 이야기하고, 선언하거나, 증언하는 책이라고 할 수 있다. 그렇다면 구약을 읽어간다는 것은 단순히 인류의 고전 가운데 하나를 읽어서 지식인의 교양을 쌓는 수준에 머물 수 없다.

그것을 넘어서 성경을 읽는다는 것은 하나님의 말씀을 만나는 일이며, 하나님과 만나는 일이다. 구약성경의 말씀을 읽음으로 그 순간 우리 그리스도인들은 하나님과 동행하는 것이 무엇인가를 경험하고, 깨달을 수 있다. 왜냐하면 이 말씀이 곧 하나님이시기 때문이다요 1:1.

히브리어 성경의 마지막 책인 역대하 36장의 마지막 본문은 하나님의 함께 하심이라는 주제를 말하고대하 36:22-23, 이 말씀은 마태복음 1장 23절의 "임마누엘" 예언의 성취로서 예수 그리스도의 사건과 연결되어 있다. 기독교 구약성경의 마지막 책인 말라기 4장의 마지막 본문은 엘리야를 다시 보내어 주의 길을 예비하게 하실 것이라는 하나님의 말씀을 기록하였고말 4:5-6, 이 예언은 누가복음 1장 17절에서 엘리야의 심령과 능력으로 활동했던 세례 요한의 출현을 통하여 성취되었다고 증언하였다.

하나님의 말씀으로서 구약성경은 예수 그리스도를 통하여 실현되었고, 그분 안에서 성취되었다. 따라서 그리스도인들에게 구약성경은 신약성경과 함께 읽어가야 하고, 신약과 구약의 경전 전체 문맥과 상호적 관계성 안에서 파악되고, 해석되어야 함을 생각하면서 읽어가야 하는 책이라고 할 수 있다.

2. 질문하시는 하나님과 질문하는 사람 Deus quaerens,
Homo quaerens 의 이야기

우리는 수많은 질문을 하며 자신에게 주어진 삶을 살아간다. 그런데 누구에게 어떤 질문을 하며 살아가는가의 문제는 그 사람이 누구이며 어떤 사람인가를 알려주는 중요한 지표가 될 수 있다. 왜냐하면 나와 무관한 누군가에게 질문할 수 없고, 내가 생각하지 않은 주제에 관하여 물을 수 없기 때문이다. 그 물음은 때로 나 자신을 향할 수 있고, 세상을 향한 질문이 될 수도 있고, 나와 관계를 맺고 살아가는 상대방을 향한 물음이 될 수도 있다. 그러므로 나의 질문은 내가 누구인가를 말해 주는 하나의 내용이 될 수도 있을 것이다. 그 물음에 대한 응답에 따라 때로 독백이 되기도 하고, 때로는 대화가 되기도 하는 질문과 대답의 과정은 그 사람의 인생이 되고, 관계가 되기도 하고, 다른 이와 더불어 살아가는 뜻밖의 새로운 길로 연결되기도 하고, 동행이라는 또 다른 방식의 여정으로 이어지기도 한다.

이제 우리가 함께 공부해 가려고 하는 구약성경은 그런 물음들과 대답의 다양한 이야기로 이루어져 있다. 그런데 한 가지 특이한 점은 나와 우리가 던졌던 무수한 질문들만큼이나 많은 물음을 가지고 하나님께서도 오랜 세월 동안 우리 사람들을 향하여 질문하고 있었음을 이 성경은 우리에게 말해주고 있다는 것이다.

이 책에서는 하나님과 사람과 세상을 향하여 우리가 가지고 있는 의문들에 관한 성경의 응답을 살펴보면서, 그와 함께 사람을 향하여 건네셨던 하나님의 물음들에 대한 그 당시 사람들의 응답과 지금 우리의 대답은 무엇일까라는 기본적인 생각의 방향성을 가지고 내용을 전개해 가려고 한다. 이러한 대화의 성격은 기독교 역사 속에서 구약성경을 읽고 해석하여 예술작품으로 표현했던 기독교 화가들의 성화들과 구약성경을 함께 놓고 그에 대한 해석과 표현의 이유를 묻고, 나름의 구약 본문과 각 책에 관한 해석의 이야기를 풀어가는 데에서도 활용하였다. 그래서 이 책에서는 기독교 성화에 나타난 구약성경 본문의 재해석과 성화와 기독교 화가들과의 미학적 대화 성격의 내용이 중간중간에 간접적으로 반영되거나, 때로는 전면에 나타날 수도 있다.

장엄하고 거대한 자연환경과 거대한 숲속 여행을 하다 보면 기대하지 못했던 어떤 경이로운 장소와 예상치 못했던 아름다운 사람을 만날 수 있고, 날마다 새로운 사건들을 직면하기도 하고, 다양한 풀과 꽃과 나무도 살펴볼 기회도 얻을 수 있을 것이다. 마찬가지로 구약성경의 많은 책과 구약의 거대한 세계를 여행하거나 산책 혹은 때로 모험하는 것과도 같은 긴 여정을 시작하면서 만나게 될 어려움과 버거움과 부담감도 있을 수 있겠지만, 동시에 마치 선물과도 같은 새로운 만남과 사건들을 마주하게 되는 기쁨과 즐거움을 기대하며 여행의 첫 걸음을 내디딜 수 있다.

큰 숲을 여행할 때 우리는 길을 잃어버릴 수 있다. 길을 잃지 않고 안전한 여행을 끝까지 잘 마무리하는 데 필요한 일은 우선 나의 위치를 확인하는 것이다. 그래야 내가 설령 길을 잃어버려도, 출발했던 첫 자리로 돌아와 다시 새롭게 길을 출발할 수 있고, 엉킨 실타래 같았던 상황을 벗어나서 다시 여정을 이어갈 수 있기 때문이다.

구약성경에서는 사람을 향하여 건네셨던 하나님의 첫 번째 질문이 "아담아, 네가 어디에 있느냐?"라는 물음이었다고 말해주고 있다. 첫 사람이었던 아담과 그의 아내가 하나님의 말씀을 어기고 하나님처럼 되고자 했을 때 인류는 최초로 사람의 길을 잃어버리게 되었다. 그때 사람을 찾아오신 하나님이 물으셨던 질문이 아담의 위치를 묻는 물음이었고 동시에 사람의 자리를 물었던 물음이기도 했다.

이 물음은 표면적으로는 아담의 물리적이고 공간적인 위치에 관하여 묻는 물음일 수 있지만 동시에 하나님과 사람의 관계성 안에서 내면적으로는 사람됨의 자리에 대하여 질문했던 창조주 하나님의 질문이 될 수 있다. 그런 의미에서 구약을 공부한다는 것은 '하나님'은 하나님이심을 알고, '창조주'와 '피조물' 사이에서 살아가는 '사람'의 사람됨을 확인하는 일이 되고, 하나님 앞에서 그분의 질문에 응답하며, 사람이 사람답게 살아가는 구체적인 길이 무엇인가를 알아가는 '여정'이 될 수 있다. 인식하든 혹은 인식하지 못하든 하나님 앞에서 살아가고 있는 인생의 길을 잃지 않기 위해 부단히 노력하는 '인간의 길'일 수 있다.

하나님을 향하여 계속 질문하고 성경 가운데서 답을 찾아가는 사람은 어쩌면 하나님을 닮아가는 삶을 살아가는 사람일 수 있다. 왜냐하면 하나님이 사람을 향하여 늘 물으시고, 응답하셨듯이, 사람이 하나님의 질문에 응답하고, 다시 하나님을 향하여 묻는 일 자체가 하나님을 닮은 사람의 모습이기도 하기 때문이다.

3. 구약성경은 어떻게 구성된 책일까?

"구약"이라는 이름은 고린도후서 3장 14절에서 처음으로 언급되었다. 이 이름은 기독교인들이 부르기 시작한 "신약"이라는 이름의 상대적인 명칭이었다. 예레미야 31장 31절의 "새 언약"의 예언은 예수 그리스도를 통하여 성취되었으며, 예수께서 "잡히시던 밤에" 친히 제정하셨던 성례전의 말씀 가운데서 "새 언약"이라는 말을 사용하셨다고 고린도전서 11장 25절에 기록되어 있다. 구약성경을 유대교에서는 율법서Torah와 예언서Nebiim와 성문서 Ketubim 로 구분하는 3분법을 사용하였으며, 각각의 이름들의 첫 자음을 연결하여 "타나크"라고 부르기도 했다. 다니엘서 9장 2절에서 "책"이라고 언급했던 표현이 구약성경 자체에서 '구약'을 지칭했던 이름으로 알려져 있다.

부활하신 예수님은 주후 1세기 당시 유대인들의 전통에 따라서 "모세의 율법과 선지자의 글과 시편"눅 24:44 으로 구약성경을 구분하여 언급해주셨던 일이 있었으며, 구약성경의 3분법이 그만큼 오래된 전통을 가졌던 것이라는 사실을 누가복음 24장에서도 확인해 볼 수 있다. 히브리어 성경의 맛소라 본문Masoretic Text, MT 전통에 따른 책들의 배열순서는 그 책이 기록되거나 수집된 순서를 반영한 것으로 알려져 있다. 유대교의 히브리어 본문 전통에서 역대기가 가장 마지막 순서의 책으로 배열되어 있다.[2]

기독교에서는 율법서, 역사서, 시가서와 지혜서, 예언서로 구분하는 4분법을 사용한다. 주전 2세기에 이집트 알렉산드리아에 모여 살았던 디아스포라 유대인들이 번역한 '70인경'Septuagint, LXX 에서는 이 순서를 번역자들이 내용의 역사적인 순서에 따라 재배치하면서, 구약성경의 또 다른 순서 배열과 구분의 전통이 나타날 수 있었다.[3] 칠십인경은 기독교의 초대교회 시대에 교회의 경전으로 사용되기 시작했으며, 그러한 전통에 따라서 기독교에서는 4분법을 지금까지도 활용하고 있다. 현재 개신교에서 사용하는 구약성경은 내용상의 순서는 칠십인경을 따르지만, 외경을 제외하였고, 소예언서는 중세시대 라틴어 번역이었던 불가타Vulgata 성경의 순서를 반영한 39권으로 이루어져있다.

---

2 역대하 36:23의 '하나님이 함께 하심' 주제와 마태복음 1:23의 '임마누엘' 주제는 히브리어로 기록된 구약성경의 마지막 문장과 헬라어로 기록된 신약성경 첫장의 문장이 서로 상응하고 있는 관계를 보여준다.

3 예를 들어, 룻기는 히브리어로 기록된 맛소라 본문(Masoretic Text) 전통에서는 성문서에 속하는 책으로 분류되지만, 룻기 1장 1절의 "사사들이 치리하던 때에…"라는 본문의 시대적 배경을 고려하여 사사기 뒤에 두었으며, 룻기는 기독교의 구약성경에서 역사서에 속한 책으로 분류되고 있다.

기독교의 구약성경은 말라기서가 가장 마지막 순서의 책으로 구성되어 있다. 기독교의 구약성경은 전체 39권의 책으로 구성된 것으로 계산하지만, 동일한 범위의 책들을 정경으로 인정하는 유대교에서는 24권의 책으로 헤아리고 있다. 그 이유는 기독교에서 상하권의 두 권으로 분류했던 책들을 유대교에서는 한 권의 책으로 취급했던 경우와 함께 소예언서를 한 권으로 보고, 에스라와 느헤미야서를 한 권으로 보았던 차이로 인한 것이었다.

1) 유대교 구분^{TaNaKh} — 3분법과 배열순서 (기록과 수집의 순서)

율법서^{Torah}: 모세오경 - 창세기, 출애굽기, 레위기, 민수기, 신명기

예언서^{Neviim}: 전기예언서 - 여호수아, 사사기, 사무엘, 열왕기,

후기예언서 - 이사야, 예레미야, 에스겔, 12소예언서

성문서^{Kethuvim}: 시편, 욥기, 잠언, 다섯 두루마리, 다니엘 (묵시),

에스라-느헤미야, **역대기**

cf. 메길로트: 룻기^{칠칠절}, 아가^{유월절}, 전도서^{초막절}, 애가^{예루살렘멸망 기념일}, 에스더^{부림절}

2) 기독교 구분 — 4분법과 배열순서 (내용의 역사적 순서)

율법서: 창세기, 출애굽기, 레위기, 민수기, 신명기

역사서: 여호수아, 사사기, 룻기, 사무엘상하, 열왕기상하, 역대상하,

에스라, 느헤미야, 에스더

시가서와 지혜서: 욥기, 시편, 잠언, 전도서, 아가서

예언서: 이사야, 예레미야, 예레미야애가, 에스겔, 다니엘, 호세아, 요엘,

아모스, 오바댜, 요나, 미가, 나훔, 하박국, 스바냐, 학개, 스가랴,

말라기

전승에 따르면 주후 70년에 로마에 의해 예루살렘이 함락되고, 유대인

들이 추방된 이후에 주후 90년경 얌니야 혹은 야브네라는 곳에서 24권의 책이 유대교 경전으로 확정되었다고 하지만 이에 관한 의문을 제기하는 의견들도 있다. 어쨌든 현대 유대인들의 '타나크'는 개신교의 구약성경 39권에 해당하는 24권의 책으로 확정되었다. 기독교의 경전이 확정된 것은 주후 397년 카르타고 회의에서 신약 27권이 먼저 확정된 후에 주후 419년 동일한 장소에서 열린 회의에서 구약 39권과 나머지 외경의 구분이 이루어지게 되었다. 로마 가톨릭과 정교회는 구약 39권과 외경 7권과 신약 27권을 합한 73권의 책을 경전으로 사용하고 있고, 개신교는 구약 39권과 신약 27권으로 총 66권의 신약성경과 구약성경을 합하여 경전으로 인정하고 있다.[4]

구약성경이 담고 있는 하나님의 말씀들은 신약성경과는 성격이 조금 다르면서도 서로서로 맥이 닿아 있고, 연결되어 있기도 하다. 신약성경은 기독론적 해석과 임박한 종말론적 특징을 보여준다. 부활 승천하신 예수 그리스도께서 제자들이 보았던 그대로 다시 오실 것을 기다리던 사람들은 예수님에 관한 생각으로 가득 차 있었고, 곧 오시리라는 긴박한 기대감과 소망을 가지고 살아가고 있었다. 그러한 맥락 속에서 주후 1세기경에 완성된 신약성경은 그 당시에 유대인의 박해와 로마 제국의 기독교 탄압과 세계 선교의 열망 가운데 태어나고 성장하면서 완성된 책이라고 할 수 있다.

박해 상황 가운데서도 때로는 이단들과도 다투기도 하고, 교회를 세우거나 확장해가야 했던 때에 치열한 생존의 문제들과 씨름하면서 기록된 신약성경은 일상과 자연과 세상을 관조하는 마음으로 바라볼 수 있는 여유보다는 임박한 종말과 예수 그리스도의 재림에 관한 기대의 긴박감을 간직한 책들로 구성되었다. 그러나 구약성경은 출애굽의 때까지 수백 년을

---

4   강사문 외, 『구약성서개론』(서울: 한국장로교출판사, 2000), 208-38 참조.

기다렸던 구약 이스라엘 사람들과 또다시 메시아^{그리스도}를 고대하며 구약 시대와 중간기 수백 년을 기다림 가운데 살았던 구약의 성도들에 의해 기록된 책이었다.

구약의 저자들은 종말에 관한 여러 생각을 하였지만, 임박한 종말의 기대보다는 구약의 역사 속에서 무수히 많은 민족과 나라의 역사적 부침을 바라보며, 그 오랜 기간을 인내하고 견디면서 현실과 일상을 경험하였다. 하나님의 말씀으로서 구약은 그런 역사 경험을 하면서, 각자에게 주어진 소명의 길을 걸었던 이들에 의해 기록된 책들이었다. 그래서 구약성경의 여러 책은 다양한 관심과 주제와 영역을 넘나들며 신약성경보다 상대적으로 많은 분량과 내용을 담아낼 수 있었다. 구약성경의 각 책은 우선 하나님이 누구이시고, 어떤 분인가를 말해 주고 있다.

동시에, 그 하나님의 말씀과 이야기들은 사람들이 살았던 구체적인 삶의 현장을 배경으로 하면서, 사람을 향한 말씀과 하나님이 창조하신 다른 피조물들과 그 땅을 향한 하나님의 마음과 생각을 밝혀주기도 했다. 그래서 구약성경에는 영적인 차원과 물질적인 차원이 연결된 여러 의미의 사건들이 기록되어 있고, 이런 일들을 경험한 사람들과 생명체들과 생태계에 관련된 다양한 이야기로 이루어진 내용이 등장하기도 했다.

하나님의 질문과 사람의 응답이 나타난 본문들도 있지만, 사람의 질문과 하나님의 응답이 수록된 본문들도 있었고, 사람들의 슬픔과 희망을 말하기도 하고, 그것을 가슴으로 품고 하나님을 향해 기도하고, 고백하고, 부르짖으며 글을 써 내려갔던 사람의 말들 속에는 때로 하나님의 대답과 설명과 선언이 담겨 있다. 그런 의미에서 구약성경은 하나님과 사람에 관한 이야기이고, 때로는 피조물이 자신의 목소리를 내기도 하면서 세상과 자연과 땅에 관하여 서로가 함께 나누었던 대화의 기록과 증언들이라고 할 수 있다. 구약성경 전체의 내용을 기독교의 성경 구분 전통에 따라서 넷으로 나누었을 때 그 내용은 다음과 같이 요약해서 살펴볼 수 있다.

① 율법서

율법서는 창세기와 출애굽기와 레위기와 민수기와 신명기의 첫 5권을 부르는 이름이다. 모세의 저작권을 인정하는 전통에 따라서 '모세오경'이라고 부르기도 하고, 헬라어로 기록된 칠십인경의 전통에 따라서 '율법서'라고 부르기도 하고, 히브리어로 기록된 성경의 전통에 따라서 이야기, 가르침, 법 등의 뜻을 포함하는 좀 더 넓은 의미로 '토라'라고 부르기도 한다.

② 역사서

역사서는 여호수아, 사사기, 룻기, 사무엘상하, 열왕기상하, 역대기상하, 에스라, 느헤미야, 에스더까지 12권의 책에 붙여진 이름이다. 그 가운데 룻기와 역대기와 에스라와 느헤미야와 에스더를 제외한 나머지 책을 유대인들은 전기 예언서로 분류한다^{여기서 예언이라는 말은 시간이 아닌 하나님의 말씀에 강조점을 두고 현재와 다가올 시대와 지나간 시대를 향한 하나님의 말씀으로 그 뜻을 이해할 수 있다}.

역사서는 가나안 정복과 정착의 역사와 사사시대와 왕정시대와 포로기와 그 이후 시대 역사의 기록이다. 역대기는 히브리어로 기록된 성경의 전통에서는 가장 마지막에 있는 책이다. 열왕기와 역대기는 포로기 전^왕과 후^역의 기록 시기가 구분되고, 유다와 이스라엘의 남북 분열왕국의 역사^왕와 남왕국 유다 중심의 역사^역 기록으로 구분할 수 있다. 두 역사서는 서로 다른 사관으로 구분되기도 한다^{왕-신명기적 역사서, 역-역대기적 역사서}.

③ 시가서와 지혜서

시가서와 지혜서는 시와 지혜문학에 속한 욥기, 시편, 잠언, 전도서, 아가서의 5권을 지칭하는 용어이다. 단순한 처세술에 관한 교훈이 아니라 하나님과의 인격적이며, 친밀한 관계성 없이 있을 수 없는 이스라엘의 지혜를 이야기하는 책들이며, 인생사와 세계사와 영적인 깊은 깨달음과 생각들을 반영하고 있는 책들이다. 시문학의 특징과 노랫말과 기도의 성격을 갖는 문장과 글들로 이루어진 시가서와 지혜서 대부분의 책들은 포로기 이후 시대에 수집되고, 편집되었다.

④ 예언서

예언서는 책의 분량이 많고 적음에 따라 이사야와 예레미야와 예레미야애가와 에스겔과 다니엘의 대예언서와 호세아, 요엘, 아모스, 오바댜, 요나, 미가, 나훔, 하박국, 스바냐, 학개, 스가랴, 말라기의 소예언서로 분류되는 17권의 책들에 붙여진 이름이다. 다른 책들은 히브리어 성경에서도 예언서^{후기예언서}로 분류되었으나, 다니엘서는 묵시문학으로 따로 다루어졌고, 성문서로 구분되었다. 주전 8세기의 유다와 이스라엘 지역에서 활동했던 예언자들과 북왕국 이스라엘 멸망 이후 남왕국 유다에서 활동했던 예언자들과 포로기 전후 시기에 활동했던 예언자들의 기록이며, 주전 5세기 말라기 선지자의 예언 활동 이후에 세례요한의 출현까지 예언자가 나타나지 않았던 신구약 중간기 시대가 이어졌다.

구약성경은 이렇게 총 39권으로 이루어져 있으며, 히브리어 성경^{Masoretic Text, 맛소라 본문, MT}이 24권으로 구분하는 내용과 같지만, 분류 방법이 다르다. 순서는 헬라어 성경^{Septuagint, 칠십인경, LXX}과 말라기로 끝나는 라틴어 성경^{Vulgata}을 따른다.

구약의
하나님과
사람과
땅의
이야기

I. 율법서

　'율법서'로 번역된 히브리어 〈토라〉는 가르침과 교훈과 더불어 법이라는 뜻도 함께 담을 수 있는 폭넓은 의미의 말이다. 이 말이 칠십인경[LXX]에서 '법'을 뜻하는 헬라어 〈노모스〉로 번역되면서, 사람들은 '율법서'라는 책 이름을 사용하게 되었다. 그런데 이 '법'이라는 말이 가질 수 있는 딱딱하고 엄격한 인상은 때로 구약성경을 처음 만나는 이들에게 구약의 어려움과 하나님의 무서움과 같은 크고 작은 오해를 불러일으키는 데 일조하기도 했다. 하지만 율법서의 실제 내용에는 법률과 이야기가 씨줄과 날줄처럼 짜여 있으며, 그 안에 시와 노래와 역사와 여행기와 족보와 지명의 유래와 더불어 이 세상 누구나의 모든 삶의 이야기가 함께 어우러져 있다. 그 내용을 자세히 읽다 보면, 하나님의 마음을 느끼고, 생각할 수 있는 사건들을 마주하게 되기도 하고, 사람과 땅과 이 세상 모든 생명체를 향하신 하나님의 인내와 사랑과 배려의 마음이 담긴 말씀들을 만나게 되기도 한다.

　율법서는 하나님 앞에서 사람이 사람답게 살아가는 길을 이야기하면서도 하나님의 백성이 이 세상 가운데서 살아갈 때 하나님의 소유와 거룩한 백성과 제사장 나라로서 살아갈 길이 무엇인가를 보여주고 있는 책이다. 또한 율법서는 하나님의 우주 창조에서 가나안 정착 직전까지의 역사를 기록한 하나님의 구원 역사에 대한 기록이기도 하다. 그러므로 율법서는 창조주 하나님이 바로 구원의 주님이시며, 공의로 세상을 심판하는 분이고, 개인의 인생사와 함께 민족들의 역사를 이끌어 가시는 주권자라는 사실을 선포하는 책이라고 할 수 있다. 기독교와 유대교와 사마리아 공동체의 종교적 경전으로서 모세오경을 숲으로 비유한다면 율법서 전체 숲의 모습은 다음과 같이 정리해 볼 수 있다.

1. 창세기: 시원사, 전환점^{창 12:1-3}, 이스라엘 민족의 족장사
2. 출애굽기: 히브리인들의 노예 상태로의 전락과 해방과 구원, 이스라 엘 민족공동체의 탄생
3. 레위기: 신앙공동체로서 이스라엘 자손들의 제사^{예배}와 삶을 위한 율 법
4. 민수기: 인구조사와 광야 역사의 여정(광야 40년 유랑 생활의 기록)
5. 신명기: 가나안 진입 직전의 상황에서 이스라엘의 새로운 세대를 향 한 설교와 예언

토라 혹은 율법서라고도 부르는 구약성경의 첫 다섯 권의 책은 전통적 으로 모세가 기록했다는 성경 자체의 증언과 저작 문제에 관한 종교적 전 통에 따라 '모세오경'이라고 불린다. 출애굽과 광야시대의 역사를 이끌었 던 지도자 모세의 생애를 전제로 하여 이 책들의 성격을 생각해 본다면 본 문의 특징과 성격을 이해하는 데 좀 더 도움을 얻을 수 있다. 모세오경은 고대 이집트 문명의 풍요롭고 안락한 환경이나 가나안 땅의 예루살렘과 같은 도시와 지중해 해안가의 비옥한 평야 지대가 아니라 척박하고 거칠 고 메마른 광야에서 기록되었고, 광야에서 탄생했던 '광야의 책'이라고 할 수 있다.

『창세기』 - 창조주 하나님

창세기는 창조주 하나님을 선포하는 책이다. 우주 창조와 인류 역사와 인생의 모든 처음과 기원이 ^{창조주} 하나님과의 관계성 가운데서 시작되었음을 이야기해 주고 있다. 1-11장은 천지창조부터 노아시대 홍수와 바벨탑 사건까지 처음 시작에 관한 이야기들이 수록된 '시원사'이다. 12-50장은 아브라함과 이삭과 야곱과 요셉을 포함한 열두 아들 이야기까지의 '족장사'이다.

"처음에 하나님이 하늘과 땅을 창조하셨다."창 1:1, 새한글성경, 2024

처음에 한 말씀이 있었다.

그 말씀은 빛이 되었고, 하늘이 되었고, 땅이 되었다.

하나님의 말씀은 그렇게 모든 피조물 안에 깃들었다.

그러나 인류의 타락, 홍수 심판, 바벨탑, 사람들의 흩어짐과 멀어짐…

그 후에 이어진 긴 침묵의 시간…

어느 날 하나님은 다시 사람들을 향하여 말씀을 건네셨다.

"여호와께서 아브람에게 이르시되

너는 너의 고향과 친척과 아버지의 집을 떠나 내가 네게 보여 줄 땅으로 가라…"창 12:1

아브라함과 이삭과 야곱을 지나 이스라엘의 열두 아들에게 전해진 하나님의 말씀들…

이 첫 책은 그렇게 하나님의 말씀을 간직하였다.

창세기는 그 말씀이 때로 질문이 되어 사람을 찾아오기도 했다는 이야기도 들려준다.

선악을 알게 하는 나무의 열매를 먹고 신처럼 되고자 했던 사람에게 하나님은 물으셨다.

"네가 어디에 있느냐?"창 3:9

자신의 혈육을 해친 가인에게도 물으셨다.

"네 아우 아벨이 어디 있느냐?"창 4:9

아브람과 사래의 집에서 도망쳤던 하갈에게 그분은 다시 물으셨다.

"네가 어디에서 왔으며, 어디로 가느냐?"창 16:8

창조주 하나님은 오늘 우리에게도 질문하신다.

"네가 어디에 있느냐?"

"네 형제와 자매가 어디 있느냐?"

"네가 어디에서 와서, 어디로 가느냐?…

하나님께서 사람에게 건네셨던 이 물음들은 다시 철학과 문학과 인간의 물음이 되었다.

이 물음들에 대하여 나와 우리는 어떤 대답을 준비하며,

어떻게 응답하면서 오늘과 내일을 살아갈 것인가…

성경은 그 답을 우리에게 들려주고 있다.

그러므로 성경을 종교宗敎의 경전이라고 부른다.

가장 높은 가르침을 말씀으로 만난다.

《2023년 겨울 성지답사 – 이스라엘》

구약을 그리다

1. 『창세기』 - "천지창조"의 순간은 어떤 모습이었을까?

"태초에 하나님이 천지를 창조하시니라"[창 1:1][1]

그 처음 순간을 묘사했던 많은 이들이 있었지만, 그 가운데 윌리엄 블레이크[William Blake, 1757-1827]는 온 우주와 세상의 자연법칙들과 질서정연하고 조화로운 세계를 창조하시는 하나님을 묘사하면서 컴퍼스를 가지고 무언가에 집중하여 설계하듯이 그리고 있는 할아버지의 모습으로 표현하였다[1794][2] 이 작품의 제목은 〈The Ancient of Days〉인데, 화가가 다니엘 7장에

---

1 총회문화법인(전자매거진), 『월간문화목회』의 칼럼 〈성화로 보는 성경이야기〉(2023.9-2024.2)에 이 책의 창, 출,레,민,신 성화해설 내용이 수록됨.

나온 표현으로 작품의 제목을 붙인 것이라고 전해지고 있다. 작가는 7장 9절의 "옛적부터 항상 계신 이가 좌정하셨는데 그의 옷은 희기가 눈 같고 그의 머리털은 깨끗한 양의 털 같고…"라는 이 본문을 펼쳐놓고 창조주 하나님을 그의 작품에 묘사했던 것으로 보인다. 영국의 화가였고 판화가이기도 했던 블레이크는 낭만주의 시인으로 분류되는 시인이기도 했다. 그의 그림과 시는 상징과 신비와 독창성으로 가득 차 있고, 성경과 하나님과 사람에 대한 이해와 예수 그리스도에 관한 자신의 깊은 생각들을 나타낸다.

윌리엄 블레이크는 그의 작품을 통하여, 세밀하고 꼼꼼하게 설계하고, 열정과 힘을 다해 온 누리와 사람과 생태계의 모든 피조물을 창조하셨던 하나님의 한 모습을 칠흑 같은 어둠을 열고 빛으로 퍼져나가는 창조의 첫 순간과 함께 보여주려고 했다창 1:1-3. 화가는 하나님의 손가락의 각도와 빛의 묘사를 정교하고 절묘하게 그림으로써 마치 설계자가 도면 위에서 정밀한 컴퍼스로 아주 세밀한 설계도를 만들고 있는 듯이 보이도록 했다. 그는 매우 독창적이고도 강력하고 역동적이면서 인상적인 창조주와 천지창조의 장면을 표현하였다. 블레이크는 주로 수채화로 그림 작업을 했는데, 그의 작품은 어떤 유화 그림들보다도 강렬한 느낌을 준다. 이는 단순히 그림의 재료가 작품을 좌우하는 것이 아니라 그 그림을 그리는 사람의 마음과 생각과 열정이 작품에 그대로 반영될 수 있는 것이라는 생각을 하게 한다. 그리고 이것은 우리가 히브리어 성경을 읽을 때 느낄 수 있는 역동성이다. 본래 히브리어로 기록되었던 구약의 본문들은 우리말과 달리 '술어'동사가 먼저 나오고 '주어'명사가 다음에 나오는 형태로 기록되었다. 그래서 동

---

2   William Blake(1757-1827), 〈The Ancient of Days〉(1794), relief and white-line etching with color printing and hand coloring, 36×25.7cm, 그림과 해설 출처: https://en.wikipedia.org/wiki/William_Blake#/media/File:Europe_a_Prophe cy,_copy_D,_object_1_(Bentley_1,_Erdman_i,_Keynes_i)_British_Museum.jpg / Martin R. F. Butlin, "Blake W." *Encyclopedia of World Art*, vol II (New York, Toronto, London: McGraw-Hill Book Company, 1960), 538-39 - *Encyclopedia of World Art*는 이하 EWA로 표기함.

사가 명사보다 앞서는 히브리어의 일반적인 문장구조는 한국어보다 훨씬 더 역동적인 어감을 느끼며 글을 읽어나가도록 해준다.

창세기 1장의 본문들 가운데 2절의 하나님의 영이 수면 위에 "운행하시니라"라는 문장에서 번역된 히브리어 동사 〈라하프〉는 신명기 32장 11절에서 독수리가 자기 새끼 위에서 '너풀거리다'라는 말로 번역되었던 같은 동사이다. 그렇다면 독수리의 날갯짓을 상상하면서 다시 본문을 읽을 때의 어감은 또 다른 느낌으로 우리에게 다가올 수 있으며, 천지창조의 순간을 묘사한 창세기 1장 2절 본문은 적막함과 고요함보다는 매우 역동적인 느낌을 전해주는 구절이었다고 볼 수도 있다. 만약 고요함 가운데의 움직임을 묘사한 말이라면 그것은 잔잔한 호수 위에 떠도는 물안개의 느낌이 아니라 거대한 폭풍이 휘몰아치기 직전의 태풍 전야와 같은 상황 속의 움직임으로 마음속에 그려볼 수 있다. 윌리엄 블레이크의 〈The Ancient of Days〉라는 작품에서 느낄 수 있는 힘차고 동적인 느낌의 필치와 빛과 어두움의 대조와 동그라미와 세모와 네모의 구상이 조화를 이루고 있는 구도 속에서도 그런 역동감을 찾아볼 수 있는데, 윌리엄 블레이크가 그림으로 묘사했던 천지창조의 순간과 하나님의 힘찬 모습과 창세기 1장의 성경 본문을 하이든의 교향곡 〈천지창조〉를 들으며 함께 감상해 볼 수 있다면, 더욱 생생한 감동과 활력을 경험할 수 있을 것이다.

하이든의 〈천지창조〉는 잔잔한 선율의 전주곡 다음에 이어지는 강렬한 노래와 곡의 연주가 폭풍 전야와도 같았던 천지창조 직전과 그 시작의 생동감 넘치는 과정을 음악으로 표현한 작품이었으며, 악기 연주와 독창과 합창과 아름다운 음악 소리를 통하여 청각적으로 아름답게 느껴지는 선율을 따라 창세기 1장의 이야기를 우리에게 들려주는 듯하다. 이에 비해 윌리엄 블레이크의 그림은 언어와 소리가 아니라 시각적으로 천지창조의 시작 과정을 보고 느낄 수 있도록 해주었다. 그렇게 1장의 이야기를 예술가들은 음악으로 또는 그림으로 담아내기도 했다. 윌리엄 블레이크의 〈The Ancient of Days〉는 문자로 기록된 창세기 1장의 천지창조 이야기를 딱딱하게 화석처럼 굳어 있는 마음이 아니라 생생한 감동을 가슴에 품고, 그 역동성의 흐름 속에서 살아계신 하나님의 말씀으로 인식하고, 느끼면서 새롭게 읽어갈 수 있도록 우리의 눈을 다시 열어준다.

2. 「창세기」³ – 창조주 하나님

창세기[4]는 창조주 하나님께서 우리 사람들에게 끊임없이 말씀을 건네시고, 질문하셨다는 이야기도 해주고 있다. "네가 어디 있느냐?"^{창 3:9}라는 물음과 "네 아우 아벨이 어디 있느냐?"^{창 4:9}라는 물음과 "사래의 여종 하갈아 네가 어디서 왔으며, 어디로 가느냐?"^{창 16:8}… 라는 물음들은 구체적인 시간과 공간 속에서 특정한 사건과 사람들과 관련하여 하나님께서 누군가에게 직접 물으셨던 질문들이었다. 그러나 창세기에 수록되어 우리에게 전해진 이 물음들은 철학과 예술과 문학 작품들에서 철학자와 예술가와 문학가들이 대중들을 향하여 던졌던 인생의 근본적 물음들이기도 했다. 구약

---

3   창세기 참고 문헌: 김진명, "창세기 1장 1절과 김영길의 〈천지창조의 비밀〉에 관한 '미학적 성서해석' - 요한복음 1장 1절의 연결 성과 해석학적 지평의 확장 문제를 중심으로." 「한국문학과 예술」 제46집 (2023.06), 199-223; 김도형, "르우벤과 유다의 발언에 대한 문학비평적 분석-창세기 37장 21-22, 26-27절을 중심으로." 「구약논단」 17-4 (2011.12), 86-104; 배희숙, "하나님의 형상과 땅의 통치(창 1:26-28): 인간의 본질과 과제에 대한 새 관점." 「장신논단」 49-2 (2017.06), 61-83; 우진형, "이삭을 바친 아브라함의 제사: 창 22장 1-19절의 편집 비평적 접근." 「구약논단」 15-2 (2009.06), 132-50; 윤형, "창세기 원역사에 나타난 노동과 주권(Arbeit und Herrschaft in der biblischen Urgeschichte, 창 1-11장)." 「구약논단」 17-3 (2011.09), 136-57; Hee-Sook Bae, "Bin ich Hueter meines Bruders? Eine Ueberlegung zur Stellung Kains in Gen 4,1-16". Vetus Testamentum 66,3 (2016) 365-77; _____, "Another Look at the Speeches of Reuben and Judah in Genesis 37". Biblische Zeitschrift 64,2 (2020), 307-19.

4   히브리어 성경(MT)에서는 첫 문장의 첫 단어인 '브레쉬트'(태초에)를 제목으로 사용하고 있다. 한글 성경에서는 '창세기'라는 제목을 사용하고 있는데, 이는 창세기의 기본 구조 용어인 '톨레도트'(히:족보, 발생, 기원, 혈통… 2:4, 5:1, 6:9, 10:1, 11:27, 25:12, 25:19, 36:1, 36:9, 37:2)의 헬라어 번역인 〈게네세오스〉에서 유래한 것이며, 칠십인경(LXX)의 전통을 따라 붙여진 이름이다.

성경은 그에 관한 하나님의 대답을 다양한 역사 이야기와 문학적 이야기와 법적인 이야기들로 풀어서 말하고 있다. 정리된 이론이나 추상적 개념이 아니라 역사와 이야기로 사람들의 삶과 하나님의 말씀을 전달해 주는 형식으로 구약성경은 우리에게 하나님의 음성과 말씀을 건네주고 있다.

구약성경의 첫 문장이 담고 있는 뜻은 무엇일까?

"태초에 하나님이 천지를 창조하시니라"^{창 1:1}

창세기는 이 세상 모든 시작과 기원에 관한 이야기들을 들려주며^{1-11장}, 아브라함과 이삭과 야곱의 이야기와 야곱 곧 이스라엘의 열두 아들로 이어진 이야기^{12-50장}를 전해준다. 그러므로 창세기는 하나님은 어떤 분이고, 사람은 누구이며, 하늘과 땅과 그 속의 모든 피조물과 이 세상의 다양한 모든 것의 시작은 어디에서 비롯되었고, 그것이 무엇이었는가를 사람들에게 들려주는 하나님의 말씀이다. 동시에 창세기는 그와 더불어서 이 세상 가운데서 하나님의 사람들을 통하여 그들과 함께 이루어가려고 하셨던 하나님의 꿈이 무엇이었으며, 그 내용은 역사와 삶의 현실 속에서 어떻게 펼쳐지게 되었는지 이야기해 주는 책이라고 할 수 있다.

창세기 1장 1절의 "태초에"라는 낱말은 "큰 처음에"라고 풀이해 볼 수도 있고, 이와 더불어 첫 번째 시작이라는 뜻으로 "한 처음에"라고 풀어볼 수 있는 말이다. 구약을 기록한 언어인 고대 히브리어의 전치사 〈브〉는 "~에"를 뜻하고, 〈레쉬트〉는 본디 "머리"를 뜻하는 말에서 파생된 형태의 말이어서, 〈브레쉬트〉라고 기록된 창세기 1장 1절의 첫 번째 낱말이 "한 처음에" 또는 "큰 처음에"라는 뜻을 갖는 "태초에"로 번역되었다. "땅"과 "혼돈과 공허"와 "흑암"과 "깊음"과 "하나님의 신"과 "물"의 모양과 형질과 상황과 그 모든 시작에 관하여, 본문의 의미를 해석했던 사람들 가운데 어떤 이는 "무로부터의 창조"creatio ex nihilo, Augustinus를 말하고, 어떤 이는 "질료와 악의 잔존"J. D. Levenson을 말하기도 하지만 여전히 이 모든 것은 '하나님의 신비'의 영역에 속해 있다.

그러나 분명한 것은 구약성경과 창세기 본문 자체는 하나님을 "창조주"로 증언하였고, 그 외의 모든 것은 "피조물"이라고 선언하였다는 사실이다. 구약시대를 살아가던 고대인들에게는 하늘도 바다도 땅도 태양도 달도 산과 강도… 거대한 자연의 수많은 것들이 신으로 여겨졌다. 민족과 나라들은 저마다 자연물을 자기들의 신으로 삼아 경배했다. 하지만 창세기는 그 모든 것이 신이 아님을 선언하고, 하나님과 사람의 관계가 올바르게 이루어졌던 태초에는 자연의 만물이 사람에게 맡겨진 피조물이라는 사실을 확인시켜 준다. 창세기 1장은 그 자체로서 거짓 신을 섬기며 살아가던 이들에게는 너무나 충격적일 수 있었던 '인간의 자유와 해방'을 뜻하는 선언이었다.

그러므로 하나님을 창조주로 인식하고 안다는 것은 오래전부터 결단의 문제였을 수 있다. 사람의 이성과 지식으로 대상을 인식하는 방식이 아니라 종교적으로 왜곡된 세계관과 미신적인 신앙을 가지고 살아가던 시대에 속한 사람들에게 옳고 그름 사이에서 분별을 요구했던 선택의 문제이기도 했다. 따라서 창조주 하나님을 아는 것은 결국 마음과 믿음의 문제이며, 신학적인 동시에 신앙적인 문제이기에 종교적 신비라는 초월적인 차원으로의 첫 발걸음이 될 수 있다.

"하나님이 이르시되 우리의 형상을 따라 우리의 모양대로 우리가 사람을 만들고 … 모든 것을 다스리게 하자"^{창 1:26}

창세기 1장 26절과 함께 11장 7절에서도 사용된 '우리'라는 표현은 히브리어에서 장엄하고 존경스러운 대상을 표현할 때 사용했던 '존엄의 복수'pluralis maiestatis라는 관용적인 용법으로 해석해 볼 수 있으며,[5] 조직신학에서는 '삼위일체론'의 교리적인 해석을 적용하는 표현이기도 하다. 중요한 것은 이어진 27절에서 사람이 남자와 여자의 두 가지 성으로 나눌 수 있는 존재로 창조되었지만, 성의 문제를 넘어서 남성과 여성은 똑같은 사람으로서 하나님의 형상대로 창조된 새롭고 존귀한 존재라는 사실이다.

고대인들에게는 남성과 여성이 동일하게 하나님에 의해 창조된 '사람'이라는 말도 매우 파격적인 표현이었으며, 모든 피조물은 숭배와 섬김의 대상이 아니라 하나님께서 자신과 닮은 꼴로 친히 창조하신 사람에게 맡기셨던 존재였다는 사실도 충격적인 표현일 수 있었다. 그러므로 하나님을 믿는다는 것은 애초부터 이 세상 사람들과는 다른 시각과 다른 사고와 다른 자세와 다른 가치관과 다른 인생관과 다른 세계관을 가지고 살아간다는 뜻이었고, 그렇게 살아가겠다는 결단과 더불어 갈 수밖에 없었던 발걸음이었다고 말할 수 있다. 창세기 1장은 이렇게 해서 구약성경 전체의 서론에 해당하는 첫 장의 말씀으로 기록되어 있다.[6]

---

[5] Gesenius §124.g(398)
[6] 1-11장 시원사: 유물과 유적과 기록으로 증명하기 어려운 시대
1:1-2:4a 창조이야기 1: 신명 - 하나님

1. 빛	4. 광명체	7. 안식일(2:1-3)
2. 궁창	5. 수중생물, 새	
3. 땅, 바다, 식물	6. 육지생물, 사람	
(배경)	(내용)	

######### 하나님은 왜 '선악과'를 만들었을까?

두 번째 창조 이야기는 이스라엘 민족과 하나님 사이의 친밀하고 밀접한 관계의 어감을 담고 있는 본문에서 주로 사용되는 "여호와"야훼라는 신명을 쓰고 있다.[7] 1장 26-27절의 〈자카르〉와 〈네케바〉라는 '남성'과 '여성'을 뜻하는 낱말을 전제로 2장에서는 '남편'과 '아내'라는 뜻의 〈이쉬〉와 〈잇샤〉가 사용되면서, 남자와 여자로서 '사람'의 창조 이야기는 더 자세하게 기록되었으며, 남자와 여자가 남편과 아내로서 하나된 삶을 살아가는 결혼의 기원은 하나님으로 말미암던 일이라는 사실도 말해주었다. "돕는 배필"로 번역된 〈에제르 크네그도〉는 하나를 둘로 나누었을 때, 마주 보는 반대편에 있어서 서로 다를 수밖에 없지만, 서로에게는 상대방이 되면서 하나를 이룰 수 있는 관계를 뜻하는 말로 풀이해 볼 수 있다.

하나님은 아담과 하와라는 첫 사람들에게 모든 것을 다 위임해 주셨고, 복 주셨으며, 모든 피조물을 잘 돌보도록 맡기셨다. 그렇지만 하나님은 하나님이시고, 사람은 사람이라는 정체성이 혼란스러워지지 않을 수 있도록 하나님과 사람 사이의 보이지 않는 안전선과도 같은 하나의 금지 명령을 하나님은 사람에게 말씀해주셨다. 그것은 '선악을 알게 하는 나무'의 열매를 먹지 말라는 것이었다. 그러나 그 유일한 '구분선'을 넘어 사람이 하나님처럼 될 수 있다고 부추겼던 뱀의 말을 들은 사람들은 결국 하나님이 금하셨던 '선악과'를 먹음으로써 하나님의 말씀을 범하는 최초의 죄를 짓게 되었다. 결국 아담과 하와는 하나님께서 그들에게 거주지로 제공하셨던 에덴동산정원에서 추방당하게 되었다.

하나님의 말씀에 불순종한 사람들로 말미암아 하나님과 사람의 관계가 깨어진 사건을 사람들은 '원죄' original sin라고 부른다. 세상의 거짓 종교와 다른 종교들에서는 지금도 사람이 스스로 자신을 구원할 수 있다고 가르치기도 하고, 사람이 스스로 신이 될 수 있다고 말하기도 한다. 그러나 성경은 인간 스스로 신이 될 수 없으며, 구원은 하나님께로 말미암는 것임을 가르쳐 주고 있다.

"네가 어디 있느냐" 창 3:9
- 사람을 향한 하나님의 첫 번째 질문

들짐승 가운데 가장 간교한 뱀은 피조물 가운데 하나였던 사람이 하나님과 같이 될 수 있다는 거짓말과 하나님의 말씀을 교묘하게 뒤섞어서 질문했고 여자는 이에 응답했다. 그런데 뱀과 여자는 "선악을 알게 하는 나무의 열매는 먹지 말라 네가 먹는 날에는 반드시 죽으리라" 창 2:17라고 하나님이 아담에게 말씀하셨을 때 직접 그 대화에 참여했던 당사자들이 아니었다. 그런데도 뱀과 여자가 하나님의 말씀을 정확하게 알기보다는 대략적으로는 알고 있었다는 것은 그들이 직접 듣지는 못했지만 전해 들어서 알고 있었다는 정황을 보여준다.

그러나 여자는 하나님의 말씀 '듣기'보다는 뱀의 말 '듣기'를 선택하였고, 선악을 알게 하는 나무의 열매를 따먹고, 자기와 함께 있는 남편에게도 주었으며, 그도 먹었다 창 3:1-6. 아담과 그의 아내가 하나님의 낯을 피하여 숨었을 때, 하나님은 그들에게 처음으로 질문을 건네셨다. 이 때 사람에게 물으셨던 하나님의 첫 질문은 "네가 어디 있느냐?"라는 물음이었으며, 이에 해당하는 히브리어 의문문은 〈아예카〉였다. 이 물음은 선악을 알게 하는 나무의 열매를 아담과 그의 아내가 먹고 나서, 숨어 있던 두 사람을 찾으셨던 하나님의 물음이었다.

어디에 있는가를 알기 위해서 건네신 하나님의 물음은 창조주 하나님이 에덴동산 안에 숨어 있던 두 사람이 어디에 숨었는지 몰라서 물으신 것이 아니라면, 단순히 물리적인 〈위치〉 확인을 위한 의문사 이상의 뜻을 갖는 말씀으로 해석될 수 있다. 이 물음은 하나님은 하나님이시고, 사람은 사람이기에, 사람이 신이 될 수는 없다는 진실을 깨닫게 하는 동시에 아담이 혹은 사람이 누구인가라는 인간의 정체성에 관하여 생각하게 해주었던 실존적인 물음이 될 수도 있었다. 그러므로 이 물음은 인류 전체와 각 사람을 향한 하나님의 물음이며, 하나님만이 유일한 창조주이심을 알려주는 말씀이기도 했다.

"선악을 알게 하는 나무의 열매는 먹지 말라"는 최초의 명령은 하나님의 말씀이었고, "네가 먹는 날에는 반드시 죽으리라"라는 말씀은 하나님과 사람 사이의 첫 약속과도 같았다. 결국 하나님의 말씀과 약속은 그대로 이루어졌고, 하나님의 말씀에 불순종했던 최초의 두 사람으로 말미암아 인류에게는 죽음이 시작되었다. 이어진 결과들도 너무도 혹독하고 참담했다. 땅은 아담으로 인하여 저주를 받았으며3:17, 하나님과 사람과 땅의 관계는 이전으로 돌아갈 수 없는 모습으로 달라졌고, 결국 아담과 하와는 에덴동산에서 쫓겨나게 되었다3:7-24.

.... **"네 아우 아벨이 어디 있느냐?"**창 4:9
– 사람을 향한 하나님의 두 번째 질문

아담과 하와의 두 아들 가운데 가인은 농사하는 자가 되고, 아벨은 양치는 자가 되었다. 최고의 것 혹은 가장 좋은 것을 뜻하는 "첫" 새끼 양과 기름을 제물로 드린 아벨의 제사는 하나님이 받으시고, 땅의 소산으로 제물을 드린 가인의 제사는 받지 않으신 일에 대하여 가인은 분을 품게 되었으며, "죄가 너를 원하나 너는 죄를 다스릴지니라"창 4:7라는 하나님의 말씀 마저 저버린 가인은 형제 아벨을 살해하였다. 이번에도 이 일을 모르지 않으셨던 하나님은 가인을 향하여 질문하셨다. "네 아우 아벨이 어디 있느냐?"창 4:9

부게로W. A. Bouguereau의 1888년 작품인 〈최초의 슬픔〉The First Mourning[8]은 가인과 아벨 사이의 형제 살인 사건 이후에 아벨의 주검을 마주하고 슬퍼하는 아담과 하와를 "찬란한 슬픔의 봄"김영랑, "모란이 피기까지는이라는 시어가 생각날 정도로 아름답지만, 처절한 아픔이 느껴지는 부모의 모습으로 묘사하였다. 성경의 본문에는 기록되지 않은 이 장면은 성경 본문과 본문 사이의 행

---

8   William-Adolphe Bouguereau, 〈The First Mourning〉(1888), oil on canvas, Museo Nacional de Bellas Artes (MNBA), Buenos Aires, Argentina, 252x203cm, 그림 출처: https://www.wikiart.org/en/william-adolphe-bouguereau/the-first-mourning-1888

간을 읽은 예술가의 눈에 보였던 순간을 포착한 것일 수 있다.

가슴 아프게도 인간을 향한 하나님의 두 번째 질문은 가인이 살인한 아벨을 찾으시고, 확인하시는 물음이었다. 하나님의 말씀에 불순종함으로 원죄가 시작되었던 이래로 아담과 하와보다 먼저 죽음을 맞이했던 최초의 사람은 어쩌면 하나님 앞에서도 기쁨이 되었을 아벨이었다^{창 4:4}. 성경은 살인을 하나님 형상의 파괴라고 이야기한다^{창 9:6}. 그러므로 모든 살인은 하나님께 속한 것을 범하는 죄가 된다.

옛날 형제 살해의 죄를 지은 가인에게 질문하셨던 하나님의 물음은 동시에 모든 사람에게 자신이 함께 살아가야 할 다른 사람을 위한 책임을 물으시는 하나님의 물음이 될 수 있다. 사람은 홀로 살아가는 존재가 아니라 공동체를 이루어 더불어 살아가는 존재이며, 자신만을 위해 살아가는 '이기주의자'로 사는 것이 아니라, 타자를 향한 책임감을 느끼며, 더불어 살아가는 '이타주의자'로 다른 이들과 함께 살아가야 한다. 이러한 하나님의 뜻을 되새길 수 있는 그 질문은 사람이 '사람답게 살아가는 길'이 무엇인가를 깨닫게 하는 말씀이기도 하다.

········· '대홍수'와 '천지창조' 이야기는 베껴 쓴 신화들일까?

인류 최초의 살인 사건은 아담과 하와가 에덴동산에서 추방된 이후에 가인과 아벨이라는 두 형제 사이의 관계 속에서 발생했으며, 그 이유는 종교적인 제사의 문제에서 비롯되었다는 이야기를 4장에서 알려주고 있다. 가인의 후손은 도시 문명의 건설과 예술 활동을 시작하였으며, 그들의 족보를 이어갔다. 아담의 후손은 셋과 에노스로 이어졌는데, 특이한 점은 에노스 때에 비로소 사람들이 여호와의 이름을 불렀다는 사실이다^{창 4:26}. 가인의 후손과 아담의 후손이 각기 족보를 이어갔으며, 인류는 그 과정 가운데 하나님의 아들들과 사람의 딸들 사이에서 탄생한 네피림이라는 후손까지 포함하게 되었는데, 그러한 혼합 현상 이후에 이어진 창세기 6장의 평가는 세상 사람들 가운데 가득 차버린 죄악에 관한 것이었다창 6:5-6.

결국, 노아 시대에 대홍수의 심판이 온 세상에 임했고, 하나님의 말씀에 따라 방주를 만들어 살아남은 노아의 후손과 다양한 생물들이 새로운 인류의 역사와 생태계를 만들어갈 수 있었다. 노아의 아들들인 셈과 함과 야벳의 후손들은 다시 번성하여 새로운 인류의 조상이 되었다. 11장의 바벨탑 사건 이후로 언어와 민족이 나뉘면서 셈족의 에벨창 11:15과 연결된 것으로 보이는 히브리인들의 조상 이야기가 12장부터 본격적으로 시작되었다.

'천지창조'의 사건과 더불어 노아 시대의 '대홍수' 이야기와 유사한 기록들은 다양한 문명의 기록 문화 가운데서 공통적으로 나타나고 있으며, 그 가운데 고대 서아시아고대근동 지역의 『에누마 엘리쉬』와 『길가메쉬 서사시』와 『아트라하시스 이야기』 등이 세상 사람들에게도 많이 알려져 있다. 여기서 중요한 것은 무엇이 원본인가를 추적하는 덧없는 논쟁보다는 인류가 결코 잊을 수 없던 고대 시대 이전의 '역사적 사건들'이 있었다는 사실이다. 그에 대하여 인류 전체는 아무리 오랜 세월이 지나도 간직할 수밖에 없는 '공통의 기억'을 가지게 되었고, 이 세상의 다양한 문명들은 저마다 자신들의 전승 가운데 그 내용을 전달해 왔다는 것이다.[9] 그러므로 우선 각 나라와 민족들이 전달해 왔던 고대의 전승들 가운데 '구약성경'은 하나님의 이름을 불렀던 이들의 후손에게 이어진 전승을 『창세기』로 기록하여 보존했다는 사실을 분별하는 일이 먼저 있어야겠다.

---

9   Alfred J. Hoerth, *Archaeology and the Old Testament*, 강대흥 번역, 『고고학과 구약성경』(서울: 미스바, 2003).

하란 근처 누지Nuzi에서 발견된 문서들과 구약성경에 기록된 관습들의 유사성을 근거로 사람들은 구약성경의 족장사가 펼쳐진 시대적 배경을 설명하기도 한다. 아람족을 비롯한 민족들의 대이동이 발생했던 주전 2천년대 어간의 시기에 '족장사'라고 말하는 아브라함과 이삭과 야곱과 그의 열두 아들을 중심으로 하는 많은 사건과 역사와 이야기들이 창세기에 기록되었다. 족장들의 이야기는 주전 2천년대 메소포타미아, 가나안 지역을 배경으로 한다고 본다. 왜냐하면 그 당시 아모리 족속의 이름들과 이스라엘 족장들의 이름들이 유사했다는 특징과 창세기의 양자와 상속법과 맹세 등의 관습도 비슷했음을 누지 문서의 고고학적 증거자료에서 비교 확인할 수 있으며, 창세기 본문에서도 이스라엘 족장들의 조상과 아브라함도 갈대

아 우르QR에서 출발하여 그 당시 발생했던 민족 대이동의 대열에 동참했었던 사람들이라고 증언하고 있기 때문이다.[10]

창 11:27-32, cf. 신 26:5

아브라함 - '신앙'이란 무엇인가?

아브람은 그를 '복'으로 부르신 하나님의 부르심에 순종하였고, 본토와 친척과 아버지의 집을 떠나서 '믿음의 조상'으로서의 길을 나섰다. 그 당시 유목민 문화에서는 거주지와 친척과 가문은 공동체 구성원의 생존을 위한 전부였다. 그런데 그 모든 것을 버리고 떠나라 말씀하신 하나님은 땅과 자손과 이름과 복의 약속을 그에게 주셨고, 아브람은 하나님과

---

10   창세기 12-50장 족장사: 고고학적으로 중기청동기에 속한 시기(주전 2000-1500). 성지 지명 관련 QR코드는 유튜브 채널 '바이블랜드 TV'와 연동되도록 하였으며, 홍순화 목사님(한국성서지리연구원장, 바이블랜드TV 이사장, 서울장신대학교 특임교수·성지연구원장, 주심교회 원로목사)의 허락을 받음.

하나님의 말씀을 믿고 순종하였다창 12:1-3. 그 후에 하나님은 아브라함[11]에게 노년에 얻게 되었던 외아들 이삭을 제물로 바치라고 명령하셨다. 유대교에서는 아브라함이 아들 이삭을 제물로 바치기 위해서 '결박'〈아케다〉하면서, 자신의 생각과 감정과 미래의 희망까지도 함께 묶어서 하나님께 드렸다는 의미로 창세기 22장을 해석하였으며, 여기서 '신앙'의 의미를 생각하였다.

유대교에서는 이 본문을 〈아케다〉 이야기라고 부른다.[12] 기독교인들은 아브라함이 이삭을 희생 제물로 바치려 했다는 이야기를 믿음과 부활 신앙의 주제와 연결하여 해석하기도 했다히 11:17-19. 그런데 아브라함의 순종이 있기까지 평소와 다른 모습의 제사 준비를 만류하지 않았던 사라와 다른 제물 없이 장작더미만 메고 '모리아' 지역의 산을 오르려 했던 두 사람을 말리지 않았던 종들과 노년의 아버지가 자신을 희생 제물 삼으려는 순간까지도 묵묵히 따랐던 이삭까지 모두의 순종이 없었다면 아브라함의 순종은 고달프고 복잡한 과정을 맴돌다 멈추게 되지는 않았을까?

물론 그런 일은 없었겠지만, 중요한 것은 이 일 이후의 변화였다. 하나님은 더는 아브라함의 믿음을 확인하고자 하시는 일을 하지 않으셨다. 아브라함과 이삭과 이스라엘 자손들은 하나님은 사람을 제물로 받으시는 신이 아니라는 사실을 분명히 인식하였다. 이삭은 하나님과 직접 대화하는 아버지 아브라함의 모습을 절체절명의 순간에 목격하고 경험한 이후로 살아계신 하나님과 동행하는 인생을 살았다. 하나님과 함께 하는 길은 언제나 그에게 1순위였고, 인생의 여정과 생존을 위한 모든 것이 그에게 부차적인 것이 되었다. 이런 믿음을 아브라함은 그의 삶으로 증명하였으며, 그

---

[11]   하나님은 아브람이 99세때 그에게 나타나셨고, 그와 언약을 맺으시며 아브라함이라는 새 이름을 주셨다. 그 이후 아브람은 아브라함이 되었다(창 17:5).

[12]   Nahum M. Sarna, *The JPS Torah Commentary: Genesis* (Philadelphia: Jewish Publication Society, 1989), 150-56.

는 이렇게 성경 역사 속에서 믿음의 조상 가운데 하나가 되었다.

이삭 - 이 세상에서 경쟁과 승리의 쟁취 말고 다른
'삶의 방식'^{life style} 이 가능할까?

톨스토이의 단편 소설 가운데 『사람은 무엇으로 사는가?』라는 제목의 작품이 있다. 인생을 살아가는 사람들에게 정말 중요한 것이 무엇인가를 말해주는 내용으로 구성된 이야기이다. 창세기의 이삭 이야기는 사람이 삶을 살아갈 때 정말 중요한 것이 무엇인가를 생각하게 해주는 일련의 일화들을 함께 포함하고 있다. 이삭이 정착하여 살게 된 곳은 네게브 사막의 북부에 있는 브엘세바 부근의 지역이었다. 창세기에 기록된 이삭 이야기에서는 이삭이 적어도 한동안 가나안 평야 지역에서 다른 토착민들과 함께 살았던 때가 있었다고 알려주고 있다.

농사를 짓고, 가축을 기르던 시기에 가나안 땅의 '샘물'은 매우 중요한 의미를 가졌다. 더욱이 사막 기후처럼 강수량이 절대적으로 부족하고, 아침과 저녁의 일교차가 너무 심해서 정상적인 삶을 살아가기 어려운 광야에서 사람은 샘물이 없다면 살아갈 수 없었다. 그런데 그렇게 중요한 샘물을 소유하고 있었던 이삭은 블레셋 사람들이 그가 팠던 우물을 빼앗을 때마다, 사막과 광야 지역에서 생명이나 다름없었던 '우물'을 그들에게 내어주고, 또 내어주었다. 이삭은 그렇게 살아가면서 그들과는 다투지 않았으며, 가나안 평야 지역의 에섹과 싯나에서는 우물을 빼앗기고, 르호봇이라는 곳에 이르러 비로소 다툼을 피할 수 있었다.

이삭은 우물을 빼앗고자 하는 이들에게 우물을 내어주면서 이주하였고, 예나 지금이나 가나안 땅의 변두리였으며, 아버지 아브라함이 거주했던 브엘세바^{QR}로 돌아가서 그 환경에 다시 적응하면서 평화롭게 자신에게 주어졌던 삶을 살았다^{창 26장}.

이삭은 사막과 광야 지역에서 우물이 있어야만 살 수 있다는 생각에 사로잡히는 대신에 하나님과 동행하며 살아가는 방식의 삶을 선택하였고, 나머지는 과감하게 접으면서 살았던 사람이었다. 아마도 우물과 샘물보다는 아버지 아브라함에게서 우물을 파는 방법과 지혜를 배워서 알고 있었기 때문이었던 것으로 보인다. 그러므로 이삭은 우물을 다른 사람들에게 빼앗길 때면, 샘물보다 중요한 사람들의 생명을 지키며, 다른 곳에서 또 다른 우물을 파기 위해 갈등의 자리에서 과감하게 양보하고 떠날 수 있었던 것일 수도 있다. 이 사건들은 힘 있는 사람들과 기득권을 가진 이들과 법의 보호를 더 쉽게 받을 수 있는 사람들이 자신보다 연약하게 보이는 사람들을 어떻게 상대할 수 있는지 적나라하게 고발해주었던 역사 기록일 수 있다.

동시에 창세기의 이 본문은 이렇게 토착민들 사이에서 유목민으로서 살아가야 했던 이삭이 하나님을 믿는 신앙을 가졌음에도 불구하고 어떤 고난과 고초를 겪으면서 생존했는가를 보여준다. 그러므로 이삭의 이야기는 현실의 보통 사람들이 이 세상 가운데서 겪게 되는 일상의 삶을 보여주는 실재 이야기일 수 있다. 또한 이 이야기는 사람들이 바보처럼 생각하고, 쉽고 만만하게 생각하여, 온갖 불이익을 마음 놓고 부과해도 된다고 생각했던 사람이 실상은 하나님이 함께 하시는 귀하고 중요한 사람일 수 있음을 보여주는 한 이야기일 수 있다.

이삭은 세상 사람들과 다른 방식으로 세상을 살았다. 그는 다른 이들과 다투지 않고, 경쟁하지 않고, 세상 속에서 자기 길을 가며, 하나님과 동행하는 삶을 살아갔던 하나님의 사람이었다. 하나님은 구약성경에서 자신을 소개하실 때 때때로 자랑스럽게 말씀하셨다. "나는 아브라함의 하나님, 이삭의 하나님, 야곱의 하나님 여호와라"출 3:15

야곱 - 누구와 씨름하며 살아갈 것인가?

야곱은 형 에서와 쌍둥이로 태어났지만, 장자가 받을 축복을 가로채고 형의 미움을 받게 되자, 외삼촌 라반의 집으로 도주하여 피난살이를 하게 되었다. 하지만 그곳에서 레아와 라헬과 실바와 빌하를 아내로 맞이하였으며, 후에 이스라엘 민족 열두 지파의 조상이 된 자녀들을 얻게 되었다. 야곱이 피난길에 올랐을 때, 본래는 〈루스〉라는 이름의 장소였지만, 〈벧엘QR〉이라는 새로운 이름을 붙이게 된 한 장소를 거쳐 간 일이 있었다. 사람들 가운데는 그곳이 '벧엘'이었기에 그 특별한 장소를 야곱이 피난길 여정 가운데서도 어려움을 무릅쓰고 찾아갔다고 설명하는 이들도 있지만, 야곱이 그곳에서 멈추었던 이유를 창세기 28장 11절에서는 그가 길을 가다가 해가 졌기 때문이었다고 말해주고 있다.

야곱은 길을 가다가 날이 어두워졌고, 앞이 깜깜한 한밤중에 더 발걸음을 옮길 수 없었기 때문에 그곳에서 '돌베개'를 베고, 고단한 하루를 마감하며 잠을 청했던 것일 뿐, 처음부터 다른 이유가 있었던 것은 아니라는 것이 본문 자체의 이야기였다. 우리가 살아가는 인생 여정 가운데서 우리는 사방이 어두워져서 더는 길을 갈 수 없는 때를 만날 수 있고, 아무도 없는 외로움을 홀로 겪어야 할 때를 지나갈 수도 있다. 가장 빈궁하고, 적막하고, 어두운 절망의 시간과 장소가 정해져 있는 것은 아니듯이, 우리가 하나님을 만나는 그곳이 해가 뜨는 곳이 될 수도 있고, 해가 진 곳이 될 수도 있다.

중요한 것은 어느 때와 어느 곳에서 살아계신 하나님을 인격적으로 만나고 경험하는 것인가 하는 문제이다. 그곳으로 하나님이 찾아오시고, 그곳에서 하나님을 만날 수 있다면, 그 장소가 어디든지 거기가 '하나님의 집' 곧 〈벧엘〉이 될 수 있다는 사실을 본문은 우리에게 이야기해주고 있다.

긴 세월을 보내고 우여곡절 끝에 다시 고향으로 돌아와 형 에서를 다시 만나기 전날 밤에 '얍복강'가에 홀로 남았던 야곱은 축복을 간절히 요구하면서 "어떤 사람"과 밤새도록 씨름하였다^{창 32:24-30}. 야곱은 그 장소의 이름을 〈브니엘〉이라고 불렀으며^{32:30}, "하나님"과 대면하여 보았으나 자신의 생명이 보존되었다고 고백했다. 그렇다면 그는 결국 인생의 막다른 골목에 이르렀을 때, 에서 혹은 다른 사람이나 외적인 문제와 씨름한 것이 아니라, 오직 하나님만을 붙잡고 씨름했던 것임을 알 수 있다.

다른 사람이나 어떤 무엇이 자신이 직면한 인생의 문제를 해결할 수 있는 것이 아니라 오직 하나님만이 나의 모든 문제를 해결하실 수 있는 분이라는 믿음의 고백이 야곱에게는 밤새도록 '어떤 사람'과 씨름했던 그의 '씨름'의 의미였다. 이 일을 통해서 야곱은 〈이스라엘〉이라는 새로운 이름을 얻게 되었다.

요셉 - '하나님이 함께 하심'의 뜻은 무엇일까?

요셉 이야기는 주전 1720-1550년 사이에 있었던 힉소스족의 이집트 정복 시기와 관련된 것으로 볼 때 이해할 수 있는 창세기 본문의 내용도 있다. 예를 들어 본래 이집트 원주민이 아니었던 힉소스족의 통치 시기에 이집트의 파라오가 히브리인 노예 출신의 요셉을 총리대신으로 기용하는데 관용적일 수 있었던 상황을 이해하는 데 도움이 되기도 한다. 또한 고대에는 꿈이 신들과의 소통의 통로라고 인식했고, 꿈을 해몽하는 사람은 신들과 사람들 사이를 연결하는 특별한 능력을 갖춘 사람으로 인정될 수 있었기 때문이라는 설명도 가능하다. 요셉 이야기에서 반복되는 표현 가운데 하나가 "하나님이 요셉과 함께 하셨다"는 것이다.

그러나 그는 형들에게 팔려서 이집트 사람의 노예가 되었고, 종살이하던 집에서는 주인 보디발의 아내를 겁탈하려 했다는 누명을 쓰고 감옥에 갇힌 삶을 살게 되었고, 함께 감옥에 투옥되어 꿈 해몽을 해주었던 이집트 궁정 관원들에게도 잊혀진 사람이 되었던 일도 있었다. 그때마다 성경은 '하나님이 그와 함께 했다'라고 기술하였다. 그러나 이 모든 일들이 마치 퍼즐 조각과 같이 맞추어진 후에 결국 요셉은 이집트의 총리 자리에까지 오르게 되었으며, 그 지역에 닥치게 된 7년 기근의 대환난에서 많은 민족과 사람들을 구원하는 역할을 할 수 있었다.

그러므로 하나님의 함께 하심은 인생을 진공상태의 무균실에 들어가 있는 사람처럼 고난과 고통 없이 살 수 있다는 보증이 아니라 누구에게나 일어날 수 있는 불행과 억울함과 고통마저도 '나' 혼자가 아니라 '하나님'과 함께 극복하며 살아간다는 뜻을 갖는 말씀이라는 사실을 깨달을 수 있다. 요셉 이야기의 결론은 "하나님을 사랑하는 자 곧 그의 뜻대로 부르심을 입은 사람들에게는 모든 것이 합력하여 선을 이루느니라."롬 8:28라는 말씀을 생각나게 한다.

구약학자들 가운데는 창세기의 족장사는 혈연관계가 아닌 부족 통합의 과정에 대한 기록이라고 주장하며, 아브라함의 하나님, 이삭의 하나님, 야곱의 하나님이라는 호칭들은 개별적인 정치적 집단들의 주도권 쟁탈 과정의 흔적을 담고 있는 표현이라고 설명하는 이도 있었다f. Albrecht Alt, 1883-1956. 그러나 구약성경 본문은 일관되게 그들이 혈연관계의 가족들이었다는 사실과 각자의 약점들에도 불구하고 하나님을 믿는 사람들에게 '믿음의 본보기'가 될 만한 면들을 간직하고 살았던 족장들이었음을 보여준다. 족장들은 굴곡진 인생 여정 가운데서도 끝까지 하나님을 향한 '신앙'을 지키며 살다가 마지막에 웃는 사람으로서 인생의 마지막 때를 맞이했던 사람들이었다. 하나님은 이런 사람들을 선택하여 부르시고, 이스라엘 자손들에게 하나님의 말씀을 건네시고, 맡기셨고, 그 말씀의 기억을 이어가게 하셨다.

.... **"네가 어디서 왔으며 어디로 가느냐?"**^{창 16:8}

  – 사람을 향한 하나님의 세 번째 질문

　　하나님께서 아브람과 사래에게 자손의 복을 약속하셨지만, 나이가 들어도 출산할 수 없었던 아브람의 아내 사래는 자신의 여종 애굽 사람 하갈을 아브람의 아내로 맞이하게 하여 자손을 얻고자 하였다. 어쩌면 사래의 계산과 생각은 '대리모' 역할을 하갈이 해줄 것으로 기대했던 것일 수도 있다. 그러나 현실은 사래의 계산과 생각대로 돌아가지 않았다. 한때 여종이었으나 이제는 아브람의 아내가 된 하갈이 임신하자 오히려 사래를 업신여기는 일이 벌어졌고, 이 문제는 다시 역전되어 사래가 임산부였던 하갈을 학대하는 상황이 되었다.

　　결국 하갈은 사래 앞에서 도망하여 술길 샘 곁에 이르렀을 때 여호와의 사자를 만났으며, 그 때 여호와의 사자가 "사래의 여종 하갈아 네가 어디서 왔으며, 어디로 가느냐?…"^{창 16:8}라고 하갈에게 질문하셨다. 하갈을 향하여 건네셨던 하나님의 이 질문은 하갈과 사래의 관계를 확인하시는 말씀과 그가 가나안 땅에서 애굽으로 향하는 술길까지 가게 된 상황에 관하여 그 물리적인 이동의 방향을 묻는 단순한 물음이었을 수 있다. 자신을 감찰하시는 하나님을 만나는 경험을 하게 된 하갈은 그 뜻을 담아 그 장소를 〈브엘라헤로이〉라고 이름 지었다. 그리고 하갈은 하나님의 약속을 붙들고, 하나님의 말씀에 순종하여 다시 아브람과 사래의 집으로 돌아갔다. 하나님의 말씀에 순종하여 여주인 사래에게로 돌아갔던 하갈은 아들 이스마엘을 출산한 이후에 더 큰 어려움을 겪게 되었다. 어린 이스마엘이 새로 태어난 배다른 동생 이삭에게 했던 짓궂은 장난은 하갈과 이스마엘이 아브람의 집에서 쫓겨나게 된 계기가 되었다.

　　하갈과 이스마엘의 시각에서 본문을 읽어가면, "이렇게 억울하고, 비

참한 일이 있을까?"라는 생각을 할 수밖에 없다. 히치콕^{George Hitchcock, 1850-1913}의 〈하갈과 이스마엘〉이라는 작품은 창세기 21장을 배경으로 누군가에게 버림받고, 외면당한 슬픔을 온몸으로 무릅쓰고 살아가야 하는 사람의 심정을 가지고 브엘세바 지역 사막을 배회하던 두 사람의 서글픈 모습을 그렸다.[13] 아브람과 사래에게 추방당하여, 그렇게 방황하다가 죽게 되었던 하갈과 이스마엘은 누구에게도 하소연할 길이 없었다.

차마 죽어가는 아들을 바라볼 수 없어서, 아들을 눕히고 일어나 걸어가다 멈추었던 하갈과 마지막 힘을 다해 몸을 일으켰을 이스마엘은 화살이 날아갈 정도의 거리를 두고 서로 마주 앉아 통곡하게 되었다^{창 21:16}. 그때 하나님은 또다시 아이의 소리를 들으셨고^{창 21:17}, 그를 찾아와 만나셨다. 하나님의 사자는 "무슨 일이냐?"라고 하갈에게 물었다. 그 순간 비로소 눈이 밝아진 하갈은 샘물을 발견하게 되었고, 죽어가던 사랑하는 아들 이스

---

13   G. Hitchcock(1850-1913), 〈Hagar and Ishmael〉, oil on canvas, 111.8x162.6cm, 그림 출처: https://comm ons.wikimedia.org/wiki/File:Hagar_and_Ishmael_by_George_Hitchcock.jpg

마엘도 살리고 자신도 살 수 있었다. 하나님은 사람들에게 버림받은 이들과 함께하셨다. 그들에게 복을 주셨고, 이스마엘은 장성하여 광야에서 '활 쏘는 자'가 되었다^{창 21:8-21}.¹⁴

그러나 "네가 어디에서 와서 어디로 가느냐?"라는 물음이 하갈의 이야기에서 독립적인 물음으로 사람들에게 던져졌을 때, 그 대답을 찾는 일은 종교와 예술과 문학과 철학의 주제가 되기도 했다. 사람에게 있어서 '인생의 근본적인 물음'이 될 수 있는 이 질문을 하나님은 우리에게 건네주셨다. 구약성경은 사람의 영혼이 하나님으로 말미암아 세상에 왔다가 다시 하늘로 돌아가는 존재라고 말씀하는 동시에 흙에서 와서 다시 흙으로 돌아가는 존재라고 두 가지 측면의 대답을 해주고 있다^{전 3:20-21}.

구약성경은 사람이 "땅의 흙"〈아파르〉^{티끌, 먼지}으로 창조되었지만^{창 2:7}, 동시에 하나님의 형상〈첼렘, 드무트〉^{창 1:27}으로 지어진 존재이기에, 하나님 앞에서 살아가는 사람은 하나님을 경외하며, 겸손할 줄 알아야 하고^{잠 9:10, 미 6:8}¹⁵, 사람과 사람의 관계 속에서 서로를 존중하며, 인간의 존엄성을 지켜가야 한다^{신 25:1-3}고 가르쳐 주고 있다.

3. 창세기는 어떤 뜻을 담고 있는 책일까?

창세기의 다양한 사건과 이야기는 이후 구약성경의 전체 본문과 역사

---

14 갈라디아서 4:21-31에서는 복음과 율법의 관계를 '사라-이삭'과 '하갈-이스마엘'의 비유에 적용하여, 매우 부정적으로 하갈과 이스마엘을 묘사했다. 그러나 창세기 21장 자체에서는 하갈과 이스마엘은 하나님께 은총과 복을 받은 사람들이었으며, 하나님이 함께 하시는 사람들이었다고 말해주었다.

15 하나님 '경외'는 '두려워하다' 혹은 '무서워하다'라는 뜻의 히브리어 〈야레〉에서 유래된 말이다(잠 9:10). 하나님 경외는 크고 작은 일에서 하나님의 임재하심과 함께 하심을 인정할 줄 알아야 한다는 교훈과 연결될 수 있다(잠 3:5-6), "어리석은 자"(시 14:1, 53:1)를 제외하고는 하나님의 살아계심을 전제하지 않는 일 자체가 구약성경에서는 불가능한 것으로 인식되었으며, 겸손은 하나님의 사람들을 향한 구약과 신약의 공통된 가르침이기도 하다(잠 3:5-6, 18:12, 9:10, 약 4:10)

속에서 전승되었고, 여러 가지 형태로 기록되면서 전달되었다. 그 가운데 하나님의 천지창조 이야기의 전승도 있었다. 이스라엘의 어느 옛 시인은 이렇게 노래하였다. "내가 산을 향하여 눈을 들리라. 나의 도움이 어디서 올까. 나의 도움은 천지를 지으신 여호와에게서로다."^{시 121:1-2} 또 다른 이스라엘의 옛 지혜자는 그 창조주를 다시 이렇게 표현하였다. "너는 청년의 때에 너의 창조주를 기억하라 곧 곤고한 날이 이르기 전에 … 일의 결국을 다 들었으니 하나님을 경외하고 그의 명령들을 지킬지어다. 이것이 모든 사람의 본문이니라. 하나님은 모든 행위와 모든 은밀한 일을 선악 간에 심판하시리라."^{전 12:1-14}

이처럼 구약은 이미 '창조주'가 '심판주'라고 이해하였고, 그분이 바로 '하나님'이라고 고백하였으며, 인생의 고비 고비에서 절대적인 도움을 사람에게 줄 수 있는 '절대자'라고 교훈하였다. 그러므로 각자의 인생을 살아가는 사람은 누구든지 절대자를 창조주와 심판주로 인식하며 그분과의 원초적인 관계성 가운데서 탄생과 죽음 사이를 살아갈 때, 비로소 '사람은 사람답게 살아갈 수 있음'을 구약성경은 이야기해 주었다. 창세기는 사람이 창조주 하나님을 바라보고, 동시에 심판주 하나님을 향하는 그 '방향성'을 상실할 때, '인간'은 언제든 '비인간화' 될 수 있음을 알려주는 책이기도 하다.

그러므로 창세기는 여호와의 이름을 부르며 그분의 자녀로 살아갔던 이들의 길과 하나님을 잊어버리고 그분과 점점 더 멀어져 감으로 사람의 길을 잃어버렸던 이들의 길을 보여주는 책이라고 할 수 있다. 구약의 첫 번째 책으로서 창세기는 아담과 셋과 에노스… 노아와 셈과 함과 야벳… 아브라함과 이삭과 야곱, 곧 이스라엘 곧 그의 열두 아들과 요셉의 이야기를 통해서 앞으로 신약까지 이어진 멀고 긴 여정 속 '믿음의 조상들'의 승리와 넘어짐과 성공과 실패의 이야기를 들려준다.

사람이면 누구나 겪게 되는 희노애락^{喜怒哀樂}과 생노병사^{生老病死}의 모든 경험을 똑같이 겪으며 살아갔지만, 온갖 우여곡절 속에서도 끝까지 하나님을 믿는 믿음을 가지고 이 세상 인생의 여정을 살아간 이들의 발자취와 본보기를 우리에게 일러주고 있다. 성경의 마지막 책인 요한계시록 1장과 21장과 22장에서 "새 하늘과 새 땅"^{계 21:1}을 창조하실 주님은 최후의 구원과 심판으로 이 세상 역사를 마감하실 분이시라고 알려주고 있다.

"… 나는 알파와 오메가라…"^{계 1:8}

"나는 알파와 오메가요 처음과 나중이라…"^{계 21:6}

"나는 알파와 오메가요 처음과 나중이요 시작과 끝이라."^{계 22:13}

『출애굽기』 - 구원의 주 하나님

출애굽기는 구원의 주 하나님을 선포하는 책이다. 이집트의 노예로 전락했던 히브리인들이 어떻게 하나님의 소유, 제사장 나라, 거룩한 백성의 정체성을 갖게 되었는지 이야기해 준다. 1-24장까지의 '출애굽 역사'는 홍해의 기적과 시내산 율법 수여 사건의 내용으로 구성되어 있고 25-40장까지는 '성막 건축' 이야기로 구성되어 있다.

"이제 내가 너를 바로에게 보내어

너에게 내 백성 이스라엘 자손을 애굽에서 인도하여 내게 하리라"출 3:10

지독한 기근과 굶주림을 피해 들어갔던 이집트 땅,

그곳에서 이스라엘의 자손, 곧 히브리인들은 이집트 사람의 종이 되었다.

하나님은 그들의 탄식과 울음과 깊은 한숨 소리를 들으셨다.

그들을 위하여 생각에 잠기셨던 하나님의 기다림

우리의 기대보다 길어진 준비의 시간…

마침내 미디안 광야의 목동이 되어버린 모세를 찾아오신 하나님은 말씀하셨다.

"내 백성, 이스라엘 자손"을 해방시키라! 그러나 "내가 바로의 마음을 완악하게 하고

내 표징과 내 이적을 애굽 땅에서 많이 행할 것이나, 바로가 너희의 말을 듣지 아니할

터인즉 내가 내 손을 애굽에 뻗쳐 여러 큰 심판을 내리고…"출 7:3-4

오직 파라오만이 자신의 마음을 정할 수 있는 신이라고 믿는 이집트 종교의 미신과 거짓을

드러내고, 하나님만이 참 신이기에, 바로의 마음마저도 좌지우지할 수 있다고 선포한

이 말씀은 그 자체로 이집트의 모든 거짓 신들에 대한 심판이 되었고,

'바로는 신이 아니라 사람이다'라는 메아리가 되어 이집트 온 땅 위에 울려 퍼졌다.

모세는 그렇게 그들이 섬겼던 신들 모두가 허울뿐인 우상들임을 선포하며,

출애굽 해방의 역사를 시작하였다.

그리고 마침내 탈출하여 홍해 앞에 선 이스라엘 자손들에게

하나님은 '길 없는 곳에 길을 만드시는 구원과 해방의 주님'이심을 스스로 보여주셨다.

갈라진 홍해, 바다의 마른 땅을 지나 다다른 시내산!

그 산 가장 높은 곳에서 하나님은 모세에게 십계명과 율법을 주셨고,

모세는 이 율법을 이스라엘 자손에게 전해주었다.

하나님의 소유와 거룩한 백성과 제사장 나라로의 소명을 경험한 이스라엘출 19:5-6,

더는 사람의 종이 아니라 하나님께 예배하는 자유민으로 살아가야 할 하나님의 백성!

예배공동체 이스라엘.

구원의 주 하나님은 오늘 우리에게도 이야기하신다.

나를 얽매어 놓은 모든 사슬과 결박으로부터 자유하라 명하신다.

스스로 무엇인가의 노예가 되지 말고, 하나님을 예배하는 예배자가 되라 말씀하신다.

예수께서는 또 이렇게 말씀하셨다.

"너희가 내 말에 거하면 참 내 제자가 되고, 진리를 알지니 진리가 너희를 자유케 하리라"

요 8:31-32

《2014 겨울 성지답사 – 이집트 피라밋과 홍해》

1. 『출애굽기』 - 하나님이 "바로의 마음"을 완악하게 하셨다. 왜?

"내가 바로의 마음을 완악하게 하고… 그러나 바로의 마음이 완악하여 그들의 말을 듣지 아니하니 여호와의 말씀과 같더라." 출 7:3-13

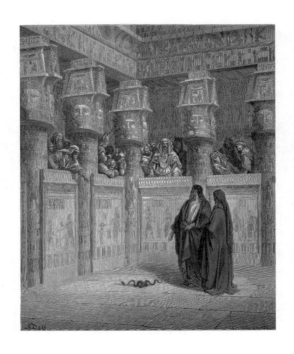

구스타브 도레Gustav Dore, 1832-1883의 1866년 '판화' 작품인 〈바로 앞의 모세와 아론〉은 출애굽기 7장을 배경으로 제작되었다.[1] 하나님은 이집트 공주의 양자였다가, 미디안 제사장 이드로의 사위이자 목동으로 살아가게 되었던 모세를 호렙산 떨기나무 불꽃 가운데서 부르셨다. 그에게 소명을 주

---

1   Gustave Dore, 〈Moses and Aaron Before Pharaoh〉(1886), 그림 출처: https://www.wikiart.org/pt/gustave-dore/moises-e-aarao-diante-do-farao

셨고, 모세에게 애굽의 노예로 전락한 이스라엘 자손의 구원과 해방을 위한 지도자로서의 사명을 맡기셨다. 하나님은 그의 소명을 재차 확인하시면서[2] 그를 이집트로 다시 돌아가게 하셨고^{출 4장}, 그를 이집트의 왕이며 동시에 살아 있는 신으로 추앙받던 파라오 앞에 서게 하셨다. 이 작품은 그 당시에 세계 최강의 대제국이었던 이집트와 그 왕국의 절대권력자 파라오 앞에 서 있는 모세와 아론의 모습을 묘사해 주었다. 얇은 선들과 흑백의 명암으로만 묘사된 판화 작품이지만 그림 속 바로의 궁전의 화려함과 웅장함은 정교하게 조각된 기둥들과 천장과 벽면의 세밀한 장식을 표현한 부분 부분과 전체 장면을 통하여 충분하게 전달되고 있다.

그림을 확대해보면 이집트의 상형문자까지도 염두에 두고 화가가 시도했던 세부 묘사를 볼 수 있으며, 그 세밀함을 넘어서는 치밀함에 감탄하지 않을 수 없다. 입체감과 원근감과 직선과 곡선의 조화는 건축물의 깊이감을 더해주고 직각으로 만나는 모서리 부분들의 차가운 느낌은 거대한 공간의 위압감과 함께 히브리 노예 출신의 두 지도자 모세와 아론의 모습을 위축되게 하기에 충분했을 그때의 낯설고 어색한 만남과 분위기를 실감 나게 보여주고 있다. 검은색 겉옷을 입은 히브리인 모세와 아론의 모습은 상대적으로 밝고 환하고 높은 곳에 있는 이집트인들과 대조를 이루고 있다. 그림 속 장면의 전체 구도는 2층으로 나뉘어 있으며, 육중하고 웅장하면서도 화려한 건물에 자신들의 몸을 기대거나 팔을 걸치고 있고 혹은 턱을 괴고서, 자신의 자리에 의지하여 모세와 아론을 내려다보는 이집트인들의 표정과 몸짓과 행동에서 그대로 묻어나고 있는 식민지 지배자들로서 이집트인들의 거만함을 확인할 수 있다.

더욱이 위층과 그림 구도 전체에서도 정중앙에 꼿꼿하게 서 있는 한

---

2   김진명. "출애굽기 4장 24-26절은 과연 누구의 이야기인가? - 맛소라 본문(MT)과 칠십인경(LXX)과 사마리아오경(SP)의 본문 비교 연구 -." 『구약논단』 25-4 (2019.12), 253-81.

인물의 모습을 보면서 다른 이집트인들에게서 볼 수 있는 불쾌감과는 다른 경직성과 엄격함을 느낄 수 있는데, 이 사람의 모습은 전체적으로 출애굽기 7장의 "완악함"이라는 표현과 연결된 이집트의 왕이며 신으로 여겨졌던 파라오에 걸맞겠다는 생각이 들었다. "내가 바로의 마음을 완악하게 하고 내 표징과 내 이적을 애굽 땅에서 많이 행할 것이나…"출 7:3 라는 본문은 이집트 종교에 관한 이해 없이 만나게 될 때, 구약의 하나님에 관하여 괜한 오해를 하게 되기도 하는 본문 가운데 하나이다. 오히려 파라오의 마음을 하나님이 완악하게 만들고, 다시 그 완악함을 심판하시는 하나님의 성품을 이해하기 어렵다는 것이 그러한 입장 가운데 하나이기도 하다.

본문의 정당한 해석을 위해서는 우선 고대 이집트 종교에 관한 이해가 있어야만 한다. 이집트 종교에서 파라오는 사람임에도 불구하고, 살아서는 호루스로, 죽어서는 오시리스로 여겨지던 존재였다. 그러므로 '파라오의 마음을 완악하게도 만들고, 부드럽게도 만들 수 있는 것'은 오직 파라오 자신뿐이라는 이집트인들의 종교적 확신과 믿음이 있었다. 그러나 성경은 이것이 거짓임을 말해주었고, 파라오가 아니라 오직 참 신이신 하나님만이 파라오의 마음을 좌우하실 수 있는 분이라고 증언했던 내용이 출애굽기 7장의 '바로의 마음'과 관련된 본문출 7:3-13의 이야기와 가르침이었다.

프랑스 화가 구스타브 도레는 삽화가로서 명성을 얻었고, 그는 창세기부터 요한계시록까지 신구약 성경 전체의 내용을 판화로 제작하였다. 이를 통하여 분명 글을 읽고 쓸 줄 모르던 문맹의 가난한 사람들은 성경을 더 쉽게 이해하고, 하나님의 말씀을 더 친밀하고 따뜻한 감성으로 바라보며, 신앙을 가슴으로 간직할 수 있었고, 더 생생하게 시각적으로 경험할 수 있었을 것이다. 그 가운데 〈바로 앞의 모세와 아론〉이라는 그의 작품은 '파라오는 신이 아니라 사람이다'라는 진실이 선포되는 첫 장면을 그대로 보여주었다. 따분한 구경거리를 바라보는 듯한 태도와 표정으로 두 사람, 곧 모세와 아론을 내려다보던 이집트인들 앞에서, 아론은 지팡이를 던져 뱀이 되게 하였다.

이렇게 시작된 기적은 하나의 전조와도 같은 표적으로서, 이어진 열 가지 재앙으로 연결되었다. 히브리 노예들의 영아들을 수장시켰던 **나일강**^{QR}이 피로 변하는 기적을 시작으로 전개되었던 열 가지 재앙도 이집트의 모든 신들을 하나님이 심판하셨다는 뜻을 갖는다고 출애굽기는 이야기해 주고 있다^{출 12:12}. 이 이야기를 구스타브 도레는 더 많은 이들이 볼 수 있는 형태로 성경 이야기를 판화로 제작하였으며, 판화는 그 특성상 성경의 내용을 더 많은 사람에게, 더 저렴한 가격으로, 더 널리 보급할 수 있도록 하는 데 도움이 되었다.

2. 『출애굽기』³ – 구원의 주 하나님

"세계가 다 내게 속하였나니 너희가 내 말을 잘 듣고 내 언약을 지키면 너희는 모든 민족 중에서 내 소유가 되겠고, 너희가 내게 대하여 제사장 나라가 되며 거룩한 백성이 되리라 너는 이 말을 이스라엘 자손에게 전할지니라."^{출 19:5-6}

아브라함은 이삭을 낳고, 이삭은 야곱을 낳고, 야곱은 요셉과 열한 명의 아들을 낳았다. 야곱의 편애를 받았던 요셉은 배다른 형제들에게 시기와 미움을 받아 이집트 노예로 팔려가게 되었고, 우여곡절 끝에 파라오의

---

3   히브리어 성경의 제목은 '쉐모트'(이름들)이며, '그리고 이들은 이름들이다'라는 첫 문장의 두 번째 단어를 제목으로 사용하고 있다. 첫 문장에는 접속사 '그리고'가 사용되어 출애굽기가 창세기에 이어지는 내용임을 밝혀준다. 한글 성경의 제목인 '출애굽기'는 칠십인경의 '엑소도스'(ἔξοδος, 탈출 - 출19:1)라는 낱말을 번역한 것이다.

왕국 이집트에서 총리로 발탁되어 7년 대기근의 시대를 대비하게 되었다. 야곱과 다른 아들들은 그들이 살던 가나안 땅에 심한 기근이 들자 야곱의 후손 70여 명과 함께 요셉이 총리로 있던 이집트로 피난을 떠나게 되었다. 세월의 흐름 속에 이집트의 정권이 바뀌고, 옛 파라오는 죽고, 새로운 파라오들이 등장하게 되었을 때, 그들은 이집트인이 아니었던 히브리인 총리 요셉과 그의 업적과 은혜를 더는 기억하기를 원치 않았다.

이스라엘 자손의 지위와 신분은 어느덧 노예의 자리와 위치로 추락하였고, 히브리 노예들은 비돔과 **라암셋**^{QR 출 1:11} 등의 건설에 강제 동원된 노동의 수단과 이집트인의 소유물로 삶을 살아가게 되었다. 히브리 노예들의 탄식과 울부짖음이 하늘까지 닿았을 때, 하나님은 한 사람을 준비하였다. 때가 되자 하나님은 그에게 말씀하셨다. "가라 모세, 내 백성을 해방시켜라!": 모세의 생애는 사도행전 7장에 기록된 스데반의 설교 내용에 따르면 40세까지 파라오의 딸의 양자가 되어 이집트의 학술을 다 배울 수 있었고^{행 7:22-23}, 다시 40년간 미디안 땅에서 나그네 된 삶을 살았다^{행 7:29-30}. 모세 자신은 알지 못하였을지라도, 모세오경을 기록하고, 출애굽 역사의 지도자로서 외교적인 담판과 크고 작은 전투에 필요했던 전략과 전술과 백성을 이끌어갈 지도력을 애굽 궁정에서 익힐 수 있었다.

그 후에 초라하고 고달팠던 미디안 광야의 목동 생활은 모세에게 또 다른 준비의 과정이 되었다. 그 모든 기간의 경험들은 이후에 전개될 광야 시대 역사 속에서 애굽에서 탈출한 많은 이들이 척박한 광야를 통과할 때, 생존을 위해 필수적인 지혜를 체득한 '광야 전문가'로서 지도자 모세를 훈련 시켰던 준비의 기간이 될 수 있었다. 엉킨 실타래와도 같았던 모세의 인생 과정 속 모든 것은 '하나님의 말씀'에 순종함으로 소명을 받아들이면서 '퍼즐' 맞춤처럼 뜻이 드러나고, 비로소 그가 걸어가야 할 길이 선명하게 보이기 시작했다. 그는 이제 주님께 받은 소명이 이끌어가는 새로운 방식의 삶을 살아가게 되었다. 하나님의 말씀은 그렇게 모세 개인의 인생을 변화시켰을 뿐만 아니라, 현실을 초월하는 기적이 되었고, 이집트의 신들을 심판하는 판결이 되었으며, 화석화된 좌절과 절망의 기억과 시간을 깨뜨리는 역사가 되었다.

태초에 말씀이 천지를 창조하였듯이, 그 말씀은 절대불변의 실재처럼 보이던 현실의 한가운데에서 새로운 하나님의 역사를 만들었다. 이집트인들은 오직 파라오만이 자신의 마음을 강퍅하게도 할 수 있고, 부드럽게도 할 수 있는 살아있는 신이라고 믿는 종교와 가치관과 세계관을 가지고 살아가고 있었지만, 출애굽기는 파라오가 신이 아니라 사람이며, 오직 하나님만이 파라오의 마음을 좌지우지할 수 있는 분이라고 선언함으로 그들의 종교와 사고 체계가 가지고 있는 거짓을 깨트리셨음을 선언하고 있다^{출 7:3.13}. 그 후에 이집트에서 탈출한 이스라엘 자손은 홍해 바다를 가로질러 건너는 기적을 통과하여 시내 광야의 시내산에 도착하였다. 하나님은 시내산에 강림하셨고, 시내산에서 출애굽한 히브리인들과 모든 사람은 모두 다 하나님의 백성 '이스라엘'이 되었다. 그들은 사람의 노예가 아니라 하나님의 백성으로서 하나님의 소유와 거룩한 백성과 제사장 나라의 새로운 정체성을 부여받고^{출 19:5-6}, "하나님의 사람"〈이쉬 하 엘로힘〉 모세^{신 33:1. 시편 90편 표제어}를 통하여 주신 십계명과 율법을 받았다.

제롬^{J. L. Gérôme}은 그 장면을 〈시내산 위의 모세〉라는 제목의 그림으로 그렸다.[4] 시내산에 도착한 이스라엘 자손들이 사흘간 기다림의 시간을 가진 후에 우레와 번개와 구름이 시내산 위에 있었고, 나팔소리도 들려왔다.

---

4   Jean-Léon Gérôme(1824-1904), 〈Moses on Mount Sinai〉 (1895-1900), 그림 출처: https://commons.wiki media.org/wiki/File:G%C3%A9r%C3%B4me,_Jean-L%C3%A9on_-_Moses_on_Mount_Sinai_Jean-L%C3%A9 on_G%C3%A9r%C3%B4me_-1895-1900.jpg

연기와 지진과 불꽃이 일어나고, 땅이 진동하고, 나팔소리가 커질 때, 모세에게 하나님은 음성으로 대답하셨고 시내산으로 부르셨다. 하나님의 임재 경험을 감당할 수 없었던 이스라엘 사람들은 모세에게 하나님의 말씀을 받아서 전해달라는 부탁을 하였다출 19:1-25, 20:18-21.

　　출애굽의 경험과 홍해를 건너서 도착했던 시내산에서의 하나님 임재와 만남의 경험은 후에 이스라엘 자손에게 그때부터 지금까지 가장 위대

한 자랑이 되었고, 공동체 이스라엘의 탄생과 선택받은 민족이라는 자랑의 출처가 되었으며, **시내산**QR은 그 근거지가 되었다.

.... **어떻게 새로운 애굽 왕이 요셉을 모를 수 있을까?**출 1:8

　　이집트 역사의 제2중간기 시기에 힉소스족서부 셈족 계열으로 알려진 이방인들이 이집트에 들어와 통치했으며, 그 시기에 히브리 노예 출신의 요셉

도 이방인이었지만 능력을 인정받아 총리의 자리까지 오를 수 있었을 것으로 보는 견해도 있다. 그러나 그 후에 나타난 이집트 원주민 출신의 파라오들[17-18왕조]은 약 2세기 동안 이집트의 나일강 델타 지역을 차지하고 통치하였던 힉소스족[주전 1720-1550 힉소스족의 이집트 통치, 15-16왕조]을 축출하고, 이집트 역사의 두 번째 중간기를 끝내면서, 본격적으로 제18왕조의 역사를 새롭게 시작했다. 그러므로 "요셉을 알지 못하는 새 왕"[출 1:8]은 힉소스족을 이집트에서 몰아낸 이집트 원주민들의 파라오[바로]라고 볼 수 있다[주전 1552-1527 Ahmose의 힉소스족 추방과 18왕조 창건].[5] 이집트의 파라오는 히브리 노예들에 대한 인구감축 정책을 수차례 시도했지만 번번이 실패하게 되자[15] 가장 효과적이면서, 손쉽고, 빠른 방법인 무력과 폭력을 사용하였다. 이집트의 파라오와 그의 정치인들은 히브리 노예들의 남자 영아를 나일강에 수장시키라는 폭력적인 정책을 시행하였다[22]. 폭력적이며 강력한 힘을 가진 통치자들에게 시달리던 히브리 노예들은 깊은 탄식의 소리를 뱉어내야 했고, 신음과도 같았던 한숨 소리를 내며 기다림과 고난의 세월을 견디어 내야만 했다. 노예가 된 삶을 감내해야 했던 히브리인들에게 기다림의 시간은 지속되었다. 그러나 그 기간은 동시에 하나님의 준비하심의 시간이기도 했다.

'하나님의 이름'에 담긴 뜻은 무엇일까?

출애굽기 3장 14절에서 "스스로 있는 자"로 번역된 히브리어 〈에흐예 아셰르 에흐예〉는 "나는 곧 나다"라는 문자적인 뜻풀이가 가능한 문장이며, 히필형으로 보는 경우에는 '있을 것을 있도록 한다'는 뜻과도 연결될

---

[5] Leon Wood, *A Survey of Israel's History*, 김의원 역, 『이스라엘의 역사』(서울: 기독교문서선교회, 1985) - 주전 1446년. John Bright, *History of Israel*, 박문재 역, 『이스라엘의 역사』(서울: 크리스챤다이제스트, 1981) - 주전 1280년.

수 있는 표현이기도 하다. 이 대답은 하나님의 이름을 알고자 하는 이들에게 여전히 모호함으로 남아 있으며, 하나님의 이름 자체를 신비의 영역 안에 위치시키고 있다. 이스라엘의 '하나님의 이름'을 누구도 완전히 알 수 없으며, 사람들이 하나님을 믿지만, 하나님의 이름을 명확히 발음할 수 없다는 사실은 사람들에게 하나님은 여전히 미지의 영역에 계신 분이심을 알려주는 상징적 의미를 가질 수 있다.

그러므로 이방 종교의 주술사들처럼 자신들이 그 이름을 완전히 파악한 신을 어르고, 달래거나, 협박하는 '주술'이 이스라엘 종교에서는 불가능했으며, 구약성경에서는 공식적인 종교의식에서 '주술'의 절차가 포함될 수 없었다. 배우자가 있거나 짝을 이루는 신들로 이루어진 다신교 신화 방식의 서술 대신에 구약성경은 역사 기록의 형식으로 유일신 하나님의 말씀을 선포했다. 이방종교에서 우상을 만들어 신의 형상을 가시적으로 제작하고, 숭배의 대상으로 사용하기도 했으나, 이스라엘의 구약 종교는 신의 형상을 우상으로 만드는 것을 금지하고, 인신 제사를 금지했으며, 하나님의 백성 이스라엘 자손들이 율법을 지키는 삶을 통해서 하나님을 닮아가도록 명령했다. 이로써 이스라엘 민족은 하나님의 형상은 우상 만들기가 아니라 하나님 닮아가기의 주제를 담고 있는 문제임을 인식하며 살아갈 수 있었다.

이스라엘 민족의 고유한 신명으로서 '신명사문자'tetragrammaton에 해당하는 〈야훼〉는 맛소라 본문Masoretic text, 이하 MT 전통에서는 〈아도나이〉로 읽지만, 개역개정역 한글 성경은 〈여호와〉로 번역하였다.[6] 〈엘로힘〉은 복수형태의 단수 명사이지만 한글 성경은 〈하나님〉으로 번역하였으며, 이방인들과 이스라엘 민족과 하나님의 공통된 관계 속에서 일반적으로 사용되었다. 〈엘

---

6   공동번역과 가톨릭 성경에서는 "야훼"로 번역하였고, 표준새번역에서는 "주님"으로 번역하였다.

로힘〉은 복수형의 일반명사로 사용될 경우에는 이방민족들과의 관계 가운데서 '신들'로도 번역될 수도 있는 이름이었다. 일반적으로는 이스라엘 민족과 정서적 거리감이 있는 문맥에서 사용되기도 한다고 평가되었다. 반면에 〈여호와〉로 번역된 신명사문자의 신명은 이스라엘 민족과 하나님의 친밀한 관계를 표현하는 문맥에서 주로 사용되었던 이름으로 설명할 수 있다.[7] U. Cassuto

예를 들어, 사사기 6장 19-40절에서 하나님의 사자와 기드온의 첫 대면과 소명의 재확인 장면에서는 두 가지 신명이 모두 사용되었다. 그런데 35절 이전까지 첫 만남 내용에서 사용된 신명은 주로 "여호와[야훼]"〈아도나이〉이지만, 기드온이 의심을 가지고? 자신의 소명을 재차 확인하기 위하여 하나님께 기적을 요구하는 36절 이후의 본문에서는 "하나님"〈엘로힘〉이라는 신명이 사용되었다. 사사기 6장의 이러한 사례는 신명의 차이가 '자료'와 '저자'의 차이보다는 하나님과의 친밀감과 거리감이라는 감정적 대립의 미묘한 어감[nuance]상 차이에 따른 언어적 현상으로 설명할 수 있는 경우라고 할 수 있다.

.... **홍해는 어디이고, 시내산은 어디에 있을까?**

"**홍해**[QR]"로 번역된 히브리어는 〈얌-수프〉이고, 이 낱말의 다른 용례는 요나서 2:5에서 "바다풀"로 번역된 〈수프〉에서 찾아볼 수 있다. 풍랑 일던 바다에 던져진 요나의 기도였던 문맥과 상황을 생각한다면, 〈얌-수프〉를 과거 역사비평학적인 관점에서 홍해가 갈라지는 기적이 검증 불가능한 초자연적 사건이기에 과학적

7   Umberto Cassuto, *Documentary Hypothesis*, 배제민 역편, 『반문서설』(서울: 기독교문사, 1991), 23-58.

설명이 불가능한 허구로 치부했던 이들의 "갈대 바다"라는 일방적이고 획일적인 해석은 적절한 번역이라고 할 수 없다. 출애굽기 14장의 본문은 홍해가 갈라져 좌우에 벽처럼 서있고, 동풍이 불어서 마른 땅을 밟고 이스라엘 자손이 이집트에서 탈출했다고 증언하였다^{출 14:21-23}. 과학적 검증이 가능하려면 그 현상은 반복되어야 하지만, 반복적인 특이한 일이라고 해서 언제나 과학적인 진리라고 말할 수는 없다. 왜냐하면 '마술'은 기적처럼 보여도 언제나 사람의 의도와 계산대로 반복되는 눈속임일 수 있는 반면에 기적은 사람의 계산에 따라 반복적으로 발생하는 사건이 아니지만, 드물게 나타나기도 하며, 구체적 결과가 남는 특수한 현상일 수 있기 때문이다.

홍해의 위치는 지도를 앞에 놓고 보았을 때 '시내 반도' 우측의 아카바만과 좌측의 수에즈만과 연결된 바다 전체를 말하므로 양쪽의 작은 바다들이 모두 홍해로 불릴 수 있으며, 큰 문제가 되지 않는다. 그러나 시내산의 위치는 전통적으로 시내 반도 남쪽의 '제벨-무사'^{모세의 산} 외에도 사우디아라비아의 '엘-라오즈'산을 비롯하여 다섯 곳 이상의 산들과 전승이 결합된 흔적들을 찾아볼 수 있다. 이러한 이유 때문에 시내산의 위치를 조사한 사람들의 서로 다른 주장이 상업적 목적의 서적을 통해 기독교인들 사이에 퍼지면서 혼란이 야기되는 일들도 종종 발생하곤 한다. 그러나 구약성경 자체에서는 시내산의 위치가 어디인가의 물음은 신앙적으로나 신학적으로 이미 중요한 문제가 아니었다.[8]

예루살렘 시온산에 성전이 세워지고 난 후에는 율법이 시온에서 나오고, 주의 말씀은 예루살렘에서 나온다고 표현할 정도로 그 중심축이 이동해버렸다는 사실을 이사야 2장 3절에서 묘사하기도 했다. 특히 신령과 진정으로 예배하며^{요 4:24}, 그리스도인 각자의 몸을 하나님의 성령이 거하시는

---

[8]　John D. Levenson, *Sinai and Zion*, 홍국평 옮김. 「시내산과 시온」(서울: 대한기독교서회, 2012) 참조.

성전^{고전 6:19-20}으로 인식하고 살아가는 기독교인에게 시내산의 장소 문제는 신앙이 흔들릴만한 논쟁의 주제가 될 수 없다. 시내산의 위치와 관련된 전승이 그렇게 많이 생겨났던 이유를 십자군 전쟁의 역사 배경 속에서 살펴볼 수 있는데, 고대 시대에 아라비아는 시내 반도까지 포함해서 구분되었던 때도 있었으며, 십자군과 이슬람 군대의 공방전 판도에 따라서 점령지역이 변경되는 일들이 발생했던 적이 있었다. 성지순례를 하고자 했던 기독교인들과 이슬람교도들이 정치-군사적인 이유로 더는 성지로 알려졌던 기존의 장소 방문이 불가능하게 된 상황에서 정치 지도자들은 고심 끝에 대체 성지를 지정하였고, 그 장소가 점령지역의 범위와 기간이 달라지면서 함께 변화된 상황들이 발생할 수 있었다는 설명을 귀담아 들어 볼 수 있다

G. I. Davies.[9]

3. 출애굽기는 어떤 뜻을 담고 있는 책일까?

이스라엘 민족은 성막이 완성된 이후에 성막 위에서 구름 기둥과 불기둥이 떠오르면 이동하였고, 멈추면 함께 멈추는 방식으로 이동하면서 출애굽의 발걸음을 새로운 역사 속으로 옮겨가게 되었다. 이처럼 출애굽기는 하나님이 어떻게 이스라엘을 구원하였는지와 이스라엘 자손이 하나님과 언약을 맺고 율법을 받은 곳이 시내산이었다는 사실과 하나님께 제사드리는 성막을 건설하고 구름 기둥과 불기둥으로 인도하시는 하나님과 동행하며, 해방의 여정을 시작했던 과정의 이야기를 우리에게 들려준다. 출애굽한 이스라엘 자손들은 하나님의 소유와 거룩한 백성과 제사장 나라로서의

---

9   Graham I. Davies, *The Way of the Wilderness* (Cambridge: Cambridge University Press, 2009) 참조.

공동체적인 소명을 경험하면서 더 이상 사람의 노예나 종이 아니라 자유민이며 해방된 민족으로서 하나님을 예배하는 자들로 부름받은 사람들이었다. 그들은 제사 가운데서 보이지 않는 하나님을 영적으로 만나며, 시내산에서 하나님이 강림하셨던 일과 '하나님의 사람' 모세를 통하여 하나님의 말씀을 주셨던 사건을 기억하고, 반복적으로 재현함으로써 하나님과 함께 하는 삶을 살아가게 되었다. 이스라엘 민족에게 성막이 생기면서 성막은 이스라엘 공동체의 중심이 되었으며, 이스라엘 자손들은 각 지파들이 진쳤던 동서남북의 천막 지역에서 그 중심에 세워져 있는 성막을 바라보며 날마다 새로운 날을 맞이하고, 일상의 삶을 살며, 하루를 마감할 수 있었다.

시편 50편 5절에서는 이스라엘 자손들은 성도들이며 제사로 언약을 맺은 백성들이라고 했고, 예수님은 유월절 최후의 만찬 때에 성례전을 제정하시면서 출애굽 당시에 유월절 어린양의 피로 세웠던 언약까지 이어진 구원과 영생의 약속이 담긴 '새언약'을 말씀해 주셨다마 26:26-29, 고전 11:23-26. 또한 그리스도인들이 예수 그리스도를 믿고, 회개하고 죄 사함을 받은 새로운 피조물로서 거듭남의 경험을 신약에서는 출애굽 한 이스라엘 자손들이 홍해를 건너서 구원에 동참했던 사건과 유비시켜 세례의 의미를 표현하기도 했다고전 10:1-4. 출애굽기의 구원 사건과 언약의 말씀은 초대교회의 그리스도인들에게는 세례와 성례전의 의미와 연결되었으며, 오늘의 그리스도인들과 교회에도 언제나 현실의 역사와 하나님의 백성으로서 교회 공동체의 소명과 구원의 의미를 새롭게 조명할 수 있게 하는 하나님의 말씀이다. 출애굽기는 이 세상 인류 역사 가운데 이집트의 파라오처럼 사람 스스로 신이라고 선언하며, 다른 사람을 기만하는 모든 거짓 신들과 우상과도 같은 권력자들의 거짓을 폭로해 왔던 책이었으며, 하나님만이 참된 구원의 주이심을 선포하는 책이기도 하다.

『레위기』 - 거룩하신 주 하나님

레위기는 거룩하신 주 하나님을 선포하는 책이다. 출애굽기에서 완공된 성막에서 예배하는 법과 거룩하신 하나님을 닮아가는 삶에 관하여 이야기해 주고 있다. 1-16장은 제사장 나라에 해당하는 제사법과 제사장과 속죄일에 관한 율법이며, 17-27장은 거룩한 백성에 해당하는 일상의 삶을 위한 율법으로 구성되어 있다.

천지를 창조하신 창조주 하나님,

이스라엘을 애굽의 종살이에서 구출하신 구원의 주 하나님,

그 하나님이 거룩하신 분이라고 레위기는 이야기한다.

얼마나 눈높이를 낮추시고, 얼마나 스스로 낮아지셨기에

그분은 사람의 손으로 지은 조그만 '회막'으로 찾아와 사람을 만나실 수 있었던 것일까?

죄인인 사람이 거룩하신 하나님 앞에 나아갈 수 없기에,

동물의 생명을 사람의 생명과 맞바꾸어 드리는 제사로 만남의 언약 맺어 주셨다시 50:5.

"너희는 거룩하라 이는 나 여호와 너희 하나님이 거룩함이니라"레 19:2

거룩함의 명령 속에 담겨있는 하나님 닮음의 요구는

하나님을 바라보며,

하나님을 향하며,

하나님의 말씀을 따라가는 길이

하나님과 동행하는 인생의 길이며,

사람답게 살아가는 일상의 길이 됨을 가르쳐 주었다.

사람이 사람답게 살아가는 길은

내 뜻과 내 마음과 내 생각대로 살아가는 것이 아니라

하나님과 사람 사이에서, 사람과 사람 사이에서, 사람과 다른 생명체들 속에서,

하나님을 예배하고, 사람을 사랑하며, 모든 생명을 존중하면서

말씀을 따라 살아가는 것임을 레위기는 우리에게 이야기해 주고 있다.

거룩함의 명령과 안식일과 안식년과 희년의 율법을 통해

하나님과 더불어 사람과 생태계 모두가 행복하게 살아가는 공동체는

하나님의 사람들이 이 땅 위에서 이루어 가기를 바라셨던 그분의 꿈이었음을

레위기는 우리에게 들려주고 있다.

피는 생명이기에 피 흘림 없이 죄 사함이 없다는 원칙이 있으나,

하나님은 가난한 이들을 위해 피 없는 곡식 제물인 소제로 속죄제를 삼을 수 있으며,

출산한 여성이 부정하다는 율법으로,

오히려 모든 부정함으로부터 산모와 아기를 지킬 수 있음과

상대적으로 연약한 동물들을 부정하다 말씀하시고,

사람들의 먹거리로 삼을 수 없게 하심으로, 그들을 역으로 보호받게 할 수 있음을

레위기는 우리에게 보여주었다.

차갑게 보였던 율법 속에, 실은 하나님의 따뜻한 속마음이 녹아들어 있음을,

《2014 겨울 성지답사 – 시내산》

1. 「레위기」 - '거룩함'이란 무엇일까?

"나는 너희의 하나님이 되려고 너희를 애굽 땅에서 인도하여 낸 여호와라 내가 거룩하니 너희도 거룩할지어다."^{레 11:45}

이 '거룩함의 명령'은 하나님의 형상과 모양대로 창조된 사람이 하나님을 본받아야 한다는 목표를 다시금 일깨워준다. 달리 말하면 사람은 하나님과 닮은 꼴로 지어졌기에 하나님을 닮아가려는 방향성을 잃지 않고 살아가야 한다고 레위기의 이 본문은 이야기하고 있다는 것이다. 그렇다면 "거룩함"이란 무엇일까?

보티첼리^{Sandro Botticelli, 1445-1510}의 1481년 작품인 〈모세 인생의 사건들〉 ^{Eventos de la vida de Moisés,}**1** 가운데 한 부분에서 우리는 '거룩함'의 주제와 관련된

1　Sandro Botticelli (1445-1510), 〈Eventos de la vida de Moisés〉(1481), 348.5×558cm, Sistine Chapel, 그림 출처: https://commons.wikimedia.org/wiki/File:Botticelli_Scenes_from_the_Life_of_Moses.jpg

출애굽기 3장 5절의 본문 말씀과 내용을 확인해 볼 수 있다. 보티첼리의 작품은 그림의 주문과 제작이 고비용을 필요로 했던 시대에 가성비가 매우 높은 그림이었다. 하나의 작품 안에 모세의 생애와 여러 사건을 함께 그려 넣었기 때문이다. 모세는 이집트 궁정에서 공주의 양자로 장성하였지만, 히브리 노예를 학대하던 이집트인을 살해하는 일이 벌어졌고, 이 일이 발각되자 미디안 광야로 피신하게 되었다.

세월이 흘러 그곳에서 장인 이드로의 가축을 치는 목동으로서 삶을 살아가던 모세는 호렙산에서 불이 붙었으나 타지 않은 신비한 광경을 확인하기 위해 다가갔다가 그 자리에서 하나님의 부르심을 경험하게 되었다. 그림의 좌측 윗부분에 보티첼리는 출애굽기 3장 1-6절의 내용을 묘사하였다. "… 네가 선 곳은 거룩한 땅이니 네 발에서 신을 벗으라"출 3:5는 하나님의 음성을 듣고 모세가 신을 벗는 장면과 그 발 바로 아래에 놓여 있는 신발끈과 신발을 화가는 상세하게 묘사해 놓았다. 맨발로 무릎을 꿇은 모세는 여전히 목자의 지팡이를 소중하게 품에 안고 하나님과 대화한다. 그림

속에서 하나님은 모세를 집중하여 바라보시면서 "나는 네 조상의 하나님이니, 아브라함의 하나님, 이삭의 하나님, 야곱의 하나님이니라"출 3:6a라고 말씀하셨고, 그를 이스라엘 민족의 출애굽 해방과 구원을 위한 지도자로 부르셨다. 그러나 모세는 무엇인가 하나님께 항변하듯이 대답하고 있으며, 화가는 그 모든 과정을 그대로 그림에 반영하였다.

모세가 하나님을 대면하여 소명을 경험했던 저 장소에서 하나님은 "네가 선 곳은 거룩한 땅"이라고 말씀하셨다. 땅바닥에서 돌멩이가 뒹굴고, 묵직한 바위가 놓여 있고, 크고 작은 나무들이 우뚝 서 있는 메마른 광야의 어느 산이 "거룩한 땅"이 될 수 있었던 것은 그곳에서 하나님과 모세의 만남이 이루어지고 있기 때문이다. 그렇다면 "거룩함"이란 단순한 구별과 분리를 넘어서는 더 큰 의미를 갖는 말일 수 있을 것이다. 이후에 이 사건과 경험이 반영된 것인지를 성경은 명확하게 서술하고 있지는 않지만, 레위기 제사법과 제사장의 의복에 관한 상세한 율법 규정들에서도 성막에서 신어야 하는 '신발'에 관한 내용은 언급되지 않았다. 지성소와 성소와 가장 바깥쪽의 뜰로 구성된 성막 혹은 회막이 세워지는 곳은 '하나님께 제사 드리는 장소'가 되었고, 그곳은 이스라엘이 '하나님을 만나는 곳'이기에 거룩한 장소가 될 수 있었다. 그래서 율법서를 연구하는 사람들 가운데 어떤 이들은 제사장과 레위인들이 성막에서는, 불이 붙었으나 타지 않았던 떨기나무 불꽃 앞의 모세처럼, 신을 벗고 직무를 수행했을 것이라고 추정하기도 한다.

과연 "거룩함"이란 무엇일까? 이 말에는 단순한 분리와 구별이라는 기본적인 뜻이 있지만, 성경의 사건과 본문들은 이 뜻풀이의 범주를 넘어서는 거룩함의 의미에 관하여 이야기해 주는 경우들이 종종 있다. 예를 들어, 시편 24장 1절과 50장 12절은 세계와 거기에 충만한 모든 것이 모두 다 하나님의 것이라고 말한다. 하나님과 관계된 것과 하나님께 속한 것과 하나님의 것은, 모두 다 거룩한 것인데 온 누리와 그 안에 있는 모든 것이 다 하나님의 것이라고 성경은 말씀해주고 있다. 그렇다면 거룩함의 명령이 갖는 더 큰 뜻은 태초에 하나님이 모든 피조물을 창조하시며 보시기에 좋았다고 말씀하셨던, 그 본뜻말과도 같은 - 하나님과 온 누리와 모든 피조물을 포함하는 생태계 전부와 사람의 - 본래적인 관계의 회복을 '궁극적인 목표'로 삼고 있는 말씀이라고 풀어서 설명할 수 있을 것이다.

'거룩함의 명령'^{레 11:45, 19:2}은 제사의 시간과 공간에서만이 아니라 일상의 의식주^{레 11-15}와 나 자신과 부부와 가족과 공동체의 관계 속에서 살아가는 모든 시간과 공간에 동시에 적용되어야 하는 하나님의 말씀과 가르침과 권면과 요청이기도 했으며, 하나님 닮음^{imago Dei}의 실천을 위한 말씀이기도 했다. 거슬러 올라가면 하나님의 형상대로 사람이 창조되었다는 말씀^{창 1:26-27}과 연결된 것으로 볼 수 있는 '하나님 닮음'의 신학적 주제는 구약에서 신약에 이르는 많은 본문에 일관된 모습으로 나타나고 있음을 알 수 있다. 하나님이 거룩하시니 너희도 거룩하라는 거룩함의 명령^{레 19:2}은 '하나님 닮아가기'^{immitatio Dei}의 주제를 그대로 반영한 명령이며, 하나님도 안식하셨으니 사람도 안식일을 지키라는 말씀^{출 20:10-11}과 하나님이 나그네를 사랑하셨으니 너희도 나그네를 사랑하라는 말씀^{레 19:34, 신 10:18-19}과 사랑받는 자녀처럼 너희는 하나님 아버지를 본받으라는 말씀^{엡 5:1}은 '하나님 형상'이라는 신학적 주제의 '변주'와 같이 구약과 신약성경 전체의 맥락 가운데서 일관되게 나타나고 있다.[2]

---

[2]   조정호, "거룩함의 변주, 사랑." 『구약논단』 26-4 (2020.12), 126-54 참조. 조정호는 거룩함의 명령이 구약성경의 여러 책들 가운데서 하나님의 사랑과 정의와 공의의 주제들과 치환 가능한 개념으로 마치 음악의 〈변주〉와 같이 활용되고 있음을 논증하고 설명하였다.

2. 「레위기」[3] - 거룩하신 주 하나님

"너는 이스라엘 자손의 온 회중에게 말하여 이르라 너희는 거룩하라 이는 나 여호와 너희 하나님이 거룩함이니라." 레 19:2

레위기는 제사에 관한 율법을 통하여 하나님과 사람의 관계가 어떻게 이어질 수 있는지 하나의 길을 가르쳐 주었다. 번제와 소제와 화목제와 속 건제와 속죄제라는 다섯 가지 제사 레 1-7장를 설명해주고, 이를 위해 세워진 성직자들 레 8-10장과 모세를 통하여 하나님이 들려주신 이야기들로 이루어져 있는 책이 레위기이다. 이 책은 우선 제사를 통하여 하나님과 사람과 땅생태계의 모든 것이 어떤 관계 속에서 살아가야 하는지를 알려주었지만, 거룩함의 명령은 제사의 시간만이 아니라 일상의 의식주 레 11-15장와 나 자신과 부부와 가족과 공동체의 관계 속에서 살아가는 모든 시간에 동시에 적용되어야 하는 하나님의 말씀과 가르침과 권면과 요청이기도 했다고 말해주고 있다.

레위기의 율법은 오늘의 예배가 담고 있어야 하는 본질적인 뜻과 정신을 말해주고, 문화와 일상과 종교적인 삶 가운데서 구체적으로 지켜가야 하는 선이 무엇인가를 이야기해준다 레 1-15장. 그와 함께 레위기는 하나님과 사람 혹은 사람과 사람 혹은 사람과 땅 사이의 넘지 말아야 할 선을 넘었던 이들을 위한 회복의 길을 말해주고 있다 레 16-17장. 또한 에덴동산에 있었던 '선악을 알게 하는 나무의 열매'가 하나님과 사람 사이를 구별해주는 유일

---

3 레위기 부분의 전체적인 내용은 김진명, 「하나님이 그려주신 꿈 레위기」(서울: 하늘향, 2015)를 참고하였음. 레위기 참고 문헌: 김선종, "성결법전의 수사학과 신학," 「구약논단」 22-4 (2016.12), 192-217; 김진명, "레위기 17:10-14의 정경적 전개에 관한 주석적 연구: '율법과 피'의 의미 해석," 「선교와 신학」 제47집 (2019.02), 155-88; 왕대일, "성서해석에 있어서 Intertextuality의 활용: 레위기 17:11, 14의 경우," 「구약논단」 제9집 (2000.10), 9-38; 한동구, "레위기 17장의 문헌비평적 분석과 형성사," 「구약논단」 제1집 (1995.09), 56-74.

한 선을 의미했던 것처럼, 사람 사이의 성적 관계에서 지켜야 할 선이 무엇이고, 하나님과 사람과 다른 피조물들과의 관계 속에서 살아가는 사람들에게 '내가 생각하는 죄'가 아니라 '하나님이 생각하고 성경이 말하고자 하는 죄'가 무엇인가를 알려주는 선을 보여준다레 18-27장.

레위기를 좀 더 적절하게 이해하고 해석하기 위해서는 레위기가 지금 우리와 상관없는 고대 이스라엘의 제사 방법만을 기록한 책이 아니라 제사와 함께 예배의 정신이 무엇인가를 이야기해 줄 수 있는 책이고, 현대 사회에 적용하기 어려운 정결법만을 말하는 것이 아니라 하나님 앞에서 살아가는 사람들이 일상의 삶을 남들과 똑같이 살아가는 대신 하나님의 뜻을 지혜롭게 분별하며 살아가야 한다고 권면하는 책이라는 것을 먼저 아는 것이 중요하다. 또한 거룩함의 영역이 제사의 시간과 공간에만 제한된 것이 아니라 하나님과 관계된 이 세상과 생태계의 모든 영역으로까지 확장되어 가야 하는 주제이고, 여기에는 신약시대까지 이어진 법과 구약 시대에서 멈추어진 법이 있으며, 문자적으로 여전히 지켜야 하는 법과 법의 정신을 해석하고 지혜롭게 활용해야 하는 율법들을 함께 담고 있는 책이 레위기라는 사실을 먼저 잘 파악하고 책을 읽어가는 것이 중요하다.

레위기는 16장의 대속죄일 규정을 중심으로 두 단락으로 나누면 1-16장을 '제사장 나라'의 소명과 관련된 다양한 제사 규정 기록으로 볼 수 있는 첫 단락과 17-27장의 '거룩한 백성'으로서의 삶에 관한 내용으로 보는 둘째 단락으로 구분할 수 있다. 역사비평적 시각에서 레위기를 해석했던 이들은 레위기가 포로기 이후에 기록된 '제사장 자료'Pristly Source, P라고 보았고, 그 가운데 17-26장은 특별히 더 후대의 '성결법전'Holiness Code, H이라고 분류하기도 했다.

제물의 '피' 흘림 없는 '속죄제'가 가능할까?[레 5장][4]

"예수 그리스도께서는… 염소와 송아지의 피로 하지 아니하고 오직 자기의 피로 영원한 속죄를 이루사 단번에 성소에 들어가셨느니라"[히 9:12]라는 말씀과 "… 피 흘림이 없은즉 사함이 없느니라"[히 9:22]라는 말씀은 예수께서 인류를 죄에서 구원하시기 위해 십자가에서 흘리셨던 대속의 피가 무엇을 의미하는 것인가를 말해주는 신약의 본문들이다. 이 말씀들의 근거가 된 구약의 주요 본문들 가운데 레위기 17장 11절을 찾아볼 수 있다. "육체의 생명은 피에 있음이라 내가 이 피를 너희에게 주어 제단에 뿌려 너희의 생명을 위하여 속죄하게 하였나니 생명이 피에 있으므로 피가 죄를 속하느니라." 그런데 레위기의 율법 가운데 죄를 사하는 의미를 담은 제사로서 〈속죄제〉 가운데 피 흘림이 없는 경우를 레위기 5장의 속죄제 제사법 가운데서 발견할 수 있다.

율법에 기록된 하나님의 원칙은 피 흘림 없이 죄 사함이 없다는 것이었다. 왜냐하면 피는 생명이며 사람들의 죄를 용서할 수 있도록 생명을 생명으로 맞바꾸는 의미를 갖는 것이기 때문이다. 그러나 하나님께서는 레위기 5장 11절에 예외적인 경우를 허락하셨다. 동물의 희생 제물로 제사할 수 없을 정도로 경제적 형편이 어려운 이들은 '소제'로서 곡식 한 움큼을 '속죄제'로 드릴 수 있다는 율법이 그러한 경우에 해당한다. 이 제사 규정을 보면서 우리는 하나님의 마음을 엿볼 수 있으며, 레위기를 포함하는 모세오경의 율법을 명하신 하나님의 법 정신은 과연 무엇이었는가를 생각해 볼 수 있다. 하나님께는 분명한 율법의 원칙이 있었다. 그러나 하나님은 사람의 어려운 형편과 사정이 있는 경우에 그것을 모질게 외면하지 않으셨다.

---

[4]　김진명, "레위기 17:10-14의 정경적 전개에 관한 주석적 연구 – 율법과 피의 의미 해석," 『선교와 신학』 47 (2019.02), 155-88.

율법의 원칙보다는 사람의 형편과 어찌할 수 없는 처지의 그 사람 자체를 우선 배려하시기 위하여 하나님 자신의 원칙을 때로는 스스로 접으셨던 경우가 있었음을 속죄제 제사법의 세부 규정 안에서 생각해 볼 수 있다.

.... 구약의 '회개'와 '속죄'는 말로만 하면 끝나는 것이었을까? ^{레 6장}

레위기 6장 5-6절은 '속건제'에 관한 율법의 내용이다. 속건제는 하나님께 속한 것과 다른 사람에게 속한 것에 손해와 손상을 입혔던 죄에 대하여 당사자에게 직접 대상의 산정가 20%에 해당하는 1/5을 더해서 배상하고, 그런 다음에 하나님 앞에서의 제사를 규정했던 구체적인 내용을 담고 있는 율법이었다. 그러므로 구약의 회개와 죄 사함의 문제는 매우 현실적이고, 구체적이며, 실제적이었음을 알 수 있다. 누군가에게 현실에서 해를 입혔다면 그것은 하나님 앞에서의 제사로만 끝날 수 있는 문제가 아니었다.

실제로 자신이 구체적인 피해를 준 사람이 있다면, 그 당사자와의 문제를 먼저 구체적으로 해결하는 것이 제사를 드리기 전에 당사자에게 요구되는 선결 조건이라는 것이 율법의 핵심이며 특징이었다. 회개는 혼잣말과도 같은 독백으로만 단순하게 끝나는 문제가 아니기에 회개와 그에 따른 배상이 있어야만 한다는 것이 속건제 율법의 내용이었다. 마태복음 5장 23-24절에서 예수님께서는 예물을 제단에 드리기 전에 먼저 형제에게 원망들을 만한 일이 있었거든 화해하고 와서 그 후에 예물을 하나님께 드려야 한다고 말씀하셨다. 산상수훈의 가르침 가운데 이 말씀의 배경도 레위기 6장의 속건제 율법까지 거슬러 올라가 볼 수 있다.

제사장 나답과 아비후는 왜 "다른 불"로 제사했을까?_{레 10:9-10}

레위기 8-10장은 제사장 아론과 그의 네 아들 나답과 아비후와 엘르아살과 이다말의 제사장 위임식과 그 직후의 사건을 기록한 내용이다.[5] 그런데 레위기 10장 1절에 보면 아론과 함께 이스라엘의 초대 제사장이 되었던 그의 두 아들인 나답과 아비후가 여호와께서 명하시지 않은 다른 불을 가지고 성막에 들어가 분향하다가 죽은 사건이 기록되어 있다. "다른 불"로 번역된 히브리어 〈에쉬 자라〉는 하나님께서 금지하신 불 혹은 이방 종교에서 사용된 불 등 부정적인 의미의 여러 뜻을 갖는 말이기도 했다. 분명한 것은 성막의 제단에서 사용되며, 꺼지게 하면 안 되는 구별된 불이 있었다는 사실이다_{레 6:12-13}. 그러나 정체를 알 수 없는 이상한 불을 가져다가 성막에서 제사_{분향}하던 두 제사장이 갑자기 사망하는 충격적인 사건이 발생했다.

이에 관한 다양한 추측과 해설이 있지만, 레위기 10장 자체 문맥에서는 제사장이 음주를 하고, 흐린 정신으로 분향했을 가능성을 엿볼 수 있게 해주는 본문을 연결해서 보여주고 있다. 10장 9-11절은 제사장이 포도주와 독주를 금지하도록 명령했는데, 이는 거룩한 것과 속된 것을 구별하고, 정한 것과 부정한 것을 구분하며, 율법을 제대로 바르게 가르치기 위함이라고 규정한 율법이었다. 이 본문의 내용과 그 앞의 1절 본문에 기록된 사건을 연결하여 문맥 내에서의 해석을 시도할 수 있으며, 결론은 음주로 인한 취중 상태에서의 제사 행위에 관하여 하나님께서 책임을 물으시고, 심판하신 사건으로 볼 수 있다는 것이다.

그러므로 하나님께 예배하는 일은 준비되지 않은 사람이 책임을 맡아

---

5   김진명, 『그리스도의 세례』에 관한 미학적 성경주석 -운보 김기창의 『요한에게 세례받음』과 배경 본문(마 3:13-17, 레 8:6, 12)에 관한 연구," 『구약논단』 27-2 (2021.06), 169-96.

서는 안 되는 일이며, 연극과 같은 위선이 되어서도 안 되고, 자기감정 해소와 자기 자랑의 시간이 되어서도 안 된다. 예배자는 정결하고 온전한 몸과 마음과 정신을 가지고 준비해야 하며, 예배는 하나님과의 영적인 만남으로서 목숨을 걸고 수행되었던 거룩한 일이라는 사실을 레위기 제사의 율법이 가르쳐 주고 있다. 예수님께서는 요한복음 4장 24절에서 "하나님은 영이시니, 예배하는 자가 영과 진리로 예배할지니라."라고 가르치셨으며, 이 말씀의 뜻은 사마리아인들이 생각하는 '그리심산'이나 혹은 유대인들이 생각하는 '시온산'이라는 장소가 아니라, '성령 안에서'〈엔 프뉴마〉와 '진리 안에서'〈엔 알레떼이아〉 드리는 예배를 말씀해 주신 것이었다. 주님^{예수님}과 함께, 주님^{성령}의 임재 안에서, 주님^{하나님}께 예배해야 함을 가르쳐 주신 말씀이었다.[6]

.... 여성의 출산은 정말 '부정한 것'일까?[12장]

구약성경과 레위기에 나타난 '부정함'의 의미는 무엇일까? 〈타메〉라는 히브리어 표현은 '부정하다'로 해석된다. 그러나 문맥과 상황에 따라서 이 표현은 '보호와 배려'차원의 '격리를 위한 조치'의 율법에서 사용되는 말이기도 했다. 예를 들어 정한 동물과 부정한 동물을 구별하는 레위기 11장의 율법에서는 자연환경 속에서 생존 가능성이 상대적으로 더 높은 비늘 가진 물고기는 정한 동물로 구별되었으나, 반대로 비늘 없는 물고기에는 '부정함'이 적용되었다. 또한 유목민들이 이동할 때 장거리 이동이 가능한 소와 양은 정한 동물로 구별되었으나, 반면에 장거리 이동이 불가능한 돼지에게는 '부정함'이 적용되기도 했다. 이러한 특징들은 레위기에서 '부정함'

---

6   벧전 2:9-10은 구약의 이스라엘 자손이 제사(예배)공동체로 부름받은 소명의 뜻(출 19:5-6)이 그리스도인이 받은 소명에 관한 신약의 말씀 안에 그대로 이어져 있음을 말해 준다.

을 뜻하는 말로 번역된 히브리어 〈타메〉라는 표현이 단순하게 더럽고, 추접스럽고, 역겹다는 뜻으로만 해석되기에는 더 복잡하고 넓은 영역의 의미를 포함하고 있었던 말이었다고 볼 수 있다^{M. Douglas}.

그러므로 '부정함'으로 번역된 히브리어 〈타메〉는 문맥에 따라서 다르게 적용된 의미 해석이 필요하며, 그 대표적인 사례로 여성의 출산에 관한 레위기 율법에서 이 문제를 생각해 볼 수 있다. 여성의 출산에 적용된 율법에서 '부정하다'는 표현은 면역력이 떨어져 있는 상태의 산모와 신생아를 보호하기 위한 목적과 접근 금지의 기능을 했던 것으로 해석할 수 있다. 왜냐하면 부정하다는 율법을 출산한 상황과 사람에 적용할 경우에 접근 금지가 이루어질 수 있고, 이로 인하여 외부 사람들의 일상적인 접근과 접촉을 금지함으로써 신생아를 출산한 산모와 아기를 다양한 외적 위험 요소가 될 수 있는 감염원이나 바이러스와 비위생적인 오염원 등으로부터 차단하는 효과를 거둘 수 있었기 때문이다.[7]

········ '동성애 금지 규정'은 제사법이라서
현대 문화에 적용할 수 없는 법일까?[18, 20장]

동성애 금지 규정에 적용된 히브리어는 〈토에바〉이며 '가증함' 혹은 '역겨움'을 뜻하는 말이다. 이 용어를 제사법과 관련된 종교적 용어로만 보는 것은 오류에 해당한다. 왜냐하면 이 낱말은 종교적 내용과 관련된 용례도 있지만^{왕하 23:13}, 일반적인 세상과 관련된 일상적인 용어로 사용된 용례를 구약의 본문들에서 찾아볼 수 있기 때문이다^{잠 11:1; 16:12}. 구약시대 이스라엘

---

[7] 옛날 우리나라 사람들은 '삼칠일(=21일)'간 아기가 태어난 집 문에 짚으로 만든 새끼줄에 숯과 함께 남녀의 성별을 나타낼 수 있는 고추 등의 상징물을 달아서 줄을 쳐놓고, 일반인들의 접근을 금하는 풍습을 가지고 있었다. 여기서도 유사한 접근 금지의 의미를 갖는 지혜를 엿볼 수 있다.

만이 아니라 고대 사회는 오히려 종교와 문화가 분리하기 어려울 정도로 밀접한 연관성을 갖고 있었던 것이 다양한 문명의 공통 현상이었다고 볼 수 있다.

동성애 금지규정은 포로기 이후 시대 포로귀환 공동체의 인구증가를 위하여 이스라엘 민족의 가족에게만 적용된 가족법이었기에 현대 문화와 성적 취향의 문제 등에 보편적으로 적용할 수 없는 제한적인 법이었다고 주장하는 이들도 있다. 그러나 동성애 금지규정만 다른 율법들보다 후대에 삽입되었다고 볼 수 있는 히브리어의 언어학적 차이는 나타나지 않고 있다. 또한 동성애 금지규정은 그 당시 이스라엘 민족만이 아니라 그 이전의 가나안 민족이 가증히 여김을 받고 가나안 땅에서 쫓겨나는 심판[8]을 받게 된 것처럼 동성애를 비롯하여 하나님께서 죄로 규정한 일들을 행하면 이스라엘 민족도 동일하게 추방당하는 심판을 받게 된다는 본문 자체의 경고레 18:3-4; 18:25-30; 20:22-24는 이 율법 적용이 이스라엘 가족의 범위를 넘어서 이방인과 이스라엘 민족 전체에게 공통으로 적용되었던 보편성을 논증해 주고 있다.[9]

레위기 18장과 20장의 동성애 금지규정레 18:22; 20:13은 동물과 사람의 성적인 관계와 근친상간과 간음과 신접함을 금지한 다른 율법들과 함께 고대 시대의 종교-문화적인 율법 규정으로 볼 수 있다. 더 중요한 문제는 구약 시대에 오히려 그러한 관습과 성적인 문화가 만연한 상황에서 왜 하나님은 이스라엘 민족에게 동성애를 금지하셨고, 근친상간과 수간과 신접함의 문화를 금하셨는가에 관한 이유이다. 하나님은 이스라엘 민족이 하나님의 소유와 거룩한 백성과 제사장 나라로서 거룩한 삶을 살라고 명하셨으

8   김진명, "레위기 18장의 정경적 전개에 관한 주석적 연구 - 땅이 토해낸다는 표현의 의미 해석," 『구약논단』 20-1, (2014. 3), 96-121.
9   이에 관한 자세한 내용은 김진명, "레위기의 동성애 금지규정(18:22, 20:13)에 관한 주석적 연구," 『장신논단』 vol. 49 (2017), 35-59를 참고할 수 있다.

며, 그렇게 살아가는 길이 무엇인가를 레위기 19장에서 "거룩함의 명령"으로 시작되는 본문의 말씀을 통하여 가르쳐 주셨다.[10]

장애가 있는 사람은 제사장이 될 수 없다는 율법은
배려일까 아니면 차별일까?[21장]

레위기 율법에 따르면, 제사장 가문의 사람들 가운데 신체에 장애가 있는 사람은 제사장이 될 수 없었다[레 21:21-22]. 그 목록은 레위기 22장 27-28절에 기록된 제물의 육체적 온전함에 관한 규정의 내용과 거의 유사한 항목으로 구성되어 있었다. 그러나 신체적 장애가 있는 사람의 제사장 '의무' 금지규정 다음에 이어진 율법은 제사장만이 받을 수 있었던 '권리'는 공유하라는 명령이었다. 구약의 성막과 성전에서 이루어졌던 제사는 장작과 불을 다루고, 놋기구와 같은 무거운 도구를 다루는 형태의 절차들을 포함하고 있었으며, 중노동과 같은 노동의 강도를 요구하는 제사의 업무에서는 자칫 발생할 수 있는 실수가 자신과 타인의 안전에 해를 입힐 수 있는 일이기도 했다. 그렇다면 이 율법은 지체 장애가 있는 사람들에 대한 '배려'로 해석할 수 있다. 육체노동이 필요한 제사 행위의 참여는 금지했으나, 제사장만 먹을 수 있는 제사음식을 함께 먹을 수 있도록 허용했기 때문이다. 즉, 자신과 타인의 안전을 위해 제사장 의무 규정에서는 제외되었지만, 제사장만이 받을 수 있었던 혜택에서는 배제되지 않도록 한 것이다. 현대 예배는 육체적인 중노동에 해당하는 의식 절차가 사라지고 개신교 예배에서는 설교의 언어적인 요소가 중요한 예배 의식으로 포함되었다. 따라서 현대 기독교에서는 성직자의 외모와 신체적 장애 문제보다는 정신 건강과

10 김진명, "레 19장의 정경적 전개에 관한 주석적 연구," 『구약논단』 13-2, (2007. 6), 74-91.

양심의 문제가 더 중요한 덕목으로 인식될 수 있다.

율법은 '부의 세습-가난의 대물림'과 '빈익빈-부익부'에 대해 무엇을 말했을까? 레 25장

레위기 25장의 율법은 이스라엘 자손들이 하나님께서 약속하신 '젖과 꿀이 흐르는 땅' 가나안에 들어가면, 7년마다 '안식년'을 지키며 경작하던 땅을 쉴 수 있게 해주고, 안식년에 얻게 된 그 땅의 소산은 가축과 들짐승과 거류민과 종들과 품꾼과 이스라엘 자손이 더불어 나누며 살아가야 한다고 규정하였다레 25:1-7. 신명기 15장의 율법은 이스라엘 자손들이 '면제년'을 지키며, 채무자의 빚을 면제해 줄 것을 규정하였다신 15:1-11. 레위기 25장의 '희년'에 관한 율법은 이스라엘 자손들이 가나안 땅에 들어가서 정착했을 때, 처음에는 같은 출발선상에서 시작하지만, 자연재해와 사고와 재난과 개인의 능력 차이로 발생할 수 있는 사회경제적 불평등의 상황을 예측하고 그 예방책과 대안을 미리 제시했던 율법이라고 할 수 있다.

레위기 25장에 기록된 '희년법'에서는 50년마다 모든 것의 원상복구를 규정했다. 한 세대를 약 30년으로 보았을 때, 희년법 적용은 한 세대를 지나서, 두 번째 세대가 가기 전에 사회적 불공정과 부정의의 문제를 해결하고, 하나님 앞에서 누구나 공정하게 법적인 보호를 받으며, 떳떳하고 자유롭게 살아갈 수 있도록 하는 정의로운 법적 조치가 될 수 있었다. 그러므로 부와 경제력의 권력화와 그 힘의 세습과 반대로 누군가에게는 너무도 가혹하고 처참한 가난의 대물림은 원천적으로 불가능할 수밖에 없는 사회를 만들어가야 한다는 것이 레위기 25장의 '희년'에 관한 율법의 본래 '법 정신'이었음을 알 수 있다.

약속의 땅 가나안에서 토지는 하나님의 것이고, 토지를 분배받은 이스라엘 각 지파의 자손들은 객으로서 하나님과 함께 동거하면서, 하나님의 땅에 거류하는 사람들이었다^{레 25:23}는 것이 레위기 율법의 가르침이었으며, 안식일에는 종들과 가축까지도 쉴 수 있게 해주어야 한다는 것이 십계명의 가르침이었다^{출 20:8-11, 신 5:12-15}. 이 안식일 율법의 기원은 창세기 2장 1-3절에 기록된 하나님의 천지창조와 안식일에 관한 말씀에서 비롯되었다. 안식일의 정신은 일의 멈춤으로부터 연쇄적으로 이어진 쉼과 복과 거룩함이 결국은 모두 하나님과 관계된 것이었음을 알려주고 있다. 안식일의 정신은 안식년과 면제년의 법과 희년법까지 이어지고 있음을 또한 확인해 볼 수 있다. 사람은 자기 자신의 계산과 계획과 의지와 노력과 노동과 생각을 멈출 때 비로소 쉴 수 있고, 그러면 하나님의 복과 하나님의 거룩함을 경험하고, 누릴 수 있다.

그 율법의 적용 대상은 사람의 범위를 넘어서 동물들과 땅까지 이어지며, 그 혜택은 모든 생명체와 생태계 전체로 파급되는 것이었다. 하나님은 처음부터 지금까지도 안식일의 전통과 십계명과 구약 율법의 가르침과 신약의 주일로 이어진 하나님의 말씀을 통하여 사람들에게 지속적이고 일관되게 가르쳐 주셨다. 안식일 계명의 확장된 차원과 국가 규모의 공동체적 적용을 위한 모든 말씀과 정신이 '희년'의 율법에서도 그대로 반영되어 있음을 확인할 수 있다.

한번 '서원'^{하나님과의 약속}한 것은 변경과 취소가 불가능한 것이었을까?^{27장}

레위기 27장은 사람에게 주어졌지만, 하나님의 것으로 구별되어야 하는 것에 관한 율법이 무엇인가를 말해준다. 첫 번째 것과 십일조와 서원한 것은 하나님의 것이다. 그런데 그 가운데 사람이 스스로 하나님 앞에서 세운 약속을 뜻하는 서원이 있다. "… 그의 마음에 서원한 것은 해로울지라도 변하지 아니하며"시 15:4라는 말씀을 기억하는 이들은 서원을 '절대불변의 원칙'처럼 생각하기도 한다. 그러나 서원을 한 이후에 서원자의 경제적 형편이 어려워진 경우에는 제사장과 협의하여 서원자의 값을 조정할 수 있음을 레위기 율법에서 규정하고 있다레 27:8. 율법의 근본적인 법 정신은 언제나 상대적으로 약한 사람에 대한 인격 존중과 세심한 배려였다. 무자비함과 모질고 냉정한 엄격함과는 거리가 먼 성격의 법이 율법이었다. 그래서 예수님은 율법도 지켜야 하고, 더 중요한 율법의 정신을 함께 지켜야 한다고 가르쳐주셨다마 23:23-24. 예수님의 비판은 사람들이 왜곡시키고, 자신들의 전통으로 변질시켰던 그 당시 문자적 '율법주의'를 향한 것이었다. 그러므로 예수님 당시의 '율법주의'를 뜻하는 '율법'은 버려야 하지만, 구약성경의 가르침을 뜻하는 '율법'은 예수님의 말씀처럼 "일점일획"도 폐할 것이 아니라마 5:18, 신약 이후 시대에도 여전히 우리 그리스도인들이 활용해가야 할 '지침서'매뉴얼와 같은 하나님의 말씀이다.

3. 레위기는 어떤 뜻을 담고 있는 책일까?

레위기를 두 단락P/H으로 나누었던 전통은 오랫동안, 마치 확인된 사실처럼 사람들에게 받아들여지기도 했다. 포로기에 이방 땅으로 끌려온 상황에서 다른 나라의 종교와 전통에 영향을 받게 된 제사장들에 의해 기록된 제사장 문서P. 1-16와 제사장 율법의 민주화라고 할 수 있을 정도로 '거룩함'의 주제를 이스라엘 공동체 회중 전체에 적용하고자 했던 성결법전거룩법전, 17-26으로 단락 나누기를 할 수 있는 후대의 책이 레위기 율법이었다는 것이 대략적인 내용이었다. 하지만 그러한 단락 나누기의 전통에 얽매이지 않고 레위기의 구조를 '성막 구조'와 '원형 구조'로 볼 것을 제안했던 이도 있었다^{M. Douglas}. 그런데 레위기 본문의 단락 나누기는 정답 찾기의 문제가 아니며, 맞고 틀리고를 확인해야 하는 주제도 아니다. 우리는 레위기 본문 자체에서 말씀하고 있는 역사를 전제로 하고, 본문의 이전 역사보다는 최종본문을 존중하는 입장에서 레위기를 자유롭게 구분하고 읽어갈 수도 있다. 구약성경 안에서 "거룩함"이라는 주제와 관련해서 특별히 하나님의 칭호가 사용되었던 책으로 이사야서를 주목해 볼 수 있다. 이사야서는 이사야의 소명 사건을 6장에 기록한 이후에 이사야 선지자의 소명 경험에서 보았던 환상과 스랍들의 찬양 소리를 반영한 "이스라엘의 거룩하신 분"으로 하나님의 특별한 칭호를 기록하였다. 그런데 이사야서는 "이스라엘의 거룩하신 분"은 동시에 "스스로 숨어계시는 하나님"^{사 45:15}이라고 표현하였다. 이러한 이사야서의 하나님 호칭은 이스라엘 민족이 역사의 현장에서 경험했던 남북왕국의 멸망과 포로됨의 현실 가운데서 하나님이 다른 이방 신들에게 패배하여 소멸해버린 헛된 신이 아니라는 사실을 뜻하는 표현이었다. 하나님은 여전히 역사의 주권자로서 자신의 모습을 드러내지 않으면서도 이스라엘 민족의 구원을 이루시고, 죄악을 일삼았던 나라들과 민족들을 심판하시며, 세상 역사를 인도하신 동일한 분임을 이사야서는 일관되게 선포하였다.

신약성경에서 예수님은 구약성경의 동일한 하나님을 "아바, 아버지"^{막 14:36}라고 제자들에게 가르쳐 주셨다. 예수께서 제자들에게 가르쳐주셨던 주기도문에서도 하나님은 "하늘에 계신 우리 아버지"라고 표현되었다^{마 6:9 이하}. 그분은 구약성경의 "목자"이셨으며^{시 23:1}, 참된 "왕"이셨고^{시 95:3, 렘 10:10}, "옛적부터 계신 이"^{단 9:2}이시기도 했다. 구약과 신약의 말씀 가운데서 언제나 동일하신 한 분 하나님은 빛이시며^{요일 1:5}, 사랑이셨다^{요일 4:8}. 곰곰이 생각해 보면, 모세오경과 함께 레위기에 기록된 거룩함의 가르침을 비롯하여 여러 주제와 많은 명령과 다양한 율법들은 결국 자녀를 위한 사랑의 마음을 담고 있었던 어머니와 아버지의 기억 속 잔소리와 이런저런 음성들을 다시금 떠올릴 수 있도록 하는 빛바랜 노트의 기록과도 같은 느낌을 준다. 그 메아리는 성경 전체에서 계속 울리고 있음을 구약과 신약의 여러 본문에서 확인해 볼 수 있다.

『민수기』 - 광야 역사의 주 하나님

민수기는 광야 역사의 주 하나님을 선포하는 책이다. 출애굽 구원의 하나님은 광야시대 40년의 역사를 통하여 심판과 교육을 병행하셨던 일들을 이야기해 준다. 두 차례 인구 조사[1장, 26장]를 기준으로 1-25장은 출애굽 첫 번째 세대의 불평과 원망과 불순종의 역사 이야기이고, 26-34장은 출애굽 두 번째 세대의 대화와 소통과 새로운 율법제정[슬로브핫의 딸들 유산 상속]의 이야기라고 할 수 있다.

엘리술, 반석이신 하나님
엘리사마, 들으시는 하나님
엘리압, 아버지이신 하나님…
타민족의 노예가 되어버린 히브리인들은
하소연할 데 없고, 의지할 데 없는 답답함을 가슴에 묻고,
오로지 그분만 향한 간절한 희망 자식의 이름에 담아, 그 이름을 부르고, 견디고, 기다리며,
속절없는 세월 한숨과 탄식으로 버티어 내었나 보다.
하나님을 애타게 부르는 심정으로 자녀의 이름을 지었을 이집트 땅의 노예 이스라엘인들
하나님은 그들의 탄식 소리 들으시고, 모세를 보내어 애굽 땅에서 탈출하게 하셨다.
시내 광야에서 그들의 인구조사와 함께 '가나안 전쟁'을 위한 출정의 진군을 명하셨다.
성막을 중심에 두고, 진영을 만들고, 지휘관을 세우고, 군기 높이 들고,
구름 기둥과 불기둥 따라 힘차게 내디뎠던 자유민 이스라엘의 희망찬 발걸음.
하지만 그 발걸음은 양식에 대한 불평과 원망과 탐욕과
그로 인한 심판과 재앙으로 인하여 어그러지기 시작하였다.
약속의 땅 가나안 정탐과 이스라엘 자손 전체의 완전한 원망과 불신앙은
출애굽 첫 세대의 심판과 멸망으로 이어졌다.
40년 광야 유랑의 시대는 미리암과 아론의 죽음으로 저물고,
하나님은 므리바 물가에서 모세도 그 뒤를 따르라고 명하셨다.
그 후에 모압 왕 발락의 초대를 받은
메소포타미아 브돌 출신의 주술사 발람은 눈이 가리어져 천사를 보지 못하고,
오히려 나귀는 천사를 발견하고 입을 열어 말하는 일이 벌어졌고,
이스라엘을 향한 발람의 저주마저도 하나님은 이스라엘의 축복이 되게 하셨다민 22-24장.
"까닭 없는 저주는 참새의 떠도는 것과 제비의 날아감 같이 그에게 이르지 못하느니라"
잠 26:2라는 말씀 속에 마치 그 사건의 의미가 압축파일로 정리된 것처럼…
출애굽 둘째 세대의 인구조사와 다음 세대의 출현은
새로운 이스라엘의 역사가 시작되었음을 보여주었다.
불평과 원망 대신 대화와 소통 가운데 모세와 율법에 순종하였던
슬로브핫의 딸들과 요단 동편 지파들의 지도자들은 모세와 더불어,
하나님의 인도하심을 따라 발걸음 내딛었고, 마침내 가나안 땅이 보이는 모압 평지에
이르렀다. 싯딤 골짜기와 바알브올의 우상숭배와 죄악에도 불구하고민 25장
모세와 이스라엘은 하나님의 약속과 말씀 앞에서 그분의 신실하심을 마주하여 서게 되었다.

《2017 겨울 성지답사 – 요르단 광야》

구약을 그리다

1. 『민수기』[1] - "왜 미리암만 벌을 받았을까?"

"여호와께서 그들을 향하여 진노하시고 떠나시매 구름이 장막 위에서 떠나갔고 미리암은 나병에 걸려 눈과 같더라. 아론이 미리암을 본즉 나병에 걸렸는지라."[민 12:9-10]

17세기에 스페인과 이탈리아 등지에서 유명세를 떨치며 활동했던 화가 루카 지오르다노[Luca Giordano]가 1687년에 그렸던 〈여선지자 미리암의 노래〉는 출애굽기 15장 20-21절을 배경으로 한 작품이다.[2] 이 작품은 극적이

1 민수기 참고문헌: 김재구, "민수기의 거시구조에 대한 재조명," 『구약논단』 23-1 (2017.03), 41-73: 왕대일, "본문 비평 없이 성서 해석이 가능한가? - 민수기 22:5a의 본문 비평과 본문 해석," 『Canon&Culture』 2-1 (2008. 04), 179-208.

2 Luca Giordano, 〈Song of Miriam the prophetess〉(1687), 156.6×233.7cm, 그림과 해설 출처: https://comm ons.wikimedia.org/wiki/File:El_c%C3%A1ntico_de_la_profetisa_Mar%C3%ADa.jpg

고 약간은 과장되면서도 화려하고 아름답게 대상을 묘사했던 바로크 미술의 특징이 잘 나타난 그림으로 평가되었다. 출애굽한 이스라엘 백성들이 눈앞에서 벌어졌던 홍해 바다의 기적과 구원의 경험을 함께 기뻐하며 노래했을 성경 본문의 상황을 이 그림을 통하여 사람들은 생생하게 함께 느끼고 경험할 수 있다.

"아론의 누이 선지자 미리암이 손에 소고를 잡으매 모든 여인도 그를 따라 나오며 소고를 잡고 춤추니 미리암이 그들에게 화답하여 이르되, 너희는 여호와를 찬송하라 그는 높고 영화로우심이요 말과 그 탄 자를 바다에 던지셨음이로다 하였더라."^{출 15:20-21}

출애굽기에서 미리암의 역할은 참으로 대단했다. 모세가 생후 3개월 정도 되었을 때^{출 2:2}, 아들로 태어난 히브리 노예들의 영아들을 없애라는 이집트 파라오의 명령에 따라, 모세의 부모도 갈대 상자에 아기 모세를 넣어 나일강에 던져야 했다. 마침 나일강에 목욕하러 나온 파라오의 공주가 모세를 발견하여 양자로 삼았고, 이때 미리암은 기지를 발휘하여 어머니 요게벳이 모세의 유모 역할을 맡도록 안내하였다^{출 2:4-10}. 하나님께서 애굽의 노예 생활에서 이스라엘 민족을 구출하실 때는 이스라엘의 자손이 출애굽과 홍해 바다의 기적을 경험한 그 순간을 놓치지 않고 하나님을 찬양하며 그 후손들이 영원히 기억할 노래를 불렀던 이가 또한 "여선지자 미리암"이었다.

그 순간을 포착하여 묘사한 루카 조르다노의 성화 작품이 〈여선지자 미리암의 노래〉였다. 그림의 가장 안쪽, 저 멀리 보이는 언덕 위에 서서, 이미 추격하던 파라오의 병거와 마병을 바닷물이 덮쳐버린 후에, 넘실거리고 있는 홍해의 물을 보고 있는 사람들의 모습이 묘사되어 있고, 그림의 가장 가까이에는 악기를 연주하며, 구원의 감격과 기쁨 가운데서 춤추며, 노래하는 여인들의 모습이 묘사되어 있는데, 그 중심에 환희의 기쁨 가득한 표정으로 하늘을 바라보며 노래하는 미리암의 모습이 보인다. 은은한 색조의 빨강과 노랑과 파랑의 삼원색을 가지고 채색된 미리암의 소박하면서도 화려한 느낌의 의복은 성경의 짧지만 강력한 미리암의 노랫말[출 15:21]만큼이나 인상적이다. 미리암의 얼굴은 광채가 나는 밝은 톤으로 채색되어 있으며, 전체적으로 기품 있는 우아한 모습으로 여선지자 미리암을 화가는 자신의 작품에 표현하였다.

출애굽기 15장 이후에 구약성경에서 출애굽 사건의 공동 리더십을 발휘했던 세 인물 가운데 한 사람으로서 '여선지자 미리암'이 다시 한번 사람들에게 강한 인상으로 여운을 남길만한 모습으로 등장하는 본문은 민수기 12장이다. 모세가 어떤 잘못이나 실수를 했는지 명확하고 구체적으로 나타나 있지는 않지만, 모세가 "구스여자"를 취한 일을 다른 두 지도자 미리암과 아론이 비판한 이후에 그들은 모세의 권위에 도전하였고, 하나님은 그 사건에 친히 개입하셔서 모세의 온유함을 인정하시고, 미리암을 벌하셨다는 내용의 이야기로 민수기 12장이 구성되어 있다.

제임스 티소James Tissot는 〈진영 밖으로 쫓겨난 미리암〉Miriam Shut Out from the Camp 1896-1902 이라는 작품에서 초라한 몰골로 벽돌 건물 입무에 앉아 있는 노파의 모습으로 미리암을 묘사하였다.[3] 화려함과 아름다움과 정결함의 이미지는 사라지고 궁색하게 두 손으로

---

3   James Tissot, 〈Miriam Shut Out from the Camp〉(1896-1902).

눈부신 햇살을 가리면서, 웅크린 채 앉아서 무언가를 기다리고 있는 노인의 표정은 본문에 기록되었던 미리암의 복잡한 심경을 잘 드러내 준다.[4] 이 모습은 하나님의 징계를 받아 몸에 나병이 발한 미리암이 진영 밖으로 추방당하여 머물렀다는 내용을 반영하고 있다[민 12:9-16].

그런데 많은 이들이 이 본문을 읽으면서 제기하는 물음 가운데 하나가 바로 하나님께서 친히 세우신 모세의 권위에 도전했던 사람은 아론과 미리암이었는데 "왜 미리암만 벌을 받았나요?"라는 질문이다. 정당함에 대한 부당한 억압을 표현하는 말들 가운데 "권위주의"가 있지만, 그렇다고 정당하게 존중되어야 할 "권위" 자체를 파괴하거나, 무시해버리는 상황 속에서는 어떤 질서도, 교육도, 공동체의 현재와 미래도 보장될 수 없음을 알기에, "권위"를 잘 분별하고 순종하는 일도 우리 그리스도인들에게는 중요한 덕목의 내용이 될 수밖에 없다[cf. 롬 13:1-7, 엡 6:1-4]. 그런 의미에서 "권위"와 "권위주의"의 문제를 다루게 될 때, 민수기 12장은 신중하게 읽고, 잘 해석해야 하는 성경 말씀이기도 하다.

모세의 정당한 권위에 함께 부당한 도전을 했던 두 사람 가운데 아론은 열외가 되고, 미리암만 나병에 걸렸다는 민수기 12장 9-10절에 대하여, 어떤 이들은 미리암이 여성이었기 때문에 가부장적인 구약성경의 문화에 의해 차별받은 것이라고 말하기도 하고, 아론은 죄를 지어도 제사장이라서 제사를 감당해야 하므로 묵인이 되는 것이라는 해석을 하는 이들도 있지만 성경 전체의 맥락과 가르침과도 맞지 않는 내용이 많다. 이 문제에 대한 정당한 답을 찾기 위해서 민수기 12장 1절 본문 자체에서 단서를 발견하는 일은 12장 전체 본문의 해석을 위해서도 중요한 일이 될 수 있다. 개역개정역 성경 본문에서는 우선 미리암이 아론의 이름보다도 먼저 등장하는 형

---

4   그림과 해설 출처: https://www.wikiart.org/en/james-tissot/miriam-shut-out-from-the-camp

태로 본문이 기록되어 있음을 확인할 수 있다.

두 번째로 히브리어로 기록된 본문을 찾아보면 두 사람이 말했다고 이야기하는 문장의 동사가 복수형이 아니라, 실은 주어를 "여성 단수 3인칭"으로 사용하고 있음을 확인할 수 있다. 이렇게 기록된 본문의 형태는 모세를 비방했던 사건의 주모자이면서 동시에 대표자였던 인물이 미리암이었기 때문이라는 해석적인 단서를 제공하는 문법적인 표현일 수 있다. 그렇다면 본문은 누구의 성별 차이나 직업 또는 직분의 차이에 따른 차별을 말하는 것이 아니라, 정당한 '권위'를 부당하게 무너뜨리려고 했던 엄중한 '책임'을 대표자에게 물었던 사건임을 말해주기 위한 것이라는 해석이 가능하다. 하나님께 인정받을 만한 정당한 "권위"를 분별하고, 인정하고, 세우는 일이, 부정하고 불합리한 "권위주의"를 타파하는 일만큼 중요한 일이라는 사실을 크고 작은 공동체 안에서 실제적인 문제들의 경험을 해본 사람은 누구나 인정할 수밖에 없는 일이다.

그러므로 "각 사람은 위에 있는 권세들에게 복종하라… 두려워할 자를 두려워하며, 존경할 자를 존경하라"롬 13:1-7라는 로마서 13장의 말씀처럼, 지도자의 책임을 맡았던 이들의 시작과 끝을 잘 기억하고, 결정의 순간마다 균형을 잡고, 하나님의 말씀을 따라 결단하며 올바른 권위를 존중하면서 지혜롭고 겸손하게 살아가는 모습이 우리 그리스도인들의 분별력 있는 삶의 내용이 되어야 하겠다.

2. 「민수기」[5] – 광야 역사의 주 하나님

"내 영광과 애굽과 광야에서 행한 내 이적을 보고서도 이같이 열 번이나 나를 시험하고 내 목소리를 청종하지 아니한 그 사람들은 내가 그들의 조상들에게 맹세한 땅을 결단코 보지 못할 것이요 또 나를 멸시하는 사람은 한 사람도 그것을 보지 못하리라."^{민 14:22-23}

.... 민수기 율법은 '군법'일까? 아니면 '민법'일까?

'개역개정역 한글 성경'의 제목인 『민수기』는 이 책의 1장^{시내광야}과 26장 ^{모압평지}의 출애굽 세대와 그 후손인 광야 세대 인구조사에 근거한 칠십인경의 전통을 따른 것이다. 민수기 1장에서는 출애굽한 이스라엘 민족을 인구조사와 함께 군대 조직으로 재편성한 이야기가 나온다. 1장의 여러 용어는 싸움과 군대와 진영과 지휘관 등의 표현처럼 군사적인 용어들과 전쟁에 관한 용어들이었고, 민수기 1장의 출애굽 첫 세대 인구조사와 26장의 출애굽 둘째 세대 인구조사의 목적은 '병적조사'에 해당하는 '가나안 전쟁'^{삿 3:1}을 위한 것이었음을 알 수 있다.

민수기에서 구름 기둥이 떠오르면 이동을 하였고, 멈추면 함께 멈추었던 과정에서 언약궤는 언제나 삼 일 길을 앞서 행하였다는 기록과 이스라엘 진영의

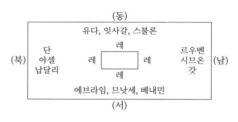

이동과 체류 시에도 성막은 언제나 그 중심에 위치하도록 배치되었던 과정의 설명은 이스라엘 군대의 행군 모습과 진을 치는 절차를 따라 이루어진 내용이었던 것으로 파악할 수 있다^{민 2:17, 9:23, 10:33-36}. 그렇다면 민수기의 율법은 평시 법이 아니라 전시 법이며, 민법의 수준이 아니라 군법으로서

---

5   히브리어로 기록된 구약성경은 '광야에서' 〈베미드바르〉라는 1절의 네 번째 낱말을 제목으로 사용하였으며, 장소와 연관성을 갖는 제목으로 볼 수 있는데 비해서, 칠십인경의 '숫자들' 〈아리쓰모이〉라는 제목은 사람의 숫자와 관련된 인구조사와의 연관성을 생각해 볼 수 있다.

전쟁 준비 상황에서 더욱 엄격한 적용이 이루어진 법률 기록이었음을 인식할 수 있다. 하지만 민수기의 모든 심판과 징벌조차도 이미 시내산에서 주어졌던 성문법으로서 '율법'에 근거한 법집행의 수준에서 이루어졌음을 분명하게 인식하며 본문을 해석할 필요가 있다.

.... 음식을 가지고 불평하고 원망했던 사람들을 심판하신 하나님이 너무하신 것일까?^{민 11장}

하나님은 율법의 근거 없이 기분에 따라 이스라엘 자손 전체와 그 공동체에 속한 개인을 심판하시거나, 벌주시는 결정을 하는 분이 아니라는 사실을 율법 수여가 있기 전의 만나와 메추라기 사건^{출 16장}과 반석에서 나온 물^{출 17장}과 관련된 사건 기록을 율법 수여 이후의 유사한 사건들을 기록한 민수기 11장과 20장의 본문 비교와 안식일에 나무하던 사람 이야기^{민 15장}에서도 확인해 볼 수 있다. 왜냐하면 시내산의 율법 수여 사건 이전에는 결코 어떤 상황에서도 하나님은 이스라엘 자손을 심판하지 않으셨기 때문이다.

모든 심판과 사형 판결의 사건은 하나님의 감정 조절 실패로 발생한 것이 아니었다. 시내산에서 하나님과 이스라엘 백성이 맺은 "언약"을 뜻하는 십계명과 율법을 받은 후에 그 율법의 규정에 따라 하나님의 심판이 시행되었음을 구분해 볼 수 있다. 예를 들어, 시내산 율법 수여 사건 이전에 속한 때에 출애굽한 이스라엘 자손이 절대빈곤의 상황에서 생존을 위한 양식을 구하며 불평했던 출애굽기 16장의 만나와 메추라기 사건에서는 심판이 없었다. 그러나 이와 달리, 시내산에서의 십계명과 율법 수여 사건 이후에 발생했던 유사한 사건을 기록한 민수기 11장은 생선과 야채와 과일 등 광야에서 구할 수 없는 식품 목록을 열거하며 원망하던 이스라엘 자손의 주장을 기록하였다.

생존을 위한 양식이 아니라 일종의 기호식품과도 같은 음식을 요구하며 불평하던 이스라엘 자손은 거기서 멈추지 않았다. 자신들의 '해방과 구원' 대신에 기호식품을 마음껏 먹을 수 있었던 애굽 땅을 그리워하며 노예로 '종살이'하던 이집트로의 회귀를 사람들은 공공연히 주장했다. 하나님의 구원과 해방의 사건의 뜻과 의미마저도 '값싼 은혜'로 만들고, 언약으로서 율법에 근거한 '자유민'의 정체성^{출 19:5-6}마저 스스로 헌신짝처럼 버렸던 이들과 불평하던 사람들에게 하나님의 심판이 임했다^{11:4-5}. 이 사건을 민수기 11장 본문의 기록에서 확인해 볼 수 있다.

········ 가나안 땅을 불평한 이스라엘을 심판하신 하나님이 너무하신 걸까? ^{민 13-14장}

민수기는 광야시대 이스라엘 사람들을 통해 역사의 주 하나님을 선포하고 있다. 그런데 기독교인들이 '역사의 주권자'라고 선포하고 있는 구약의 하나님은 정말로 일부 세상 사람들의 말대로 무자비하고 엄격하기 그지없는 신이었을까? 과연 하나님은 자신의 성질과 분을 이기지 못하여 화풀이로 사람들을 심판하시는 그런 분이었을까? 동양과 서양과 옛날과 지금도 민수기를 읽으며 하나님에 관하여 그렇게 말하곤 했던 이들이 있었다. "가나안 땅을 정탐했던 이들과 두려워하는 그들에게 호응했던 이스라엘 백성들이 두려움 속에서 잠깐 불평하고 원망 좀 할 수도 있지, 그랬다고 어떻게 그 사람들 모두를 심판하고 그들을 광야에서 다 죽게 할 수 있어?"와 같은 질문을 던지는 이들도 있었다.

그러나 그런 질문을 해왔던 이들은 민수기 14장 22-23절과 그 앞뒤에 이어진 사건들의 기록을 자세히 살펴볼 필요가 있다. 왜냐하면 이 부분의 내용만 좀 더 주의 깊게 살펴보아도, 성경과 하나님에 관한 자신의 무지함과 오해가 얼마나 컸는지를 알 수 있기 때문이다. 먼저 출애굽한 이스라엘 자손들이 "열 번이나" 하나님을 시험하고 순종하지 않았다는 민수기 14장 22절 본문에 사용된 '열 번'이라는 숫자의 표현을 확인해 보고자 한다. 이 숫자는 외삼촌 라반의 집에서 야곱이 아내들과 자녀들과 함께 탈출할 때 자신의 장인어른 라반이 얼마나 많이 자신을 속이고 품삯을 변경했는지를 레아와 라헬에게 말하면서 썼던 표현이었다. 구약성경에서 가장 중요한 계명들을 정리한 출애굽기 20장에서는 '십계명'을 하나님께서 모세에게 시내산에서 주셨다고 말하기도 했다. 다양한 숫자들 가운데 3과 7과 5와 10과 12 등의 숫자들은 때로는 완전함을 표현하는 상징적인 숫자로 구약성경에서 사용되었다.

그러므로 민수기 14장에서 언급한 '열 번'은 완전한 불순종과 완전한 불신앙과 하나님과 그의 종들을 향한 완전한 멸시와 부정을 뜻할 수 있는 표현이었고, 실제로 그 당시의 이스라엘 자손들은 이미 하나님과 하나님의 사람 모세와 아론을 거부하고, 하나님의 출애굽 구원과 홍해 바다의 기적까지도 멸시하며 부정했던 사건이 있었다. "어찌하여 여호와가 우리를 그 땅으로 인도하여 칼에 쓰러지게 하려 하는가, 우리 처자가 사로잡히리니 애굽으로 돌아가는 것이 낫지 아니하랴 이에 서로 말하되 우리가 한 지휘관을 세우고 애굽으로 돌아가자 하매 모세와 아론이 이스라엘 자손의 온 회중 앞에서 엎드린지라."민 14:3-5 마치 죄악이 관영할 때에 홍수로 세상에 심판이 임했던 것처럼, '가득함' 혹은 '관영함'에 견줄만한 표현 가운데 하나가 바로 "열 번"이라는 구약의 숫자였다.

.... 안식일에 나무하는 자를 심판하신
하나님이 너무 하신 걸까? 민 15장

　　민수기 13-14장에서는 하나님께서 이스라엘 자손을 구원하시고, 그들에게 약속해 주신 "젖과 꿀이 흐르는 땅" 가나안으로 인도하신 하나님의 은혜를 거절하고, 가나안 땅을 악평하며, 출애굽의 지도자 모세까지 처단한 후에 새로운 지도자를 세워 애굽으로 다시 돌아가자는 이스라엘 자손들의 주장과 행동은 출애굽한 이스라엘 백성 전체의 죽음이라는 비참한 결말과 하나님의 심판을 초래했다. 그렇다면 이스라엘 자손에게 남은 궁금증은 이제 하나님께 심판받은 이스라엘 자손은 "여전히 하나님의 백성인가?" 라는 의문이었을 수 있었다. 만일 심판을 받은 사람들이 하나님의 백성이 아니라면 '하나님과 이스라엘' 사이의 상호관계를 뜻하는 〈율법〉을 더는 지킬 필요가 없게 된 것이라는 생각을 할 수 있기 때문이다.

　　그러므로 민수기 15장의 '안식일에 나무하던 자'의 사형 판결 이야기는 13-14장의 출애굽 1세대에 대한 하나님의 심판 사건 이후에 하나님과 이스라엘의 언약 관계가 존속되는 것인가 아니면 폐기된 것인가를 판가름하는 사건으로서 의미를 갖는다. 왜냐하면 하나님은 이스라엘의 하나님이 되시고, 이스라엘은 하나님의 백성이 된다는 '언약의 표징'이 안식일 준수의 율법이 갖는 의미였고, 이를 어기는 것은 사형 판결에 해당한다는 율법은 이미 출애굽기 31장 13절 이하의 본문에 기록된 내용이었기 때문이다. 안식일 율법을 어긴 사람에 대한 사형 판결은 이스라엘 민족의 심판에도 불구하고 하나님과 이스라엘 사이의 언약 관계는 파기된 것이 아님을 확인하는 일이었고, 심판에도 불구하고, 하나님의 은혜는 존속되고 있음을 역설적으로 증명하는 사건이 될 수 있었다.

　　백성들은 사형에 해당하는 '안식일 범한 죄'를 율법대로 실행해야 하는지 아니면 이제 그 실행의 의무를 더는 지킬 필요가 없게 된 것인지 확인하기 위하여 모세에게 질문하였고, 모세는 하나님께 물었다. 하나님의 응답은 사형 판결의 실행이었다. 그러므로 민수기 15장의 안식일에 나무하던 자의 이야기는 하나님의 무서운 심판 선언이 있었음에도 불구하고 여전히 하나님과 이스라엘의 관계는 지속되고 있으며, 하나님의 구원 의지와 이스라엘 자손 전체를 향하신 사랑과 은혜는 폐기되지 않았음을 증명해준 사건이었다고 해석할 수 있다.[6]

모세를 가나안 땅에 못 들어가게 하신 하나님이 너무 하신 걸까?민 20장[7]

출애굽기 17장의 반석은 히브리어 〈쭈르〉로 기록되어 있고, 화강암과 같은 암반을 뜻하는 지질에 속한 지형과 지역에 적용되었던 것에 비해, 민수기 20장의 반석은 히브리어 〈셀라〉로 기록되었고, 이 낱말은 석회암 지질에 해당하는 지역에서 지하수를 덮고 있는 석회암 지층을 표현할 수 있는 용어였다. 그러므로 반석〈쭈르〉을 쳐서 물을 내라고 했던 출애굽기 17장과 달리 반석〈셀라〉에 명하여 물이 나오게 하라는 민수기 20장의 '하나님의 말씀'은 서로 다른 사건으로 구분되어야 한다. 역사비평학에서 이야기하는 '반복의 오류'가 아니라 다른 지리와 다른 지형에서 발생했던 서로 다른 사건으로 구분할 수밖에 없음을 출애굽기 17장과 민수기 20장의 비교 분석을 통하여 분명하게 확인할 수 있다.

그러므로 모세가 지팡이를 휘둘러 물리적 충격을 가해서 지하수가 솟

---

6   김진명, "안식일에 나무하는 자 이야기의 의미와 역할에 대한 해석," 『구약논단』 40집 (2011.6), 33-53.
7   John A. Beck, "Why did Moses strike out? The Narrative-Geographical shaping of Moses' disqualification in Numbers 20:1-13," *The Westminster Theological Journal*, vol. 65, (2003), 135-41을 참고함.

아나도록 했던 일은 '석회암'이나 '사암' 지층에서는 상식적으로 일어날 수 있는 평범한 일일 수 있었다. 결국 모세는 하나님의 말씀에 순종하지 않았기에 모세의 행위는 하나님의 '기적'을 모세의 '일상'으로 만들어버린 사건이 되었다. 민수기는 이에 대한 하나님의 심판 선언을 기록하였다[민 20:12]. 하지만 곰곰이 생각해보면 그 일이 모세 개인에게는 매우 서글프고, 서운한 일이 되었을 수 있었으나, 어쩌면 지도자 모세를 위한 하나님의 속뜻 깊은 배려의 사건이었을 수 있다. 왜냐하면 모세와 함께 이집트를 탈출했던 이스라엘 자손들의 한 세대가 모두 전멸한 상황에서[8], 만일 지도자 모세만 살아서 '약속의 땅'으로 유유히 들어갔다면 이 일은 누구에게도 덕스러운 모습이 되지 않을 수 있었기 때문이다.

.... 발람은 과연 '참 선지자'였을까?[민 22-25장][9]

민수기 22장에서는 영화 〈슈렉〉에 등장하는 '말하는 당나귀'처럼 나귀가 말을 했던 사건이 있었다는 이야기가 나온다[민 22:30]. 왜 이런 일이 벌어졌을까? 어느 날 갑자기 모압 땅에 모압인들이 두려움을 느낄 정도로 많은 숫자의 한 민족이 나타났다[민 22:3]. 그들은 출애굽 했던 이스라엘 민족의 자손들이었고, 거의 40여 년 만에 가나안 땅 건너편의 모압 땅에 이르게 된 것이었다. 그 당시 모압 왕이었던 발락은 메소포타미아 강변 브돌 출신의 유명한 주술사 발람[신 23:4]을 찾아가서 모압 땅에 갑자기 출현한 이스라엘 민족을 저주해서 쫓아 달라는 요청을 했던 것으로 보인다. 처음에는 거절

---

8 여호수아와 갈렙을 제외하고, 제사장 엘르아살과 이다말로 추정되는 몇몇 사람만이 살아서 가나안 땅으로 들어갈 수 있었던 상황이었으며, 출애굽 첫 번째 세대였던 603,550명(민 1:46)에 해당하는 사람 대부분은 광야시대에 죽음을 맞이하였다.

9 김진명, "발람 이야기'(민 22-24장)의 단락 범위 재설정을 위한 제언: 민수기 22-25장의 정경적 전개에 관한 연구," 『구약논단』 18-4 (2012. 12), 12-37.

했으나 발람은 결국 모압 왕 발락의 요청을 수락했고, 모압 땅을 향하여 길을 나서던 상황이었다.

그때 하나님의 사자가 나타나 그의 길을 막았으나, 선지자로 알려졌던 발람의 눈에는 아무것도 보이지 않았고, 나귀의 눈에만 보이는 상황이 되었다. 나귀는 앞으로 나아가기를 거부했고, 영문을 모르는 발람은 나귀를 때리기 시작했다. 그때 나귀가 입을 열어 발람에게 항의하는 말을 했고, 그 순간 놀란 발람의 눈이 열리면서 그를 해치려고 서 있던 "여호와의 사자"민 22:31를 보게 되었다. 하나님의 경고의 말씀을 듣고 난 후에 비로소 다시 길을 떠나게 되었던 발람은 모압 왕 발락의 집요한 요구에도 불구하고 이스라엘 민족을 저주하는 주술 대신에 오히려 세 차례에 걸쳐서 축복하고[10], "자기 곳"민 24:25으로 갔다.

여기까지는 발람 이야기에서 큰 문제가 없어 보인다. 22-24장에 기록된 발람 이야기의 바로 뒤에 이어진 25장에는 이스라엘 자손이 체류하던 '싯딤QR'에서 모압 여인들과 미디안 여인들의 유혹과 이스라엘 민족의 우상숭배 사건이 벌어진 이야기바알

브올 사건가 이어져 있으며, 발람 이야기민 22-24장와 바알브올 이야기민 25장는 서로 아무 상관 없는 별개의 이야기들처럼 보인다. 그런데 커다란 반전을 민수기 31장에서 만날 수 있다. 이스라엘 민족이 하나님의 명령에 따라 미디안과 전쟁을 벌이게 되었을 때 그 전쟁에서 발람을 함께 처형했고, 이 일을 기록한 민수기 31장 8절과 16절에서는 발람이 바알브올 사건을 기획했던 인물임을 밝혀주었다. 그렇다면 결국 발람이 갔던 "자기 곳"은 메소포타미아 브돌이 아닌 미디안이었고, 발람은 하나님의 참 선지자가 아니라 모압 왕 발락의 뇌물복채을 받기 위해 죄악을 저질렀던 주술사였으며, '거짓 선지

---

10   1) 22:41 바알산당(진 끝까지), 2) 23:13-14 비스가산 꼭대기(진 끝만), 3) 23:28 브올산 꼭대기

자'였음이 밝혀지게 되었다는 판단과 평가를 해볼 수 있다^{유 1:1}. 분명한 것은 발람이 처음에 유능한 주술사 혹은 선지자였을 수는 있었으나, 마지막에는 이미 '변질되었다'는 것과 하나님의 심판 가운데서 최후를 맞이했다는 사실이다.

######### 하나님의 율법도 변경될 수 있을까?

민수기 27장과 36장에는 슬로브핫의 딸들^{말라, 노아, 호글라, 밀가, 디르사}이 아들에게만 인정되었던 유산상속권을 요청했던 이야기가 나온다. 율법에 따라 아들에게 유산이 상속되었던 상황에서 슬로브핫의 딸들은 율법의 개정을 요청했고, 지도자 모세와 대화하였다. 이 절차를 거쳐 모세가 하나님께 질문했을 때 하나님은 율법의 개정을 허락하셨다. 이렇게 해서 개정된 율법에 따라 슬로브핫의 딸들에게도 유산 상속이 가능하게 되었다. 그 후에 민수기 36장에서는 슬로브핫의 딸들이 다른 지파에 속한 사람들과 결혼하게 된 경우에 발생할 수 있는 므낫세 지파의 기업 손실 가능성을 예방하려는 조치가 추가되었던 과정을 이야기해 주었다.

이 사건은 구약시대에 매우 파격적으로 보일 수 있는 일이었다. 슬로브핫의 딸들 이야기는 딸들의 재산상속권 제정이라는 결과를 가져오게 된 이스라엘 율법의 개정 과정이 '대화'를 통하여 이루어지게 되었음을 보여주고 있다. 민수기에 기록된 지난 역사를 되돌아볼 때 출애굽 1세대의 의사소통 방식은 늘 불평과 원망이었고, 그 후에 이어진 하나님의 심판이 있었다는 아픈 역사의 기록을 확인할 수 있다. 그러나 출애굽 2세대의 의사소통 방식은 완전히 달라졌음을 '슬로브핫의 딸들 이야기'에서 볼 수 있다. 새로운 세대의 이스라엘 자손들은 부모 세대의 실패를 '반면교사'^{反面敎師}로 삼아 대화와 소통으로 어려운 문제들을 풀어갔던 과정을 보여주었다.¹¹

3. 민수기는 어떤 뜻을 담고 있는 책일까?

민수기는 출애굽 첫 번째 세대의 멸망이 이루어진 광야 40년 역사 기록의 내용[1-25장]과 부모 세대의 불신앙과 원망과 불평의 소통방식과 실패를 '반면교사' 삼아서 성장했던 출애굽 두 번째 세대의 새로운 역사[26-36장]와 그들의 대화와 조정의 소통방식과 신앙적인 언행의 흔적들을 기록한 내용으로 구성되어 있다. 두 세대의 대조적인 역사와 모습들을 보여주는 민수기의 특징 때문에 구약성경과 신약성경에는 '광야시대'에 관한 두 가지의 대조적인 평가가 전승되었던 것으로 볼 수 있다. 예를 들어 호세아 2장 14-20절과 예레미야 2장 2절에서는 광야시대를 하나님과 이스라엘 민족의 "신혼 때의 사랑"[렘 2:2]과 사랑의 때였다고 묘사하였다. 그러나 성경의 다른 본문들은 같은 광야시대를 불순종과 반역과 패역의 시대로 평가하기도 했다[민 14:28-33, 시 95:7-11, 106:13-14, 히 3:7-11].

민수기는 이스라엘 민족의 광야 역사 이전 세대와 이후 세대의 대조적인 모습을 보여준다. 이스라엘 자손들은 가데스 바네아에서의 심판 사건 이후에 광야 유랑의 역사를 지나 38년 만에 '세렛 시내[QR]'를 건너서[신 2:14] 마침내 가나안 땅 바로 앞의 '모압 평지'에 도달하게 되었다. 출애굽 두 번째 세대가 가나안 땅을 마주보는 모압평지에 도착했다는 민수기의 이야기들은 이스라엘 자손들의 불신앙과 영적인 실패에도 불구하고, 어떠한 상황과 여건 가운데서도 '약속의 땅' 가나안으로 인도하시겠다고 말씀하셨던 그 약속을 끝까지 지켜가셨던 신실하신 하나님의 모습을 보여주는 책이라고 할 수 있다.

민수기는 이스라엘 민족의 '광야시대' 역사와 주변 민족과 나라들의

---

11   김진명, 『민수기』 한국장로교총회창립 100주년기념 표준주석 (서울: 한국장로교출판사, 2012), 307-308.

역사를 주관하시며, 이끌어가셨고, 인도하셨던 역사의 주 하나님을 선포하는 책이며, 우리 그리스도인 각 사람의 인생을 하나님의 뜻 안에서 이끌어가시고, 나라와 민족들의 공동체 역사를 인도해가시는 역사의 주권자이심을 고백할 수 있게 가르쳐주는 하나님의 말씀이다.

『신명기』 - 말씀의 주 하나님

신명기는 말씀의 주 하나님을 선포하는 책이다. 말씀으로 천지를 창조하신 하나님은 그 말씀을 기록한 율법을 모세에게 주셨으며, 언약의 율법을 통해 이스라엘과 하나님의 상호적 관계가 이루어졌다. 신명기는 다시 새로운 세대에게 그 율법을 새롭게 이야기해 주고 있다. 1장에서 4장 43절까지는 아라바 광야의 첫 번째 설교이고, 4장 44절부터 26장까지는 여러 율법에 관한 둘째 설교이며, 27장에서 31장까지는 셋째 설교이다. 모세의 축복과 죽음에 관해 기록한 32장에서 34장까지는 신명기와 오경 전체의 마무리 장에 해당하는 본문이다.

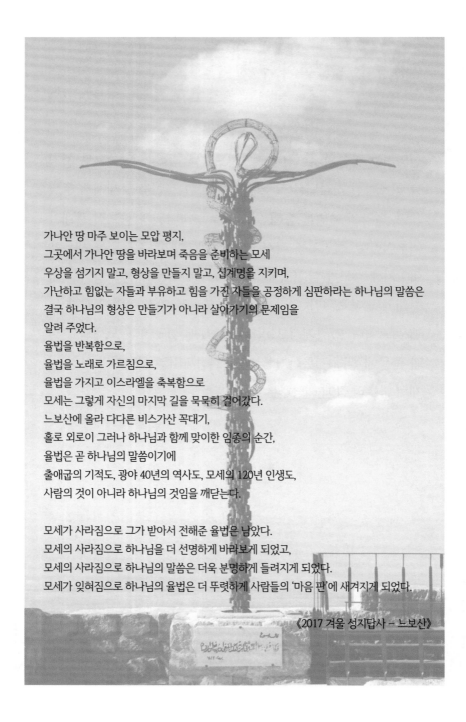

가나안 땅 마주 보이는 모압 평지,
그곳에서 가나안 땅을 바라보며 죽음을 준비하는 모세
우상을 섬기지 말고, 형상을 만들지 말고, 십계명을 지키며,
가난하고 힘없는 자들과 부유하고 힘을 가진 자들을 공정하게 심판하라는 하나님의 말씀은
결국 하나님의 형상은 만들기가 아니라 살아가기의 문제임을
알려 주었다.
율법을 반복함으로,
율법을 노래로 가르침으로,
율법을 가지고 이스라엘을 축복함으로
모세는 그렇게 자신의 마지막 길을 묵묵히 걸어갔다.
느보산에 올라 다다른 비스가산 꼭대기,
홀로 외로이 그러나 하나님과 함께 맞이한 임종의 순간,
율법은 곧 하나님의 말씀이기에
출애굽의 기적도, 광야 40년의 역사도, 모세의 120년 인생도,
사람의 것이 아니라 하나님의 것임을 깨닫는다.

모세가 사라짐으로 그가 받아서 전해준 율법은 남았다.
모세의 사라짐으로 하나님을 더 선명하게 바라보게 되었고,
모세의 사라짐으로 하나님의 말씀은 더욱 분명하게 들려지게 되었다.
모세가 잊혀짐으로 하나님의 율법은 더 뚜렷하게 사람들의 '마음 판'에 새겨지게 되었다.

《2017 겨울 성지답사 – 느보산》

구약을 그리다

1. 『신명기』[1] - '잊혀질 수 있는 용기'란?

"이에 여호와의 종 모세가 여호와의 말씀대로 모압 땅에서 죽어 벳브올 맞은편 모압 땅에 있는 골짜기에 장사되었고 오늘까지 그의 묻힌 곳을 아는 자가 없느니라."신 34:5-6

'하나님의 사람' 모세의 생애 마지막 장면은 어떤 모습이었을까? 신명기 34장에서는 모세가 죽을 때 나이가 120세였으나 눈이 흐리지 않았고, 기력이 쇠하지 않았다고 이야기해 주었다신 34:7. 로마 시스티나 예배당의 프레스코화로 제작된 시뇨렐리와 가타L. Signorelli and B. Gatta 의 〈모세의 유언과 죽음〉Testament and death of Moses[2]은 르네상스 초기의 작품이며, 신명기 1-34장의

1   신명기 참고 문헌: 이미숙, "신 10장 12절 - 11장 32절에 나타난 땅 표현양식과 땅 사상." 『구약논단』 15-4 (2009.12), 51-68; 이은우, "쉐마(신 6: 4-9)의 수용사(Reception History) 연구," 『구약논단』 17-2 (2011), 245-68.
2   루카 시뇨렐리와 바돌로메 델 가타 (Luca Signorelli and Bartolomeo della Gatta) 〈모세의 죽음과 유언〉(Testament and death of Moses), 1482, 350×572cm, 프레스코화, 시스티나 예배당.

전체 내용을 그림 한 장에 담고 있는 성화이다.[3] 그림의 가장 오른편에는 신명기 1장에 기록된 내용과 같이 "아라바 광야"에서 이스라엘 자손에게 마지막 말씀을 선포하고 있는 모세의 모습과 그 말씀을 경청하고 있는 사람들의 모습이 그려져 있다. 신명기는 모세의 마지막 세 편의 설교로 구성되어 있으며, 그다음에 모세의 마지막 축복의 노래와 기도와 죽음 등의 내용을 책에 수록하였다. 그림의 중간 윗부분에는 느보산[QR]에 올라가 비스가산 꼭대기에서 "젖과 꿀이 흐르는 땅", 곧 약속의 땅, 가나안을 바라보고 산에서 내려오는 모세의 모습이 묘사되어 있고, 그다음에는 왼편 아랫부분에 하나님의 명령하신 말씀대로 여호수아에게 가나안 땅 정복의 명령을 내리고 안수함으로써 모세의 후계자로서 역할을 여호수아가 이어가도록 했던 내용을 표현한 장면이 그려져 있다신 31:7-8, 34:9.

---

3   그림과 해설 출처: https://commons.wikimedia.org/wiki/File:Luca_Signorelli_-_Moses%27s_Testament_and_Death_-_WGA21277.jpg

그런데 그림의 왼쪽 위편 가장 뒤쪽에는 모세의 죽음을 묘사한 장면이 그려져 있는데, 모세가 혼자 죽음을 맞이하였고, 아무도 "그의 묻힌 곳"을 아는 사람이 없다고 묘사했던 신명기 34장 5-6절의 내용이 그림으로 표현되어 있으며, 모세의 죽음을 슬퍼하며 매장을 준비하는 여덟 명의 사람들을 화가가 그림에 그렸지만, 그 구체적인 내용은 성경에 기록되어 있지 않기 때문에, 성경 본문과는 다른 화가의 상상력으로 표현된 부분으로 볼 수 있다. 그림 속 인물들의 복장은 화가가 활동하던 당시 사람들의 의상을 그대로 반영하였고, 성경 말씀을 낭독하고 있는 모세의 뒤편으로, 요단강 건너편의 가나안 땅까지 '원근법'을 사용하여 그림의 깊이감을 더해주고 있는 점도 매우 인상적이다.

한 장의 그림 안에 이렇게 신명기 전체의 내용을 담아내었던 시뇨렐리와 가타의 작품에는 그림 전체의 구성에서 신명기의 중요한 내용을 담아낼 수 있도록 노력했을 두 화가의 노력과 신앙심이 잘 나타나 있기도 하다. 하지만 실제로 모세의 죽음은 어쩌면 더 외로운 모습의 마지막이었을 수도 있다. 모세에게는 원래 '게르솜'과 '엘리에셀'이라는 아들이 있었으나^{출 18:3-4}, 후계자는 여호수아로 결정되었고, 모세는 끝까지 하나님의 말씀에 순종하여 '여호수아'를 차세대의 가나안 정복 전쟁을 위한 새로운 지도자로서 안수하여 세워주었다^{신 34:9}. 모세는 이렇게 하나님의 말씀에 순종하면서 깔끔하게 생의 마지막을 정리하였다. 자신이 떠나게 될 그 자리에는 자기 사람을 심거나, 자신의 두 아들 가운데 한 사람이 대를 이어 갈 수 있도록 하는 조치를 인위적으로 만들지 않았다. 모세가 스스로 사람들에게 잊혀질 수 있는 용기를 갖지 않았다면 할 수 없었을 그런 마지막 모습을 보면서 기억났던 말씀은 히브리서 13장 7절이었다.

"하나님의 말씀을 너희에게 일러주고 너희를 인도하던 자들을 생각하며 그들의 행실의 결말을 주의하여 보고 그들의 믿음으로 본받으라."^{히 13:7}

이로써 모세와 그의 무덤은 후대 사람들이 아무도 모를 정도로 완전하게 사라졌지만, 결국은 이스라엘 자손들이 하나님의 사람 모세보다도 하나님만을 바라볼 수 있게 되었고, 하나님께서 친히 모세를 통하여 전달해 주셨던 하나님의 말씀^{율법}에 더욱 집중할 수 있게 되었다.

2.「신명기」[4] – 말씀의 주 하나님

"이는 모세가 요단 저쪽 숲 맞은편의 아라바 광야 곧 바란과 도벨과 라반과 하세롯과 디사합 사이에서 이스라엘 무리에게 선포한 말씀이니라"^{신 1:1}

.... **모세가 새로운 세대를 향하여**
마지막으로 하고 싶었던 이야기는 무엇이었을까?

신명기는 이집트 탈출 40년째 되던 해의 열한째 달 첫째날^{신 1:3}에 모세가 약속의 땅 가나안으로 들어갈 수 없다는 하나님의 말씀을 듣고 나서, 모압 평지에서 가나안 땅을 앞에 두고 바라보며 출애굽 2세대에게 선포했던 유언과도 같은 이야기들이다. 세 편의 설교^{1:1-4:43 첫 번째 설교, 4:44-26장 두 번째 설교, 27-31장 세 번째 설교}처럼 구성된 신명기는 모세의 유언이라고는 하지만 그의 관점에서 다시금 하나님의 율법을 풀이해주고 반복해서 출애굽 두 번째 세대였던 새로운 광야 세대 이스라엘 자손들에게 하나님의 말씀을 잘 이해할 수 있도록 그들의 경험과 희망의 눈높이에 맞추어 율법을 다시 설명한

---

4   히브리어 성경에서는 '이것들은 말씀들이다' 라는 접속사 없는 문장 ('엘레 하드바림')을 제목으로 사용하였으며, 한글 성경의 제목 '신명기'(申命記)에 사용된 한자 용어는 되풀이할 '신'과 명할 '명'으로서, 칠십인경의 '듀트로노미온'(제2의 율법. 신17:18 근거)을 번역한 것이다.

기록이라고 할 수 있다. 신명기는 출애굽 사건 이후 40년간의 광야 역사를 회고하는 내용(1-3장)과 함께, 모세를 통하여 이스라엘 자손에게 주어진 율법의 내용과 뜻을 재해석하는 형식으로 다시 설명한다. 또한 하나님의 말씀과 연결하여 '순종과 복'의 길과 '불순종과 저주'의 길에 관한 가르침을 기록하고 있으며(28-30장), 이 말씀은 우리 그리스도인들에게도 어떤 선택을 하며 인생을 살아갈 것인지를 알려주는 지침서와 같은 의미를 가질 수 있다^{신 1-31장}.

또한 모세가 이스라엘 자손을 교육하기 위하여 그 모든 가르침을 다시 노래로 만들어서 들려주었다는 내용과 이스라엘 각 지파와 자손들을 위한 마지막 축복의 말씀과 다음 지도자 여호수아에게 안수하여 지도력을 이양한 후에 무덤도 알 수 없을 정도로 흔적 없이 사라진 모세의 마지막 뒷모습 이야기^{신 32-34장}를 신명기의 마지막 부분에서 만날 수 있다.

이러한 기록들은 지도자가 된 사람이 어떻게 끝까지 하나님께서 자신에게 맡겨주신 사람들을 사랑하고 섬길 수 있어야 하는지 또 어떤 모습으로 그 소명을 마무리해야 하는지를 보여준다. 신명기에서는 우리가 전해야 할 하나님의 말씀과 다음 세대에게 그 말씀을 전달하는 방법과 다음 세대가 온전히 하나님께 집중하고, 하나님과 올바른 관계 속에서 살아가도록 돕기 위해 우리의 마지막 모습이 어떠해야 할지를 다시금 생각해 볼 수 있게 하는 가르침들을 발견할 수 있다.

신명기 34장의 본문을 묵상하면서, 곰곰이 생각해보면, 이 말씀은 예수 그리스도를 믿고 따른다는 우리 그리스도인들에게 "잊혀질 수 있는 용기"와 "그 의미"가 무엇인지를 우리에게 다시금 깨닫게 해준다. 또한 모세의 마지막 모습과 발자취를 기록한 신명기의 말씀들은 예수께서 십자가 고난을 앞두고 끝까지 제자들을 챙기셨던 예수님의 마지막 순간들을 기록한 말씀들 가운데 요한복음의 말씀을 다시금 마음속에 떠올려 볼 수 있게 해준다.

> "유월절 전에 예수께서 자기가 세상을 떠나 아버지께로 돌아가실 때가 이른 줄 아시고 세상에 있는 자기 사람들을 사랑하시되 끝까지 사랑하시니라." 요 13:1-2

.... 모세는 왜 '우상숭배' 금지를 그렇게 강조했을까?

신명기 4장은 특별히 우상숭배 금지 명령을 반복적으로 다양하게 설명한 내용으로 구성되어 있다. 지도자 모세가 이스라엘 자손에게 우상숭배 금지의 명령을 그렇게 강조해서 말했던 이유는 그들의 공동체적 체험과 트라우마와 같은 수준의 공통 기억 때문이었을 수 있다. 그들에게는 민수기 25장의 바알브올 사건, 즉 발람의 사주를 받은 미디안 사람들이 싯딤 골짜기에 머물던 이스라엘 자손들을 '가나안 풍요다산 제의'와 '우상숭배'의 강렬한 매력으로 끌어들였던 일과 이로 인하여 이스라엘 자손 전체가 엄청난 재앙과 심판을 받게 되었던 경험이 있었다. 가나안 종교와 우상숭배의 위험성을 뼈저리게 체험했던 지도자로서 모세가 반복적으로 사람들에게 가르치려고 했던 것은 '하나님의 형상' imago Dei이 과연 무엇인가의 문제였을 수 있다. 하나님의 형상은 형상 '만들기'의 문제가 아니라 삶으로 '살아가기'의 문제라고 할 수 있다. '하나님 형상'의 주제는 하나님의 형상대로 창조된 사람이 '하나님을 닮아가기' immitatio Dei 위한 인생을 살려고 씨름하고, 분투하는 끊임 없는 삶의 내용과 연결되어야 한다. 현실 가운데서의 구체적인 노력도 없고, 실재 고난도 감수하지 않는 '형상 만들기'와 '부적 만들기'와 같은 미신으로 쉽게 대체되어 버린다면, 그것은 하나님이 싫어하셨던 '우상숭배'의 유혹과 죄악의 길로 너무도 쉽게 왜곡되거나 변질될 수 있다.

　사람이 살아가면서 크고 작은 삶의 문제들에 직면하여 길을 잃어버리고, 타락할 수 있는 위험에 처했을 때, 오직 하나님만을 바라보는 시각과 하나님의 말씀을 향하는 방향성과 초점을 잃지 않는다면, 사람은 하나님의 말씀을 따라서 하나님과 동행하는 실재적인 삶을 결단하며 살아갈 수 있다. 신명기는 또한 이스라엘의 〈쉐마〉로 알려진 신명기 6장 4-9절 말씀을 통해서 '하나님 사랑'의 계명을 알려주었고, 예수님은 하나님 사랑의 명령이 구약성경의 첫째 되는 계명이라고 가르쳐 주었다[마 22:34-38]5. 〈쉐마〉는 히브리어 동사 〈샤마〉의 명령형 형태이며, 이 동사는 '듣다'와 함께 '연습하다, 실행하다'의 실천적인 뜻도 가지고 있는 말이었다. 결국 하나님의 말씀대로 살아간다는 것은 하나님을 사랑하는 길과 맞닿아 있으며, 율법을 지키라는 하나님의 명령은 그래서 사람이 행복하게 살아갈 수 있는 길이라고 모세는 성실하게 이스라엘 사람들에게 전하고 가르치려고 하였다.

.... 왜 모세는 반복해서 말했을까?

　출애굽기 20장의 십계명은 신명기 5장에서 반복되었다. 그러나 약간의 변화는 있었다. 예를 들어, 출애굽기 20장의 안식일 계명은 하나님이 천지창조를 멈추고 안식하셨으니, 사람도 일을 멈추고 안식해야 한다고 말했다면, 신명기 5장의 안식일 계명은 그들이 애굽에서 노예로 살아봤기 때문에 가축과 들짐승과 종들과 모든 사람은 일을 멈추고 쉬도록 해야 한다고 말했다. 출애굽 했던 사람들의 세대가 지나고, 새로운 세대에 속한 사람들이 나타났기에 모세는 그들을 향하여 새롭게 옛이야기와 율법의 가르침을

5　둘째 계명은 레위기 19장 18절의 인용인 이웃 사랑의 명령이며 마태복음 22장 39절에 기록되어 있다.

다른 방식으로 전달해야만 했다. 사람들은 제사법을 기록한 레위기마저 시적인 문체와 상징적 언어로 기록되었다고 보았으나, 신명기의 문체는 행정적이고 딱딱하고, 건조한 느낌의 언어를 사용했다고 말하기도 한다[M. Douglas].

그런 문체상의 차이는 광야 40년 세월이 지난 시점에 더 나이가 들게 되었을 모세가 그간의 율법들을 모두 다시 정리해서 신속하게 전달하기 위해 애썼던 흔적으로 말미암은 것이었을 수 있다. 처벌과 보복의 한계를 율법으로 한정시켰던 "눈은 눈으로, 이는 이로…"라는 동해보복법[Lex talionis]도 반복되었고, 레위기 19장의 나그네 사랑[레 19:34]의 명령도 신명기 10장에서 반복되었다. 창세기에 야곱의 축복[창 49]이 있다면 신명기에는 모세의 축복[신 33장]이 있다. 물론 그 안에는 '왕정 시대'를 내다보는 신명기 17장의 율법과 같이 왕이 지켜야 할 일에 관하여 기록한 새로운 내용도 있다. 가나안 땅에서의 전쟁을 위한 법도 있었고, 창세기 38장의 고대 시대의 고엘제도를 성문화했던 법도 있고, 결혼과 약혼과 관련된 율법도 있었다.

레위기의 안식년 법이 경제적 주제에 초점을 맞추는 면제년 법 형태로 반복된 내용도 있는데, 때로는 모세 자신이 가나안 땅에 들어갈 수 없게 된 일에 대하여 서운한 감정이 묻어나는 표현을 하면서, 아쉬움을 반복적으로 드러낸 경우도 보여주고 있는 책이 바로 신명기였다. 모세의 기록에서 나타났던 이런 반복법은 아쉬운 감정을 스스로 다스려 보고, 마음을 다잡아 보려는 노력의 흔적일 수도 있다. 혹은 새로운 세대가 율법 학습을 효과적으로 할 수 있도록, 교육적인 측면에서 시도했던 교수법이었을 수 있다. 반복해서 말씀하시는 어른들의 잔소리 속에 실은 사랑의 마음이 담겨 있는 것처럼, 신명기 본문에서 나타나는 율법의 반복 현상은 새로운 세대를 향한 모세의 마음을 무의식적으로 표현했던 것일 수 있었다. 그런데 그런 모습들 가운데는 모세를 통해 다시 율법을 가르치고 말씀으로 새로운 세대를 만나고자 하셨던 하나님의 마음이 숨겨진 형태로 담겨 있었던 것으로 볼 수도 있다. 다양한 형식의 반복법은 신명기의 특징으로 해석해 볼 수 있다.

3. 신명기는 어떤 뜻을 담고 있는 책일까?

모세는 하나님을 믿고, 하나님의 백성으로서 살아가는 길은 하나님의 형상대로 창조된 사람이 하나님을 닮아가는 길이며, 그것은 '하나님의 형상' 혹은 이방 종교의 '우상'^{형상} 만들기가 아니라 '하나님의 말씀'으로서 율법대로 '따라 살기'이며, '실행하기'의 문제였다고 반복해서 이스라엘 자손을 가르쳤다.[6] 하나님의 율법이 대상으로 삼았던 것은 사람만이 아니었다. 율법서의 명령들은 남성과 여성과 종들과 주인들과 가축과 들짐승과 모든 생명체와 땅을 향하고 있으며, 생태계를 구성하는 모든 피조물을 포함하기도 한다^{레 25장, 19장}. 신명기 율법의 대상과 범위도 마찬가지이다. 율법의 가르침을 마무리하는 신명기는 모세가 사라짐으로 끝난다. 그러나 현대의 많은 기독교 지도자들이 자신의 업적을 기념하기 위한 자서전을 쓰고, 학자들을 모아 자신의 목회 철학을 기리기 위한 논문집을 만들기도 했고, 기념비를 세우고, 건물을 건축하고, 자신의 이름을 붙인 학교와 병원과 기관을 세우기도 했다.

누군가는 자신의 흔적과 자랑을 이어가기 위해서 자기 자식과 가까운 친족에게 교회를 세습하기도 하고, 자기 사람을 곳곳의 요직에 세움으로 또는 자신의 이름을 기리기 위한 기념사업으로 이어가려고 애써왔던 교회 안팎의 지도자들 모습은 다양한 듯 달라 보이지만 실은 너무도 비슷하다.

---

6   하나님의 '형상'을 표현하는 〈첼렘〉과 〈드무트〉는 문맥에 따라서 이방 종교에 적용되면 '우상'으로 번역되는 히브리어 낱말이었다.

마치 온 세상은 사계절 '물망초 꽃'으로 뒤덮여 버린 듯하다[7]. 이런 모습은 우리나라에서만 나타나는 현상이 아니라 어쩌면 부와 명예와 힘과 권력을 가졌던 사람들이 살았던 곳이면 시대와 국경을 초월해서 사람의 마지막 준비가 다양한 듯 서로 닮은 꼴로 나타나고 있는 공통된 현상일 수도 있다. "호사유피 虎死留皮 인사유명 人死留名"이라는 옛 어른들의 말도 그래서 나온 것일 수 있다.[8]

그러나 신명기는 모세가 사라짐으로 모든 것이 마무리되는 책이다. 결국은 출애굽의 구원자와 광야의 인도자와 율법의 수여자는 하나님이라는 사실을 증언하는 책이며, 그 하나님은 이스라엘 백성들에게 말씀하시는 '말씀의 하나님'이며, 추억 속에서 사라져가는 화석과 같은 존재가 아니라 오늘도 하나님의 자녀들을 사랑하시고, '하나님 사랑'의 계명을 통해서 동등한 사랑을 당당하게 요구하시며, 오늘도 말씀으로 하나님의 사람들과 동행하시는 살아계신 하나님이심을 선포하는 책이기도 하다. 결국 신명기는 모세는 사라지고 하나님의 말씀만 남아야 한다는 사실과 모세를 위한 '모세의 사람'이 아니라 하나님의 말씀에 순종하며 하나님과 동행하며 인생을 살아갈 수 있는 '하나님의 사람'들을 준비시키고 떠날 수 있는 사람이 참된 지도자임을 말해준다.

---

[7]   물망초 꽃의 꽃말은 "나를 잊지 마세요"로 알려져 있다.
[8]   호랑이는 죽어서 가죽을 남기고, 사람은 죽어서 이름을 남긴다는 뜻을 갖는 한자의 '사자성어'이다.

율법서에서의 신학 산책

벨하우젠[J. Wellhausen]은 율법서에 관하여 연구하면서 "여호와"로 번역된 '신명사문자'[Tetragrammaton]를 사용하는 본문을 남유다 지역에서 출발한 J자료로 구분하고, "하나님"으로 번역된 〈엘로힘〉이라는 신명을 사용한 본문을 E자료로 구분했다. 신명기의 유일신 신앙과 순종-불순종의 가치 판단 기준을 강조하는 자료를 D자료로 분류했으며, 정형화된 문장들이 많이 사용되고 제사와 관련된 주제가 많이 등장하는 본문을 P자료로 구별하면서 J-E-D-P 문서가설을 정립하였다.[9] 하지만 유대인 학자들 가운데서는 포로기 이전 시대에 P가 이미 있었다는 생각을 가지고 J-E-P-D의 순서를 주장하는 이들도 있으며, 이러한 유대인 학자들의 견해를 따른다면 기원전 8세기까지 거슬러 올라가는 제사장 문서[P]의 기원을 추정할 수 있다[J. Milgrom, M. Weinfeld]. 그렇다면 이론적으로는 이스라엘 자손이 포로가 되어 바벨론 땅에 끌려가 살게 되었던 포로기에 회당 예배의 전통이 시작되었을 때, 레위기 제사 율법의 낭송으로 예루살렘 성전의 제사를 대신할 수 있었다는 설명도 가능하다. 그러나 자료 가설은 역사비평학자들 사이에서도 일치점에 도달하지 못했으며, 더욱 세분화하는 방향이나[E. Zenger], J 기자 혹은 신학자의 존재에 대한 의심과 존재 자체에 대한 부정적 견해와 함께 점차 약화되는 방향으로 명맥을 유지하고 있는 상황이다.

통시적[diachronic] 방법론으로 알려진 역사비평학[Historical Criticism]은 과학적 이성주의와 진화론적 사고와 인식론을 전제로 구약성경을 고대의 일반 문헌

---

9   Julius Wellhausen, *Prolegomena to the History of Ancient Israel* (Cleveland: The World Publishing Company, 1961) 참조.

가운데 하나로 볼 것을 제안하였다. 역사비평학은 자료비평과 양식비평과 전승사 비평과 편집 비평의 다양한 주석 방법론의 모색을 통해 발전하였다. 예를 들어, 신명기 26장 5-10절을 고대 이스라엘인들의 초기 신앙고백으로 보았던 폰 라트von Rad는 몇 개의 고대 신앙고백문들이 함께 결합되고, 전승사 속에서 발전되면서 오늘의 율법서 형태가 이루어지게 되었다고 보았다.

폰 라트는 창세기의 땅에 관한 약속이 완성되는 여호수아서를 포함하여 〈육경〉설을 주장하기도 했고, 반면에 노트M. Note는 신명기의 독특성과 중요성을 강조하면서, 신명기가 이후 역사서의 기준과 틀이 되고 있다고 보았고, 나머지 율법서의 책들을 가지고 〈사경〉설을 주장하기도 했다. 구약성경을 주석하는 데 있어서 역사 비평적 시각에서 율법서를 바라보았던 이들은 성경 본문 자체의 역사와 본문의 진위 문제에 관한 의심으로부터 출발하여 실제로 있었던 본문 이전의 역사를 찾아내고, 현재의 본문을 재구성하기 위해 노력했다. 그러므로 최종본문으로서 구약성경 자체에서 이야기하고 있는 모세의 저작권을 인정하지 않고, 본문에서 묘사하는 그 시대의 상황과 역사를 부정하고, 오경의 기록과 형성 시기를 포로기 이후로 전제하고 본문 주석을 시도했던 공통분모가 역사 비평적 입장의 기초에 놓여 있었다고 평가할 수 있다.

하지만 여전히 유대교와 기독교의 전통적인 입장은 모세와 출애굽 당시의 광야시대를 율법서의 역사적 배경으로 보아 왔다. 왜 이런 차이가 나타나게 되었던 것일까? 광야시대에도 왕과 왕국과 땅과 성전이 없었다. 북이스라엘과 남유다 왕국의 역사는 각각 앗시리아주전 722와 바벨론주전 586 제국에 의해 멸망 당하면서 종말을 고했고, 이스라엘 자손들이 포로로 끌려가게 되면서 왕과 왕국과 땅과 성전이 없어진 포로기 시대를 맞이하게 되었다. 광야시대에는 이스라엘 자손들에게 가나안 땅에 들어가서 그 땅을 정복해야 하는 과업이 주어져 있었고, 가나안 땅에 정착한 이후에 새로운 왕국을 세워가야 하는 상황이었다면, 포로기에는 이방 땅에서 가나안 땅으로 귀환해야 하는 과업과 다시 이스라엘 민족의 왕국을 재건해야 하는 과업이 있었다는 점에서 두 시대의 유사성을 비교해 볼 수 있다.

　　그렇다면 율법서의 역사적 배경을 광야 상황과 포로 상황이라는 서로 다른 관점에서 바라보려는 주장의 구약 본문 상 근거 제시와 해석 가능성은 율법서를 어떤 전제를 가지고 해석하고 연구할 것인가라는 개인적인 선택에 따라 달라지는 문제가 될 수 있다. 이 책에서는 하나님의 말씀으로서 구약성경의 권위를 존중하고, 최종본문으로서 본문 자체에서 말하는 역사를 전제로 두고, 구약성경 본문에 관한 해석과 접근과 논의를 전개해 가려고 한다.[10] 하지만 역사비평학 분야의 업적과 연구 결과들은 절대적 부정이 아니라 본문 연구를 위한 다양한 요소들 가운데 하나로써 활용하거나 관련 내용과 주제들을 논의하게 될 것이다.

10 　최종본문이 진술한 역사를 본문 해석의 전제로 놓고 구약 본문을 주석하는 방법론적 제안과 시도는 이미 '정경적 전개'(Canonical Unfolding)에 관한 연구를 통하여 지속적으로 이루어져 왔다. 김진명. "레위기 19장의 정경적 전개에 관한 주석적 연구." (미간행 박사학위(Th.D) 논문. 장로회신학대학교, 2007).

Ⅱ. 역사서

　　기독교 경전으로서 구약성경 역사서의 범위는 '여호수아'에서 '에스더'까지의 책들이다. 원래 히브리어로 기록된 성경에서는 '여호수아, 사사기, 사무엘, 열왕기'는 '전기 예언서'로 분류하였고, '역대기, 에스라, 느헤미야, 에스더'는 '성문서'에 속해 있었으나, 칠십인경에 이르러 '역사서'라는 인식에 따라 재배열되었다. 역사서의 연대기적 배경은 주전1200년경에서 주전 400년경까지의 약 800여 년의 역사를 포함하고 있다. 역사서술의 관점은 모든 면에서 하나님과의 관계를 강조한 하나의 **'신앙적 역사관'**이라고 할 수 있다. 이러한 특징을 확인할 수 있는 구체적인 내용은 열왕기상 16장 23-28절의 북이스라엘의 왕 오므리에 관한 평가와 앗시리아의 역사 기록에서 북이스라엘을 '오므리가'로 지칭했던 내용을 비교한 다음의 자료를 통해서도 확인해 볼 수 있다:[1] "성경은 오므리의 통치를 5, 6절로써 대충 설명하고 넘어가고 있지만왕상 16:23-28, 그는 분명히 매우 유능한 인물이었다. 앗시리아인들은 오므리 왕조가 전복된 뒤에도 오랫동안 북부 이스라엘을 '오므리가'로 지칭하였다. 이스라엘의 국력 회복을 위한 오므리의 정책은 주요한 특징들에서는 다윗과 솔로몬의 정책을 본받았다… 오므리 자신은 아합을 두로의 왕 이토바알의 딸 이세벨과 혼인시킴으로써 이토바알과 동맹을 확증하였다왕상 16:31 …."

　　세상 역사 기록에도 사관이라고 부르는 역사 기록의 '관점'이 있다. 구

---

[1]　John Bright, *A History of Israel*, 박문재 역, 『이스라엘 역사』(서울: 크리스챤다이제스트, 1994), 330.

약성경의 역사 기록으로서 역사서에 속한 책들에서도 '관점'의 문제를 생각해 볼 수 있다. 구약성경은 종교적인 경전으로서 독특한 성격을 갖고 있으며, 역사적인 인물들에 관한 업적의 평가도 다른 시각으로 바라보았다. 세상 역사에서는 결과를 놓고 그 인물의 공과를 따지고 평가하며, 가끔은 그 과정을 중시하는 역사가에 따라서 다른 평가가 나오기도 한다. 그러나 성경의 역사관은 철저하게 신앙적이며 동시에 신학적이다. 하나님의 시각과 하나님의 마음과 하나님의 관점에서 역사적 사건과 사람을 평가한다.

한 시대를 지배했던 한 왕에 관한 평가에서 반복적으로 나타나는 표현은 '여호와 보시기에 악을 행하였다'라는 말이나 '여호와 보시기에 정직하게 행하였다'라는 말이 사용되었으며, 여기에서는 업적의 양과 크기가 문제 되지 않는다. 다만 하나님과의 관계성 속에서 얼마나 진실하게, 정직하게, 올바른 마음을 가지고 살았는가 하는 관계성의 문제가 평가되었다. 구약성경의 역사서는 단순한 역사적 사건의 분석과 과거와 현재의 대화에서 멈추지 않는다. 이 역사서의 기록과 본문은 하나님의 시각과 관점으로 사건을 바라보고, 사안을 분별하며, 하나님과 사람 앞에서 결단하는 훈련을 요구하는 독특한 성격을 갖는다.

『여호수아』 - 약속과 성취의 주 하나님

여호수아는 가나안 정복 전쟁의 역사를 통하여 약속과 성취의 주 하나님을 선포한 책이다. 족장들에게 약속하신 가나안 땅을 이스라엘 자손에게 어떻게 주셨는지 그 구체적인 과정을 이야기해 주고 있다. 주전 12세기경 이루어진 이스라엘 민족의 가나안 땅 정착 과정의 역사 기록이다. 1-12장은 가나안 정복 전쟁의 이야기이고, 중앙산지의 전쟁6-8장과 남쪽 전쟁9-10장과 북쪽 전쟁11장의 기록으로 이루어져 있다. 13-24장은 가나안 땅 분배와 세겜에서의 계약 의식으로 구성된 기록이다.

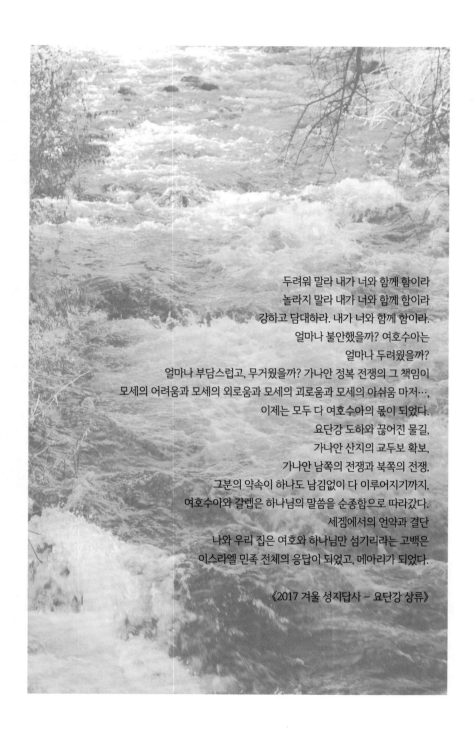

두려워 말라 내가 너와 함께 함이라
놀라지 말라 내가 너와 함께 함이라
강하고 담대하라. 내가 너와 함께 함이라.
얼마나 불안했을까? 여호수아는
얼마나 두려웠을까?
얼마나 부담스럽고, 무거웠을까? 가나안 정복 전쟁의 그 책임이
모세의 어려움과 모세의 외로움과 모세의 괴로움과 모세의 아쉬움 마저…,
이제는 모두 다 여호수아의 몫이 되었다.
요단강 도하와 끊어진 물길,
가나안 산지의 교두보 확보,
가나안 남쪽의 전쟁과 북쪽의 전쟁,
그분의 약속이 하나도 남김없이 다 이루어지기까지,
여호수아와 갈렙은 하나님의 말씀을 순종함으로 따라갔다.
세겜에서의 언약과 결단
나와 우리 집은 여호와 하나님만 섬기리라는 고백은
이스라엘 민족 전체의 응답이 되었고, 메아리가 되었다.

《2017 겨울 성지답사 – 요단강 상류》

1. 『여호수아』[1] – 신앙이란 '무모한 도전'일까 아니면 '겸손한 순종'일까 혹은 둘 다일까?

"요단이 곡식 거두는 시기에는 항상 언덕에 넘치더라. 궤를 멘 자들이 요단에 이르며 궤를 멘 제사장들의 발이 물가에 잠기자, 곧 위에서부터 흘러내리던 물이 그쳐서 사르단에 가까운 매우 멀리 있는 아담 성읍 변두리에 일어나 한 곳에 쌓이고 아라바의 바다 염해로 향하여 흘러가는 물은 온전히 끊어지매 백성이 여리고 앞으로 바로 건널새, 여호와의 언약궤를 멘 제사장들은 요단 가운데 마른 땅에 굳게 섰고 그 모든 백성이 요단을 건너기를 마칠 때까지 모든 이스라엘은 그 마른 땅으로 건너갔더라."[수 3:15-17]

---

1   여호수아서 참고 문헌: 이은우, "에발 산? 그리심 산? 예루살렘?: MT 여호수아 8장 30-35절의 본문과 문서의 역사연구." 『장신논단』 48-2 (2016.06), 13-35: 최종원, "여호수아 24장 1-13절의 전승사와 육경의 구성사적 접근에 대한 연구." 『구약논단』 29-4 (2023.12), 170-200.

벤야민 웨스트Benjamin West의 1800년 작품 〈언약궤와 함께 요단강을 건너는 여호수아〉Joshua passing the River Jordan with the Ark of the Covenant[2]는 모세와 출애굽한 이스라엘 자손들이 홍해를 건너는 기적을 경험했던 것처럼 이스라엘 민족의 새로운 광야 세대가 요단강을 건너는 장면을 묘사하고 있다. 그림의 배경이 된 여호수아 3장에서는 이스라엘 자손의 앞에서 언제나 앞장서 가던 언약궤와 언약궤를 맨 제사장들이 먼저 요단강에 들어가 굳게 설 것을 하나님께서 명령하시고, 제사장들이 즉시 순종하여 하나님의 출애굽 구원 역사의 완성을 향해 가는 여정 가운데서 온전한 역할을 감당하였음을 이야기해주고 있다. 그림 좌편에는 화가가 그림을 그리던 당시의 갑옷과 투구를 쓰고 있는 병사들과 지휘관의 모습이 묘사되어 있다.

백마 탄 인물은 모세의 후계자로서 가나안 전쟁과 **요단강**^{QR} 도하의 책임을 맡았던 여호수아였을 것으로 보이며, 그림의 우편에 언약궤를 맨 제사장들과 함께 가장 앞에 맨발로 서 있는 인물은 가슴의 흉패와 관을 쓴 모습으로 볼 때 대제사장을 묘사한 것으로 볼 수 있다. 여호수아와 이스라엘 자손들이 요단강을 건너던 시기는 겨울철 우기를 지나 봄철을 맞이하는 상황이었고, 지금은 수량이 많이 줄었지만, 그 당시에는 강둑을 범람할 정도까지의 충분한 수량의 물

이 우기를 지난 시기에 요단강으로 흘러  들고 있었다고 본문 3장 15절에서는 요단강 도하의 상황을 묘사해 주었다.

웨스트는 그림에서 요단강을 건너가야만 하는 이스라엘 자손들의 맨 앞에서

---

2   Benjamin West(1738-1820), 〈Joshua passing the River Jordan with the Ark of the Covenant〉 (1800), oil on panel, 67.7×89.5cm, Art Gallery of New South Wales, 그림 출처: https://en.wikipedia.org/wiki/File:Benjamin _West_-_Joshua_passing_the_River_Jordan_with_the_Ark_of_the_Covenant_-_Google_Art_Project.jpg

하나님의 명령에 순종하여 그 당시 요단강물에 가장 먼저 뛰어들어 발을 담그고 굳게 서 있어야 했을 대제사장엘르아살을 묘사하면서, 심난한 마음과 당황스러움이 그의 눈길과 표정에 그대로 나타나고 있는 모습으로 그렸다. 하늘을 향한 경건한 눈길도 아니고, 굳건하게 정면을 직시하는 눈빛도 아닌, 어딘가 불안하고 어색하게 뒤편을 향하고 있는 제사장의 눈길과 표정에서 많은 생각을 해보게 된다.

언약궤는 하나님의 임재하심의 상징물이었고, 그 언약궤 위에는 하나님의 임재하심과 인도하심의 상징으로서 구름 기둥도 함께 그려져 있다. 그러나 제사장은 하나님께 직분을 선물로 받은 사람이었고민 18:7, 백성의 어른으로서 모든 사람의 앞에서 앞서 걸어가야 하는 책임을 부여받았다. 눈길을 걸어가는 사람은 발걸음을 어지러이 옮기지 말아야 하듯이, 모래와 광야의 메마르고 거친 흙을 밟으며 언약궤를 어깨에 메고 이동하던 제사장들 혹은 레위인들은 신중하게 발걸음을 내디디고, 백성들이 따라올 만큼의 보폭을 유지하는 일도 중요했을 것이다.

그럼에도 불구하고 새로운 상황 가운데서, 아무도 가지 않은 길을 가고, 아무도 행했던 적 없는 일을 행하는 것은 언제나 무모한 도전일 수밖에 없다. 하나님의 말씀대로 먼저 제사장들의 발이 요단강 물에 닿았을 때 흐르던 강물이 멈추는 기적을 모두가 경험할 수 있었고, 결국 신앙이란 하나님의 말씀에 자신의 한계를 넘어서는 행동이며 실천임을 보여주었다. 웨스트는 대제사장의 인간적인 고민과 고독하고 불안하지만 '제사장'과 '어른'으로서 어려운 일을 가장 먼저 감당해야 했던 심리 상태를 진솔하게 그의 그림 가운데서 표현하고자 했던 것으로 보인다. 백성들이 모두 요단강을 건너간 후에 마지막 발걸음을 옮겼던 이들도 제사장들이었다수 4:11.

대제사장과 제사장과 레위인들이 하나님의 명령에 겸손하게 순종하는 모습을 보고 백성들도 저마다 자신에게 주어진 소임을 감당하며 요단강을 건널 수 있었을 것이다. 언약궤와 대제사장 사이의 공간과 그 아래 공간들에서는 원래는 강바닥에 놓여있던 돌들을 요단강의 마른 땅에서 지파별로 하나씩 들어 옮기는 이스라엘 사람들의 모습도 묘사되어 있다. 그림 속 인물들은 저마다 각자의 일들로 분주하다.

언약궤와 제사장들을 지나는 무장 군인들의 모습과 그 뒤를 따르는 부녀자들과 아기를 동반한 군중의 이어진 행렬은 '약속의 땅' 가나안을 얻기 위한 순종의 길이 누구 한 사람의 업적이 아니라, 출애굽 한 이스라엘 민족의 두 번째 세대가 함께 어우러져 더불어 걸어갔던 길이었음을 웨스트의 작품은 시각적으로 보여주고 있다. 그림 속 인물들의 모습은 냉정과 열정 사이처럼, 무모함과 겸손함 사이에서 하나님의 말씀에 순종하여 새로운 도전을 감행했던 이들의 현실을 그대로 비춰주는 듯하다.

2.「여호수아」- 약속과 성취의 주 하나님

"또 이스라엘 자손이 애굽에서 가져온 요셉의 뼈를 세겜에 장사하였으니 이곳은 야곱이 백 크시타를 주고 세겜의 아버지 하몰의 자손들에게서 산 밭이라 그것이 요셉 자손의 기업이 되었더라."^{수 24:32}

여호수아서는 출애굽 해방과 구원 사건의 지도자 모세가 세상을 떠난 후에 다음 세대의 새로운 지도자 여호수아와 함께 이스라엘 자손들이 약속의 땅 가나안 땅에 어떻게 들어갔고, 그 땅의 거주민들과 어떤 전쟁과 전투를 치렀는지 말해주고, 아브라함과 이삭과 야곱과 요셉과 모세에게 주셨던 하나님의 약속이 구체적인 현실과 역사 가운데서 어떻게 성취되었는지를 보여준다. 그런 의미에서 이 책은 말씀으로 약속하시고 그 약속을 반드시 이루고 완성하시는 하나님에 관하여 증언하는 책으로서 '약속과 성취의 주 하나님'을 선포하는 책이라고 할 수 있다. 이스라엘 자손은 언약궤를 앞세우고 요단강을 건넌 후에 갈라진 요단강 강바닥에서 가져온 지파 별 열두 개의 돌을 제사장들이 요단강 마른 땅에 서 있던 곳과 길갈에 진을 친 곳에 세워서 그 일을 기념하도록 하였다. 이곳에서 할례를 행한 후에 이스라엘 자손들의 첫 전투는 여리고 성 정복과 아이 성 전투로 이어졌으며, 아골 골짜기의 기원이 된 아간의 범죄와 아이성 전투에서의 패배 문제를 해결한 후에 에발 산과 그리심 산에서의 축복과 저주의 율법 선포와 헤브론 정복을 위한 전투가 진행되었다.

여호수아와 이스라엘 자손들이 가나안 땅을 정복하기 위하여 '가나안 전쟁'삿 3:1 "가나안의 모든 전쟁들"-개역개정을 시작했을 때 처음 대면한 성읍은 '여리고QR'였다. 요단 동편 싯딤에서 여호수아는 정탐꾼 두 사람을 여리고 성으로 보내어 조사하도록 했다. 그러 나 기생 라합의 집에서 유숙하던 정탐꾼들이 여리고 성의 왕과 군사들에게 발각될 위험에 처하게 되자 라합은 그들을 숨겨주었고, 그와 그의 가족의 구원을 약속하는 조건으로 그의 집 창문을 통해 두 정탐꾼이 달아날 수 있도록 도와주었다. 정탐꾼들의 여리고 성 탈출이 가능했던 것은 기생 라합의 집이 성벽 위에 있었기 때문이었다수 2:15. 그런데 왜 성벽 위에 라합의 집이 있었던 것일까?

단순히 전망 좋은 조건의 문제는 아니었으며, 그 당시에 내성과 외성의 구조를 갖추었던 여리고 성은 왕족과 귀족들이 최후까지 생존할 수 있도록 하는 안전지대인 내성에 살았던 것으로 보인다. 외성의 가장 바깥쪽은 전쟁이 벌어지면, 가장 먼저 적의 공격을 받게 되는 위치였고, 성벽의 방어를 위하여 '전장'으로 뒤바뀔 수도 있는 곳이었기에 주거지역으로서는 가장 취약한 지역이었다고 볼 수 있다. 이곳에 기생 라합의 집이 있었다는 것은 그의 사회적 지위나 신분이 상류층이나 귀족과 부자들과는 무관한 사람이었음을 간접적으로 말해주는 요소이기도 하다. 그러나 그는 하나님이 이스라엘 민족에게 가나안 땅을 주실 것을 믿었고, 이스라엘 정탐꾼들에게 여리고 성에서 하나님의 말씀이 이루어질 때 그와 그의 가족의 목숨을 구해줄 것을 요구했다수 2:9-14. 훗날 여리고 성 전투에서 살아남게 되었던 라합은 유다 지파의 살몬과 결혼하여, 룻기에 나오는 보아스의 어머니가 되었고, 다윗의 조상이 되었으며, 예수 그리스도의 탄생까지 이어진 족보에 이름이 언급된 여인들 가운데 한 사람이 되었다^{마 1:1-16. 5}. 라합의 직업과 그의 가문과 재산과 사회적 지위와 집의 위치는 사람들의 시각과 평가의 기준에서 볼 때 하찮고 보잘것없는 조건만 가진 사람으로 취급되었을 수 있다. 그러나 그가 가지게 되었던 하나님에 대한 믿음은 그와 그의 가족의 운명을 바꾸었고, 그의 생애는 하나님의 구원 역사에서 하나의 디딤돌 역할을 하게 되었다. 누구나 한번 태어나 살아가는 인생에서 정답은 없다. 그 인생을 살아갈 때 하나님과 동행하는 삶을 살아갈 것인가 아니면 하나님이 없는 것처럼 불신앙 가운데 살아갈 것인가라는 문제 앞에서 어떤 선택과 결단을 하는가에 따라서 인생의 방향과 의미는 완전히 달라질 수 있다. 기생 라합의 이야기는 이 주제에 관하여 말해주는 이야기이기도 하다.

.... 왜 여리고 성 전투에는 모든 생명체를 죽이는 '진멸'〈헤렘〉의 전쟁 원칙이 적용되었을까?

여리고 성 전투에서는 호흡이 있는 모든 것을 멸하는 구약의 〈헤렘〉 원칙이 적용되었다. '진멸'을 뜻하는 〈헤렘〉이 적용된 이 사건에 관하여 사람들은 구약과 구약의 하나님의 잔인성을 지적하고, 더 나아가 구약성경을 경전으로 가지고 있는 기독교를 비판하는 근거 사례로 사용하기도 한다. 그러나 여리고 성 전투는 현대 전쟁의 기준을 적용할 수 없는 약 3,500여 년 이전 시대의 고대 전쟁의 문제였으며, 일반 전쟁이 아닌 종교적 전쟁의 성격을 갖는 사건이었다. 우선, 여리고 성은 가나안 땅의 신들에게 속한 소유이며, 그 성과 그 성읍의 주민은 다 그들이 섬기는 신들에게 속한 사람들로 여겨졌다. 그러나 가나안 땅의 첫 성읍으로서 여리고 성의 정복은 가나안 땅 전체가 그들이 섬기던 거짓 신들과 우상의 것이 아니라 세상 역사의 주권자이며 온 세상의 왕이신 하나님께서 이스라엘 민족에게 소유로 주신 하나님의 기업이며, 하나님의 것임레 25:23을 선언하는 상징적인 의미를 여리고 성 전투에서 확인할 수 있다.

가나안 땅이 이스라엘 자손에게 주어진 사건은 아브라함과 하나님의 약속까지 거슬러 올라간다. 하나님은 아브람과 언약을 세우시고, 가나안 땅을 그의 자손들에게 주실 것을 약속하셨다. 그런데 그때는 그 땅에 거주하는 "아모리 족속"의 죄악이 그 땅에 가득하게 되었을 때라는 표현을 창세기 15장 16절에서 확인해 볼 수 있다창 15:12-21. 그 땅이 죄악으로 가득하게 되었을 때 하나님의 심판이 임한다는 원리는 노아 시대의 대홍수 심판 선언에서 나왔던 말씀이며창 6:5, 그와 유사한 말씀은 하나님의 소돔과 고모라 성읍 심판 사건의 기록에서도 찾아볼 수 있다cf. 창 18:20-21. 여리고 성 전투에서 모든 생명체에 대한 '진멸'이 적용되었던 이유는 이 전쟁이 단순한 일반 전쟁의 차원이 아닌 하나님의 심판 사건으로서 의미를 갖는 사건이었기 때문이다.

이스라엘 민족의 여리고 성 전투와 가나안 땅 정복 사건은 이스라엘 민족의 시각에서 볼 때 하나님의 약속 성취로서의 뜻을 가질 수 있었다. 그러나 동시에 이 사건은 죄악이 가득한 땅과 나라와 민족에 대한 창조주 하나님의 심판 사건으로서 의미를 갖는 일이었다. 이스라엘 민족의 남북왕국 멸망사와 바벨론 포로 사건에서도 동일한 기준에 따라 이스라엘 자손의 죄악이 그 땅에 가득하게 되었을 때 하나님의 심판이 임했던 사실을 구약성경의 역사 기록에서 찾아볼 수 있다. 그러므로 가나안 정복 전쟁과 여리고 성 전투에서 〈헤렘〉의 전쟁 원칙이 적용된 일이 갖는 신학적인 의미를 구약 전체 역사의 맥락에서 바라보지 못하면 오해와 왜곡된 해석에 이르는 것은 당연한 결과라고 평가할 수 있다.

가나안 땅의 지형적인 특징상 중앙의 산지 지역에 있었던 **길갈**^{QR}은 일

종의 '전진 기지'와도 같은 역할을 했고, 여리고와 아이와 기브온과 에발산과 그리심산 등의 성읍과 산지 지역들은 이스라엘 군대의 가나안 남쪽 지역 정복^{남벌}과 북쪽 지역 정복^{북벌}을 위한 교두보 역할을 할 수 있었다. 여호수아 10장 40절에서는 여호수아의 군대가 네겝과 평지와 경사지의 모든 남쪽 지역을 정복하였다고 보도하였고^{막게다, 립나, 라기스, 헤브론, 드빌}, 11장 1절 이하의 본문에서는 하솔과 북쪽 산지와 긴네렛 지역과 헤르몬산 아래 지역 등을 포함하는 가나안 북쪽의 왕들과 민족들과의 전투에서 승리하고 모든 북쪽 지역도 정복함으로써 그 땅의 전쟁이 끝났다고 기록하였다^{수 11:23}.

이로써 이스라엘 자손의 가나안 정복 전쟁은 여리고 성 정탐과 요단강 도하^{1-4장}, 중앙산지의 교두보 확보^{5-8장}, 남벌^{9-10장}과 북벌^{11장}의 순서로 전개되었으며, 약속의 땅 가나안 정복을 위한 큰 틀에 해당하는 '전쟁'은 종결되었다. 그렇지만 가나안 땅에 잔존한 다양한 규모의 여러 민족과 치러야 했던 소규모 국지전의 수많은 '전투'들은 이스라엘의 가나안 정착 이후 시대까지 이어지게 되었다. 그러므로 여호수아서 본문에는 '전쟁이 끝났다'는 여호수아 11장 23장의 표현과 13장 1절에서 '아직 얻을 땅이 매우 많이 남아 있다'는 기록이 한 책에 함께 기록될 수 있었다고 설명할 수 있었다. 왜냐하면 '전쟁'과 '전투'는 그 규모에서 차원이 다른 개념이지만, 함께 연결된 군사 용어들이기도 했기 때문이다.

요단강 동서쪽의 땅 가운데 모세와 여호수아 때에 정복한 지역과 정복하지 못한 지역의 목록은 12-13장에 기록되어 있고, 지파별 땅 분배와 이

후의 정복과정은 14-22장까지의 내용을 구성하고 있다. 여호수아 23-24장에는 여호수아의 마지막 유언과 세겜에서 온 이스라엘 자손이 여호수아와 더불어 신앙의 결단과 언약을 맺었음을 기록하였다.

.... 요셉의 유골을 세겜^{QR}에 매장했다는 기록이 뜻하는 것은 무엇일까?

여호수아서의 마지막 24장 29-33절에서는 모세를 이었던 지도자 여호수아와 아론을 계승했던 제사장 엘르아살의 죽음을 기록하면서 그 가운데 32절에서 요셉의 뼈를 애굽에 서부터 가지고 나왔던 이스라엘 자손들이 비로소 세겜에 장사하였다는 내용을 함께 수록하였다. 이 본문은 창세기 50장 25절과 연결되어 있으며, 다음과 같이 병렬시켜 기록해 볼 수 있다.

"요셉이 또 이스라엘 자손에게 맹세시켜 이르기를 하나님이 반드시 당신들을 돌보시리니 당신들은 여기서 내 해골을 메고 올라가겠다 하라 하였더라."^{창 50:25}

"또 이스라엘 자손이 애굽에서 가져 온 요셉의 뼈를 세겜에 장사하였으니 이곳은 야곱이 백 크시타를 주고 세겜의 아버지 하몰의 자손들에게서 산 밭이라 그것이 요셉 자손의 기업이 되었더라."^{수 24:32}

그 사이의 시간은 이삼백 년을 훌쩍 뛰어넘는 기간 혹은 그 이상의 세월과 시간이었을 수 있었다. 최소한 출애굽 이후 광야 40년 동안 출애굽 첫 세대가 광야에서 거의 전멸하고, 그만큼의 새로운 광야 세대가 성장하면서 굴곡진 역사를 이어갔던 그 기간을 포함하고 있다. 말과 글로 이루어지는 사람과 사람 사이의 약속과 때로는 하나님과 사람 사이의 약속마저도 너무도 많이 남발되거나 가볍게 여겨지는 오늘의 시대를 돌아보며, 이 본문을 들여다보면, 과연 성경 속 약속과 신앙이란 무엇일까의 주제를 다시 묵상하며 생각해 볼 수밖에 없다. 요셉과 이스라엘 자손들의 약속과 더불어 하나님의 약속이 성취되어간 긴 여정을 기록했던 여호수아서는 '기다림'과 '견딤'이라는 새로운 주제어를 가지고 다시 현실 속에서 하나님을 믿는 믿음과 언약과 계약과 약속이라는 말과 표현들을 생각해보게 한다. 여호수아서는 구약의 하나님은 '약속과 성취의 하나님'이라는 선포와 더불어 그 때의 이스라엘 민족은 약속의 문제에 있어서만큼은 자신들이 섬기던 그분을 참 많이 닮은 사람들이었다는 결론을 보여준다.

3. 여호수아서는 어떤 뜻을 담고 있는 책일까?[3]

여호수아서는 하나님께서 아브람을 부르시고 하나님의 인류 구원 역사를 새롭게 시작하셨을 때 아브라함이라는 새로운 이름을 그에게 주시고, 하나님을 믿는 사람들에게 믿음의 조상으로서 본이 되는 삶을 살아가도록

---

3 신학적인 문제들
  1) 가나안 정복에 대한 여러 가설(이론)들
   (1) 정복 전쟁: 올브라이트(W. F. Albright), 야딘(Y. Yadin): 구약성경 본문과 기존의 전통적 해설
   (2) 평화적 유입: 알트 (A. Alt), 마틴 노트 (M. Noth): 점진적 정착과 지파연맹 (amphyctiony) 가설
   (3) 농민(혁명)봉기: 멘덴홀 (George E. Mendenhall), 갓월드 (Norman K. Gottwald): 가나안 내부의 도시 지배층에 대한 촌락의 농민들의 혁명(이집트에서 도망 나온 소수 히브리 노예들의 자극으로 인한 요단 동편의 시작 - 요단 서편으로의 확산으로 인한 내부 혁명)
      위의 내용은 Ian Provan, V. Philips Long, Tremper Longman III, *A Biblical History of Israel*, 김구원 옮김, 「이스라엘의 성경적 역사」(서울: 기독교문서선교회, 2013), 285-309의 내용을 요약 정리함.)
  2) 논쟁의 출발점은?
   - 완전점령(일시에): 수 10:42, 11:23, 19:51, 21:43-45 / 부분점령(점진적): 수 15:63, 17:12
   - 성경의 오류와 모순인가? 아니면 최종본문 상의 다른 설명은 불가능한가?
   cf. '전쟁'/'전투' 차이

그의 생을 이끌어 가시면서 아브라함에게 주셨던 약속들이 있었다. 그 궁극적 약속은 모든 민족이 그로 말미암아 복을 얻게 된다는 것이었고, 이 약속은 하나님의 아들 예수 그리스도에 의하여 성취되었다. 그러나 그와 더불어 하나님께서 아브라함에게 주셨던 몇 가지 약속들이 있었다. 자손과 땅과 이름과 그를 복이 되게 하신다는 말씀이었고, 하나님의 약속은 아브라함과 그의 후손 이스라엘 자손의 역사 속에서 하나씩 성취되었다^{cf. 창} 25:12-16, 출 1:7.

여호수아서는 하나님께서 아브라함과 이삭과 야곱과 그 후손들에게 주시겠다고 말씀하셨던 "젖과 꿀이 흐르는 땅"^{출 3:8}의 약속을 모세를 통하여 재확인해주셨고, 마침내 이스라엘 자손에게 주셨다는 사실을 통하여 하나님은 역사의 주인이시며, 구속사의 주권자이시고, 역사를 이끌어 가시면서 약속하신 바를 반드시 성취하시는 주 하나님이시라는 사실을 구체적으로 증언하고, 가르쳐 주고, 보여주는 책이라고 할 수 있다. 이사야 선지자는 하나님의 말씀과 그 성취에 관하여 매우 인상적인 예언의 말씀을 우리에게 전해 주었다.

"이는 내 생각이 너희의 생각과 다르며 내 길은 너희의 길과 다름이니라 여호와의 말씀이니라 이는 하늘이 땅보다 높음 같이 내 길은 너희의 길보

---

3) 여호수아서에 기록된 가나안 정복 전쟁의 특징
  거룩한 전쟁(Holy War) - 모든 전쟁은 하나님께 속한 것으로 하나님의 명령과 지시를 어기거나 무시할 경우 패할 수밖에 없는 전쟁을 거룩한 전쟁이라 함.
  * 하나님의 약속과 그 말씀을 성취시키는 하나님의 전쟁: 인간에 의해 결정될 수 없음.
  수 10:42 "이스라엘의 하나님 여호와께서 이스라엘을 위하여 싸우셨으므로 여호수아가 이 모든 왕들과 그들의 땅을 단번에 빼앗으니라."
결론) 전쟁은 국가와 민족 전체 차원의 대규모로 진행되는 문제라고 한다면, 전투는 소규모의 국지전에 해당하는 개념이라고 할 수 있다. 그렇다면 여호수아서의 '가나안 정복'이 단번에 이루어졌다는 표현은 전쟁에서의 승리를 뜻하고, 개별적인 지역별 '전투'는 여전히 지속되고 있었던 상황으로 파악할 수 있다. 그러므로 여호수아서의 두 가지 표현과 기록은 '전쟁'과 '전투'의 차원으로 해석할 수 있으며, 기록상의 오류나 자료의 차이 혹은 저자의 차이로만 주장할 필요는 없다.

다 높으며 내 생각은 너희의 생각보다 높음이니라. 이는 비와 눈이 하늘로부터 내려서 그리로 되돌아가지 아니하고 땅을 적셔서 소출이 나게 하며 싹이 나게 하여 파종하는 자에게는 종자를 주며 먹는 자에게는 양식을 줌과 같이 내 입에서 나가는 말도 이와 같이 헛되이 내게로 되돌아오지 아니하고 나의 기뻐하는 뜻을 이루며 내가 보낸 일에 형통함이니라."사 55:8-11

이사야 선지자가 그의 예언을 통하여 하나님의 말씀과 약속의 확실성을 증언하고 선포했다면, 여호수아서는 현실에서 하나님의 약속이 구체적으로 실현되었던 역사적 사건을 통하여 하나님의 말씀이 어떻게 성취되었는가를 보여주었다. 그러한 '하나님의 약속'이 성취되는 과정에는 약 400여 년 이상의 시간이 필요했으며, 그 속에는 모세의 80여 년 생애와 그 후의 광야시대 40년이라는 추가적인 시간과 기나긴 기다림의 시간이 함께 포함되어 있었다창 15:13, cf. 왕상 6:1. 모세와 함께 출애굽 했던 첫 번째 세대는 광야 유랑 40여 년의 동안 모두 다 죽었으며, 이스라엘 자손의 그다음 세대가 다시 나타나서, 하나님의 구원 역사를 이어갔다.

여호수아는 모세의 뒤를 이어 이스라엘 민족의 지도자가 되었고, 하나님의 백성을 이끌고, 요단강을 건너서 가나안 땅으로 들어갔다. 하나님은 여호수아와 그와 함께한 이스라엘 자손의 새로운 세대로서 광야에서 훈련받고, 자라났던 이스라엘 자손들을 통하여 출애굽 구원 역사를 완결시키셨다. 그러므로 여호수아서는 하나님께서 하나님의 약속을 여호수아와 이스라엘 자손의 광야 세대와 함께 성취해 주셨음을 선포하는 책이라고 할 수 있다.

『사사기』 - 반복하여 확인하시는 역사의 주 하나님

사사기는 이스라엘의 왕정 제도가 시작되기 전, "자기 소견에 옳은 대로" 살아가던 시대에 열두 명의 사사를 통하여 '죄악-심판-회개-구원'의 반복된 역사를 이끌어가시며, 그 속에서 이스라엘 민족의 신앙을 재확인하셨던 역사의 주 하나님을 선포하는 책이다. 주전 13-12세기에 가나안 땅에 도착했던 이스라엘 민족의 정착 과정의 어려움을 기록한 2-3백여 년의 역사를 기록한 사사기는 사사제도라는 이스라엘 민족의 독특한 정치체제를 보여준다. 비슷한 시기에 블레셋 민족도 지중해를 건너와 가나안 땅에 정착하면서 두 민족 사이의 생존 투쟁이 시작되었다. 사사기 1-16장은 사사들^{웃니엘, 에훗, 삼갈, 여사사 드보라, 기드온, 돌라, 야일, 입다, 입산, 엘론, 압돈, 삼손 - 12}명의 이야기이며, 17-21장은 사사시대 혼란상의 기록이다.

가나안 전쟁을 모르는 다음 세대
우상숭배와 죄악, 이방인의 침략과 압제, 부르짖음과 구원의 간구, 사사를 보내 구원하심…
열두 명의 사사들과 수레바퀴처럼 반복되는 길고도 짧은 역사 이야기,
인신제사를 금지하신 하나님께 자신의 딸을 승전 제물로 바친 입다,
스스로 왕이 되려 하였던 아비멜렉,
나실인이었지만 나실인 같지 않은 삶을
살았던 삼손,
에브라임 산지에 살던 미가가 만들었던
은 신상, 그 우상을 탈취하고
그 집에 있던 레위인 마저 데리고
불레셋 국경의 중부 지역에서 북쪽으로 이주했던 단 지파,
첩까지 두었던 레위인과 그의 첩을 욕보이고 죽음에 이르게 한
베냐민 지파의 기브아 사람들, 범죄한 그들을 보호하려고
다른 지파들과의 전쟁마저 마다하지 않았던 베냐민 지파와
나머지 열한 지파들 사이에서 벌어졌던 동족상잔의 비극…

《2014년 겨울 성지답사 – 골란고원》

구약을 그리다

1. 「사사기」[1] – '사람마다 자기 소견에 옳은 대로 행하면 일어날 일들은 무엇일까?'샷 17:6

"그때에는 이스라엘에 왕이 없었으므로 사람마다 자기 소견에 옳은 대로 행하였더라."샷 17:6

그때에는 이스라엘에 왕이 없었고…샷 18:1

이스라엘에 왕이 없을 그때에…샷 19:1

그때에 이스라엘에 왕이 없으므로 사람이 각기 자기의 소견에 옳은 대로 행하였더라.샷 21:25

---

1   사사기 참고 문헌: 박경식, "아비멜렉 이야기에 등장하는 세 개의 불명예 패턴." 「구약논단」 23-3 (2017.09), 38-74; 배희숙, "입다의 서원과 입다의 딸의 희생의 의의(삿 10-11장)." 「장신논단」 55-5 (2023.12), 157-84; 양인철, "미하일 바흐찐(Mikhail Bakhtin)의 대화 이론(Dialogism)에 기반한 사사기 4-5장 분석." 「구약논단」 29-1 (2023.03), 127-51.

폰샌Edouard Debat-Ponsan의 〈입다의 딸〉The Daughter of Jephthah2이라는 제목의 1876년도 작품은 사사기 11장의 본문을 소재로 그렸던 많은 그림 가운데서도 입다의 딸이 정면을 응시하고 있는 모습으로 묘사된 점이 매우 특이하고 인상적이다. 죽음을 앞둔 사람의 초연함을 담아낼 정도의 무표정함과 함께 그림을 마주 대하고 있는 이를 향하여 어떤 말이라도 할 것만 같은 느낌을 주는 이 작품을 바라보며 여러 가지 상상의 날개를 펼쳐 본다…

길르앗QR 사람 입다는 불우한 어린 시절을 지나 장성하였고, 암몬 자손이 이스라엘을 침략했을 때 길르앗 장로들의 요청으로 암몬과의 전투에 임하게 되었다. 사사로 세움을 받았던 입다마저도 하나님께서 금지하셨던 인신 제사레 20:1-5의 약속을 승전의 조건으로 걸고 출전하였고, 결국 그 약속이 없었어도 하나님께서 허락하셨을 승리를 거두고 돌아오게 되었다. 그러나 자신의 무남독녀인 딸이 승전하고 돌아오는 아버지 입다를 가장 처음 기쁨으로 환영하였고, 입다는 어리석기 그지없는 자신의 서원대로 딸을 번제로 드리게 되었다. 일부 주석가들은 입다의 딸이 성소에서 봉사하는 여인으로 헌신한 것을 표현한 은유법이라는 해석을 하기도 하지만, 사사기 11장 31절의 '번제'는 동물의 죽음을 전제하지 않고는 설명할 수 없고, 번제가 성소의 봉사자에 적용된 은유법의 용례도 찾기 어렵기 때문에 그렇게 해석하는 것은 오히려 무리가 있을 수 있다. 입다는 주변의 가나안 사람들 사이에 만연했던 '풍요다산 제의'의 풍습처럼, 사람을 제물로 바치는 것을 자신의 신들에게 최고의 선물을 드리는 것이라고 믿었던 이들의 영향을 받았을 가능성도 있다. 입다의 딸은 아버지의 서원에 동의하고, 오히려 아버지의 결정을 지지하고 나서, 두 달간의 말미를 청하고삿 11:36-37, 친구들과 산에 올라가서 애곡하며 지

---

2   Edouard Debat-Ponsan (1847-1913), 〈The Daughter of Jephthah〉 (1876), 그림 출처: https://commons.wikimedia.org/wiki/File:%C3%89douard_Debat-Ponsan_The_daughter_of_jephthah.jpg

냈다.

　그 후에 딸은 아버지 입다에게로 돌아왔고, 그의 아버지는 서원을 실행하였다. 입다는 하나님의 이름을 불렀고, 사사로서 활동하였는데, 레위기 18장과 20장의 율법18:21, 20:2에서는 금지했던 '인신제사'를 행했다. 그 비극적인 내용을 기록한 사사기 11장 36-39절의 내용은 폰샌의 작품 배경이 되었다. 이 사건은 과연 어떻게 해석해야 할까? 그런데 사사기 본문들 가운데 '자기의 소견에 옳은 대로 행하였다…'라는 사사기의 두 번에 걸친 결론삿 17:6, 21:25 문장에 주목할 필요가 있다. 두 번의 '자기 소견'대로 행했다는 말과 두 번의 '그때 왕이 없음'18:1, 19:1이라는 말과 결합된 형태로 강조된 이 본문은 이 본문은 사사시대의 혼란상과 각각의 사건들에 적용되는 사사기 자체의 종합적인 평가이기도 했다. 하나님의 말씀과 뜻에 따른 순종이 아니라 자기 소견에 옳은 대로 생각하고, 그것을 신앙으로 믿고, 무모한 실행을 감행하는 삶은 폭력적인 극단주의만큼이나 위험할 수 있다. 부활하신 예수님과의 인격적인 만남이 있기 전에 청년 사울은 '바리새인 중의 바리새인'이었다고 자부할 만큼 구약 성경에 관한 지식이 충분하였고, 신앙적인 열심은 누구보다도 특별한 사람이었으나, 결국 스데반 집사를 처형하는 일에 앞장섰고, 그 일을 옳다고 생각하였다.

　그렇다면 결국 중요한 것은 '자기의 소견'이 아니라 '하나님의 뜻'이며 '하나님의 말씀'이라고 할 수 있다. 이를 위하여 분별의 은사가 필요하고, 겸손하게 성령의 임재와 인도하심을 간구하며, 기도 가운데 깨어있는 신앙의 삶이 필요하다. 무엇보다도 하나님의 말씀과 하나님의 뜻을 바로 알고, 자신의 생각을 객관화할 줄 아는 훈련과 건강한 신앙공동체 안에서 그 생각을 검증하는 과정도 우리 그리스도인들과 교회의 지도자들 모두에게 필요하다고 말할 수 있다. 입다의 딸은 이름도 알려지지 않았다. 폰샌의 그림 속에서 두 달간 산 위에 머물며 지내는 동안 슬픔에 지친 친구들은 여기저기에 지쳐 쓰러져 있다. 그림 속 친구들의 눈빛과 표정은 때로는 분노로, 때로는 동정심으로, 때로는 견딜 수 없는 슬픔으로 가득 차 버렸다. 입다의 딸로 보이는 인물은 그림의 중앙에 앉은 채 입을 닫고 정면을 응시하고 있다. 그의 눈빛에서는 노여움이 느껴진다. 아버지의 승전을 누구보다 기뻐했을 딸을 죽음으로 내몰게 된 종교적 약속과 하나님께서 금하셨던 일마저도 종교의 이름으로 지켜야 한다고 굳게 믿었던 미신적인 확신과 자신의 아집에 하나님의 이름만 걸어 놓은 허울뿐인 경건에 대한 질타를 그림 속 '입다의 딸'이 소리의 언어가 아니라 눈빛으로 외치는 소리 없는 외침으로 느끼게 된다.

오늘도 여전히 신앙의 이름으로 저질러지고 있는, 안타깝고, 슬프고, 마음 아픈 소식들은 이 세상 속에 하나님에 대한 오해와 하나님의 말씀에 관한 무지함이 얼마나 만연한 것인가를 드러내 주고 있다.

"보혜사 곧 아버지께서 내 이름으로 보내실 성령 그가 너희에게 모든 것을 가르치고 내가 너희에게 말한 모든 것을 생각나게 하리라. 평안을 너희에게 끼치노니 곧 나의 평안을 너희에게 주노라. 내가 너희에게 주는 것은 세상이 주는 것과 같지 아니하니라. 너희는 마음에 근심하지도 말고 두려워하지도 말라." 요 14:26-27

오늘을 살아가는 그리스도인에게 정말 필요한 것은 신앙적인 자만이 아니라, 크고 작은 모든 일들 가운데서 그분의 임재를 인정하고 잠 3:6, 그분의 뜻을 구할 줄 아는 영적인 겸손과 어린아이와 같은 믿음일 것이다. 인자와 진리를 사랑하며 겸손히 주님과 동행하는 일상의 은혜를 구하는 그리스도인의 삶이 되어야 하겠다.

2. 「사사기」 - '반복하여 확인하시는 역사의 주 하나님'

"남겨 두신 이 이방 민족들로 이스라엘을 시험하사 여호와께서 모세를 통하여 그들의 조상들에게 이르신 명령들을 순종하는지 알고자 하셨더라."^{삿 3:4}

.... **하나님이 이스라엘 자손들에게서**
확인하려 하신 것은 무엇이었을까?

'가나안 전쟁'을 알지 못하는 세대가 나타나자, 하나님은 그에 관하여 교육하기를 원하셨다. 가나안 전쟁은 이스라엘 자손의 승리로 끝났으나, 아직 남아 있는 민족들이 있었고, 그들과의 전투는 계속되고 있었다. 사사들이 살아 있는 동안에는 하나님께서 그들과 함께 하셨으나, 사사들이 죽고 나면 백성들은 '가나안 풍요다산 제의'의 유혹에 너무도 쉽게 넘어갔고, 하나님께 대한 불순종과 우상숭배와 타락의 역사는 반복되었다. 그들이 다시 슬퍼하며 하나님께 부르짖으면, 하나님은 사사를 다시 세우시고, 압박과 괴로움에서 구원하시는 역사의 주기가 반복되었다^{2:16-18}.

유목민의 정체성을 가지고 살아왔던 이스라엘 자손들에게 가나안 땅의 농경문화와 결합된 우상숭배의 종교와 문화는 매우 강력한 위험인 동시에 유혹이었다. 가나안의 도시와 농경문화를 지탱해가기 위한 곡식의 풍년과 여인의 다산이라는 조건은 매우 중요한 요소들이었고, 이러한 요소들을 종교적 제의로 재현한 것이 '가나안 풍요다산 제의'의 특징이었다. 너무도 매력적인 요소들과 세련됨과 성적인 유혹의 요소들까지 갖추었던 가나안 종교는 가나안 신들의 신전을 찾아오는 이들에게 남신과 여신의 역할을 대리할 수 있는 남녀 사제들이 있었고, 이들과의 동침을 통해서 종교적 의미를 담은 의식을 재현할 수 있었다.

족장들의 시대부터 목축업을 주산업으로 하는 반유목민의 삶을 살다가 야곱 때에 기근을 피해 난민처럼 이집트로 이주했던 히브리인들은 그 땅에서 노예로 전락한 삶을 살게 되었던 역사를 지나서, 광야 40년의 유랑생활을 겨우 통과하고 가나안 땅에 들어와 정착하게 되었던 이스라엘 자손들에게는 가나안 땅에서 농경문화를 이루고, 도시와 성곽을 건설하며 성공적인 삶을 이어온 가나안의 이전 거주민들의 생존과 번영을 위한 경험과 지식과 정보들을 공유할 수 있는 손쉬운 방법을 찾는 일도 중요한 일이었고, 가나안인들의 풍요다산 제의와 우상숭배에 동참하는 일은 매우 구체적이며 현실적이면서도 접근하기 쉽고 가성비 높은 매력적인 방안 가운데 하나가 되었을 수도 있다. 그러나 하나님은 그들의 눈앞에 펼쳐졌던 먹음직하고, 보암직하고, 탐스럽기도 하며, 지혜롭게 할 것만 같았던 그 길들을 허락지 않으셨고^{창 3:6}, 신앙적인 타협과 종교적인 혼합을 금지하셨다. 그 사이에서 늘 갈등하던 이스라엘 민족이 가나안 땅에 정착해가던 초기 역사로서 사사시대의 불안정하고 불안했던 반복적인 역사의 현실을 사사기는 하나님께서 가나안 전쟁을 모르는 이스라엘 자손을 교육시키시며^{3:1-2}, 그들에게서 하나님을 향한 그들의 믿음과 말씀에 대한 순종의 여부를 친히 확인하려 하셨다는 반복적인 말씀^{3:4, 2:22}으로 설명하였다.[3]

---

[3] "곧 그들이 여호와를 버리고 바알과 아스다롯을 섬겼으므로, 여호와께서 이스라엘에게 진노하사 노략하는 자의 손에 넘겨 주사 그들이 노략을 당하게 하시며 또 주위에 있는 모든 대적의 손에 팔아 넘기시매 그들이 다시는 대적을 당하지 못하였으며, 그들이 어디로 가든지 여호와의 손이 그들에게 재앙을 내리시니 곧 여호와께서 말씀하신 것과 같고 여호와께서 그들에게 맹세하신 것과 같아서 그들의 괴로움이 심하였더라. 여호와께서 사사들을 세우사 노략자의 손에서 그들을 구원하게 하셨으나, 그들이 그 사사들에게도 순종하지 아니하고 오히려 다른 신들을 따라 음행하며 그들이 절하고 여호와의 명령을 순종하던 그들의 조상들이 행하던 길에서 속히 치우쳐 떠나서 그와 같이 행하지 아니하였더라"(삿 2:13-16)

 "여호와께서 그들을 위하여 사사들을 세우실 때에는 그 사사와 함께 하셨고 그 사사가 사는 날 동안에는 여호와께서 그들을 대적의 손에서 구원하셨으니 이는 그들이 대적에게 압박과 괴롭게 함을 받아 슬피 부르짖으므로 여호와께서 뜻을 돌이키셨음이거늘. 그 사사가 죽은 후에는 그들이 돌이켜 그들의 조상들보다 더욱 타락하여 다른 신들을 따라 섬기며 그들에게 절하고 그들의 행위와 패역한 길을 그치지 아니하였으므로. 여호와께서 이스라엘에게 진노하여 이르시되 이 백성이 내가 그들의 조상들에게 명령한 언약을 어기고 나의 목소리를 순종하지 사사기는 가나안 정착 이전과 이후의 역사적 배경을 간략하게 설명하는 내용1-2장과 12명의 사사들의 이야기로 구성되어 있다3-16장. 이들의 활동은 국가적 규모의 대역사라기보다, 각 지파와 지역별로 전개된 일들을 중심으로 기록했던 사건들의 특징을 보여주며, 대략 남쪽에서 북쪽으로 이어진 지역에서 활동했던 사사들에 관한 기록으로 구성되어 있다. 처음에 블레셋 부근에 정착했다가 후에 북쪽 끝자락의 국경선 부근으로 이주했던 단 지파의 삼손 이야기로 끝나는 사사들의 역사는 반복적이며, 단순해 보이지만 그 안에서 여러 가지 많은 신학적 의미를 발견할 수 있다.

랍비돗의 아내였고 여선지자였지만 사사가 되어, 가나안 왕 야빈의 학대와 압제에 항거하는 용사 바락을 도왔던 드보라의 이야기4장와 왕으로 추대되기를 거절했던 사사 기드온과 그후에 스스로 왕이 되고자 하여 자신의 형제들까지 살해했던 기드온의 아들 아비멜렉의 이야기6-9장와 자신의 딸을 번제로 드리는 당혹스러운 일을 실행했던 사사 입다의 이야기11장와 나실인으로 태어났지만 마치 율법이 없는 것처럼, 너무도 자유로운 영혼처럼 살다가 비참한 지경에 처했던 사사 삼손 등의 다양한 사사 이야기들은 마치 법정의 여러 가지 판례들과 같이 여러 가지 사례들을 우리에게 보여주었다. 이 다양한 사람들의 모습이 우리의 여러 모습을 비추어주고, 사사들의 여러 가지 허점과 부족한 면들은 측은한 마음이 들면서도 우리 자신의 이야기와 약점들을 보여주는 것 같아서 때로는 당황스럽게 느껴지기도 한다. 그러한 당혹스러움의 이유는 우리도 때로는 저마다 자기 소견

아니하였은즉, 나도 여호수아가 죽을 때에 남겨 둔 이방 민족들을 다시는 그들 앞에서 하나도 쫓아내지 아니하리니, 이는 이스라엘이 그들의 조상들이 지킨 것 같이 나 여호와의 도를 지켜 행하나 아니하나 그들을 시험하려 함이라 하시니라" (삿 2:18-22)

에 옳은 대로 살아갔던 그들처럼 엇비슷하게 살아가고 있음을 문득 깨닫게 되기 때문일 것이다.

여러 사사와 사사시대의 많은 사람이 경험했던 다양한 개별 사건들의 결론은 사사기 17장 6절과 21장 25절에서 찾아볼 수 있는데, 이 본문들은 각각 16장 이후에 에브라임 산지에 살던 미가의 이야기 소개[17:1-5]와 그 후에 미가의 집에서 우상과 집안 제사장을 약탈하여 떠나간 단 지파의 북쪽 이주[17:7-18:31]와 베들레헴의 레위인과 그의 첩이었던 한 여인의 비극적인

죽음과 관련된 베냐민 지파의 **기브아**[QR] 성읍 이야기[19:30]와 그로 인하여 발발했던 '베냐민 대 이스라엘 11지파'의 내전과 수습의 과정[20:1-21:24]을 서술한 직후에 기록했던 본문들이었다. 사사기에서는 반복된 형태로 전개되었던 개별 사건의 역사 기록들처럼 그 결론의 말씀도 반복하여 기록하였다. 이 결론은 사람이 하나님의 말씀대로 사는 대신에 자기 소견에 옳은 대로 사는 길을 선택할 때 일어났던 일들을 보여주는 '역사'인 동시에 같은 선택을 하는 사람들과 새로운 세대가 살아가게 될 미래를 비춰주는 '거울'이기도 하다.

3. 사사기는 어떤 뜻을 담고 있는 책일까?

하나님은 하나님의 사람들을 부르시고, 구체적인 소명의 내용을 보여주시기까지 때로는 하나님의 사람들의 뜻과 마음을 반복하여 확인하시기도 하셨다. 아브람을 불러 믿음의 조상이 되게 하셨던 하나님은 그가 100세에 얻은 아들 이삭[창 21:5]을 번제로 바치라는 명령을 하셨고, 이를 통해 아브라함이 하나님을 경외함[창 22:12]과 하나님의 말씀 준행함[22:18]을 재확인하셨다[창 22:1]. 사사기 2장 22절에서는 사사시대에 반복적으로 발생했던 이스

라엘 민족의 고난과 고통의 역사 역사의 의미를 하나님께서 이스라엘 자손들이 "여호와의 도"를 지켜 행하는지 확인하시고자 하셨다는 표현으로 설명하였다. 사사기에 기록된 사사들은 옷니엘, 에훗, 삼갈, 드보라, 기드온, 돌라, 야일, 입다, 입산, 엘론, 압돈, 삼손까지 이어진 열두 명이었다. 그들 가운데 입다와 같은 이는 심지어 율법에서 금지했던 '인신제사'를 행하며, 하나님 앞에서 자신의 맹세를 지켰던 경우가 발생할 정도로 각자 저마다 "자기 소견에 옳은대로…" 행하면서 살아갔다는 사실을 보여주었다. 또한 하나님의 말씀을 제대로 알지 못할 때, 하나님을 섬긴다는 '열심'이 때로는 더 비극적인 결과로 나타나기도 했던 시행착오의 사례들을 입다와 기드온과 삼손의 이야기와 일화들 가운데서 살펴볼 수도 있다. 하나님은 구원 역사를 이루어 가기 위해서 때로는 아브라함처럼 개인을 훈련 시키시고, 연단 하시기도 하셨으며, 때로는 사사기 이스라엘 자손들처럼 민족 공동체 전체를 혹독한 실패와 고난의 시련 속에 길고 짧은 기간 동안 머물게 하시며, 그들의 뜻과 정신과 마음과 소명을 재확인하시기도 했다.

혼란과 역경의 시대 가운데서 아무 일도 벌어지지 않고, 언제 끝이 날지 알 수 없는 고통과 절망의 시간이 지속되는 것처럼 보이더라도, 하나님은 하나님의 방법으로 꾸준히 사사들을 부르시고, 임무를 맡기셨고, 저마다의 역할과 소명을 감당케 하셨음을 알 수 있다. 사사기의 시대와 역사 가운데 성장했던 사무엘 선지자는 이스라엘 민족의 마지막 사사로서 역할을 하였고, 그에 의해 기름부음 받았던 사울과 다윗이 각각 왕조를 형성하기도 했다. 하나님은 어떤 시간과 장소와 환경 가운데서도 '하나님의 사람'들을 찾으시고, 확인하시고, 하나님의 말씀을 맡기셨다. 하박국 선지자는 하나님의 말씀과 약속이 너무 더디게 이루어지는 것처럼 느껴지는 현실 가운데 서서 이렇게 하나님의 말씀을 전하기도 했다.

"이 묵시는 정한 때가 있나니 그 종말이 속히 이르겠고 결코 거짓되지 아니하리라 비록 더딜지라도 기다리라 지체되지 않고 반드시 응하리라"합 2:3

그렇다면 어려운 시대와 고난의 시대에 중요한 성도들의 덕목은 기다림과 "오래 참음"인내이라고 할 수 있을 것이다. 구약의 이 말씀은 신약에서 로마서 5장의 환난과 인내와 연단과 소망에 관하여 말씀했던 3-4절 본문과 연결해서 생각해 볼 수 있다.

"다만 이뿐 아니라 우리가 환난 중에도 즐거워하나니 이는 환난은 인내를, 인내는 연단을, 연단은 소망을 이루는 줄 앎이로다"롬 5:3-4

사사기는 개인과 민족과 하나님의 사람들을 반복하여 그들의 마음과 뜻과 길이 무엇인가를 구체적으로 확인하셨던 역사의 주 하나님에 관하여 열두 명의 사사들 이야기를 통해 설명해주는 책이라고 할 수 있다. 사사기가 환난의 시대였다면, 그 가운데서도 하나님의 신이 임재하여 사사로서 소명을 경험했던 이들은 '하나님의 함께 하심'을 삶으로 증명하면서 살았던 사람들이었다. 그 시대의 환난 속에서도 인류 구원을 위한 하나님의 뜻과 역사가 이루어졌고, 메시아의 소망으로 이어졌던 구약의 역사는 예수 그리스도의 탄생과 더불어 성취되었음을 구약과 신약의 연속적인 성경 말씀들 속에서 발견할 수 있다.

『룻기』 - 양식과 생명을 주시는 주 하나님

룻기는 사사시대의 혼란스러운 역사 가운데서 사람의 '우연'을 통하여 역사의 '필연'을 만들어 가셨던 하나님을 선포하며, 바알과 아세라와 같은 우상이 아니라 양식과 생명을 공급하시는 분이 주 하나님 이심을 선포하는 책이다. 모압 여인 룻과 보아스의 만남을 인도하신 하나님의 섭리는 다윗 왕과 예수 그리스도의 조상들의 역사가 세상 가운데서 이어져 갈 수 있도록 하였다. 1장은 엘리멜렉과 나오미 가족의 모압 땅 이주와 모압에서 돌아온 나오미와 룻의 이야기이며, 2-4장은 룻과 보아스의 결혼 이야기이다. 그들의 족보는 다윗으로 이어졌다.

사람의 '우연'〈미크레〉은 하나님의 '필연'이 되었고,
한 점과도 같았던 사건과 사건의 만남은 이어져서 이스라엘 민족의 역사가 되었다.
기근으로 인하여 베들레헴에서 살던 이스라엘 자손의 한 가족이
이웃 나라 모압으로의 피난과 난민 생활을 거쳐 그 땅에 정착하였다.
엘리멜렉과 나오미와 두 아들 말론과 기룐의 삶과
두 아들의 결혼으로 모압여인 룻과 오르바를 며느리로 맞아들였던 이민 가족의 삶은
그렇게 다사다난함 속에서도 세월의 익숙함으로 말미암아 뿌리 내려 이어졌다.
그러나 십여 년 세월이 끝자락에 마주하게 된 불행과 슬픔의 사연들은
나오미에게서 모든 것을 다 앗아가 버렸다.
그러나 희망마저 사그라들어버린 시어머니 나오미와 며느리 룻의 동행을 가능하게 했던
"어머니의 하나님이 나의 하나님이 되시리니…"룻 1:16라는 모압 여인 룻의 신앙고백과
결단은 꺼져가는 불씨와 같았던 한 사람과 집안을 다시 살리고, 한 민족의 새로운 역사의
불꽃을 피우는 발화점이 되었다.
시어머니와 자신의 생계를 이어가려고 '가난한 이들을 위한 율법'의 전통에 따라
동네 여인들의 이삭줍기에 참여했던 룻은 보아스라는 한 친족의 밭에 이르렀고,
두 사람의 우연한 만남은 남편과의 사별로 인하여 빈민으로 전락하는 여성의 생존과 가문의
존속을 다른 형제와 친족이 책임지도록 했던 고대의 율법으로서 '고엘 제도'의 전통과
절차를 따라 결국은 룻과 보아스의 결혼으로 이어졌다.
다 잃고 홀로 고향 베들레헴으로 향하게 된 나오미와
미래의 희망마저 사라져 버린 시어머니 나오미를 끝까지 따라나섰던 모압 여인 룻,
두 사람의 이야기는 세미한 속삭임이 되었고,
작은 소리의 메아리가 되어 사람들의 귓가에 전해졌고,
이야기가 되고, 구원의 역사를 따라 흐르는 물줄기가 되었다.
우연'룻 2:3은 룻과 보아스의 만남과 두 사람의 결혼이라는 사건이 되었고,
다윗의 탄생을 지나서, 메시아 곧 예수 그리스도의 탄생까지 이어지는 역사가 되었다.

보아스는 룻에게서 오벳을 낳고 오벳은 이새를 낳고 이새는 다윗 왕을 낳으니라…
야곱은 마리아의 남편 요셉을 낳았으니 마리아에게서 그리스도라 칭하는 예수가
나시니라."마 1:5-16.

《2024년 3월 요르단모압 들녘의 보리 밭》

구약을 그리다

1. 「룻기」[1] – 하나님은 과연 누구의 하나님인가?

"룻이 이르되 내게 어머니를 떠나며 어머니를 따르지 말고 돌아가라 강권하지 마옵소서 어머니께서 가시는 곳에 나도 가고 어머니께서 머무시는 곳에서 나도 머물겠나이다. 어머니의 백성이 나의 백성이 되고 어머니의 하나님이 나의 하나님이 되시리니. 어머니께서 죽으시는 곳에서 나도 죽어 거기 묻힐 것이라 만일 내가 죽는 일 외에 어머니를 떠나면 여호와께서 내게 벌을 내리시고 더 내리시기를 원하나이다 하는지라."룻 1:16-17

칼데론Philip Hermogenes Calderon의 1886년도 작품 〈룻과 나오미〉Ruth and Naomi[2]는 모압 땅에서 모든 것을 다 잃고 고향 땅 베들레헴으로 돌아가는 나오미와 두 며느리 룻과 오르바의 마지막 헤어짐의 장면을 묘사하였다. 그림 속

---

1   롯기 참고 문헌: 배희숙. "'텅 빔'에서 '충만'으로 – 우리말 성서 번역 재고(룻 1:9; 2:7; 3:16) –." 『성경원문연구』 제53호 (2023.10), 90-110; 이일례, "룻기 1:8하반절에 나타난 룻의 선행의 성격과 ka'aser 'asitem의 우리말 번역을 위한 제언: 룻기 3:10의 hesed 이해를 중심으로." 『성경원문연구』 제31호 (2012.10), 24-46; 박정관. 『롯기』(서울: 복있는사람, 2024) 참조.
2   Philip Hermogenes Calderon, 〈Ruth and Naomi〉(1886).

세 인물의 모습은 정적이면서도 극적으로 묘사되었다. 모든 힘을 빼고 멀찌감치 서서 룻을 기다리고 있는 그림 오른쪽의 오르바와 첫째 며느리인 룻을 떼어내려고 그의 허리춤을 살짝 붙잡았을 그림 왼편의 시어머니 나오미와 그런 시어머니보다 더 세게 나오미의 어깨와 팔을 붙잡고 온 힘을 다해 버티고 서 있는 룻은 너무도 선명한 대조를 보여준다.[3]

사사시대의 혼란스러웠던 역사가 지속되던 어느 때에 그 땅에 심한 기근마저 들게 되었고, 베들레헴에 살던 유다 지파 사람 엘리멜렉은 아내 나오미와 함께 난민이 되어 모압 땅으로 피난을 갔다. 처음 계획은 그모스를 신으로 섬기는 모압 사람들의 땅에서 잠시 머물고자 하는 생각이었을 수 있었지만, 10여 년을 살게 되면서 아들 말룐과 기룐이 모압여인 룻과 오르바를 만나 결혼을 하게 되었고, 이방 땅에서의 낯설었던 생활도 세월의 익숙함으로 인하여 지낼만하게 되었다. 그러나 나오미의 남편 엘리멜렉과 두 아들이 세상을 떠나게 된 순간 슬픔 속에 잠겨 있던 나오미는 그 땅에서의 희망도 미련도 더 이상은 남아 있지 않았기에, 슬픈 추억을 내려놓고 자리에서 일어났다.

그리고 척박하고 가난해도 행복하였던 어린 시절 '고향 산천' 베들레헴[QR]

으로 돌아가기 위해 남편 잃은 젊은 두 며느리 룻과 오르바에게 이별을 고하며, 그들의 앞길을 위한 최선의 선택과 결정을 통보하였다. 기룐의 아내였던 오르바는 시어머니 나오미의 말에 순종하였기에 울면서 떠나갔지만, 말룐의 아내였던 룻은 다른 선택을 하였다. 룻은 시어머니를 떠나고, 따르지 말고, 돌아가라는 말을 거절하고, 가는 곳에 함께 가고, 머무는 곳에 함께 머물며, 어머니의 백성이 자신의 백성이 되며, 어머니의 하나님이 자신의 하나님이 되고, 죽는 곳에

---

3   그림과 해설 출처: https://commons.wikimedia.org/w/index.php?search=Ruth+and+Naom%C3%AD&title=Special:MediaSearch&go=Go&type=image

서 함께 죽고, 묻히는 곳에 함께 묻히겠다고 대답하였다. 룻의 그 대답은 인생의 결단인 동시에 신앙의 고백이 되었고, 메아리가 되었으며, 구약시대를 지나 신약에까지 이어진 울림이 되었다.

"살몬은 라합에게서 보아스를 낳고, 보아스는 룻에게서 오벳을 낳고 오벳은 이새를 낳고 이새는 다윗왕을 낳으니라 … 야곱은 마리아의 남편 요셉을 낳았으니 마리아에게서 그리스도라 칭하는 예수가 나시니라."마 1:5-16

룻의 결단과 고백은 '신앙이란 무엇인가?'라는 우리의 질문에 구체적인 답을 준다. 하나님을 향한 믿음은 그분과 동행하는 삶인 동시에 하나님을 섬기는 이들과 동행하며 살아가는 일상의 삶이며, 하나님과 사람과 함께 더불어 살아가는 인생의 길이라는 이야기를 건네주고 있다.

'어머니의 하나님은 곧 나의 하나님'이시라는 신앙의 고백과 결단이셨기에 룻은 떠나고, 따르지 말고, 돌아가라는 이성적이며, 합리적이며, 현실의 이익에 당장은 부합하는 인간적인 어른의 말을 거부할 수 있는 용기를 가질 수 있었고, 계산 가능한 미래와 희망이 없는 시어머니 나오미와 함께 하는 길을 선택하게 되었다. 그 누구의 하나님이 아닌 '나의 하나님'의 오른손을 꼭 붙잡고 살아가겠다는 스스로의 신앙적 결단은 룻에게 비로소 '홀로서기'를 가능케 하는 힘이 되었고, 그랬기에 더불어 살아가며, 길 없는 곳에서 하나님과 동행하는 길을 만들어가는 첫걸음을 내디딜 수 있었다.

2.「룻기」- 양식과 생명을 주시는 주 하나님

"룻이 가서 베는 자를 따라 밭에서 이삭을 줍는데 우연히 엘리멜렉의 친족 보아스에게 속한 밭에 이르렀더라. 마침 보아스가 베들레헴에서부터 와서 베는 자들에게 이르되 여호와께서 너희와 함께 하시기를 원하노라 하니 그들이 대답하되 여호와께서 당신에게 복 주시기를 원하나이다 하니라."룻 2:3-4

시대적인 혼란상이 펼쳐지던 사사시대는 주전 1200-1000년경의 기간 동안 지속되었던 것으로 보인다. 이스라엘 자손들은 이방 민족들의 잦은 침략과 약탈이 있었기에 사람들은 생존을 위한 투쟁과도 같은 일상 속에서 하나님의 말씀을 잊어가게 되었다. 이전 세대에게는 그들이 광야에서 직접 받고, 경험했던 율법의 체험들이 있었다. 너무도 선명했던 레위인에 관한 율법이 있었고, 제사와 서원에 관한 율법이 있었으며, 나실인에 관한 율법도 있었으나, 저마다 자기 소견에 옳은 대로 살아가게 되었다. 그 결과 레위인이 레위인답지 않은 삶을 살고, 사사가 사사답지 않은 삶을 살고, 나실인이 나실인답지 않은 삶을 살아가며, 심지어 동성간의 성적인 폭력과 간음과 살인이 집단적으로 자행되고, 우상숭배와 도둑질과 약탈과 동족상잔의 비극까지 치닫는 '내부 상황'의 혼란이 있었다.

설상가상으로 이스라엘 각 지파와 백성들은 뿔뿔이 흩어져, 자기 멋대로 살아가고 있었으며, 이런 이스라엘 민족의 모습을 지켜보며, 그들을 얕잡아본 이방인들의 침략과 약탈과 지배가 반복되는 '외부 상황'의 혼란도 심각하게 중첩되고 있었다. 그러나 가난한 이웃들과 고아와 과부와 객을 위하여 밭모퉁이의 곡식과 과일을 수확하지 말고, 떨어진 곡식도 거두지 말라고 규정한 출애굽기와 레위기와 신명기의 율법을 따라 농사를 지으며 살아가던 보아스의 밭에 '우연히' 모압 땅에서 모든 것을 잃고 돌아온 나오미의 며느리인 모압 여인 룻이 다른 가난한 사람들과 함께 이삭을 주우러 갔다가 다다르게 되었다.

그 모든 사건의 실마리는 룻기 2장 3절의 히브리어 〈미크레〉를 번역한 "우연히"라는 말에서 비롯되었음을 볼 수 있으며, 사사시대의 혼란스러웠던 역사 속에서도 하나님의 말씀에 순종하며, 일상의 삶 속에서 하나님의 말씀을 따르던 사람들을 통하여 구약을 관통하는 하나님의 구원 역사가 전개되어 갈 수 있었음을 깨닫게 된다. 하나님은 사람들의 평범한 일상 속에서 날마다 반복적으로 발생하는 작은 '우연'마저도 붙잡아 사용하실 수 있고, 그 우연을 통하여 하나님과 사람들의 역사 가운데 없어서는 안 되는 '필연'과 운명적인 사건을 만드실 수 있으며, 인생과 역사 가운데 친히 개입하시고 섭리하시며 이끌어가시는 분이심을 룻기에 기록된 나오미와 룻과 보아스와 베들레헴 사람들의 이야기를 통하여 알려주었다.

.... '고엘 제도'란 무엇일까?

구약시대 유목민 문화에는 가정의 가장과 부모와 사회적인 보호막을 상실했던 계층 가운데 여성의 생존을 지탱하기 위하여 친형제 혹은 가까운 친족이 자손 없이 남편을 잃게 된 여성을 가족으로 받아들이는 '고엘 제도'의 율법이 있었다. 룻기에서는 '기업 무를 자'라는 표현을 사용하여 이 율법을 지켰던 보아스라는 한 인물을 소개하였다. 보아스는 율법에 충실한 사람이었고, 율법의 가르침을 따라 살아가는 사람이었으며, 구약 율법의 〈고엘 제도〉 전통에 따라 모압 여인 룻이 보아스와 결혼하게 되었고, 결국은 다윗 왕이 그의 가문에서 탄생하게 되었다는 이야기를 룻기는 자연스럽게 드러내 주었다.

창세기 38장에 기록된 유다-다말 이야기는 대를 잇는 기능에 초점을 맞추었던 고대의 고엘 제도에 관련된 내용을 간접적으로 설명해주었다. 이에 비해 신명기 25장의 고엘제도 율법[25:5-10]은 '형사취수'[계대결혼] 제도의 전통을 따르지 않는 사람에게 가해졌던 모욕적인 체벌 규정에 관하여 설명한다. '신 벗김 받은 자의 집'이라는 불명예스러운 호칭을 적용하라는 신명기 25장의 율법은 모세 시대 시내산 율법 수여와 성문법으로서 모세오경의 율법 전통이 세워지면서 강화되었던 고엘제도의 역사를 보여주었다.

그 후에 가나안 정복과 정착 이후 시대에 율법의 적용과 사회적 규율과 전통이 느슨해졌던 사사시대 상황에서는 가문의 족보와 사망한 직계 가족으로서 형제의 대를 이어가기 위한 '고엘 제도'의 기능보다는 더 넓은 범위에 속한 친족의 생계와 경제적 책임을 다른 친족이 감당하도록 했던 기능에 무게가 실렸던 것으로 보인다. 또한 보아스보다 나오미와 룻에게 더 가까운 친족이 '고엘 제도'의 책임을 경제적인 손실의 부담감 때문에 거절했을 때도 별도의 제재가 없었던 상황을 룻기의 내용에서 확인해 볼 수 있다[룻 4:1-8].

3. 룻기는 어떤 뜻을 담고 있는 책일까?

기독교 구약성경에서 〈역사서〉로 분류된 룻기는 베들레헴 사람 엘리멜렉과 나오미 가족의 모압 땅 이주와 그곳에서의 삶에 관하여 기록한 내용[1장]과 나오미와 며느리였던 모압 여인 룻이 베들레헴으로 함께 돌아와 살게 되었던 일과 친족 보아스를 '우연히'〈미크레〉 만나게 된 과정[2-3]과 '기업무를 자'[고엘]의 율법 전통에 따라 결혼하여 자녀를 얻게 된 일과 그 가문에서 다윗 왕이 탄생한 족보 이야기[4장]로 구성되어 있다. 4장으로 구성된 작은 분량의 책이지만, 기승전결 혹은 발단-전개-위기-절정-결말까지 이어지는 극적인 반전이 펼쳐지기도 했다. 이 과정에서 우리는 하나님께서 사람의 '우연'을 하나님의 구속사 안에서 '필연'으로 만들어 가시는 은혜의 역사를 만날 수 있다. 히브리어 성경에서는 구약의 마지막 부분인 〈성문서〉에 속하는 룻기가 포로귀환 이후 시대에 율법주의가 강화되면서 이방인과의 결혼 금지 정책이 시행된 것에 반발하여 다윗 왕조의 조상 가운데 모압 여인 룻이 있었다는 사실을 부각시키면서, 정치적으로나 신학적으로 반론을 제기하기 위한 목적을 가지고 기록된 것이라고 보는 견해도 있다.[4]

하지만 성문서 가운데 구약 명절에 낭송되었던 '다섯 두루마리' 성경책 중에서 '룻기'는 보리 추수와 밀 추수의 시기를 배경으로 하는 칠칠절에 낭송되었던 책이었으며, 다른 시각에서 룻기의 기록 목적을 생각해 볼 수 있다. 룻기는 1장에서 〈엘로힘〉이라는 신명을 사용하면서 이야기를 시작하고, 하나님이 양식을 공급하시고[룻 1:6], 자손을 주시는 분이심[4:13]을 선포하는 본문의 내용과 더불어 4장에서는 〈야훼〉라는 신명을 사용하여 전체 내용 전개를 마무리하는 책이다. 이러한 이야기 구성과 신명의 사용을 통하여 신학적으로는 고대 가나안 종교의 주된 기능이었던 '풍요'와 '다산'의 주제가 이방 종교와 신들에게 속한 것이 아니라, 오직 유일신 하나님이신 〈야훼〉의 주권에 속한 것이라는 신학적이며 종교적인 교훈을 설득력 있게 이야기하는 책으로서 의미를 되새겨 볼 수 있다.[5]

4   Eunny Lee, "Ruth," *New Interpreter's Dictionary of the Bible*, vol. 4 (Eunny Lee, "Ruth," *NIDB*, vol. 4 (Nashville: Abingdon Press, 2009)), 865-68.
5   김진명. "고대 서아시아 종교의 배경 속에서 본 룻기의 기록 목적에 관한 연구," 『구약논단』 19-2 (2013.6), 43-67.

『사무엘』 - 사람의 중심을 보시는 주 하나님

사무엘서는 이스라엘의 〈사사제도〉라는 독특했던 정치체제가 〈왕정제도〉로 전환되었던 주전 1000년경의 시대적 상황을 배경으로 기록되었으며, 그 과정에서 새로운 이스라엘 왕국 형태의 국가 건설에 초석을 놓았던 마지막 사사 사무엘의 이야기와 이스라엘 초대 왕 사울과 두 번째 왕이며 '다윗 왕조'를 새롭게 시작했던 다윗왕의 역사를 기록한 책이다. 사무엘을 통해 다윗에게 기름부어 새로운 왕으로 삼으셨던 하나님은 사람의 외모와 조건이 아닌 그 중심과 마음을 헤아리시는 분이심을 가르쳐 주었다. 사무엘상 1-7장은 실로의 엘리 제사장과 사사로서 사무엘의 이야기이며, 8-15장 사무엘과 사울 왕의 이야기이다. 16-31장 사울 왕과 다윗의 이야기이고, 사무엘하 1-8장은 사울 왕의 죽음부터 다윗이 왕이 되는 과정이고, 9-20장은 다윗 왕의 영토 확장과 업적의 기록이며, 21-24장은 다윗 왕의 역사 기록 마무리와 인구조사 사건으로 이루어져 있다.

실로에 성막을 세우고
가나안 땅에 정착한 이스라엘의 역사
제사장 가문은 엘리까지 이어졌고,
한나의 첫아들 사무엘은 성막에 바쳐진 아이로 자라났다.
블레셋과의 전쟁으로
언약궤마저 빼앗겼던 이스라엘 민족의 암흑과 같은 시기에
사무엘은 장성하여 마지막 사사가 되었다.
유대 땅 벧세메스로 향했던 블레셋의 수레 위에는 언약궤가 실려 있었고,
수레를 끌던 암소 두 마리를 번제로 드리며 돌려받았던 언약궤는
회막을 잃어버린 채로 또다시 묵묵히 긴 세월 견디고 버텨내었다.
하나님은 사무엘을 통하여 첫 번째 왕 사울을 세우셨으나, 결국은 그를 폐하셨다.
청년 사울이 기름 부음을 받아 작은 왕국 이스라엘의 첫 왕이 되었고,
물맷돌로 골리앗을 쓰러뜨린 소년 다윗은 혜성처럼 역사의 무대에 등장하였다.
사울은 천천이요, 다윗은 만만이라는 백성들의 노래와 함께 시작된
사울 왕의 시기와 질투는 다윗의 목숨을 노린 처절한 추격이 되었고,
길보아 산에서 블레셋과의 전투로 전사한 사울 왕과 그의 아들 요나단을 기리는
다윗의 '활 노래'와 함께 그 길고 길었던 슬프고 고단했던 첫 번째 왕의 시대는 끝을 맺었다.
마침내 다윗은 새로운 왕이 되었고, 왕과 왕국을 위하여 목숨을 걸었던 세 용사와 또 다른
삼십 인과 삼십 인의 용사들과 삼십칠 인의 다른 전우들과 함께 다윗 왕은 강대한 이스라엘
왕국을 건설하였다.
시인이며, 전사이며, 음악가이며, 정치가였던 다윗 왕 때 여부스인의 산성은
예루살렘이 되었으며, 언약궤는 시온산으로 옮겨졌고,
하나님은 성전건축의 꿈을 가슴에 품었던 다윗 왕과 '영원한 왕조'의 언약을 세우셨다.

《2014년 겨울 성지답사 - 실로》

1. 「사무엘」 ① - '듣기'와 '말하기', 무엇이 먼저일까?

"여호와께서 임하여 서서 전과 같이 사무엘아, 사무엘아, 부르시는지라.
사무엘이 이르되 말씀하옵소서 주의 종이 듣겠나이다 하니"^{삼상 3:10}

레이놀즈^{Joshua Reynolds, 1723-1792}가 1776년에 그렸던 〈어린 사무엘〉이라는
작품¹은 한국에서 "오늘도 무사히!"라는 광고문구와 함께 60-70년대 버스
운전석 혹은 자동차 정비소와 일터 등의 앞자리에 늘 놓여 있었던 추억 속

---

1 Joshua Reynolds(1723-1792), 〈The Infant Samuel〉 (1776), oil on canvas, 89×70cm, Fabre museum, 그림
   출처: https://commons.wikimedia.org/wiki/File:InfantSamuel.jpg?uselang=en

사진들의 원본이다. 그림의 왼편 위쪽에서 비치는 작은 불빛은 한밤중 잠자리에 들었던 어린 사무엘이 듣게 된 하나님의 음성을 묘사한 것이다. 그림의 전체적인 짙은 갈색 톤의 배경과 함께 사무엘이 무릎 꿇고 앉은 자리에는 언약궤가 있는 성막 안에 켜두었던 등불로부터 흘러나온 빛과 하늘의 빛이 함께 비추면서 어우러져 있는 것으로 보인다.

늦은 밤에 들려왔던 하나님의 음성과 등불의 조명을 묘사한 어두움과 밝음과 은은한 빛의 색조는 그림을 보는 이들에게 안정감을 주는 조화롭고 아늑하면서도 신비한 느낌을 갖게 한다. 두 손을 경건하게 모으고, 무릎을 꿇은 어린 사무엘의 하나님을 향한 간절한 눈길은 그가 얼마나 순전하게 하나님의 음성에 집중하고 경청하고자 했는지 보여주는 듯하다. 그리고 '기도'는 하나님을 향한 간구와 부르짖음과 요청과 더불어 하나님의 말씀을 잘 분별하여 듣는 것임을 그림은 우리에게 말해 준다. 동시에 이 그림은 사무엘상 3장 10절 마지막 문장으로 기록된 "말씀하옵소서, 주의 종이 듣겠나이다"라는 기도는 내가 인생의 주인 됨과 역사의 주인 됨과 크고 작은 일들의 주인 됨을 내려놓고, 그 모든 사건들 가운데 있는 '주인의 자리'를 말씀하시는 하나님께 되돌려 드리고, 그분의 말씀에 순종하고자 기다리는 기도의 내용을 시각적으로 잘 보여주고 있다.

이렇게 하나님의 음성을 듣고 있는 어린 사무엘을 묘사한 배경이 되었던 성경 본문은 사무엘상 3장 1-14절이다. 잠옷 차림의 어린이로 그림에서 묘사된 사무엘의 모습처럼 본문에서는 성막의 언약궤 곁에서 잠자리에 들었던 사무엘의 상황을 설명해 주고 있다. 아이 사무엘은 엘리 앞에서 하나님을 섬기고 있었으나 그때에는 주님의 말씀이 희귀하였고, 이상도 잘 보이지 않았으며, 아직 사무엘은 주님을 알지 못하였고, 주님의 말씀도 그에게 나타나지 않았던 때였다. 그러나 사무엘을 부르시는 주님의 음성이 세 번째 반복하여 임하였을 때 **실로**^{QR}

성막의 엘리 제사장은 비로소 이를 분별하여 깨닫고, "여호와여 말씀하옵소서, 주의 종이 듣겠나이다"라는 대답을 사무엘에게 알려주게 되었다^{삼상 3:9}.

주님의 말씀은 단순히 물리적인 소리를 듣는 '듣기'의 문제만이 아니라 부르시는 소리인 동시에 임재하시는 현상이며, 말로 다 설명할 수 없는 '하나님의 나타남'을 직접 경험하는 신비한 체험의 문제이기도 하다. 그 후로 하나님은 사무엘과 함께하셨고, 그 말이 땅에 떨어지지 않게 하셨다. 실로의 성소에서 하나님은 사무엘에게 나타나실 때 '말씀'으로 자신을 나타내셨다^{삼상 3:19-21}. 성경은 그 말씀을 하나님이라고 표현하기도 하였고, 하나님의 말씀으로 온 세상과 그 가운데 있는 모두가 창조되었으며, 그 말씀이 사람으로 나타나신 분이 하나님의 아들 예수 그리스도라고 가르쳐 주었다^{요 1:1, 1:14}. 하나님의 말씀은 그 자체로서 태초부터의 신비이며, 역사이고 사건이며, 우리에게는 기록된 말씀으로 혹은 선포된 말씀으로 경험되기도 한다. 사무엘은 하나님의 말씀을 듣고, 하나님의 말씀과 함께함으로 마지막 사사인 동시에 선지자로서의 삶을 살아갈 수 있었다. 그러므로 하나님의 말씀은 모든 사역자들과 그리스도인의 시작과 마침이 될 수 있으며, 이 말씀은 영적인 것과 현실적인 모든 것을 분별하는 분별의 기준과 근거가 될 수 있다. 소년 사무엘의 공적인 삶은 하나님의 말씀을 새롭게 만나게 된 그 순간부터 시작되었다는 사실과 하나님의 말씀을 기다리고 듣는 '기도'의 주제를 기도하는 어린 사무엘의 모습을 통하여 사무엘서의 본문과 레이놀즈의 그림이 함께 잘 보여주고 있다.

2. 「사무엘」 ②² - 사람의 중심을 보시는 주 하나님

.... 다윗은 그날 도대체 무슨 일을 했던 것일까?

"우리아의 아내는 그 남편 우리아가 죽었음을 듣고 그의 남편을 위하여 소리내어 우니라. 그 장례를 마치매 다윗이 사람을 보내 그를 왕궁으로 데려오니 그가 그의 아내가 되어 그에게 아들을 낳으니라. 다윗이 행한 그 일이 여호와 보시기에 악하였더라."삼하 11:26-27

다윗 군대의 총사령관 역할을 했던 요압 장군은 왜 왕자 압살롬의 반란 사건 때에 다윗 왕의 명령을 무시하듯이 어기고 압살롬을 처형하는 결정과 행동을 실행했던 것일까? 또한 '삼국지'의 유비와 관우와 장비에게 재갈량이라는 모사가 있었던 것처럼 다윗 왕에게 그와 같은 지략가 역할을 했던 아히도벨은 왕자 압살롬의 반란이 일어났을 때, 과감하게 다윗 왕을 배반하고 왕자의 편에 가담하여 다윗의 후궁들과 압살롬이 백주에 공개적으로 동침하도록 하는 계략을 제안하는 끔찍한 전략을 구사하게 되었던 것일까?삼하 16:20-23 역사에는 '만약'이라는 말이 의미가 없다고 하지만, 만약 그 사건들을 거슬러 올라간 한 사건에 이 인물들이 함께 연결되어 있고, 그로 인하여 구약시대 이스라엘 역사 속에서 가장 '성군'으로 알려졌던 다윗 왕이 자신을 섬기는 사람들에게 존경심을 잃어버리고, 적대감마저 품게 하는 빌미를 제공했던 것이라면 요압과 아히도벨과 같은 이들의 언행과 처신과 그와 관련된 다른 사건들을 파악하는 데 도움이 될 수도 있지 않을까?

2　이삭, "사무엘상 9-15장과 사무엘상 31-사무엘하 4장의 사울과 다윗 왕위 등극 역사 편집사 재평가: 최신 학계 동향과 편집사 새 모델 제안." 「신학논단」 제115집 (2024.03), 163-209.

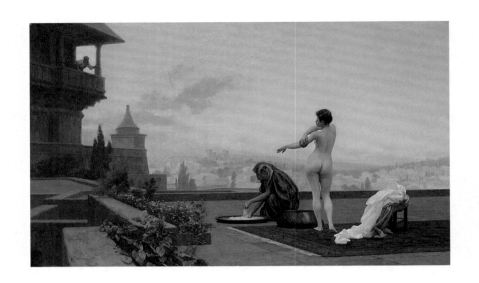

　제롬Jean-Léon Gérôme, 1824-1904의 1889년 작품 〈밧세바〉Bathsheba는 사무엘하
11장 2절을 문자 그대로 사진을 촬영하여 올린 것처럼 그림에 담아내었
다.³ 그림의 왼편 위쪽으로 멀리에 작게 보이는 나이 많은 왕 다윗이 목욕
하는 여인을 훔쳐보는 모습을 확인할 수 있다. 아름다운 몸을 다 드러내고
시녀와 함께 야외에서 목욕하고 있는 여인의 뒷모습으로 표현된 밧세바는
얼굴 옆모습만 관람객들에게 살짝 보여주고 있다. 다윗 군대에 입대하여
용병으로서 활약하며 용맹을 떨치던 충직한 전사 우리아는 자신의 아내를
범한 다윗왕의 계략도 모른 채로 왕에게 끝까지 충성하였으며, 전장에 남
아 있는 전우들과의 의리를 지키고, 전쟁시의 정결법신 23:9-14에 충실하고자
했던 그의 우직함과 신실함은 안타깝고 슬프게도 그 자신에게 비참하고
억울한 죽음을 선사하는 독이 되고 말았다.

3　Jean-Léon Gérôme, 〈Bathsheba〉(1889), Oil on canvas, 60.5× 100cm, 개인소장, 그림 출처: https://en.wiki
　　pedia.org/wiki/Bathsheba_(G%C3%A9r%C3%B4me)

다윗 왕은 자신의 전우들이었고, 부하 장수들이었던 요압 장군과 37인의 용사들 가운데 하나로 이름을 올렸던 헷사람 우리아^{삼하 23:39}를 포함한 이스라엘 군대가 암몬 족속의 수도 **랍바성**^{QR}을 점령하기 위한 전투를 벌이고 있을 때, 다윗왕은 저녁 무렵 예루살렘 왕궁 지붕에서 거닐다가 목욕하고 있던 우리아의 아내 밧세바

를 보게 되었다. 다윗 왕은 여기서 멈추어야 했지만, 그가 누구인지를 확인한 후에도 오히려 그를 불러들여 동침하게 되었다. 그 일 후에 밧세바는 임신하게 되었고, 다윗은 이 일을 은폐하기 위하여 전장에 있던 우리아를 예루살렘으로 불러들였으나, 일이 뜻대로 되지 않자 요압 장군에게 지시하여 우리아를 전사하도록 만들었는데, 어처구니없게도 그를 죽게 하라는 명령을 기록한 서신을 다윗은 밧세바의 남편이었던 헷사람 우리아의 손에 직접 들려서 전장에 복귀하도록 하였다^{삼하 11:1-25}.

그런데 헷사람 우리아의 아내 밧세바는 사무엘하 11장 3절의 기록에 따르면 엘리암의 딸이었는데, 이 엘리암은 우리야와 함께 다윗의 37인 용사들 가운데 하나였고, 아히도벨의 아들이었다^{삼하 23:34}. 다윗 왕의 모사였던 아히도벨은 온갖 권모술수가 난무하는 정치 세계와 국제관계 속에서도 그 지략의 뛰어남을 인정받을 정도로 처세술과 능력이 출중한 사람이었다. 그러나 그런 그가 눈에 넣어도 아프지 않았을 자신의 손녀딸 밧세바의 신랑감으로 인정하고 받아들였던 사람은 다름 아니라 헷사람 우리아라는 충직한 군인이었다. 정치적 본능으로만 똘똘 뭉쳐 있던 자신의 성품과 재능과 인생 행보와는 너무도 다른 삶을 살아왔고 다른 성품과 인간미 넘치는 면모들을 너무도 많이 가지고 있었던 그를 한 집안의 어른으로서 아히도벨은 손녀딸의 배필로 허락하였을 것이다. 그러나 다윗의 범죄로 말미암아 다윗에게 충성하던 그의 책략가 아히도벨은 하루아침에 자신의 손녀사위를 잃게 되었고, 듬직한 남편의 울안에서 행복하게 살아갈 줄 알았던 자신

의 손녀딸은 자신이 섬기던 군주의 첩이 되었다.

이 일은 또한 다윗의 충성스러운 신하이자 용사였으며 군대의 지휘관이었던 요압 장군에게도 또 다른 충격이 되었을 수 있다. 자신의 전우이자, 부하였고, 용맹한 전사였던 우리아의 손에 들려져 전달되었던 그의 서신에 우리아를 죽이라는 다윗의 명령이 기록된 것 내용을 읽으면서 요압 장군의 마음속에 들었던 생각은 무엇이었을까? 그리고 그의 명령이라면 자신의 모든 것을 걸고 복종했던 군주의 명을 실행한 후에 자신의 부하를 사지로 내몰도록 했던 이유를 우리아의 아내가 임신한 채로 다윗 왕의 첩이 되었다는 소식을 들으면서 깨닫게 되었을 때 그는 또 무슨 생각을 했던 것인가를 상상해 볼 수 있다.

그러면 세월이 흘러 왕자 압살롬의 반란이 일어났을 때 왜 책략가 아히도벨이 다윗 왕을 배신하여 떠났는지를 이해할 수 있고, 왜 요압 장군이 다윗 왕을 향한 존경심을 잃어버린 사람의 모습으로 자신의 행보를 옮겨 갔던 것인지를 일면 이해해 볼 수 있다. 나단 선지자는 이 사건이 일어나자, 가난한 사람이 딸같이 기르던 암양 새끼를 강탈한 부자의 비유 이야기로, 다윗이 저지른 악에 대한 하나님의 꾸짖음을 왕에게 대면하여 전달하였고, 하나님께서 다윗의 회개함을 보시고 그의 죄는 사하셨지만, 벌을 거두지는 않으셨다는 사실을 선언하기도 하였다. 이 사건은 사람이 다른 사람에게 저지르는 은밀한 죄악이 얼마나 크고 무서운 결과들을 초래할 수 있는 것인지를 적나라하게 보여주고 있다.

화가 제롬은 구약의 본문에 기록된 사건을 마치 눈앞에서 목격하고 있는 듯이 사실주의적으로 인물들과 건물들과 꽃과 식물들까지 매우 정밀하고 실재적인 느낌이 들도록 묘사하였다. 그림 속에서 멀리 보이는 하늘의 구름과 예루살렘의 건물들과 시온산의 크고 작은 언덕들은 저녁 무렵 해가 지고 있는 때의 석양빛을 받아 빛나고 있으나, 가까이 보이는 밧세바의 눈부신 외모의 아름다움에는 오히려 가리어지고 있다. 지붕 위에 피어 있는 빨간색 꽃과 여러 가지 색깔의 작은 꽃들은 겨울 우기가 끝나고 해가 바뀌어 봄을 맞이하는 때에 다시 시작되었다고 하는 암몬과의 전쟁 시기를 반영해 주고 있다삼하 11:1.

그러나 사람의 죄와 악은 이 모든 아름다움을 충분히 더럽혀 버릴 수 있고, 추함과 역겨움으로 바꾸어 버릴 수 있으며, 생명의 빛과 따뜻한 바람이 일어나는 찬란한 봄마저도 피와 눈물로 얼룩진 '슬픈 계절'로 바꾸어 버릴 수 있음을 "다윗이 행한 그일"을 통하여 구약의 역사서는 오늘을 살아가는 우리에게도 경고해 준다.

3. 사무엘서[4]는 어떤 뜻을 담은 책일까?

········· 하나님은 기대했던 사람에게서
      무엇을 보고 싶으셨던 것일까?

사무엘서는 가나안 땅에 정착했던 이스라엘 민족이 '사사 제도'의 시대를 거치고, '왕정 제도'를 통해 새로운 왕국으로 성장하게 된 왕국 초기 역사까지의 사건과 이야기들을 담고 있다. 이 과정에서 지중해를 건너와서 가나안 땅에 건설했던 다섯 개 도시 국가를 중심으로 형성되었던 블레셋 민족과 광야를 건너와 정착하게 되었던 이스라엘 민족 사이의 생존과 미

---

[4] 사무엘서 참고 문헌: 김구원, "[구약] 사무엘상을 어떻게 설교할까?," 『성서마당』 제144호 (2022.12), 146-56; 김구원, "[구약] 사무엘하를 어떻게 설교할까?," 『성서마당』 제145호 (2023.03), 150-61; 김회권, "통일군주 다윗의 남북화해와 통일정치," 『구약논단』 19-1 (2013.03), 95-132; 이삭, "사무엘상 9-15장과 사무엘상 31-사무엘하 4장의 사울과 다윗 왕위 등극 역사 편집사 재평가: 최신 학계 동향과 편집사 새 모델 제안," 『신학논단』 제115호 (2024.03), 163-209.

래를 위한 치열한 투쟁 과정이 사사기의 뒤를 이어 이어졌고, 이 과정에서 사울 왕가의 몰락과 다윗 왕조의 새로운 탄생이 이루어지게 된 사실들이 설명되고 있다. 사무엘서는 '말씀하시는 주 하나님'께서 하나님의 말씀을 듣고, 그 말씀에 순종하는 이들과 함께 이 세상 가운데서 구체적으로 이루어가고자 하셨던 하나님의 '구원 역사'를 만들어 가셨던 실재적인 사건들을 보여주고 있다.

사무엘상의 기록은 1-3장까지 엘리 제사장 가문의 문제와 사무엘의 사사와 선지자로서 성장 과정에 관한 내용이 기록되었고, 4-7장까지 엘리 제사장 가문의 멸망과 블레셋과의 전투에서 빼앗겼던 언약궤가 돌아온 이야기로 구성되어 있다. 8-15장은 사울이 이스라엘 왕국의 초대왕 이 된 이후의 사건 기록이며, 16장 이후부터는 사울을 대신하는 새로운 왕이 될 수 있도록 기름부음 받은 다윗과 사울 왕과 블레셋 사람들과의 치열한 갈등과 전쟁의 이야기들이 17장의 다윗-골리앗 이야기 등과 함께 수록되어 있다. 25장에는 사무엘의 죽음에 관한 기록이 나와 있고, 28장에 블레셋과의 전투에 앞서서 엔돌의 신접한 여인을 찾아갔던 사울 왕의 이야기는 결국 하나님의 영이 함께 하심으로 이스라엘 민족의 초대 왕이 되었던 사울이 결국은 하나님과 점점 멀어져 가다가 신접한 여인을 찾아가서, 땅에서 올라온 영과 접촉하였으며, 블레셋 민족과의 길보아산 전투에서 패전하고, 왕자 요나단과 함께 최후를 맞이한 이야기를 기록한 31장까지의 내용으로 이루어져 있다.

사무엘하는 사울 왕의 전사 이후에 그의 후손 이스보셋의 세력 약화 과정과 새로운 왕 다윗이 온 이스라엘의 왕으로 등극하게 되는 과정을 설명한 1-5장과 시온산 위의 산성에 언약궤를 안치함으로써 예루살렘을 정치와 종교의 중심지로 세우게 된 일과 하나님의 성전을 세우려는 시도 가운데 얻게 되었던 영원한 다윗 왕조의 약속에 관하여 기록한 6-7장과 8-21

장까지 다윗 왕의 통치 기간에 있었던 업적과 과실과 그로 인하여 연이어
지게 되었던 사건들을 자세하게 기술한 내용과 22-24장까지 다윗의 노래
22:1와 다윗의 마지막 말23:1과 다윗의 인구조사24:1의 사건을 기록한 마지막
단락으로 구성되어 있다. 저물어가는 해와 같았던 사울 왕과 그의 왕조의
역사와 떠오르는 해와 같이 떠올라 흥왕하였던 다윗 왕과 그의 왕조의 역
사가 대조적으로 그려진 사무엘서의 전체적인 내용은 사무엘과 사울 왕과
다윗 왕의 이야기로 이어져 있다. 그러나 왜 하나님은 사울 왕을 용서치 않
으시고, 그의 왕조를 마감삼하 15:23시키셨고, 반대로 다윗 왕은 그의 흉악한
죄악에도 불구하고 그를 용서하시고, 그에게 영원한 왕조의 언약삼하 23:5까
지도 허락하셨던 것일까? 사무엘서의 두 본문을 살펴보며 그 주제를 곰곰
이 생각해보고자 한다.

.... **사울 왕**

"사무엘이 이르되 여호와께서 번제와 다른 제사를 그의 목소리를 청종하
는 것을 좋아하심 같이 좋아하시겠나이까 순종이 제사보다 낫고 듣는 것
이 숫양의 기름보다 나으니 이는 거역하는 것은 점치는 죄와 같고 완고한
것은 사신 우상에게 절하는 죄와 같음이라 왕이 여호와의 말씀을 버렸으
므로 여호와께서도 왕을 버려 왕이 되지 못하게 하셨나이다."삼상 15:22-23

이 본문이 수록된 사무엘상 15장의 결론인 35절은 구약에서 독자들의
많은 오해를 사게 되는 몇몇 구절들 가운데 하나이다. 〈개역개정역 성경전
서〉의 한글 번역본 성경을 가지고 35절의 "사무엘이 죽는 날까지 사울을
다시 가서 보지 아니하였으니 이는 그가 사울을 위하여 슬퍼함이었고, 여
호와께서는 사울을 이스라엘 왕으로 삼으신 것을 후회하셨더라"라는 본문

을 읽는 이들이 종종 묻는 물음은 "하나님도 사람처럼 잘못 판단해서 실수하고, 하나님도 자기가 잘못 결정한 일에 대하여 사람이 후회하듯이 후회하시는 것인가?" 혹은 "하나님도 사람처럼 판단과 결정에서 실수할 수 있는 불완전한 분일까?"라는 질문들일 수 있다. 하지만 여기서 〈후회하다〉로 번역된 히브리어 〈나함〉은 '후회하다'라는 기본적인 뜻과 함께 '동정하다', '마음 아파하다', '마음을 바꾸다'^{삼상 15:29}라는 뜻이 함께 포함된 낱말이므로, "후회하셨더라"라고 번역되었다고 할지라도, 사울에 관하여 하나님께서 마음 아파하셨음을 표현하는 말로 뜻풀이해볼 수 있다. 사무엘상 15장 본문의 배경과 사건의 내용은 출애굽 사건 당시까지 거슬러 올라가는 이스라엘 민족과 아말렉 민족 사이의 악연과도 같았던 오래된 관계에서부터 시작되었다. 이집트의 노예 생활에서 탈출했지만 광야를 지나 행군하는 행렬 가운데는 부녀자와 노약자들이 포함되어 있었고, 군대 조직으로 재편된 이스라엘 전체 지파들의 이동 대열에서 약한 이들은 뒤쳐진 채로 겨우 따라올 수밖에 없는 상황이었다. 그런데 이러한 사람들을 동정하기보다는 쫓아오면서 해하고, 약탈하고, 살육하는 일들을 벌였던 이들이 아말렉 사람들이었고, 이들과의 싸움에 관한 이야기가 모세와 아론과 훌이 함께 했던 '르비딤'에서의 전투 이야기로 출애굽기 17장 8-16절에 기록되어 있다. 이때 승전하고 모세가 쌓았던 제단의 이름이 바로 "여호와 닛시"^{17:15}였다.

　하나님은 "약속의 땅" 가나안을 정복하고 정착한 이스라엘 자손들이 사울 왕을 중심으로 왕국을 형성한 이후에 아말렉 민족을 향한 심판을 실행하시기 위한 명령을 사무엘을 통하여 왕과 백성들에게 전달하셨다. 그런데 하나님께서 친히 판단하시고 결정하셨고 실행하려 하셨던 '심판'은 사울 왕의 불순종으로 인하여 온전하게 실행될 수 없었음을 사무엘상 15장의 본문이 이야기해주었고, 그 중요한 내용이 압축적으로 요약된 본문이 22-23절이었다. '순종-제사'의 병행과 '듣는 것 - 숫양의 기름'의 병행과

'거역하는 것 - 점치는 죄'의 병행과 '완고한 것 - 우상에게 절하는 죄'의 '낱말 병행'을 통하여 결국 하나님께서 말씀하실 때 그분의 말씀을 듣고 순종하는 것이 얼마나 중요한 일인가를 설명하였다.

안타깝게도 그 이후의 사울 왕의 삶은 하나님의 말씀에서 점점 멀어져 갔다. 심지어 "여호와께서 부리시는 악령"이 사울에게 접하기도 했다삼상 19:9-10. 이 내용은 '악령'도 하나님의 주권 아래 놓여 있음을 뜻하는 표현이라고 볼 수 있다. 이때 사울 왕은 수금을 연주해주던 다윗에게 단창을 던져 죽이려 하기도 했다. 사울 왕의 마지막은 더욱 비참했다. 사울 왕은 한때 신접한 자와 박수를 율법대로 멸절했던 일도 있었으나, 블레셋과 이스라엘이 전쟁할 때 두려움 속에서 엔돌의 신접한 여인을 찾아가 "신접한 술법"으로 사무엘을 불러올리기까지 했다삼상 28:3-25. 사무엘의 모습으로 올라왔던 영적인 존재는 성경 전체의 맥락에서 볼 때, 실제 사무엘의 영이라고 할 수는 없다.[5] 사울 왕은 그 후에 블레셋과의 전투에서 패하고 길보아 산에서 최후를 맞이하였다삼상 31:1. 하나님의 말씀을 읽고, 깨닫고, 실행함으로 순종하는 일은 하나님의 역사와 하나님의 사역에 동참하는 엄청난 의미를 갖는 사건이 될 수 있으며, 반대로 하나님의 말씀을 외면하고 경청하지 않고, 알면서도 행하지 않으며, 마음을 돌이키지 아니하고, 진심으로 회개하지 않은 삶은 하나님의 역사와 계획에까지 해를 끼칠 수 있다. 사무엘서의 역사 기록 가운데서 우리는 사울 왕이 연이어 범했던 죄를 반복한 문제와 회개하고 돌이키지 않았던 삶은 그로 인하여 감당할 수 없는 결과로 이어질

---

[5] 본문의 해석을 위하여 참고해야 할 신약의 말씀들은 다음과 같다. 사탄도 광명의 천사로 가장할 수 있으며(고전 11:14-15), 영들을 다 믿지 말라는 경고도 유의할 필요가 있다(요일 4:1). 하나님의 사람이었던 사무엘의 영은 하나님의 주권에 속하여 있다면, 율법에서 금하는 신접함의 방법(레 20:6-8)으로 무당과 같은 이가 호출할 수 있는 존재일 수 없기 때문이다. 예수님은 마귀의 정체에 관하여 처음부터 "살인한 자요", "거짓말쟁이요", "거짓의 아비"라고 말씀하셨다(요 8:44). 그러므로 겉모습이 사무엘로 보였던 영적인 존재를 실제 사무엘로 해석하는 것은 성경 전체의 문맥과 부합한다고 보기 어렵다. cf. 박경식, "ChatGPT와 엔돌의 신접한 여인 이야기(삼상 28:3-25)의 상호맥락성(intercontextuality) 읽기를 통한 구약신학적 비평 연구," 『구약논단』 30-3 (2024.09), 154-87.

수 있다는 경고의 내용을 살펴볼 수 있다.

.... ## 다윗 왕

"나단이 자기 집으로 돌아가니라. 우리아의 아내가 다윗에게 낳은 아이를
여호와께서 치시매 심히 앓는지라. 다윗이 그 아이를 위하여 하나님께 간
구하되 다윗이 금식하고 안에 들어가서 밤새도록 땅에 엎드렸으니 그 집
의 늙은 자들이 그 곁에 서서 다윗을 땅에서 일으키려 하되 왕이 듣지 아
니하고 그들과 더불어 먹지도 아니하더라."삼하 12:15-17

다윗 왕은 여부스 족속의 산성을 정복하고, 다윗성이라고 불렀고, 시온
산에 있던 그 성을 이스라엘 왕국의 수도 **예루살렘**^{QR}으로 삼
았다. 다윗은 시편의 많은 시들의 저자로 알려져 있고, 정복
왕으로서 주변 민족들을 정복하고, 영토를 넓혔으며, 이스
라엘을 강력한 왕국으로 만들었던 왕이다. 그러나 그에게는 인생의 큰 오
점이 되는 일이 있었다. 사무엘서는 사울의 첫 모습을 사무엘상 9장 2절에
서 "기스에게 아들이 있으니 그의 이름은 사울이요 준수한 소년이라 이스
라엘 자손 중에 그보다 더 준수한 자가 없고 키는 모든 백성보다 어깨 위만
큼 더 컸더라"라고 묘사하였다. 다윗에 관하여는 사무엘상 16장 12절에서
"이에 보내어 그를 데려오매 그의 빛이 붉고 눈이 빼어나고 얼굴이 아름답
더라…"라고 표현하였다. 사무엘서는 인간 사울과 인간 다윗에 관하여 편
파적인 선입견을 가지고 기술하지 않았던 것으로 보인다.

만약 특정한 편향성을 가지고 기술했다면, 삼하 12장에서 이미 우리아
의 사후에 다윗의 첩이 되었던 밧세바를 언급할 때 굳이 "우리아의 아내가
다윗에게 낳은 아이를…"¹⁵이라는 표현을 회피했을 수 있었을 터인데 그렇

게 하지 않았다. 그 대신 사울 왕의 경우에 볼 수 없었던 다윗의 반응과 이후의 태도와 모습을 자세하게 기록했다. "다윗이 그 아이를 위하여 하나님께 간구하되 다윗이 금식하고 안에 들어가서 밤새도록 땅에 엎드렸으니 그 집의 늙은 자들이 그 곁에 서서 다윗을 땅에서 일으키려 하되 왕이 듣지 아니하고 그들과 더불어 먹지도 아니하더라." 다윗의 기도는 바로 직전 나단 선지자가 그에게 찾아와서 그가 범한 죄를 꾸짖을 때에도 있었음을 시편 51편 표제어에서 구체적으로 이야기해주었다. "다윗의 시, 영장으로 한 노래. 다윗이 밧세바와 동침한 후 선지자 나단이 저에게 온 때에"라는 표제어로 시작된 다윗의 시에서는 자신이 행한 악을 고백하며 죄의 용서를 간구하고 상한 심령과 통회하는 마음을 표현하였다. 이는 나단 선지자가 부자와 딸처럼 새끼 양을 기르던 가난한 자의 비유 이야기로 다윗 왕이 우리아를 죽이고 그의 아내 밧세바를 첩으로 취하였을 때에 선지자 나단이 왕이 행한 악을 지적한 일에 대한 다윗의 반응이었다.

그러나 사울 왕은 하나님의 말씀에 불순종하여 심판의 말씀을 받은 후에 자신이 백성을 더 두려워했기 때문이라고 고백하지만, 그 이후 행보에서는 변화를 찾아보기 어려웠다. 사무엘상 15장 30절에서 그 일면을 단적으로 보여주는 내용을 찾아볼 수 있다. "사울이 이르되 내가 범죄하였을지라도 이제 청하옵나니 내 백성의 장로들 앞과 이스라엘 앞에서 나를 높이사 나와 함께 돌아가서 내가 당신의 하나님 여호와께 경배하게 하소서 하더라" 그 순간에도 여전히 사울에게 중요한 것은 대중 앞에서 공개적인 제사를 사무엘과 함께 드림으로, 백성 앞에서 자신이 높여져야 한다는 문제였던 것으로 보인다. 이후에 사무엘은 사울 왕을 떠났지만, 사울이 자신을 죽일 것을 두려워하기도 했음을 알 수 있다^{삼상 16:2}.

그러나 다윗은 자신이 사람에게 저지른 악과 하나님께 지은 죄가 드러났을 때 형식적인 제사 대신에 진심으로 죄를 자백하고, 상한 심령으로 회

개하는 기도를 드렸다^{시 51:16-17}.[6] 그의 기도는 우리아의 아내를 범하여 태어
난 아이가 사경을 헤매는 상황 속에서도 끝까지 지속되었다. '금식기도'와
'철야기도'의 형태로 지속되었으며, 왕의 측근들이 그를 일으켜 세우려 하
여도 거절하고, 땅바닥에서 몸을 일으키지 아니하였으며, 아이가 이미 숨
을 거두었다는 소식을 듣기까지 그의 기도는 지속되었다.

그렇다면 사울 왕과 다윗 왕의 운명을 갈랐던 하나의 차이점은 '눈에
보이는 것'이 전부가 아니었으며, 선지자를 통해 전해주셨던 하나님의 말
씀에 '순종과 불순종'의 '선택'이 두 사람 사이의 앞길을 전혀 다른 결과로
이끌어간 기준이 되었음을 생각해 볼 수 있다. 사무엘상 16장 7절에서는
이렇게 하나님의 말씀을 선포하고 있다.

> "여호와께서 사무엘에게 이르시되 그의 용모와 키를 보지 말라 내가 이미
> 그를 버렸노라 내가 보는 것은 사람과 같지 아니하니 사람은 외모를 보거
> 니와 나 여호와는 중심을 보느니라 하시더라."^{삼상 16:7}

중요한 것은 외모와 신장과 겉모습과 용모가 아니었다. 그 중심과 그
마음이었고 이것은 문자적으로나 표면적으로 드러나는 외형적인 주제가
아니기에 본문의 내면에 해당하는 면들을 볼 수 있을 때 비로소 읽어갈 수
있는 부분이라고 할 수 있다. 옛 어른들은 책을 읽는 이들에게 "행간을 읽
으라"고 가르치기도 했고, '독서백편의자현'讀書百遍義自見이라는 말로 뜻이 스
스로를 나타내 보일 때까지 독서할 것을 교훈하기도 하였다. 사무엘서는
역사와 인생사와 사건과 사람에게 있는 '외모'와 '중심' 사이의 문제에서

---

[6] "주께서는 제사를 기뻐하지 아니하시나니 그렇지 아니하면 내가 드렸을 것이라 주는 번제를 기뻐하지 아니하시
나이다. 하나님께서 구하시는 제사는 상한 심령이라 하나님이여 상하고 통회하는 마음을 주께서 멸시하지 아니
하시리이다"(시 51:16-17)

언제나 하나님은 그 사람의 '중심을 보시는 주 하나님'이라고 선포하고 있
다.

『열왕기』 - 이스라엘과 유다 역사의
주권자이신 주 하나님

이스라엘의 통일 왕국은 주전 1000년경부터 사울-다윗-솔로몬 왕까지 약 1세기 동안만 이어졌다. 그 후 북이스라엘과 남유다 왕국이 분열되어 각자의 역사를 이어갔다. 이스라엘은 앗수르 제국에 의해 주전 722년에 멸망하였고, 주전 586년에 유다는 바벨론 제국에 의해 멸망 당했다. 열왕기는 북이스라엘과 남유다의 역사를 교차 형태로 기록한 역사서이다. 열왕기는 이스라엘과 유다 왕국의 왕을 세우기도 하고, 폐하기도 하시며, 왕국과 백성의 범죄를 심판하시고, 이방 나라들의 역사까지 섭리하시는 역사의 주권자가 '만군의 주 야훼 하나님'이심을 선포하였다. 열왕기상 1장 1절부터 12장 24절은 솔로몬 시대 역사이며, 12장 25절부터 16장 34은 북이스라엘과 남유다의 분열 왕국 초기 역사 기록이다. 17장 1절부터 열왕기하 8장 15절까지는 선지자 엘리야와 엘리사 이야기이며, 이와 함께 열왕기하 17장의 북이스라엘 멸망까지 남북 왕국과 왕들의 역사가 교차적으로 기록되어 있다. 열왕기하 18장 1절부터 25장 30절은 남유다 멸망사와 포로기 역사의 시작에 관하여 기록했다.

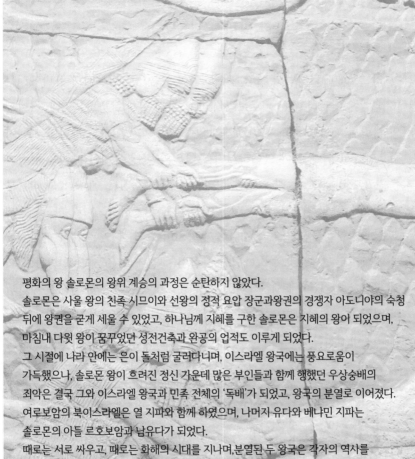

평화의 왕 솔로몬의 왕위 계승의 과정은 순탄하지 않았다.

솔로몬은 사울 왕의 친족 시므이와 선왕의 정적 요압 장군과 왕권의 경쟁자 아도니야의 숙청 뒤에 왕권을 굳게 세울 수 있었고, 하나님께 지혜를 구한 솔로몬은 지혜의 왕이 되었으며, 마침내 다윗 왕이 꿈꾸었던 성전건축과 완공의 업적도 이루게 되었다.

그 시절에 나라 안에는 은이 돌처럼 굴러다니며, 이스라엘 왕국에는 풍요로움이 가득했으나, 솔로몬 왕이 흐려진 정신 가운데 많은 부인들과 함께 행했던 우상숭배의 죄악은 결국 그와 이스라엘 왕국과 민족 전체의 '독배'가 되었고, 왕국의 분열로 이어졌다. 여로보암의 북이스라엘은 열 지파와 함께 하였으며, 나머지 유다와 베냐민 지파는 솔로몬의 아들 르호보암과 남유다가 되었다.

때로는 서로 싸우고, 때로는 화해의 시대를 지나며, 분열된 두 왕국은 각자의 역사를 이어갔다. 벧엘과 단에 금송아지 우상을 세웠던 북이스라엘은 엘리야와 엘리사와 같은 선지자들이 있었으나, 우상숭배의 죄악과 사회적 부정의 가운데 기울어갔으며, 연속된 쿠데타의 정치적 혼란 속에서 쇠락하였다. 그리고 마침내 앗수르 제국에 의해 멸망하였다 주전 722. 남유다는 무수히 많은 선지자들을 하나님께서 보내어 경고하셨음에도 불구하고, 북이스라엘처럼 죄악과 멸망의 길을 돌이키지 않고 살아가다 바벨론에 의해 정복되었으며, 이때부터 바벨론 포로 시대와 디아스포라 유대인의 역사가 시작되었다. 주전 586

《2014 겨울 성지답사 – 예루살렘 박물관, 주전 8세기 앗수르의 라기스성 정복 부조》

1. 『열왕기서』 ① - 왜 이스라엘 민족은 남북왕국으로 갈라지게 되었을까?

"보라 그 때에 하나님의 사람이 여호와의 말씀으로 말미암아 유다에서부터 벧엘에 이르니 마침 여로보암이 제단 곁에 서서 분향하는지라. 하나님의 사람이 제단을 향하여 여호와의 말씀으로 외쳐 이르되 제단아 제단아 여호와께서 이와 같이 말씀하시기를 다윗의 집에 요시야라 이름하는 아들을 낳으리니 그가 네 위에 분향하는 산당 제사장을 네 위에서 제물로 바칠 것이요 또 사람의 뼈를 네 위에서 사르리라 하셨느니라 하고, … 여호와께서 말씀하신 징조라 제단이 갈라지며 그 위에 있는 재가 쏟아지리라 하매, 여로보암 왕이 하나님의 사람이 벧엘에 있는 제단을 향하여 외쳐 말함을 들을 때에 제단에서 손을 펴며 그를 잡으라 하더라 … 하나님의 사람이 여호와의 말씀으로 보인 징조대로 제단이 갈라지며 재가 제단에서 쏟아진지라."^{왕상 13:1-5}

구약을 그리다

열왕기상 13장 1-5절의 본문을 반영하고 있는 이 작품은 1752년에 프랑스 화가 프로고나르Jean-Honoré Fragonard가 그렸던 〈우상에게 제사하는 여로보암〉Jeroboam Offering Sacrifice for the Idol이라는 제목의 그림이었다.[1] 솔로몬 왕이 죽은 후에 북왕국 이스라엘과 남왕국 유다가 분리되면서 여로보암 1세가 북왕국의 왕좌에 올랐다. 그는 정치가들이 나누어 놓은 국경선을 일반 백성들은 전혀 인식하지 못하고, 율법과 관행을 따라 예루살렘으로 절기를 지키기 위해 찾아가는 일들을 막기 위하여 벧엘과 단QR에 금송아지 우상을 각각 세웠고, 남왕국 유다와의 관계 속에서 정치적인 단절만이 아니라 종교적인 단절까지 완전하게 이루어질 수 있기를 바랐다. 그러던 어느날 그가 벧엘의 제단 곁에서 분향하고 있을 때 어떤 '하나님의 사람'이 남왕국 유다에서부터 이제는 북왕국이 된 벧엘까지 찾아와서 예언하였다. 그 예언의 내용은 장차 태어날 요시야라는 왕에 관한 내용이었고, 그 징조로 금송아지 우상숭배를 하던 제단이 깨어지고, 재들이 쏟아질 것이라고 제단을 향하여 선포하였는데, 그 징조의 말씀이 그대로 실현된 장면이 열왕기상 13장 본문에 기록되어 있다. 프로고나르는 이 본문에 충실하여 그 현장의 생생한 느낌과 상황을 그의 그림 작품에 그대로 반영해 주었다. 단을 향해 외치고 하나님의 말씀을 담대하게 선포하는 '하나님의 사람'은 그림 좌측에 있고, 그 맞은 편에는 펼쳤던 손이 마른 채로 신하들의 부축을 받으면서, 당혹스러움을 숨기지 못하는 표정으로 하나님의 사람을 바라보고 있는 여로보암 왕의 모습은 그림 오른편에 그려져 있다. 제단 앞에는 깨어진 돌덩이들이 보이고, 제단에 있던 검은 재가 쏟아져서 연기처럼 피어오르는 모습도 볼 수 있다.

---

1   Jean-Honoré Fragonard, 〈Jeroboam Offering Sacrifice for the Idol〉(1752), oil on canvas, 115×145cm, Beaux-Arts de Paris, 그림 출처: https://commons.wikimedia.org/wiki/File:Jean-Honor%C3%A9_Fragonard_-_Jeroboam_Offering_Sacrifice_for_the_Idol_-_WGA08049.jpg

그렇게 길지 않았던 이스라엘 민족의 통일 왕국은 초대왕 사울과 하나님 앞에서 정직하게 행했던 왕 다윗의 통치 시대를 지나서 솔로몬 왕이 왕국을 다스렸다. 그러나 그의 사후에 이스라엘 민족의 통일왕국은 여로보암 왕의 북이스라엘과 르호보암 왕의 남유다로 나뉘게 되면서, '분열 왕국' 시대가 시작되었다. 북이스라엘은 왕국이 분열되던 초기에 정치적인 관심이 없는 백성들이 한 해에 세 번 유월절^{무교절}과 칠칠절과 초막절이 되면 하나님께서 택하신 한 곳으로 방문하도록 했던 율법 전통^{신 16:16-17}에 따라 솔로몬 성전이 있는 예루살렘을 찾아갈 것을 우려하여 '정치적 혼란'을 예방하기 위한 방법으로, 이스라엘 왕국이 된 남쪽과 북쪽 국경선 부근의 유서 깊은 도시 벧엘과 단에 '금송아지' 우상을 세웠고, 산당에서 제사하기 위하여 일반인들로 제사장을 세우면서 '종교적 혼란'을 자초하게 되었다^{왕상 1:25-33}.

공교롭게도 '금송아지' 형상은 풍요다산 제의와 우상숭배와 사람을 제물로 바치는 풍습의 특징들을 가지고 있던 가나안 종교에서 여러 신들 가운데 주신의 역할을 했던 '폭풍의 신' 바알을 상징하는 우상이기도 했다. 이러한 점은 북이스라엘의 백성들에게 오해를 불러일으키기에, 충분한 역할을 했을 것으로 보인다. 이 일로 인하여 북왕국 이스라엘 백성들은 자연스럽게 바알 신을 섬기면서 하나님도 섬기는 혼합주의의 혼란에 빠지게 되었고, 항상 바알 신과 유일 신 하나님을 동시에 섬기거나 둘 사이에서 항상 머뭇거리거나 주저했던 백성들의 모습을 열왕기상 18장의 엘리야 선지자와 바알과 아세라 신의 예언자들과 대결했던 장면에서도 확인해 볼 수 있다^{18:21}. 그런데도 북이스라엘의 정치가들은 종교적 문제보다는 정치적 문제를 해결하기 위한 '최악의 수'를 두었다. 왜냐하면 백성들은 종교적인 혼합주의의 혼란 속에서 급속도로 신앙적인 정체성을 잃게 되었으며, 정치는 북이스라엘이 주전 722년에 앗시리아에 정복되어 멸망을 맞이할 때까지 연이은 쿠데타로 더욱 혼란스러워지면서 북왕국은 남유다보다 더 빠르게 쇠락해가게 되었기 때문이다.

2.「열왕기」② - 이스라엘과 유다 역사의 주권자이신 주 하나님

.... "… 어루만지며 … 이르되 일어나서 먹으라!"왕상 19:5, 7와
"소리가 … 이르시되 엘리야야 네가 어찌하여 여기 있느냐?"왕상 19:9, 13
- 사람을 향한 하나님의 질문

"로뎀 나무 아래에 누워 자더니 천사가 그를 어루만지며 그에게 이르되
일어나서 먹으라 하는지라. 본즉 머리맡에 숯불에 구운 떡과 한 병 물이
있더라 이에 먹고 마시고 다시 누웠더니, 여호와의 천사가 또다시 와서
어루만지며 이르되 일어나 먹으라 네가 갈 길을 다 가지 못할까 하노라
하는지라. 이에 일어나 먹고 마시고 그 음식물의 힘을 의지하여 사십 주
사십 야를 가서 하나님의 산 호렙에 이르니라. 엘리야가 그 곳 굴에 들어
가 거기서 머물더니 여호와의 말씀이 그에게 임하여 이르시되 엘리야야
네가 어찌하여 여기 있느냐"왕상 19:5-9

보샤르트Thomas Willeboirts Bosschaert의 작품 〈천사에게 음식을 받는 선지자
엘리야〉Prophet Elias, vom Engel gespeist는 1647년에 그려졌던 그림이며, 열왕기상
19장 5-8절을 배경으로 하고 있다.[2] 화가가 묘사했던 선지자 엘리야의 표
정과 눈빛에서는 피로감과 절망감이 역력하게 느껴진다. 바로 얼마 전 갈

---

[2] Thomas Willeboirts Bosschaert, 〈Prophet Elias, vom Engel gespeist〉(1647), 152×176cm, Kunsthis-
torisches Museum, 그림 출처: https://commons.wikimedia.org/wiki/File:Thomas_Willeboirts_Bosschaert_-_
Prophet_Elias,_vom_Engel_gespeist_-_GG_1723_-_Kunsthistorisches_Museum.jpg

멜산에서 벌어졌던 바알과 아세라 선지자 850여 명과의 대결에서 승리하며 '하나님의 사람' 엘리야는 바알 숭배와 야훼 신앙 사이에서 우왕좌왕하던 북왕국 이스라엘 백성들에게 하나님의 살아계심을 확실하게 증거 하였고, 붙잡은 바알 선지자들을 기손 시내에서 처형함으로써 바알 종교에 큰 타격을 주었던 사건의 주역이 된 일이 있었다^{왕상 18:1-40}. 그러나 그 당시 오므리 왕의 아들 아합이 당시에 부강했던 페니키아 지역^{두로와} ^{시돈QR}의 공주 이세벨과 정략결혼을 통해 북왕국으로 받아들였던 바알과 아세라 숭배가 왕과 왕비의 후원 속에서 흥왕하게 되었고, 수도 사마리아에는 바알 신전이 세워졌으며, 아예 야훼 종교를 말살시키려는 정책의 시행까지 일사불란^{一絲不亂}하게 이루어지던 상황에서 엘리야 선지자는 이 사건으로 말미암아 이세벨의 주목을 받게 되었고, 살해의 위협을 받으며 광야로 피신하는 처지에 이르게 되었다.

　어느 날, 마치 혜성과 같이 나타나서, 북왕국에서 수년간 지속될 기근을 예언하던 디셉 사람 엘리야는 이미 거대해져 버린 바알 종교의 세력과 홀로 맞서서 싸워서 하늘에서 불을 내리도록 했던 대결에서 이겼고, 하나님께 간구함으로 다시 비를 내리게 하는 이사와 기적을 일으키는 하나님의 역사에 함께 했던 능력의 종이었다^{왕상 18:41-46}. 그러나 왕비 이세벨에게 쫓기게 되면서 그는 하루아침에 절망한 패배자의 모습 죽기를 구하며 광야의 덤불과 같은 로뎀 나무 아래 앉아 있다가, 누워서 잠들었던 상황이었다. 화가는 그때 엘리야 선지자를 찾아와서 깨우고 떡과 물병의 물을 준비하여 엘리야에게 먹였던 천사가 음식과 물을 향해 손을 들어 가리키고 있는 모습을 묘사하였고, 자다가 깨어난 엘리야는 천사의 목소리를 듣고 있는 그 순간이 그림 속에 고스란히 담겨있다.

실제 '로뎀 나무'는 광야 지역의 관목이나 가시덩굴 정도 되는 작은 나무이지만, 그림 속 천사와 엘리야 바로 뒤에 있는 큰 나무가 '로뎀 나무'에 해당하는 것으로 보인다. 그림의 화면 오른쪽에는 천사가 손수 준비한 음식들이 소박하게 놓여있다. 그렇지만 이 소박한 음식 그 자체가 기적이고, 하나님께서 하늘에서 내려주신 만나와도 같은 하늘의 양식이었다. 메마르고 햇볕에 붉게 탄 표현된 엘리야의 모습은 그가 처한 상황의 궁색함을 반영해주는 듯하다. 명암의 대비 속에서 조명을 받은 것처럼, 밝게 채색된 천사와 엘리야의 모습이 부각 된 느낌으로 그림 속에 잘 나타나 있으며, 두 인물의 표정에 집중할 수 있도록 해준다. 그런데 엘리야는 천사의 음성을 들었으나, 놀라거나 감동하는 느낌이 전혀 없다.

그 후에 천사가 제공해준 음식을 먹고 힘을 내어 '사십 주야'를 이동한 후에 도착한 호렙산에서도 엘리야 선지자는 동굴로 숨어 들어가서 나오지 않았다. 하나님께서 동굴 밖으로 나와서 하나님의 임재하심을 준비하라고 하신 말씀을 듣고도 엘리야는 전혀 움직이지 않았다. 엘리야는 바람과 지진과 불이 다 지나가고, 세미안 음성이 들릴 때 겨우 동굴 입구에 서서 하나님의 말씀을 받게 된다[19:13-14]. 열왕기상 19장의 본문에서 묘사하고 있는 엘리야의 모습은 우울증에 시달리는 사람에게서 나타나는 여러 특징을 보여준다. 하나님께 죽기를 간구할 정도로 좌절하고 절망한 모습과 무기력하게 노숙하며 잠들어 있던 엘리야에게서 **갈멜산**[QR]에서 보여주었던 불의 선지자와 능력의 종의 흔적을 찾아볼 수 없다. 그저 과로로 탈진해 버리고, 정신적으로 불안과 두려움에 사로잡혀서 기진맥진한 초라한 모습의 패잔병 같은 노인 한 사람처럼 되어 버린 엘리야는 천사를 만났어도, 천사가 손수 준비한 음식과 물을 먹었어도 전혀 무표정이고, 무반응이며, 감사도 없다. 다시 일어나 하나님의 산, 곧 모세가 하나님을 만났고, 하나님의 강림하심을 경험했으며, 산에 올라가 율법의 말씀을 받았던 호렙산으로 가라는 천사의 말을 듣고, 그저 생각 없이 발이 움직이는 대로 사십 주야를 따라갔다.

그러나 몸을 숨기고 도피처로 삼았던 동굴에 들어간 엘리야는 하나님이 불러도 나오지 않았다. 바위를 깨트릴만한 바람이 불고, 동굴이 무너질 듯한 지진의 흔들림이 있고, 모든 것을 태워버릴 듯한 화염과 불길이 일어나는 외부 환경의 변화에도 움직일 생각이 없었던 엘리야는 의외로 세미한 음성에만 겨우 반응하여 동굴 어귀 정도까지는 나왔다. 그리고 하나님의 말씀을 듣고 질문을 받았을 때, 그는 하나님을 섬기던 하나님의 종들이 모두 다 죽고, 자기 혼자만 남았다고 고백하며, 그간 자신이 겪었던 사역의 외로움과 고독과 절망의 경험들과 생각들을 하나님께 아뢰며 대답하였다. 그러나 하나님은 다시 그에게 사명을 주시며 하나님의 말씀을 다시 맡기신다. 엘리야의 다음 선지자로 엘리사에게 기름 붓고, 오므리 왕조를 마감하게 할 새로운 북 왕국의 왕으로 예후에게 기름 부어 세우고, 다메섹의 하사엘에게 기름 부어 아람의 새로운 왕이 되게 하라는 명령을 엘리야 선지자가 받게 되었다.

그 당시 북왕국 이스라엘의 상황을 보면 야훼 신앙을 가진 자들이 박해받고, 바알과 아세라의 선지자와 불의한 자들이 득세하며, 우상숭배가 만연한 정치와 종교와 문화의 현실 가운데서 가나안의 자연을 신으로 섬기는 '풍요다산' 제의와 폭풍 신 바알 종교의 양상은 바람과 불과 지진처럼 강력한 형세를 이루었으나, 엘리야의 하나님은 그런 현실 속에서 아무 힘 없는 미약하고 세미한 소리처럼 보이고 느껴졌을 수 있었다. 그러나 구약의 야훼 하나님은 말씀으로 임하셨고, 그 말씀은 북이스라엘의 왕조와 이웃 나라 아람 왕국의 왕조까지도 바꾸는 역사의 실재적인 동력이었으며, 결국 역사의 주권자는 바알과 아세라 같은 거짓 신들이 아니라 오직 참된 왕이신 하나님이심을 보여주었다.

바알과 아세라 같은 신들과 우상숭배를 정책적으로 도입하고 강화했던 아합왕과 왕비 이세벨이 통치하던 시대에 하나님의 살아계심을 그의 존재 자체로 증언하고 선포하며, 아합 왕조의 정치와 군사와 종교 세력에 저항했던 강력한 하나님의 사람이 바로 엘리야였다. 그렇지만 그런 엘리야도 우리와 같은 성정을 가진 사람이었음을 이야기했던 야고보서 5장 17절의 말씀처럼, 큰일 이후에 누적된 피로와 스트레스로 탈진하고, 두려움과 불안 가운데 절망했던 연약한 모습으로 무기력하게 드러누워 버렸던 한 사내의 모습을 토마스 보샤르트의 작품 가운데서 만날 수 있다. 그렇지만 그는 하나님이 보내신 천사의 음성에 다시 귀 기울이고 있고, 잠시 후에 음식과 물을 먹고 마신 후에 하나님의 산 호렙산으로 피정을 떠나듯이 사십 주야를 걸어갔고, 마치 모세가 그랬던 것처럼 다시 그곳에서 하나님의 말씀을 만났다.

하나님은 지쳐 누워 있던 엘리야에게 찾아오셨고, 바로 말씀하지 않으셨다. 그저 어루만지셨다. 그리고 '일어나서 먹으라' 하셨다. 다시 누워버린 엘리야에게 또다시 찾아오셔서, 어루만지시며, '일어나서 먹으라" 단지 그 말씀만 하셨다. 하나님은 외로움 속에서 낙심하여 절망하고, 좌절하여, 지쳐서 쓰러져 버린 사람에게 정말 필요한 것이 무엇인지 잘 알고 계셨고, 이 말씀은 그것을 보여준다. 다시 찾아오시고, 또다시 찾아오셔서, 세미한 소리 가운데서 엘리야를 만나셨던 하나님왕상 19:9-18은 다른 신학적인 이유보다도 어쩌면 엘리야의 심리 상태와 정신 상태와 마음 상태의 눈높이에 맞추어서 그런 방법과 그런 모습으로 그렇게 찾아오셨던 것이 아니었을까?… 그 후에 비로소 엘리야는 자기에게 주어진 길을 다시 걸어갈 수 있었다.

3. 열왕기서는 어떤 뜻을 담은 책일까?

········· 『열왕기서』3 – 구약성경의 판단과 평가의 기준은 무엇일까?

"있었던 그대로의 사건 기록으로서 역사"는 없다. 역사를 기록하게 되면 그 사건을 기록한 이의 관점과 시각에 따라 동일한 사건이라도 서로 다르게 해석되거나 평가되면서 그 의미가 후대의 다른 이들에게 전달될 수밖에 없으며, 역사와 관련된 이러한 관점의 문제를 사람들은 '사관'이라는 말로 표현해 왔다. 그러면 구약 성경의 역사도 이렇게 어떤 사관을 가지고 기록된 것일까? 또 그렇다면 구약 성경은 세상의 일반 역사와 과연 얼마나 구별되는 다른 사관을 가지고 기록되었던 것일까? 이러한 물음들에 대한 답을 북이스라엘 오므리왕에 관한 열왕기서의 기록 가운데서 찾아보고, 생

---

3   열왕기서 참고 문헌: 이미숙, "지리적 관점에서 본 북 왕국의 역사와 수도(首都)들." 『구약논단』 25-1 (2019.03), 214-44: 이상원, "바빌로니아 포로 시대 이후 이스라엘에서의 제의중앙화규정: 신명기역사서 이후 역사서에서의 제의중앙화규정의 역할에 대하여." 『구약논단』 29-3 (2023.09), 182-215: 이상원, "신명기사가에게 요시야가 갖는 의미에 대한 고찰." 『구약논단』 27-1 (2021.03), 166-91.

각해 볼 수 있다. "오므리가 여호와 보시기에 악을 행하되 그 전의 모든 사람보다 더욱 악하게 행하여, 느밧의 아들 여로보암의 모든 길로 행하며 그가 이스라엘에게 죄를 범하게 한 그 죄 중에 행하여 그들의 헛된 것들로 이스라엘의 하나님 여호와를 노하시게 하였더라."왕상 16:25-26라는 짧은 본문은 오므리를 하나님 앞에서 악을 행한 왕으로 평가하였다. 그러나 북왕국 이스라엘의 역사 속에서 오므리는 다윗왕에 버금가는 인물이었다. 정복 전쟁을 성공적으로 추진하여 북이스라엘의 영토를 확장하였고, 다윗이 시온산을 수도로 정하고 예루살렘이라는 도시를 건설했던 것처럼, 오므리왕은 사마리아 산을 세벨에서 구입하여 그 산 위에 산성을 세우고 **사마리아**QR라 이름 붙였고, 북이스라엘 역사가 막을 내리기까지 수도의 역할을 하게 되었던 도시를 건설하였다. 또한 다윗의 아들 솔로몬왕이 파라오의 딸과 결혼했던 사건에서 볼 수 있듯이, 그 당시 고대 서아시아지역의 전통적인 강대국들 가운데 하나였던 이집트가 공주를 외국으로 시집보내지 않았던 그들의 전통을 깨트리면서까지 정략결혼을 추진할 정도로 이스라엘 왕국이 강력한 위상을 갖추고 외교력을 가졌던 것처럼, 오므리는 아들 아합왕이 당시에 가장 강력한 왕국으로 부상했던 페니키아 지역 시돈의 공주 이세벨과 정략결혼을 추진할 정도로 북이스라엘을 강력한 왕국으로 만들었던 왕이었다.

　　세상에서 이루었던 업적과 능력과 영향력이라는 관점에서 볼 때 오므리왕은 후대의 앗시리아 제국에서 조차도 북왕국 이스라엘을 지칭하면서 "오므리의 집"이라고 할 정도로 성공했던 유능한 왕이었다. 그러나 구약성경은 다른 시각과 관점에서 그를 평가하였다. "여호와 보시기에 악을 행하여…"라는 짧은 표현이 함축한 의미는 분명히 세상 역사가 가지고 있는 사관과 다른 시각을 가지고 성경은 한 인물의 생애과 사건과 역사를 바라보고 있다는 사실을 보여준다. 그것은 하나님 앞에서coram Deo 어떻게 살았는가의 문제와 연결된 주제였다. 이러한 독특한 관점은 신학적이며, 신앙적인 사고와 인식을 전제로 하는 사관이라고 말할 수 있다.

반면에 "요시야와 같이 마음을 다하며 뜻을 다하며 힘을 다하여 모세의 모든 율법을 따라 여호와께로 돌이킨 왕은 요시야 전에도 없었고 후에도 그와 같은 자가 없었더라."^{왕하 23:25}라는 평가를 받았던 남 왕국 유다의 요시야 왕의 경우는 북왕국 이스라엘의 강력했던 군주 오므리왕과 너무도 큰 대조를 보여준다. 요시야 왕은 북이스라엘 왕국이 앗시리아 제국에 의하여 멸망한 이후의 혼란한 시대에 유다 왕국의 왕이 되었고, 선왕 므낫세의 우상숭배와 악행 속에서 무너졌던 신앙적이며 종교적인 정체성과 사회적인 정의를 회복하기 위하여 많은 개혁 정책들을 펼치다가, 이집트 왕 파라오의 군대와 므깃도에서 벌어졌던 전투에서 갑자기 전사하면서, 전쟁도 패하고, 모든 개혁정책도 미완으로 끝나버렸다는 점에서 성공과 업적을 높이 평가하는 일반 세상의 시각에서 보면 분명히 실패한 왕이었다. 그러나 구약성경은 그를 격찬하였다. 또한 그에 관하여 "요시야가 여호와 보시기에 정직히 행하여 그의 조상 다윗의 모든 길로 행하고 좌우로 치우치지 아니하였더라"^{왕하 22:2}라는 본문처럼 하나님 앞에서 '정직히 행한 왕'으로 평가하였다. 이러한 관점과 시각은 이스라엘 민족의 짧았던 통일왕국 시대와 북왕국 이스라엘과 남왕국 유다의 역사를 통틀어 전체 역사 기록에 적용되었던 일관된 입장이었으며, 그런 의미에서 구약성경의 역사 기록에서 독특성을 부여하고 기준을 제시하였던 구약성경 자체의 사관이었다고 말할 수 있다.

사울-다윗-솔로몬까지 이어졌던 통일왕국 시대는 주전 1000년경부터 약 100여 년의 기간 동안 지속되었고, 열왕기서는 1-11장까지 솔로몬 왕의 공적과 과오를 함께 기록하였다. 이후에 분열왕국의 역사가 이어졌는데 열왕기상 12-열왕기하 17장까지는 북왕국 이스라엘과 남왕국 유다의 역사를 교차적으로 기록하였고, 주전 722년의 앗시리아 제국에 의한 북이스라엘 멸망 역사에 관한 이유와 평가를 17장에 기술하였다. 열왕기하 18-25장까지는 히스기야부터 시드기야까지 이어졌으며, 주전 586년에 결국 바벨론 왕 느부갓네살에게 멸망 당한 남왕국 유다의 나머지 역사 기록이라고 할 수 있다. 북왕국 이스라엘의 역사는 여로보암[1세]-나답-바아사-엘라-시므리-오므리-아합-아하시야-요람-예후-여호아하스-요아스-여로보암[2세]-스가랴-살룸-므나헴-브가히야-베가-호세아까지 이어졌고 주전 722년에 앗시리아에 의해 멸망당했다.

남왕국 유다의 역사는 르호보아-아비얌-아사-여호사밧-요람-아하시야-아달랴-요아스-아마샤-아사랴[웃시야]-요담-아하스-히스기야-므낫세-아몬-요시야-여호아하스-여호야김-여호야긴-시드기야까지 이어졌고 주전 586년에 바벨론 제국에 의해 멸망 당했다. 구약성경은 이스라엘 민족의 역사가 예레미야의 예언대로 70년간의 포로기를 지나 포로귀환 시대와 페르시아 제국의 패권 시대까지 이어졌다고 이야기하고 있다. 그 이후의 이스라엘 역사는 헬레니즘 제국의 시대를 거쳐 로마 제국이 이 지역의 패권을 장악했던 시대가 도래하고 신약성경의 시대로 연결되었다. 구약성경의 이스라엘 역사는 하나님 앞에서 어떤 왕이었는가를 평가의 기준으로 삼고 '여호와 보시기에 악을 행한 왕'과 '여호와 보시기에 정직히 행한 왕'이라는 구분을 지었으며, 왕조를 중심으로 기록되었던 역사서에서 실재적으로 다윗왕과 히스기야왕과 요시야왕 이외의 왕들 대부분은 긍정적인 평가를 얻지 못하였음을 볼 수 있다.

『역대기』 – 세계 역사의 주권자이신 주 하나님

열왕기가 포로기 이전 시대의 역사 기록이라면 역대기는 포로기 이후 시대에 기록된 역사서이다. 두 책은 저작 시기의 차이로 인한 히브리어의 언어적 차이와 더불어 신학적 차이를 포함한 역사관의 차이를 보여준다. 역대기는 북이스라엘의 역사를 생략하고, 다윗 왕조를 중심으로 남유다 왕국의 역사를 기록하였으며, 히브리어 성경의 가장 마지막에 놓여 있는 책이기도 하다. 역대기는 인류의 시조 아담으로 시작된 족보로부터 출발하여, 예레미야의 바벨론 포로 70년에 관한 예언대로 이스라엘 민족의 예루살렘 귀환 사건을 가능케 했던 페르시아 제국 고레스 왕의 칙령으로 끝나는 책이다. 이 책은 유다 왕국의 역사와 함께 온 세상의 역사를 이끌어가시는 역사의 주권자이신 하나님을 선포하고 있다. 주전 5세기경에 기록된 것으로 볼 수 있는데, 이 시기에 성전재건이 이루어지고, 말라기 선지자의 예언 활동도 이루어졌다. 역대상은 1-9장의 족보^{아담-포로귀환시대}와 10-29장의 사울 왕의 마지막과 성전건축을 준비한 왕 다윗의 역사와 업적의 기록으로 구성되어 있다. 역대하는 1-9장의 성전건축을 실행한 왕으로서 솔로몬의 업적과 10-36장의 유다의 왕들과 예루살렘 멸망의 역사^{36:15-23} 기록과 포로귀환 시대의 시작을 알리는 고레스 칙령의 내용^{36:22-23}으로 구성되어 있다.

아담으로부터 시작된 족보는
유다의 마지막 왕 시드기야의 비참한 죽음까지 이어지고,
이스라엘 민족의 가나안 땅은
예레미야 선지자의 예언처럼 칠십 년 동안 땅의 안식을 맞이하였다.
아브라함과 이삭과 야곱의 족장사,
출애굽과 광야시대의 역사,
사사들의 정착 시대,
사울과 다윗과 솔로몬 왕의 통일왕국 시대,
르호보암 왕으로부터 시작된 남유다 왕국의 역사는
주님 앞에서 악을 행했던 왕들과 정직하게 행했던 왕들의 이야기로 이어졌다.
병들었 때 드렸던 기도 가운데 수명의 연장을 허락받았던 히스기야 왕의 신실함과 그의
생애, 그의 아들 므낫세의 악행과 다시 그의 아들 요시야 시대의 종교개혁과 갑작스러운
전사,
그 후의 혼란스럽고, 서글픈 멸망의 역사.
바벨론과 페르시아 제국의 역사로 이어진 포로기 역사를 지나서,
페르시아 제국 고레스 왕의 칙령으로 이스라엘 민족은 고향 땅으로 돌아오게 되었다.
포로 귀환의 날을 맞이하는 이스라엘 사람들은
꿈꾸는 것 같았던 어느 날 '하나님께서 함께하시기를 원한다'는 고레스 왕의 축복과
귀환 명령의 문서를 품에 안고
두 번째 출애굽 사건의 발걸음과도 같았을 희망의 발걸음을 내딛을 수 있었다.

《2023년 겨울 성지답사 – 이스라엘》

1. 「역대기」 ① "내가 네게 무엇을 주랴 너는 구하라" 대하 1:7
– 사람을 향한 하나님의 질문

"옛적에 훌의 손자 우리의 아들 브살렐이 지은 놋제단은 여호와의 장막 앞에 있더라 솔로몬이 회중과 더불어 나아가서, 여호와 앞 곧 회막 앞에 있는 놋 제단에 솔로몬이 이르러 그 위에 천 마리 희생으로 번제를 드렸더라. 그날 밤에 하나님이 솔로몬에게 나타나 그에게 이르시되 내가 네게 무엇을 주랴 너는 구하라 하시니…" 대하 1:5-7

이 작품은 지오르다노 Luca Giordano가 1694-1695년에 그렸던 〈솔로몬의 꿈〉Dream of Solomon이라는 제목의 그림이다.[1] 솔로몬 왕이 재위 초기에 기브온

---

1 Luca Giordano(-1705), 〈El sueño de Salomón / Dream of Solomon〉(1694-1695), oil on canvas, 245× 361cm, Museo del Prado. 그림 출처: https://commons.wikimedia.org/wiki/File:Giordano_Le_R%C3%AAve_

산당에 올라가 일천번제를 드린 후에 그 날밤 하나님의 현현하심을 경험하게 되었던 이야기를 그림의 배경으로 하고 있다. 동일한 사건을 기록했던 열왕기상 3장 4절에서는 솔로몬이 기브온 산당으로 갔던 이유를 그 장소의 크기 때문이었다고 설명했으나, 역대하 1장 3절에서는 그곳에 "하나님의 회막"이 있었기 때문이라고 설명하였던 차이를 보여준다. 지오르다노는 솔로몬 왕에게 하나님께서 건네셨던 말씀을 하나님과 잠들어 있는 솔로몬 사이의 한 줄기 빛으로 표현하였다. 하나님은 솔로몬에게 "내가 네게 무엇을 주랴 너는 구하라"대하 1:7라고 물으셨고, 솔로몬은 부와 명예와 권력 대신에 백성을 하나님 앞에서 올바르게 다스릴 수 있는 〈지혜〉를 구하였는데, 이것을 하나님께서 기쁘게 여기셨다는 말씀을 살펴볼 수 있다. 구약 성경에서는 여호와를 경외하는 것 즉, 하나님을 두려워할 줄 아는 마음을 지혜라고 가르쳤고잠 1:7, 열왕기상 4장 29절에서는 넓은 마음과 연결시키기도 했으며, '듣는 마음'이라는 뜻의 〈레브 쇼메아〉라는 히브리어로 표현하기도 했다왕상 3:9. 열왕기상 4장 32절에서는 그의 지혜에 관하여 이야기하면서 잠언 삼천과 노래 천 다섯을 지었다고 말하기도 했다.

그는 꿈속에서 하나님의 현현하심을 두 차례나 경험했으며, 부와 재물과 명예까지 하나님께 받아서 누렸던 왕이었다고 구약성경은 말하고 있지만, 열왕기서는 그가 말년에 이르러 정략결혼을 통해서 얻었던 많은 아내의 미혹을 받아 우상숭배 하였고왕상 11:3, 그가 백성들에게 부여했던 강제 노역과 과중한 세금에 대한 불만이 발화점이 되어서 결국은 그의 사후에 북이스라엘과 남유다로 왕국이 나뉘게 되었음을 이야기해주고 있다.

하지만 역대기서는 이러한 솔로몬 왕의 실정과 잘못들보다는 그의 업적 가운데 가장 위대한 사역이었던 '성전건축'에 초점을 맞추고, 그 시대에

de_Salomon_Prado.jpg

있었던 이스라엘 왕국의 부강함과 영광스러움을 부각시키는 내용으로만 그의 통치 시대에 관하여 기록하였다. 역대기서는 아담으로부터 시작된 계보가 사울왕을 지나서 다윗 왕까지 어떻게 이어져 왔는가를 서술하였고, 다윗 왕을 성전건축을 준비한 왕으로 알려주었으며, 솔로몬 왕은 성전건축을 실행하고 완성한 왕으로 알려주었다. 남왕국 유다의 왕조 역사만을 기록했던 역대기서는 그 가운데서도 다윗 왕과 솔로몬 왕에게 가장 많은 분량의 지면을 할애하였다. 이러한 특징들은 포로귀환 이후에 기록된 역대기가 포로 생활에서 돌아왔던 이스라엘 자손들의 자부심과 정체성을 재확립하고, 다윗왕과 솔로몬왕 시대의 영광을 회복하는 것을 공동체의 목표로 제시하면서, 공동체를 재건하려는 목적과 함께 감안해 볼 수 있는 요소들이다.

그런데 기브온 산당의 일천 번제와 하나님의 현현하심의 이야기에서 인상적인 것은 하나님께서 솔로몬에게 물으셨던 질문이다. 하나님은 하나님의 사람을 선택하시고, 부르시고, 사명을 명하시는 분이실 뿐만 아니라, 때로는 누군가에게 "네가 원하는 것이 무엇이냐?"라고 묻기도 하시는 분이심을 깨달을 수 있다. 그러면 하나님의 사람들에게 필요한 것은 순종을 위한 준비와 함께 자신이 정말 바라고 원하는 것이 무엇인가를 대답할 준비도 있어야 한다는 점이다. 나만의 욕심을 채우기 위한 간구는 탐욕의 또 다른 얼굴일 수 있으나, 타자를 위한 솔로몬의 기도를 성경은 하나님의 마음에 드는 기도였다고 말하고 있다. 그런 의미에서 우리의 간구하는 기도와 함께 하나님의 음성을 듣는 기도와 분별이 될 때까지 차분히 기다리는 기다림의 시간이 함께 병행되어야 한다. 결국 '듣는 마음'을 지혜라고 이해했을 때, 하나님의 음성과 말씀을 잘 듣고 분별하여 순종하는 일과 함께 이 세대를 본받는 대신에 하나님의 선하시고, 기뻐하시며, 온전하신 뜻이 무엇인지 분별할 줄 알고롬 12:1-2, 먼저 하나님께 구할 것과 더하여주실 것이 무엇인지를 구별할 줄 아는 지혜^{마 6:69}의 균형을 잘 잡고 살아가는 것이 중요하다는 결론에 이를 수 있다.

2. 『역대기』 ② - 세계 역사의 주권자이신 주 하나님

.........'요시야 왕의 죽음을 어떻게 바라보아야 할까?'

"요시야가 몸을 돌이켜 떠나기를 싫어하고 오히려 변장하고 그와 싸우고자 하여 하나님의 입에서 나온 느고의 말을 듣지 아니하고 므깃도 골짜기에 이르러 싸울 때에, 활 쏘는 자가 요시야 왕을 쏜지라 왕이 그의 신하들에게 이르되 내가 중상을 입었으니 나를 도와 나가게 하라. 그 부하들이 그를 병거에서 내리게 하고 그의 버금 병거에 태워 예루살렘에 이른 후에 그가 죽으니 그의 조상들의 묘실에 장사되니라…"^{대하 35:22-24}

요시야 왕의 죽음을 묘사한 〈요시야 왕의 죽음〉The death of King Josiah이라는 제목의 이 그림은 이탈리아 화가 안토니오 잔키Antonio Zanchi가 1660년에 그렸다.[2] 유다 왕국 역사의 이런 '변곡점'이 되었던 요시야 왕의 죽음이라는 사건은 열왕기하 23장 29절과 역대하 35장 20-25절에 공통으로 기록되어 있다. 요시야 왕의 마지막 순간을 그림으로 묘사했던 안토니오 잔키는 예술가의 시각으로 바라보면서, 매우 극적이면서도 세밀한 묘사와 역동적인 구도 속에 시각적으로 표현해 주었는데, 그의 그림은 과연 둘 중에 어느 본문을 배경으로 삼았던 것일까? 요시아 왕이 갑작스럽게 전장에서 전사했을 때 유다 백성들의 당혹스러움과 감당하기 어려운 슬픔과 어찌할 수 없는 안타까움이 교차하던 현장을 마치 우리도 그 자리에서 목격하는 것처럼 바라보면서 구약 본문을 읽어 갈 수 있도록 잔키는 성경의 본문을 그림 작품으로 묘사해 주었다. 요시야 왕의 므깃도 전투와 그가 전사한 사건을 기록한 열왕기하 23장 28-29절의 매우 간략한 기록과 역대하 35장 20-25절의 자세한 기록을 비교해볼 때, 그림에서 상세하게 묘사하고 있는 전체적인 내용은 두 가지 본문 가운데 역대기 35장을 더 많이 반영한 특징들을 보여주고 있다고 평가해 볼 수 있다.

그림 중앙에 눕혀져 있는 창백한 혈색의 인물은 므깃도에서 펼쳐지고 있던 이집트 파라오 느고의 군대와 유다 사이의 전장에서 누군가의 화살을 맞고 중상을 입은 채로 전장에서 빠져나와 자신의 병거에서 내려지고 있는 요시야 왕이다. 이미 축 늘어뜨린 오른손과 질끈 감은 눈과 마지막 순간까지 놓지 못했던 부하의 손과 미간의 주름은 요시야가 끝까지 지키려 했던 유다 왕국의 운명과 안위에 대한 고뇌와 다 헤아릴 수 없는 많은 사연을 보여주고 있는 것 같다. 머리 아래에 떨어져 있는 왕관과 화려한 황금색

---

2   Antonio Zanchi (1631-1722), 〈The death of King Josiah〉(1660), 115.6×165.7cm, 그림 출처: https://commons.wikimedia.org/wiki/File:The_death_of_King_Josiah.jpg

겉옷과 아직 채 벗지 못했던 고급스러운 신발은 심각한 부상을 한 사람이 왕이었음을 분명하게 말해준다.

오른편 옆구리 부분의 깊은 상흔은 그를 죽음에 이르게 했던 치명적인 부상의 흔적이었던 것으로 보인다. 오른편 중앙 가장자리에 묘사된 뒤편의 배경은 아직도 이집트 군대와의 치열한 전투가 진행되고 있음을 보여주며, 주변의 군인과 사람들의 슬픔과 고통에 일그러진 표정들은 왕의 죽음을 가슴 아파했던 백성들의 마음을 반영해 준다. 마지막 숨을 거두는 왕의 손을 잡아주었던 한 사람은 요시야 왕의 시신이 땅바닥으로 곤두박질치지 않을 수 있도록 여전히 힘주어 받치고 있으며, 이렇게 상세한 요소들과 내용은 역대하 35장의 기록에 더 부합한다.

주전 8-7세기의 고대 서아시아지역ᆖ근동 국제정세는 온 나라와 민족들이 혼돈의 소용돌이 속으로 휘말려 들어가면서, 바로 앞을 예측하기 어려운 상황이었으며, 모든 사람이 극심한 고난을 겪게 되었던 시기였다. 주전 722년에 북왕국 이스라엘과 수도 사마리아가 앗시리아 제국에 의해 멸망당하고, 남왕국 유다만 겨우 명맥을 유지하던 상황이었지만, 다시 메소포타미아지역의 남부 지역에서는 신흥국가 바벨론이 등장하면서 결국은 주전 612년에 앗시리아 제국을 멸망시키고 그 지역의 패권을 쥐게 되었다. 북쪽 지역의 앗시리아가 살아남아서 신흥제국 바벨론을 견제하는 세력으로 명맥을 유지하는 것이 이집트의 국익에 도움이 되고, 그런 대치 상황이 지속되는 사이에 이집트가 잃어버렸던 가나안 지역에 대한 과거의 영향력을 회복할 기회라고 판단했던 파라오 느고는 친히 원병을 이끌고, 하란으로 피난해 있던 앗시리아의 남은 세력이 바벨론을 향한 반격과 결전을 준비하던 지역으로 올라가던 길이었다.

고대 시대 주요한 무역로 가운데 하나였던 지중해 연안의 '해안도로'

를 따라 올라오던 이집트의 지원군은 갈멜산 부근의 **므깃도**^{QR =아마겟돈: 이스르엘}

에서 앗시리아 제국의 악랄한 지배권에서 겨우 벗어나서 북왕국 이스라엘의 잃어버렸던 영토를 되찾고, 이스라엘 민족의 신앙적인 정체성을 쇄신하기 위한 종교개혁과 함께 국력회복을 위한 개혁을 펼쳐가던 유다의 요시야 왕과 부딪히게 되었다. 요시야 왕은 이스라엘 민족과 깊은 원한 관계에 있었던 앗시리아를 돕기 위해 지원군을 파병하는 이집트의 군대를 순순히 보내줄 수 없다고 판단했으며, 결국 치열하게 벌어졌던 이 전투에서 이집트 군대의 궁수가 쏘았던 화살을 맞고 전장에서 전사하고 말았다.

열왕기하 23장 29절의 번역은 '올라간다'라는 뜻의 히브리어 동사 〈알라〉를 '치고자 올라갔다'로 번역하였으나, 그 당시의 복잡했던 국제적인 역학 관계 속에서 숨 가쁘게 돌아가던 실재적인 상황은 이집트의 파라오가 앗시리아의 남은 세력을 도우려고 군대를 이끌고 올라갔던 것으로 파악되고 있다. 유다 왕국의 역사 속에서 선정을 베풀었던 몇 명 안 되는 왕들 가운데 히스기야 왕이 있었고, 안타깝게도 그런 아버지에게서 가장 극심한 악행과 행하며 유다 왕국을 하나님의 심판까지 끌고 갔던 므낫세 왕의 통치가 이어졌다. 하지만 다시 의아스럽게도 그런 므낫세 왕의 뒤를 이었던 요시야 왕은 하나님을 두려워할 줄 알고, 백성을 사랑하며, 부정부패를 청산하기 위한 개혁 정책들을 시작하였다. 유다 왕국의 종교와 역사를 바로 세우기 위한 전력투구를 하던 상황에서 이집트 파라오 느고의 군대를 맞이하게 되었고, 므깃도에서 벌어졌던 전투에서 갑작스럽게 전사하고 말았다. 그 충격과 슬픔은 이루 말할 수 없었으며, 예레미야 선지자는 그를 위한 애가를 지어 부르기도 했다^{대하 35:25}. 북이스라엘의 역사와 남유다의 역사를 번갈아가며 기록했던 열왕기서는 어쩌면 요시야의 죽음에 대한 황망함과 충격 속에서 하나님의 뜻을 깨닫는 시간과 신학적 성찰이 완성되기도 전에 역사를 기록했던 것일 수 있다.

　왜냐하면 요시야왕의 전사에 관하여 "요시야 당시에 애굽의 왕 바로 느고가 앗수르 왕을 치고자 하여 유브라데 강으로 올라가므로 요시야 왕이 맞서 나갔더니 애굽 왕이 요시야를 므깃도에서 만났을 때에 죽인지라" 라고 기록한 열왕기하 23장 29절의 매우 간결하고 짧은 기록을 비교해 보면, 열왕기서에는 그의 죽음에 관한 어떤 평가도 기록되어 있지 않은 채로 이 사건의 기록을 끝냈지만, 70년 바벨론 포로기 이후에 기록된 역대하 35장 20-25절에서는 요시야 왕의 죽음에 관하여 매우 상세하게 기록하면서 "하나님의 입에서 나온 느고의 말을 듣지 아니하고…"라는 우회적인 표현을 통하여 부정적인 어감을 담은 일종의 평가와 해석을 제시하였기 때문이다. 역대기 35장에서는 요시야 왕이 하나님 앞에서 정직하게 행했던 왕이었으나, 너무도 갑작스러웠던 그의 죽음은 '하나님의 말씀'을 순종하지 않았기 때문이었다는 이유를 추가로 기록하면서, 포로기 이후 시대 포로귀환 공동체가 되었던 유다의 문자적 '율법주의'가 강조되던 시대상을 반영한 것으로 해석할 수 있다. 요시야라는 한 인물에 대한 초점보다는 포로귀환 공동체 유다의 대의로서 '하나님의 말씀'에 관한 순종과 불순종이라는 율법주의적 주제를 더 부각시키는 관점에서 과거의 역사적 사건과 기록을 재해석한 결과로 볼 수 있다.

요시야 왕의 죽음 이후 유다 왕국의 역사는 어떻게 되었을까?

　요시아 왕의 죽음 이후 유다 왕국의 역사는 급속한 쇠락의 길과 멸망의 길로 접어들게 된다. 므깃도에서 벌어졌던 유다 왕국의 요시야 왕과 치루었던 전투에서 이미 전력을 많이 상실했을 이집트의 파라오 느고는 갈그미스에서 주전 609년에 앗시리아의 잔존 세력을 도와 바벨론 제국의 추격 부대와 전투를 벌였으나, 대패하였고 결국 앗시리아는 완전히 멸망하였다. 파라오 느고는 이집트로 귀환하던 길에 가나안 지역과 유다 왕국을 약탈하고, 요시야 왕 대신에 왕좌에 올랐던 여호아하스를 분풀이 하듯이 끌고 가면서, 친이집트 성향의 군주로 여호야김 왕을 세워놓고 떠나갔다^{왕하}
23:31-34, 대하 36:1-4.

그 아들 여호야긴은 바벨론 제국의 2차 침공 때 그들의 포로가 되어 **바벨론**^{QR}으로 끌려갔으며, 대신 시드기야가 바벨론 제국에 의해 새로운 왕

이 되었으나, 주전 586년에 비참하게 최후를 맞이했던 시드기야 왕과 함께 유다 왕국도 하나님의 심판 속에서 멸망하였다^{대하 36:11-20}. 열왕기서는 바벨론에 포로로 끌려갔던 유다 사람들 가운데 여호야긴 왕이 '옥에서 풀려나서 왕의 식탁에 함께 하게 되었다'는 초라한 이야기로 끝맺고 있다^{왕하 25:27-30}. 끝났으나 아직 끝이 아닌 구약 이스라엘 역사의 끈질긴 역사를 이 마지막 문장들은 다윗 왕조 회복의 한오라기 실낱과도 같은 희망처럼 한 글자 한 글자에 담아서 이어갈 길을 열어 놓았다. 이에 비해서 포로기 이후 시대에 기록된 역사서인 역대기서는 포로 기간의 의미를 역대하 36장 21절에 기록해 놓았다.

> "이에 토지가 황폐하여 땅이 안식년을 누림같이 안식하여 칠십 년을 지냈으니 여호와께서 예레미야의 입으로 하신 말씀이 이루어졌더라."^{대하 35:21}

유다 왕국의 멸망과 포로 됨의 심판 사건을 역대기서는 안식년의 율법과 예레미야 예언의 성취라는 신학적 해석을 통하여 재해석하고 신학적 의미를 부여했다. 이어진 36장 22-23절에는 페르시아 왕 고레스의 칙령과 그 내용이 소개되어 있으며, 역대기서의 마지막 내용은 예루살렘 성전재건을 위한 유다 포로의 귀환 명령이었다. 36장 23절의 마지막 문장은 "…너

희 하나님 여호와께서 함께 하시기를 원하노라 하였더라"였으며, 히브리어 성경의 마지막 책과 마지막 문장의 주제는 '하나님의 함께 하심'이라는 주제로 끝을 맺고 있다는 사실을 보여주었다. 그런데 신약성경의 첫 번째 책인 마태복음 1장 23절의 예수 그리스도 탄생에 관한 말씀은 이사야 7장 14절의 인용인 동시에 '하나님의 함께 하심'이라는 신학적 주제를 담고 있는 〈임마누엘〉의 예언이었다.

3. 역대기서는 어떤 뜻을 담은 책일까?

.... 『역대기서』[3] – 이 세상과 세계의 역사는 누가 이끌어가고 있는가?

열왕기서와 역대기서는 구약성경의 대표적인 역사서이며, 마치 우리 민족의 고려시대 역사 기록 가운데 일연의 '삼국유사'라는 야사와 김부식의 '삼국사기'라는 정사가 있어서 서로 다른 사관을 가지고 기록된 역사책의 예를 보여주듯이, 구약성경에서는 열왕기서와 역대기서가 서로 다른 사관으로 기록된 포로 전기와 포로 후기 역사서로서 차이를 보여주고 있다. 동일한 인물과 동일한 사건에 대하여서도 서로 다른 시각과 관점을 보여주기도 한다. 그래서 사람들은 서로 다른 사관의 차이를 보여주는 특징에 따라 역사서에 속한 책들을 분류하면서 '신명기적 역사서'여호수아-열왕기와 '역대기적 역사서'역대기-느헤미야로 구분하기도 했었다. 지금은 이러한 구분의 기준을 여전히 동의하는 입장과 그러한 구분의 기준을 적용하는 작업을 인

---

3 역대기서 참고 문헌: 이미숙, "요시야 왕의 죽음과 역대하 36장," 『구약논단』 21-4 (2015.12), 134-66; 이창엽, "예루살렘에 거주한 베냐민 지파의 후손인 사울: 대상 9:35-38; 참조. 대상 8:29-32," 『구약논단』 20-2 (2014.06), 73-93.

위적인 것으로 보고 역사서의 내용을 파악하고자 하는 입장이 나뉘고 있다.

열왕기에서는 므낫세의 죄악을 하나님의 돌이킬 수 없는 심판을 초래할 정도로 심각했다고 보았던 반면에 역대기서에서는 바벨론왕 느부갓네살에게 사로잡혀갔던 므낫세왕이 회개하고 하나님께 마음을 돌이킨 이후에 석방되어 돌아온 일이 있었다고 말하고 있다. 요시야왕의 죽음에 관해서 열왕기서는 하나님 보시기에 가장 정직히 행했던 왕이라고 평가했던 왕의 죽음과 그 의미에 관하여 침묵했지만 역대기서는 그가 파라오 느고의 입을 통해 전달되었던 하나님의 말씀에 순종하지 않았다는 평가와 함께 그의 갑작스러운 죽음을 기록했던 차이를 보여준다. 남유다의 멸망에 대해서도 열왕기서는 죄악 가운데 멸망을 맞이했던 역사적 사건의 뜻과 의미에 관한 평가에서 말을 아끼고, 바벨론에 포로로 끌려갔던 여호야긴왕의 석방에 대한 언급으로 역사서를 마무리하였지만, 역대기서는 그 땅에서 안식년 율법을 지키지 않았기에 하나님께서 그 땅을 안식하게 하셨고, 예레미야의 예언대로 70년 포로생활의 기간이 찬 후에 페르시아의 왕 고레스의 칙령으로 이스라엘 자손이 해방되었던 사건과 고레스 칙령의 내용을 역사서의 마지막 내용으로 기록하였다.

열왕기서와 역대기서는 히브리어의 역사에서도 언어학적인 차이들을 보여주는 요소들을 많이 포함하고 있어서 포로 전기의 히브리어와 포로 후기의 히브리어 변화를 연구할 수 있는 자료들을 제공하기도 한다. 예를 들어, 전기 히브리어의 흔적을 간직하고 있는 열왕기서는 히브리어의 불완전서법 scriptio defectiva 을 주로 사용하지만, 후기 히브리어의 언어적인 특징을 보여주는 역대기서는 주로 완전서법 scriptio plena 형태로 낱말들을 기록했던 차이를 확인할 수 있다. 신학적으로도 역대기서에서는 '하늘의 하나님'이라는 신명을 종종 사용하고, 가급적이면 신인동형론적 표현들을 피하면서,

하나님의 초월성을 강조하는 표현들이 열왕기서보다 많이 나타나고 있다는 특징도 확인할 수 있다. 역대기서의 가장 큰 특징은 아담으로부터 이스라엘 민족의 족보가 시작되고 있다는 점과 남왕국 유다의 역사를 중심으로 기록한 역사서라는 점이다. 구약성경의 역사는 달리 말하면 인류의 시초로부터 하나님을 알고 믿으며 신앙을 이어갔던 사람들의 족보와 하나님으로부터 점점 멀어져 가면서, 하나님을 잊어버리고, 잃어버린 사람들의 족보로 나누어 볼 수 있으며, 역대기서는 역대상 1-9장까지 아담으로부터 이스라엘 민족의 초대 왕 사울에 이르는 역사를 기록하고 있다. 10-29장까지는 다윗왕의 역사 기록으로 할애되어 있고, 마지막 부분은 다윗 왕의 성전건축 준비에 관한 기록으로 마무리 되었다.

역대하 1-9장은 다윗의 아들 솔로몬 왕에 관한 역사이고 솔로몬은 성전건축을 실행하고 완공한 왕으로 묘사되어 있다. 그러므로 다윗 왕은 성전건축을 준비한 왕이고 솔로몬은 성전건축을 완공한 왕으로 평가하고 여기에 초점을 맞추어 기록한 것이 역대기서의 가장 큰 특징이라고 할 수 있다. 10-36장 21절까지는 남왕국 유다의 역사가 솔로몬 왕의 아들 르호보암으로부터 출발하여 바벨론에 의해 멸망 당한 마지막 왕 시드기야의 역사를 수록하였고, 36장 22-23절의 마지막 단락은 지금의 이라크 사람들의 조상인 바벨론 사람들의 제국을 멸망시키고 등장했던 페르시아 제국의 고레스왕이 이방 나라에 포로로 끌려왔던 이스라엘 민족의 포로 귀환을 명령했던 조서를 기록한 내용이다. 페르시아 제국은 현재 이란 사람들의 조상이 세웠던 제국이었고, 인도에서 마케도니아 지역까지 광활한 영토를 정복하고 통치했던 왕국이었다.

도스토예프스키의 『카르마조프가의 형제들』에 등장하는 많은 이름들과 각각의 인물들에 관한 묘사를 보면서 놀랄 수 있지만, 역사서에 기록된 많은 이름들과 사건들과 사람들의 이야기는 그보다도 더 엄청난 다양성과 분량과 시간을 구약성경이 포함하고 있다는 사실을 단적으로 보여주는 사례일 수 있다. 기록된 것보다 더욱 많았을 생략된 사건들과 기록된 이름보다도 생략된 사람들이 더 많았을 역사 기록 속에서 등장했던 누군가의 이름은 비록 우리에게 아무리 생경하게 느껴진다고 할지라도 그 한 사람, 한 사람과 관련된 인생의 연륜과 경륜의 깊이는 쉽게 간과해 버릴 수 없는 의미를 가질 수 있다는 사실을 인식할 필요가 있다. 역대기서에 기록된 많은 이름들 가운데 역대상 4장 9-10절에서 나오는 야베스의 경우가 그러하다.

산부인과 의료기술이 많이 발달하지 않았던 구약시대 당시에 그의 모친은 난산의 과정을 거치면서, 야베스를 출산했던 것으로 보인다[4:9], 그렇지만 본문은 그를 "존귀한 자"라 일컬었고, 무엇보다도 이 한 사람을 소개하면서 그의 〈기도문〉을 함께 기록해 주었다. 본문에서는 "주께서 내게 복을 주시려거든 나의 지역을 넓히시고 주의 손으로 나를 도우사 나로 환난을 벗어나 내게 근심이 없게 하옵소서"[4:10]라고 야베스가 기도하였고, 하나님은 그의 기도에 응답하셨다고 말하고 있다. 그는 역대기를 통하여 그의 기도문과 함께 결국 '기도의 사람'으로 후대의 사람들에게 기억되고 있다. 역사 속에서 그 이름이 사람들에게 어떻게 인식되고, 기억되는가는 중요한 문제이다. 그런데 그보다 더 중요한 것이 있으며, 세상 사람과 역사의 평가보다 하나님 앞에서[coram Deo] 그 사람이 어떤 사람으로 인식되고, 평가되고, 기억되는가의 문제가 중요함을 구약성경의 역사서에서 공통되고 일관되게 교훈하고 있다.

모세는 언젠가 "주의 기록하신 책"에 기록된 그의 이름을 언급하기도 했었다[출 32:32]. 모세는 금송아지 우상 숭배를 했던 이스라엘 민족의 죄를 용서해주시지 않으신다면, 차라리 자신의 이름을 주의 기록하신 책에서 지워달라는 기도를 하나님께 드렸다. 신약성경에서는 예수님께서 해주셨던 마태복음의 말씀 가운데 종말의 때에 있을 심판에 관하여 설명하시면서 "나

더러 주여 주여 하는 자마다 다 천국에 들어갈 것이 아니요 다만 하늘에 계신 내 아버지의 뜻대로 행하는 자라야 들어가리라. 그 날에 많은 사람이 나더러 이르되 주여 주여 우리가 주의 이름으로 선지자 노릇 하며 주의 이름으로 귀신을 좇아 내며 주의 이름으로 많은 권능을 행하지 아니하였나이까 하리니, 그때에 내가 그들에게 밝히 말하되 내가 너희를 도무지 알지 못하니 불법을 행하는 자들아 내게서 떠나가라 하리라."^{마 7:21-23}라는 말씀으로 올바른 믿음과 행함의 문제를 말씀하시면서, 하나님께서 안다고 하시는 사람과 모른다고 하시는 사람이 있을 것임을 교훈하셨던 기록이 있고, 요한계시록 20장 12절과 15절에서는 "생명책"에 기록된 대로 마지막 부활의 날에 각 사람이 자기의 행위대로 심판을 받게 될 것과 생명책에 기록되지 못한 이들이 받을 심판에 관하여 알려주었다. 결국 우리 그리스도인들에게 가장 중요하고 궁극적인 것은 하나님께서 기억하시는 삶을 살아가고 있는가의 문제이며 생명책에 자신의 이름이 기록되어 있는가의 문제라는 사실을 구약과 신약으로 연결된 성경 말씀 가운데서 확인해 볼 수 있다.

『에스라』 - 율법을 준행하는 자와 함께 일하시는 주 하나님

에스라서는 하나님이 하나님의 말씀을 준행하는 자와 함께 새로운 역사를 만들어가시는 분이라는 사실을 보여주는 책이다. 주전 5세기경의 이스라엘 민족의 포로귀환 시대에 종교적 지도자였던 에스라는 하나님의 율법을 연구하고, 스스로 먼저 준행하면서, 가르치는 사람이었다. 1-2장은 총독 스룹바벨과 대제사장 예수아^{여호수아}를 중심으로 이루어진 1차 포로귀환 이야기이고, 3-6장은 성전재건 역사와 함께 유다와 사마리아 공동체 분열의 역사가 기록되어 있다. 7-8장은 에스라가 동행한 2차 포로귀환 역사이며, 9-10장은 에스라의 종교개혁 이야기이다.

"하늘의 하나님의 율법에 완전한 학자 겸 제사장" 에스라,
그는 분명 포로귀환의 날을 꿈꾸는 사람들 가운데 한 명이었을 것 임이 틀림없다.
성전이 불타 없어지고, 전쟁의 소용돌이 속에서 살아남은 혈육과 지인들은 모두가
바벨론 제국의 포로가 되던 날, 이방 땅의 살육자들 앞에서
이스라엘 사람들은 그들을 위해 시온의 노래를 불러야 했다. 10년, 20년, 30년, 40년,
50년, 60년이 지난 70년 세월 지나 어느날, 이사야 선지자와 예레미야 선지자의 예언처럼
고향 땅으로 돌아가라는 페르시아 제국의 칙령이 선포되었다.
예언자들이 대언하였던 하나님의 약속은 더딜지라도 기다려야만 했다.
도적같이 이르렀던 그 날 아침, 준비된 자들은 포로귀환의 대열에 뛰어들 수 있었다.
"하늘의 하나님의 율법에 완전한 학자 겸 제사장" 에스라,
1차와 2차와 3차의 귀환 여정과 시간 속에서 선지자들의 예언은 현실이 되었음을 깨닫는
이들의 감격과 환희는 사람들의 얼굴에 함박웃음이 되고 시편의 노래가 되었다.
하지만 돌아온 현실 속에서 마주한 눈앞의 광경은 막막함,
황량하고 메마른 벌판과 폐허의 무더기 속에서의 경험은 뼛속까지 스며드는 답답함,
그러나 여호수아와 스룹바벨은 성전을 재건하기 위한 기초석을 다시 세웠고,
추억 속의 화려한 솔로몬 성전을 대신할 현실의 소박한 제2성전을 완공할 수 있었다.
하늘의 하나님의 율법에 완전한 학자 겸 제사장" 에스라,
이주민과 뒤섞여 이미 혼혈인이 되어버렸던 사마리아인들과는 경계선을 그어놓던 그들,
그러나 에스라의 도착 전 예루살렘에 먼저 돌아왔던 그들은
율법도 잊어버렸고, 가나안 민족들과의 경계선도 허물어버린 지 이미 오래였다.
율법도, 정체성도, 역사도, 희망도, 모두 다 잃어버린 유대인들 가운데서 느꼈던 갑갑함,
율법을 다시 연구하고, 실행하던 에스라의 통곡과 결단 속에서 비로소 시작될 수 있었던
종교개혁은 유대인의 생존을 위한 문자적 율법주의의 탄생을 가져왔고,
극약처방과도 같았던 종교개혁의 물결 속에 율법은 낭송되었으며,
백성들의 회개와 뼈를 깎는 아픔 속에 혼혈 가정의 해체마저 이루어졌다.
"하늘의 하나님의 율법에 완전한 학자 겸 제사장" 에스라,
부끄러운 역사의 반복을 그 누구도 원치 않았기에 모두가 한마음이 되어 결단했던 일들
다윗과 솔로몬 시대의 영광을 모두가 꿈꾸었기에 그 누구도 거부하지 못했던 결정들
가나안의 여인들과 그들의 아들과 딸들의 울음소리는 그렇게 멀어져 갔다.
율법의 준엄한 명령과 목숨과도 맞바꿀 처절한 순종이었기에,
가장을 잃어버린 아내와 아들과 딸들은 빛바랜 사진 속 얼굴들처럼 그렇게 사라져 갔다…

《2023 겨울 성지답사 - 예루살렘박물관》

1. 『에스라』¹ – 포로귀환 유다 공동체의 변화는 어디서부터 시작되었나?

"에스라가 하나님의 성전 앞에 엎드려 울며 기도하여 죄를 자복할 때에 많은 백성이 크게 통곡하매 이스라엘 중에서 백성의 남녀와 어린아이의 큰 무리가 그 앞에 모인지라."스 10:1

---

1   에스라 참고 문헌: 김래용, "스 3장 1절 – 4장 5절의 양식비평적 분석." 『구약논단』 14-3 (2008.09), 88-108. 에스라 느헤미야 참고문헌: 배희숙, "에스라 · 느헤미야에 나타난 유다 재건 정책." 『장신논단』 제30집 (2007.12), 45-77; 소형근, "에스라-느헤미야서 연구의 난제들과 그 해법들." 『구약논단』 25-4 (2019.12), 342-64.

구스타브 도레Gustave Doré가 1866년에 성경을 화보집으로 제작하면서 그렸던 판화 작품들 가운데서 우리는 무릎 꿇고 기도하는 "하늘의 하나님의 율법에 완전한 학자 겸 제사장" 에스라의 모습을 만날 수 있다.[2] 그림의 배경이 된 사건은 에스라 9장에 기록되어 있다. 페르시아 왕 아닥사스다의 통치시기에 이루어진 바벨론 포로귀환의 대열에 함께 참여했던 에스라는 아론의 십육 대 자손이었다스 7:1-5. 그는 유대 땅과 예루살렘으로 돌아온 이스라엘 자손들과 제사장과 레위인과 지도층에 속한 사람들이 이방 여인들과 결혼하여 가정을 이루고 있는 상황을 파악하고, 신명기 1장 1-4절에 기록된 가나안 거주민과의 통혼 금지 율법을 지키지 않은 죄악을 고백하며, 저녁 제사 시간에 무릎 꿇고 하나님을 향하여 손을 들고 기도를 드렸다스 9:5-15.

> "저녁 제사를 드릴 때에 내가 근심 중에 일어나서 속옷과 겉옷을 찢은 채 무릎을 꿇고 나의 하나님 여호와를 향하여 손을 들고 말하기를 나의 하나님이여 내가 부끄럽고 낯이 뜨거워서 감히 나의 하나님을 향하여 얼굴을 들지 못하오니 이는 우리 죄악이 많아 정수리에 넘치고 우리 허물이 커서 하늘에 미침이니이다"스 9:5-6

구스타브 도레가 그렸던 그림은 에스라 10장 1절에 "에스라가 하나님의 성전 앞에 엎드려 울며 기도하여 죄를 자복할 때 많은 백성이 크게 통곡하매 이스라엘 중에서 백성의 남녀와 어린아이의 큰 무리가 그 앞에 모인지라"라고 기록했던 것처럼 하나님의 전 앞에 엎드려 울며 기도하여 죄를 고백할 때 많은 백성이 어른으로부터 어린아이까지 큰 무리로 모여든 상

2   Gustave Doré (1832-1883), 〈Ezra Kneels in Prayer (Ezr. 9:1-15)〉(1866), 그림 출처: https://upload.wikimedia.org/wikipedia/commons/b/bf/107.Ezra_Kneels_in_Prayer.jpg

황과 내용을 본문 그대로 시각화해서 보여주고 있다. 포로생활에서 귀환했던 유대인들이 가나안 사람들과 결혼하여 가정을 이루었던 사회적 현상을 에스라는 율법에 불순종한 일로 규정하였고, 이 문제를 유다 멸망의 역사를 다시 반복하게 될 수 있는 중대한 문제로 보고 하나님 앞에서 죄를 회개하는 기도를 드렸다. 그가 하나님 앞에서 속옷과 겉옷을 찢고, 머리털과 수염을 뜯으며, 울면서 기도했던 결과는 많은 사람의 통곡으로 이어졌고, 결국 그의 기도하는 모습과 기도의 내용은 사람들의 마음속에 울림과 감동을 불러일으켰고, 사람들의 더욱 큰 무리를 불러 모으게 되었다. 그 가운데 스가냐로 대표되는 이스라엘 자손의 무리는 율법에 순종할 것을 하나님 앞에서 언약하고 에스라를 지지하였다. 그 내용은 에스라 10장 2-3절에 기술되어 있는 바와 같다; "엘람 자손 중 여히엘의 아들 스가냐가 에스라에게 이르되 우리가 우리 하나님께 범죄하여 이 땅 이방 여자를 맞이하여 아내로 삼았으나 이스라엘에게 아직도 소망이 있나니, 곧 내 주의 교훈을 따르며 우리 하나님의 명령을 떨며 준행하는 자의 가르침을 따라 이 모든 아내와 그들의 소생을 다 내보내기로 우리 하나님과 언약을 세우고 율법대로 행할 것이라…"스 10:1-3

여기서 주목하게 되는 점은 에스라에 대한 스가냐의 표현이다. 에스라서에서는 처음에 그를 '여호와의 율법을 연구하고, 준행하며, 가르치기로 결심한 자'라고 표현했고7:10, 다음에는 아닥사스다 왕의 조서에 기록된 '하늘의 하나님의 율법에 완전한 학자 겸 제사장'이라고 언급했다7:12. 그런데 포로 생활에서 돌아와 에스라와 함께 살았던 유대 공동체의 사람들은 에스라에 관하여 "내 주의 교훈을 따르며, 우리 하나님의 명령을 떨며 준행하는 자"10:2라고 말하였다. 그런 지도자 에스라의 가르침을 따라 유다 사람들은 이방인 아내와 자녀들을 유다 공동체에서 추방하겠다는 언약을 실행하겠다고 응답하였다. 이것은 단순하게 마음을 정하는 결심 정도의 문제가 아니라 하나님 앞에서 가족의 해체까지를 결단해야만 했던 고통스러운 현실 속 실행의 문제였다.

이렇게 해서 포로귀환 백성들을 큰비가 내린 9월 20일에 예루살렘으로 소집하였고, 성전 앞 광장에 모였던 이스라엘 자손들이 이방인과의 통혼을 금지한 율법을 문자적으로 순종하고, 가정을 해체하기로 하였으며, 이를 위한 조사가 이후 1월 1일에 끝났다는 사실이 기록되어 있다스 10:17. 이하의 본문은 조사가 끝난 이후에 이방인과 결혼했던 유다 공동체 이스라엘 사람들의 명단을 열거함으로 끝맺고 있다. 에스라에 관한 본문의 기록들은 그가 예언자와는 다른 특징을 갖는 유형의 성직자였으며, 하늘의 계시와 꿈과 환상 등을 통해서 하나님의 말씀을 받으며 예언했던 예언자들과 달리, 〈하나님의 말씀〉 곧 율법을 연구하고, 준행하고, 가르치는 학자 겸 제사장이었다고 말해주고 있다. 그러한 점에서 에스라는 오늘의 시대에는 '경건영성과 학문실력'의 훈련을 겸비한 모습의 성직자로 살아가고 있는 개신교 목회자들의 전형이 되는 구약성경의 인물이라고 말할 수 있다. 또 다른 공통점은 에스라서에서 에스라를 그의 기도문과 함께 '기도의 사람'으로 일관되게 묘사하고 있다는 사실이며, 오늘의 시대를 살아가는 성직자는 동시에 '기도의 사람'으로서 정체성을 잃지 않고 살아가야 하는 사람임을 깨달을 수 있다.

2.「에스라」- 율법을 준행하는 자와 함께 일하시는 주 하나님

.... 구약성경에는 왜 그렇게 족보가 많이 기록되어 있을까?

우선 1-6장의 본문에는 솔로몬 성전에 비하여 초라했지만, 다시 무너졌던 성전을 재건한 사건들을 기록하였다. 2장 59-63절에는 포로생활에서 귀환했던 사람들 가운데에는 이스라엘의 족보에서 확인할 수 없었기 때문에 제사장 직분을 허락받지 못했던 사람들의 명단과 이스라엘 자손인 것을 인정받을 수 없었던 이들의 명단이 기록되어 있으며, 4장 1-6절에는 후에 사마리아 공동체를 이루게 되었던 사람들이 성전재건을 방해하는 대적이 되었다는 사실도 기록되어 있다. 총독 스룹바벨 당시에 성전재건을 위한 기초석을 놓을 수는 있었으나스 3:8-15, 북이스라엘 지역으로 앗시리아의 에살핫돈 왕에 의해 강제 이주되면서 그곳에 거주하게 되었던 사마리아인왕하 17:24의 성전재건 동참 요청을 유대인 공동체에서는 거절하였다.

거부당한 사마리아인들은 그때부터 유다 공동체의 정책과 사업에 대적자가 되었다. 그들의 투서와 방해로 성전재건 사업은 중단되었으나스 4:1-6, 주전 520년경 다리오왕 2년까지 중단되었다가 다시 학개와 스가랴 선지자가 성전재건을 독려하며 하나님의 말씀을 예언했던 일도 5장 1절에 기록되어 있다학 1:1-13. 성전재건 사업은 다시 추진되었고, 다리오왕 6년에 성전이 완공되면서, 제2성전 시대가 시작될 수 있었다스 6:15.

이러한 내용은 신약시대까지 이어진 〈사마리아와 유다 공동체의 분리〉와 갈등의 역사가 시작되었던 기원과 〈제2성전 시대〉의 역사가 어떻게 시작되었는지를 알려주는 구약의 역사 기록으로서 의미를 가질 수 있다. 또한 현대인들에게 어렵고 생소하게 보이는 이스라엘 자손들의 족보가 구약성경에 왜 그렇게 반복적으로 기록되어 있는지를 이해할 수 있는 배경적인 지식도 제공해주는 본문들로 평가해 볼 수 있다. 강대국들의 잦은 침략 가운데서 이스라엘 자손들은 살아남기 위한 노력과 더불어 외부적인 영향과 환경으로부터의 하나님의 백성으로서 자신의 정체성을 지켜가기 위해 부단히 애써야 했다. 그 노력 가운데 하나로서 족보를 기록한다는 것은 구약 시대 이스라엘 자손들에게는 하나님의 백성인가 혹은 아닌가 라는 문제 앞에서 판단과 판결의 기준이 되었다.

7-10장까지는 에스라에 의해 주도되었던 포로귀환 유대 공동체의 종교개혁이 어떻게 이루어질 수 있었고, 공동체 구성원들 전체가 이방인과의 통혼을 금지하는 율법을 지키기 위하여 어떤 노력을 했는지 그 과정과 결과를 구체적으로 보여주는 역사 기록이다. 이를 통하여 에스라서는 유대교의 문자적 율법주의가 어떻게 시작되었는지를 알려주고 있다. 우선 7장 10절은 에스라가 "여호와의 율법"을 연구하고, 준행하며, 가르치기로 결심한 사람이었다고 소개하였고, 12절은 "하늘의 하나님의 율법에 완전한 학자 겸 제사장"이라는 공식 칭호를 얻었던 사람이었음을 밝혀주었다. 제사장 겸 학자였던 에스라의 언행이 포로귀환 유다 공동체 전체에 영향력을 미치고, 조상들의 부끄러운 역사와 멸망의 역사를 반복하지 않기 위하여 이스라엘 자손들에게는 극약처방과도 같았던 '혼혈 가족의 이혼 정책'이 단행되었다. 이렇게 극단적이며 문자주의적인 율법주의를 이스라엘 자손들이 선택할 수 있도록 이끌었던 권위의 근거는 무엇이었을까? 그 영향력이 가능했던 이유는 에스라 자신이 토라 연구와 율법의 실천과 교육의 본이 되었던 삶을 살았기 때문이라고 설명해 볼 수 있다[7:10].

포로귀환의 대열에 동참했던 이스라엘 자손들은 페르시아 제국 내에서 포로 생활 70여 년 동안 그 땅에서 살아남기 위하여 치열한 삶을 살아야만 했으며, 그 땅의 토착민들보다도 몇 배나 큰 노력을 기울여야만 얻어낼 수 있었고, 손에 쥘 수 있었던 재산과 생활기반의 모든 것을 과감히 포기할 수 있었던 사람들이었다. 현실의 모든 것을 페르시아 제국의 이방 땅에 놓아두고, 모두 다 포기할 수 있었으며, 예언자들의 예언과 하나님의 말씀에 순종하여 예루살렘으로 돌아가는 결단을 하고 실천할 정도의 이상주의자들이었고, 뜨거운 신앙의 열정과 열심을 가슴에 품고 있었던 신앙인들이었을 수 있다. 그러나 그들이 돌아와서 직면했던 현실은 상상 속의 파라다이스가 아니었다. 너무도 모든 것이 열악하고 척박하며 부족하기만 한 실재 환경이었으며, 모든 것을 기초부터 다시 시작해야만 하고, 전부 다 다시 건설해야만 했던 상황이었다. 그 속에서 학자 겸 제사장 에스라와 유다 공동체에 속한 이스라엘 자손들이 실천했던 문자적 율법주의는 그 당시 사람들에게는 민족공동체의 생존과 미래를 위한 절체절명의 선택과 결단이었을 수 있었다. 그러나 세월이 지나면서 율법주의는 예수님 당시에 이르러 율법주의는 왜곡되었고, 변질되었으며, 예수님께 비판을 받게 되었던 많은 문제를 양산하게 되었다.

3. 에스라서는 어떤 뜻을 담은 책일까?

에스라서 7장 이후의 내용은 유대교의 〈문자적 율법주의〉가 어디에서 출발했는지를 설명해 주는 역사 기록으로 평가할 수 있다. 하나님의 말씀을 배우는 사람들의 변화를 일으키고 역사의 변혁이 일어나도록 하는 일은 사람이 자신의 힘과 능력과 기술로 할 수 있는 일이 아니며, 오직 하나님과 예수 그리스도의 영이신 성령을 통해서만 일어날 수 있는 일이다. 그런데 하나님의 역사와 하나님의 사건은 먼저 하나님의 말씀을 따를 줄 알고, 하나님을 경외하는 마음으로 떨면서 실천하는 하나님의 사람들을 통하여 일어났다. 하나님은 그런 사람을 찾으시고, 그와 함께 일하시는 분이심을 에스라서에서는 가르쳐 주었다. 이스라엘 민족의 포로귀환 이후 시대에 하나님은 '하나님의 사람'으로서 그렇게 토라율법를 연구하고 준행하며 가르치던 '학자 겸 제사장' 에스라와 함께 유다 공동체의 종교개혁을 이끄셨고, 유다 사람들의 교육과 신앙과 삶을 함께 가르치고 세워 가셨다.

『느헤미야』 - 기도하는 이와 함께 하시는 주 하나님

주전 5세기경 포로 귀환 시대의 정치지도자 느헤미야는 페르시아의 총독으로서 예루살렘과 유다 공동체의 재건을 위해 헌신한 지도자였다. 포로귀환 공동체의 안전과 재건을 위한 필수요소로써 예루살렘 성벽의 재건과 공정한 사회 구성을 위하여 솔선수범했던 총독 느헤미야는 모든 일을 기도로 시작하고, 기도로 마무리하며 종교지도자 에스라와 함께 사회개혁을 이끌었다. "…하나님이여 나를 기억하여 주소서"라는 그의 기도의 마무리 문장은 그가 기도의 사람이었음을 구체적으로 보여준다. 느헤미야서는 기도의 사람 느헤미야를 통하여 포로귀환 유다 공동체의 재건을 만들어가셨던 하나님의 섭리와 역사를 이야기해주는 책이다. 1-7장은 총독 느헤미야의 예루살렘 성벽 재건[1:1-11 동기, 2:2-10 총독임명] 역사이며, 8-10장은 에스라-느헤미야의 종교개혁 이야기이고, 11-12장은 예루살렘 성벽 재건 완료[12:30]에 관한 기록이다. 13장은 총독 느헤미야의 페르시아 왕궁 복귀와 예루살렘 재방문과 개혁의 기록이다.

페르시아의 느헤미야가 들었던 예루살렘의 황망한 소식들
주변 민족들의 약탈과 포로귀환의 꿈을 꾸며 돌아갔던 유대인들의 좌절 속에서
예루살렘은 무너져 가고 있었다.
총독이 되어 향했던 예루살렘 바라보며, 터져 나오는 울음소리 가슴에 담고,
아무도 몰래 성벽을 돌아보며, 넘쳐 흐르는 눈물방울 심장에 담아,
하나님께 기도드렸다.
총독의 녹을 받지 않고,
경제적 정의 실현을 위한 조치를 시행하고,
예루살렘의 성벽을 재건하고,
에스라와 함께 기획하고 전개했던 종교개혁과 행정개혁의 실현.
총독 느헤미야의 시대에
포로생활에서 돌아왔던 이스라엘 자손들은
부끄러운 역사를 반복하지 않을 수 있는 나라의 기틀을 다시 세우고
메시야 대망의 꿈을 다시 꾸며
유대인들 스스로 자신을 보호할 수 있는 왕국의 모습을 다시 만들어 갈 수 있었다.

《2017 겨울 성지답사 – 예루살렘 통곡의 벽》

1. 『느헤미야』 – 포로기 이후 시대 유다 공동체의 재건은 어떻게 이루어졌을까?

"내가 예루살렘에 이르러 머무른 지 사흘 만에, 내 하나님께서 예루살렘을 위해 무엇을 할 것인지 내 마음에 주신 것을 내가 아무에게도 말하지 아니하고 밤에 일어나 몇몇 사람과 함께 나갈새 내가 탄 짐승 외에는 다른 짐승이 없더라. 그 밤에 골짜기 문으로 나가서 용정으로 분문에 이르는 동안에 보니 예루살렘 성벽이 다 무너졌고 성문은 불탔더라. 앞으로 나아가 샘문과 왕의 못에 이르러서는 탄 짐승이 지나갈 곳이 없는지라."는
2:11-14

구스타브 도레가 1866년에 〈예루살렘 성벽의 폐허를 바라보는 느헤미야〉Nehemiah Views the Ruins of Jerusalem's Walls라는 제목으로 그렸던 판화 작품은 느헤미야 2장 1-20절을 배경으로 하고 있다.[1] 느헤미야는 페르시아 제국에서 〈왕의 술 관원〉으로서 아닥사스다 왕을 섬기던 디아스포라 유대인이었다. 대제국이었던 페르시아에서는 언제든 왕좌를 노리는 암살의 시도가 있을 수 있었기에, 왕의 곁에서 음식과 음료를 관리하는 관원은 왕의 신뢰를 받으며, 생활했던 최측근 인사였다고 할 수 있다. 그는 고레스왕의 칙령으로 바벨론 포로 생활에서 해방되어 예루살렘으로 돌아갔던 유다 백성들이 여전히 고난을 겪고 있으며, 주변 민족들의 약탈과 방화로 예루살렘 성이 다시 훼파되었다는 소식을 페르시아의 악메다와 페르세폴리스와 함께 수도 역할을 하던 수산궁에서 듣게 되었다. 느헤미야는 이 소식을 듣자마자 예루살렘을 위한 기도를 하나님께 드렸고느 1:1-2:11, 마침내 아닥사스다 왕의 허락을 받고 예루살렘에 돌아가 정해진 기간 동안 총독의 책임을 감당하게 되었다.

구스타브 도레는 느헤미야 2장 11-14절의 내용을 가능한 본문에 기록된 내용대로 묘사하고자 애썼던 것으로 보인다. 예루살렘에 도착한 지 삼일째 되던 날 밤에 총독으로서 느헤미야는 주변 사람들에게 알리지 않고, 몇 사람만 데리고 짐승을 타고, 샘 문과 왕의 못에 이르렀다고 하는 내용이 그림 속 우편에 흐르는 작은 시냇물과 몇몇 사람들의 모습을 통해 표현하였고, 그림의 정면에는 말을 타고 더 갈 수 없는 곳에 맞닥트린 느헤미야의 모습을 묘사했다. 판화로 제작된 그림에서 명암의 대조를 통하여 더욱 선명하게 드러난 건물의 폐허는, 느헤미야가 시냇물을 따라 올라가면서 살펴보고 가슴 아파했던, 불타버린 예루살렘 성문과 훼파되고 무너져 내린 예

---

1   Gustave Doré, 〈Nehemiah Views the Ruins of Jerusalem's Walls〉(1866). 그림 출처: https://en.wikipedia.org/wiki/Nehemiah#/media/File:108.Nehemiah_Views_the_Ruins_of_Jerusalem's_Walls.jpg

루살렘 성벽의 전체 모습을 엿볼 수 있게 해준다. 인적이 끊긴 적막한 시간에 홀로 예루살렘 성벽을 돌아보며, 느헤미야는 깊이 생각하고 홀로 고민하며 기도하는 충분한 시간을 가진 후에 비로소 유대인들의 포로귀환 공동체 지도자들에게 예루살렘 성의 중건 계획을 발표하였고, 그들의 동의 가운데 실행에 옮기게 되었다. 그러나 예루살렘 중건을 반대하는 대적들의 방해를 끊임없이 경험하게 되었던 일이 이어졌다. 대제사장 엘리아십과 레위인들도 성벽 재건 공사에 참여하였으며, 양문을 건축하였고, 이스라엘 자손들은 각자 예루살렘 성벽의 부분을 할당받아서 예루살렘 성벽 전체를 52일만에 재건할 수 있었다[6:15].

그는 사마리아 사람들과 암몬 사람과 아라비아 사람들의 외부적인 반대 세력의 공격 위협과 방해에 직면했을 뿐만 아니라[3:1, 4:1-3, 6:1-9], 내부적으로는 백성들 사이에서 발생했던 빈부격차의 심화로 인한 경제 문제의 어려움을 겪었고[5:1-5], 영적으로는 외부의 대적들과 내통했던 스마야와 같은 거짓 선지자의 경고를 받게 된 문제[6:10-19]도 경험하게 되었다. 그러나 느헤미야는 지혜로운 지도자로서 그 문제들을 잘 대처하였으며, 한 손으로는 건축 도구를 잡고, 한 손으로는 병기를 잡고 유다 백성들이 전투 준비와 예루살렘 성벽 재건 사역을 병행할 수 있게 하였고, 느헤미야 본인이 먼저 총독의 급료를 반납하고 청빈한 삶을 살면서, 경제 정의를 실현하는 일에 앞장섰으며, 거짓 선지자들의 경고와 위협을 잘 분별하면서 성벽 재건 사업을 완수하였다. 더 나아가 에스라와 함께 종교적인 갱신을 위한 노력도 병행하고 협력하였으며, 안식일과 절기를 지키는 일까지도 율법의 가르침이 실천될 수 있도록 제도적인 개혁을 추진하였다.

그런데 느헤미야서에서 매우 특이한 점은 느헤미야 총독이 이 모든 일을 하나님 앞에서[coram Deo] 결단하고 실행한다는 의식을 보여주는 그의 짧막한 기도문들이 한 사건이 마무리될 때마다 함께 기록되었다는 것이다. 느헤미야는 처음에 예루살렘 성벽 중건 계획을 발표하기 전까지 한밤중에 소수의 사람들과 함께 예루살렘 성벽을 둘러보았던 일을 진행할 때에도 그런 마음과 감동을 주신 분을 하나님이라고 고백하였고, 한 사건이 마무리될 때마다, 하나님께서 자신을 기억하여주시고 복내려주시기를 기도하였다. 포로귀환 공동체에서 에스라는 영적인 지도자로서 종교개혁을 추진하였고, 느헤미야는 정치적인 지도자로서 정치와 경제와 문화를 포괄하는 행정개혁을 성공적으로 진행하였다. 이렇게 해서 바벨론 포로 생활에서 돌아온 유다 공동체와 유대교가 재건될 수 있는 안정적인 기틀을 마련하는 두 기둥과도 같은 역할을 에스라와 느헤미야가 감당하였다. 에스라와 더불어 느헤미야도 정치 영역에서 활동했던 하나님의 사람이었으며, 그 역시 자신의 공적인 책임을 완수하는 일들을 사람 앞에서만이 아니라 하나님 앞에서, 하나님과 함께, 하나님의 뜻과 목적을 이루기 위한 하나님의 동역자로서 이루어갔던 사람이었다.

2. 「느헤미야」[2] - 기도하는 이와 함께 하시는 주 하나님

.... 유다 사람들의 포로귀환 전에
옛 유다 땅에서는 과연 무슨 일이 있었을까?

주전 586년에 남왕국 유다가 바벨론에 의해 멸망당한 이후 주전 538년경 페르시아 제국이 고대 서아시아 지역의 패권을 장악하면서, 앗시리아 제국에 이어서 바벨론 제국에 의해서도 계승되었던 '정복-이주' 정책과는

---

[2]   느헤미야 참고 문헌: 배희숙, "느헤미야와 '하나님의 집' 재건: 느헤미야서 통째로 읽기," 「선교와 신학」 제47집 (2019.02), 217-45.

반대로 각 민족의 자율성을 보장하면서 총독을 파견하면서 '포로귀환'과 '신전재건'을 허락하는 '고레스 칙령'을 반포하였다. 앗시리아 제국은 정복한 지역의 거주민들을 포로로 끌고 가서, 앗시리아 제국의 각 지역에 뿔뿔이 흩어버리는 정책을 펼쳤으며, 저항 의지를 꺾어버리기 위하여 공동체를 철저히 와해시키는 정책을 펼쳤으며, 이스라엘 민족의 북왕국 이스라엘을 정복하고 나서 그 정책을 그대로 시행했음을 열왕기하 17장에서 확인할 수 있으며, 이때 이루어졌던 강제 이주 정책으로 사마리아에도 다른 지역에 살던 이방 민족들이 들어와 살게 되면서 사마리아 지역에 남아 있던 이스라엘 사람들과의 혼혈인 공동체가 형성되게 되었고, 사마리아 공동체에서는 혼합주의적 형태의 종교 생활도 이루어졌던 상황을 구약성경의 역사 속에서 살펴볼 수 있다.

바벨론 제국은 남왕국 유다를 정복하면서 이전의 앗시리아 제국처럼 그러한 강제 이주 정책을 계승하여 적용했으나, 주로 지도층 인사들을 중심으로 사람들을 포로로 끌고 갔고, 어느 정도의 자율성을 인정하면서 민족적인 공동체도 형성할 수 있도록 허락하는 형태로 변화된 정책을 시행하였다. 바벨론 땅에 생겨났던 유대인 포로 공동체를 〈골라〉라고 불렀으며, 구성원들은 용병이 되기도 하고, 상업과 농경 목축 등의 경제활동도 제한적인 자유와 허용의 범위 안에서 이루어질 수 있었다.[3] 후에 바벨론이 페르시아 제국에 의해 멸망당하고, 포로귀환 정책이 추진되었을 때 바벨론에 포로로 끌려왔던 유다 왕국의 후손들이 이스라엘 자손의 '남은 자'로서 정체성을 가지고 돌아갈 수 있었던 배경과 유대인 포로 공동체에서 성전 예배를 대신하기 위한 회당 예배의 전통이 포로기 때부터 시작되었던 배경도 이러한 역사적 맥락에서 파악해 볼 수 있다. 앗시리아 제국과 바벨론 제

---

3 Rainer Albertz, *Die exilszeit*, 배희숙 옮김, 『포로시대의 이스라엘 역사』(서울: 크리스찬다이제스트, 2006).

국과 페르시아 제국까지 이어졌던 이러한 정복국가들의 정책변화에 힘입어 페르시아 제국 내의 이스라엘 자손들도 예레미야 선지자가 예언했던 70년 포로생활의 끝마침을 경험하면서, 에스라처럼 예루살렘으로 돌아간 유대인들이 생겨나게 되었다. 세스바살과 스룹바벨을 지도자로 했던 1차 귀환은 페르시아 고레스 왕이 통치했던 주전 538-530년경에 이루어졌고, 에스라를 중심으로 하는 2차 귀환은 주전 456-444년경으로 볼 수 있으며, 총독 느헤미야 때 이루어진 3차 귀환은 주전 445-425년경이었던 것으로 추정되고 있다.

예루살렘 성벽 재건은 무엇을 뜻하는 일이었을까?

느헤미야는 처음에 예루살렘으로의 포로귀환에 동참하지 않았으며, 다니엘 혹은 에스더와 같이 이미 70여년의 포로생활 기간 동안 자신들이 흩어져 살면서 그 땅에서 일구었던 삶의 기반을 그대로 유지하는 쪽을 선택했던 '유대인 디아스포라' 가운데 한 사람이었다. 그러나 그는 유대인으로서 예루살렘의 소식에 늘 관심을 가지고 있었고, 포로귀환 유대인 공동체에서 추진되던 예루살렘 성벽 재건 사업이 주변 민족들의 반대와 핍박으로 어려워졌다는 사실을 파악하게 되었다[13]. 왜 주변의 다른 민족들은 포로귀환 유다 공동체의 성벽 재건을 경계하고 싫어했던 것일까? 왜 한 민족 공동체의 재건을 그렇게 방해하고자 했던 것일까? 성벽은 외부의 공격으로부터 한 공동체 거주민의 생존과 생명과 삶을 보호하는 기능을 하는 기반시설이었다는 것은 상식적으로 누구나 알고 있는 일이다. 그러므로 포로 생활에서 돌아온 이스라엘 민족의 유다 공동체 구성원들에게 예루살렘 성벽의 재건은 필수 불가결한 기본 요건이었음에도 느헤미야가 총독으로 유다 땅에 돌아올 때까지 이 일이 불가능했다는 사실은 그 지역의 타민족과 그 땅의 기득권자들과 유다 공동체 사이의 이해관계가 서로 부딪히는 일들이 있었다는 사실을 미루어 짐작해볼 수 있다. 당연히 이스라엘 민족의 재건은 주변에 이미 힘과 권력과 경제력을 가진 사람들에게 더 이상의 무법적이고 직접적인 착취와 약탈과 강제 명령이 통하지 않는 울타리가 만들어진다는 것을 뜻하는 일이 될 것을 그들도 알았을 것이다.

2장 10절에는 호론 사람 산발랏과 암몬 사람 도비야와 같은 이들이 이스라엘 자손을 흥왕하게 할 사람이 왔다는 소식을 듣고 근심했다는 기록이 있으며, 6장 1절에는 아라비아 사람 게셈의 이름도 언급되어 있다. 산발랏은 그 당시 사마리아 지역 총독이었고, 도비야는 유대인이었지만 요단 동편의 암몬 지역 총독이었으며, 게셈은 시내 반도와 아라비아 지역의 총독이었던 것으로 알려진 사람들이었다.[4] 그들은 군사적이고 물리적인 공격을 준비하고 있었고[4:1-3], 느헤미야를 암살하려는 노골적인 시도를 하기도 했으며[6:1-2], 성전의 제사장으로 추정되는 스마야와 여선지자 노야다와 다른 선지자들이 산발랏과 도비야에게 뇌물을 받고 거짓 예언을 통해 느헤미야를 공격하기도 했다[6:10-14]. 또한 유다 공동체 내의 경제적 불평등의 문제도 발생하였으나[5:1-19], 느헤미야와 유다 공동체 구성원들은 힘과 지혜를 모아 각각의 문제들을 해결했으며, 52일 만에 성벽 재건 사업을 완료할 수 있었다[6:15].

디아스포라 유다인으로서 페르시아 궁정에서 살다가, 느헤미야는 총독으로 임명되어 예루살렘 성벽을 재건할 수 있었다. 각각의 지파별로 예루살렘 성벽의 범위를 설정하여 맡은 구약을 건축하게 했고, 주변 나라들과 민족들의 약탈과 침략으로부터 유다 공동체에 속한 사람들의 생명을 보호하고, 안전을 지켜갈 수 있게 되었다. 느헤미야 8장 1-9절과 12장 26절

---

4   『스페셜성경』 728 해설 참조.

에서는 느헤미야 총독이 잠시 페르시아로 돌아갔다가 예루살렘으로 재방문한 시기에 "제사장 겸 서기관"이었던 에스라와 함께 포로귀환 공동체의 유대인들과 함께 종일 율법을 낭송하고, 회개하는 일종의 신앙사경회와 같은 부흥 운동을 진행하면서, 신앙적인 개혁과 언약 갱신을 추진했다고 설명하였다. 이에 관하여는 구약학계에 다양한 이견들이 존재하지만, 느헤미야의 본문 자체에서는 이처럼 느헤미야와 에스라가 종교개혁의 역사에 함께 했다고 기술하고 있다.

이렇게 종교개혁과 정치개혁이 전개되었던 시기에 종교지도자와 정치지도자로서 역할을 감당하였던 에스라와 느헤미야는 각자 자신이 부름 받았던 소명의 자리에서 신실하고 충성스럽게 책무를 감당하던 사람들이었고, 하나님 앞에서 살아가는 하나님의 사람들이었다. 어떤 자리에 오른 사람이 공동체 구성원 전체의 울이 되어주지 못한다면 그 공동체 구성원은 각자도생各自圖生[5]의 길을 걸을 수밖에 없다[cf. 겔 34]. 예루살렘 성벽 재건은 정치적 지도자로서 총독 느헤미야가 보이지 않는 성벽의 역할을 수행하였고, 이스라엘 자손은 물리적인 성벽을 재건하였으며, 하나님은 그들 전체의 산성과 반석과 성벽이 되어 주셨음을 느헤미야서가 이야기해주고 있다.

3. 느헤미야는 어떤 뜻을 담고 있는 책일까?

에스라와 느헤미야는 제사장과 총독으로서 각자의 책무와 역할은 달랐으나 〈기도하는 사람〉으로서 살아갔던 사람들이었음을 에스라서와 느헤미야서에서는 그들의 길고 짧은 기도문을 함께 그들의 활동과 역사를

---

[5]   제각기 자기의 살길을 도모함. 각자 자기가 살길을 찾아간다는 뜻이다.

기록함으로써 확인해 주었다. 두 사람은 각기 맡은 영역과 활동의 범위와 업무가 달랐으나, 각자 하나님의 말씀을 준행하도록 〈시키는 자〉가 아니라, 자신의 먼저 〈준행하는 자〉로서 공적인 영역과 사적인 영역의 삶을 살았다. 삶으로 본을 보여주며, 말씀과 삶으로 가르치기에 부지런한 사람들이었다. 하나님은 혼자 이적과 기사로만 역사를 만들어가지 않으신다. 늘 자신의 사회적 직무를 공동체 안에서 감당하면서 하나님의 말씀에 순종하고자 힘썼던 '기도의 사람들'과 함께 하나님은 하나님의 역사를 이끌어가셨다는 사실을 느헤미야서에서 다시 한번 재확인할 수 있다.

『에스더』 - "스스로 숨어계시는 주 하나님" 사 45:15

이사야 45장 15절에는 바벨론에 포로로 끌려와 절망하던 이스라엘 민족에게 하나님은 "스스로 숨어계시는 주 하나님"으로 비춰질 수 있었음을 이야기해주는 내용이 기술되어 있다. 마치 계시지 않는 것처럼 보이지 않는 하나님이 실은 온 나라와 열방과 역사의 주권자이심을 선포하는 표현이 "스스로 숨어계시는 주 하나님"이라는 신명의 의미일 수 있다. 에스더서에는 하나님의 이름이 단 한 번도 등장하지 않는다. 그러나 에스더서는 이스라엘 민족을 대학살의 위기에서 구원하시고, 디아스포라 이스라엘, '하나님의 백성'의 역사를 인도하신 분이 '주 하나님'이심을 분명하게 선포하는 책이다. 1-3장 페르시아 제국의 아하수에로 왕과 왕후 와스디의 잔치 1:3-8. 1:9와 왕비폐위 사건 이야기로 시작하여 새로운 왕비가 된 에스더와 그를 위한 잔치 2:18와 그의 사촌 모르드개의 이야기로 이루어져 있다. 4-10장은 왕비 에스더를 통한 유대인 구원 이야기와 부림절의 기원 8:1-10:3에 관한 이야기로 구성되어 있다. 이야기의 전개와 함께 잔치가 계속 등장하는 점이 특징적이다: 4장 1절부터 5장 8절은 에스더의 첫 번째 잔치 4:13-16 에스더의 결단 - 금식기도, 5장 9절부터 7장 10절은 에스더의 두 번째 잔치 6:12 상황의 반전 - 하만의 몰락.

페르시아의 왕비 와스디의 당당했지만 슬픈 폐위 사건의 기억이
채 사라지기도 전에, 아하수에로왕과 그의 오른팔 같았던 신하 하만의
어리석은 결정들 속에 제국은 병들어 갔다.두 번째 왕비가 되었던
아름다운 유대 여인 에스더와 자신들의 출신을 숨기고 이방 땅에서
살아남는 지혜를 가르쳐 준 사촌 모르드개의 이야기,
디아스포라 유대인으로 살아갈 수밖에 없었던 페르시아 제국 안에서
유대인이기에 하만에게는 절할 수 없었던 사연이 무엇이었는지
알 수 없으나, 모르드개는 숨겨왔던 자신의 출신배경과 민족을
밝히게 되면서, 유대인 모두는 하만의 반유대주의 말살 정책의
표적이 되었다. 잔치로 시작하여 잔치로 이어지던 에스더서는
암살 모의를 신고함으로 아하수에로 왕의 목숨을 구했던
모르드개의 높임과 그와 그의 민족을 해치려 했던
하만의 몰락의 과정을 통해 말그대로
'반전'의 역사를 보여주었다.
"에스더가 모르드개에게
회답하여 이르되
당신은 가서 수산에 있는 유다인을 다 모으고 나를 위하여 금식하되
밤낮 삼 일을 먹지도 말고 마시지도 마소서 나도 나의 시녀와 더불어 이렇게 금식한 후에
규례를 어기고 왕에게 나아가리니 죽으면 죽으리이다…"에 4:15-16라는 결단을 하며
유대 민족의 구원을 위해 용감하게 나섰던 왕비 에스더와
유대인 말살의 날이 유대인 구원의 날이 되게 하신 그분의 보이지 않는 구원의 손길과
그날을 기념하기 위해 정하게 되었던 '부림절'의 기원을 이야기하는 에스더서,
하나님의 이름이 단 한 번도 나오지 않는 유일한 구약성경의 한 책.

《2014 겨울 성지답사 – 제라쉬》

구약을 그리다

1. 『에스더』[1] – "죽으면 죽으리이다." 에 4:16

"아하수에로 왕이 왕후 에스더에게 말하여 이르되 감히 이런 일을 심중에 품은 자가 누구며 그가 어디 있느냐 하니, 에스더가 이르되 대적과 원수는 이 악한 하만이니이다 하니 하만이 왕과 왕후 앞에서 두려워하거늘, 왕이 노하여 일어나서 잔치 자리를 떠나 왕궁 후원으로 들어가니라 하만이 일어서서 왕후 에스더에게 생명을 구하니 이는 왕이 자기에게 벌을 내리기로 결심한 줄 앎이더라." 에 7:5-7

놀만드 Ernest Normand, 1857-1923가 1888년에 그렸던 〈하만을 고발하는 에스더〉라는 제목의 작품은 에스더서 7장 6절의 내용을 매우 극적으로 표현했

---

1   에스더 참고 문헌: 김도형, "구약 제2내러티브(역대상~에스더)의 구조와 스토리텔링," 『대학과 선교』 제58호 (2023), 33-58; 에스더서의 역사성에 관하여는 Edwin M. Yamauchi, *Persia and the Bible* (Grand Rapid: Baker Publishing Group, 1996) 참조.

던 작품이다.[2] 결의에 찬 에스더가 페르시아 제국 안의 유다 민족을 인종청소 하듯이 학살하려고 했던 하만의 음모를 아하수에로 왕에게 고발하는 순간과 이에 놀란 하만이 공포에 사로잡히는 장면을 화가는 본문의 내용에 충실하게 그대로 묘사하였으며, 조금은 과장된 인물들의 모습과 표정을 통해 매우 강렬한 인상을 전달해주고 있다. 페르시아 제국의 왕 아하수에로는 세계사에서 크세르크세스로 알려진 왕과 동일한 인물이었던 것으로 추정되고 있다. 일제의 조선 식민 통치를 가능하게 만들어갔던 일본 정치인 '이토 히로부미'를 우리나라 사람들은 '이등박문'伊藤博文이라고 불렀던 것처럼, '아하수에로'라는 구약의 이름은 히브리식 이름 표기였을 수 있다. 에스더서에 따르면 페르시아 왕의 신하들 가운데 가장 높은 지위의 하만은 모르드개가 자신에게 경의를 표하지 않는다는 이유로 그의 출신 민족인 유다인 전체를 절멸시키려는 계획을 세우게 되었다.[3] 이 계획을 알게 된 모르드개는 그 당시 새로운 왕비가 되었던 에스더에게 소식을 전하고 동족의 구원을 위한 도움을 요청하였다. 이 상황에서 수산 궁에 있던 에스더는 자신의 민족 전체를 구원하기 위하여, 왕이 부르기 전에 왕에게 나아갈 수 없다는 전통을 어기고 왕을 만나러 나가게 되었고, 모르드개와 다른 유다인들에게 도고 기도를 요청하였다. 그때 에스더의 고백과 결단은 "죽으면 죽으리이다"라는 강렬한 문장 속에 그대로 남아 있다에 4:16.

에스더는 이렇게 해서 왕을 만날 수 있었고, 몇 차례에 걸쳐 왕비인 자신이 주관하는 잔치에 왕과 하만을 초대했던 에스더는 결정적인 순간에 유대인을 몰살시키려 했던 하만의 계략을 폭로하고, 아하수에로 왕에게 자신의 동족을 구원해 달라고 요청하게 되었다. 에른스트 놀만드의 1888년

---

2   Ernest Normand(1857-1923), 〈Esther Denouncing Haman〉(1888). 그림 출처: https://commons.wikimedia.org/wiki/File:Esther_Denouncing_Haman.jpg
3   유대인들의 전승에서는 하만이 가슴에 우상을 매달고 다녔기 때문에 모르드개는 부득이하게 자신이 유대인임을 밝히고, 절하지 않았던 것이라고 설명했다고 전해진다.

작품은 그러한 줄거리의 에스더와 모르드개와 유대인과 하만과 그의 아내 세레스와 하만의 친구들 이야기를 배경으로 하고 있었다. 하만의 화려한 복장은 그가 페르시아 왕국에서 높은 지위에 있었음을 보여주며, 그림 속 인물들과 그들의 의복과 가구와 실내 장식 역시 당시에 세계에서 가장 부강한 나라였던 페르시아 제국의 풍요로움을 잘 보여주고 있다. 에스더는 자신이 유대인이라는 사실을 다른 사람들에게 노출하지 않고 살면서, 페르시아 제국에서 왕비의 자리까지 올라갈 수 있었다. 그 당시에 페르시아 제국 안에서 정착하여 살아가던 디아스포라 유대인의 후손들은 다니엘과 그의 세 친구처럼 이스라엘 민족의 전통과 종교를 공개적으로 드러낸 경우에 박해 상황에 직면하기도 했고, 모르드개와 에스더와 같이 자신의 배경을 감추고 살다가, 신앙의 결단이 필요한 경우에만 자신을 드러내기도 했던 방식으로 살아가던 사람들도 있었다. 오늘의 시대에 비기독교 환경 속에서 살아가는 그리스도인들도 그러한 유사한 모습으로 일상의 삶을 살아갈 수도 있을 것이다.

그러나 모두를 위한 한 사람이 되어야 하는 순간에 에스더는 하나님 앞에서 금식기도를 드리고, 도고 기도를 동족 유대인들에게 부탁하면서 결단하고 실행에 옮겼던 모습을 보여주었다. 에스더의 결단을 통하여 에스더는 "타자를 위한 존재"로서 왕비였던 자신의 신분을 활용하여 이스라엘 자손 전체를 구원하기 위한 신중한 발걸음을 실행에 옮겼다. 그 결과로 유대인 전체를 몰살하려고 했던 하만은 자신이 준비했던 방식으로 처형을 당하게 되었다는 '반전역전 드라마'와도 같은 일이 일어날 수 있었다. 에스더서의 마지막 부분에서는 이스라엘 자손이 결국은 하만의 계략에서 벗어나 구원을 얻게 되었고, 이를 기념하여 '부림절'이라는 절기를 제정하게 되었던 유래를 설명해주었다. 아름다운 여성이었던 에스더는 단지 타고난 미모를 가지고 자기 자신만을 위하여 살아가는 이기적인 삶을 살기를 거부하였고, 이스라엘 민족 전체를 위해 자신의 생명을 잃는 일까지 감수하는 선택을 하였다. 잠언 31장 30절에서는 고운 것도 거짓되고 아름다운 것도 헛되나, 오직 여호와를 경외하는 여자는 칭찬을 받을 것이라고 말씀하였다. 에스더에게 있었던 것은 겉 사람의 아름다움만이 아니었으며, 하나님을 경외할 줄 아는 신앙의 뿌리와 속사람의 아름다움을 간직하고 살아가는 사람이었음을 볼 수 있다.

2. 「에스더」 - "스스로 숨어계시는 주 하나님" ^{사 45:15}

.... 에스더서에는 왜 하나님의 이름이 한 번도 나타나지 않았을까?

에스더서의 가장 큰 특징은 하나님의 이름이 한 번도 나타나지 않는다는 사실이다. 에스더서는 기독교의 구약성경 구분법에서 역사서의 마지막 책에 해당하지만, 유대교의 구약성경 구분법에서는 성문서 가운데 절기와 연결된 '다섯 두루마리' 책들 가운데 하나로서, 부림절에 회당 예배와 가정에서 낭송하는 전통과 연결된 책이었다. 하나님의 이름이 전면에 드러나지 않지만, 하나님의 보이지 않는 섭리와 보호하심과 구원하시는 손길을 분명하게 느끼고 깨달을 수 있는 내용으로 구성된 책이 에스더서라고 할 수 있다. 흩어진 유대인들을 뜻하는 〈디아스포라〉로서 이방 땅 페르시아에서 살던 이스라엘 자손들은 자신의 종교를 드러내놓고 살아갈 수 없었다. 그들이 믿고 섬기던 하나님께 구약의 레위기 전통에 따라 제사드릴 수도 없었고, 예루살렘 성전 예배를 대체하는 대안으로서 새로운 방식의 종교 생활과 신앙생활을 위하여 유다인들은 '회당' 예배 전통을 만들고 지켜갔다. 하나님을 노골적으로 드러낼 수 없는 시대적이고 환경적인 상황을 유대인들은 에스더서에 하나님의 이름을 기록하지 않는 방식으로 표현했던 것일 수 있다. 모르드개와 에스더도 유다인으로서 자신들의 정체성을 드러내 보이지 않는 방식의 삶을 선택하고 페르시아 제국 왕궁의 환경 속에서 살아가고 있었다.

.... 에스더서에는 왜 이렇게 "잔치" 이야기가 많이 나올까?

1장은 페르시아 제국의 군주 아하수에로 왕이 수산궁에서 베풀었던 잔치와 술취한 왕의 호출을 받고서도 자기 자신의 명예를 지키기 위해 왕 앞에 나서지 않았던 첫 번째 왕비 와스디의 이야기와 그로 인하여 발생했던 그의 폐위 사건에 관한 설명을 내용으로 한다. 2-3장에는 에스더가 폐위된 왕비 와스디를 대신하여 새로운 왕비가 되었던 일과 모르드개가 하만이라는 최고위직의 신하에게 미움을 받게 되면서, 이스라엘 자손 전체가 섬멸될 위기에 놓이게 된 일이 기록되어 있다. 1-2장에는 아하수에로 왕 자신과 왕비 와스디가 베풀었던 잔치와 왕비 에스더를 위한 왕의 잔치가 소개되어 있는데, 그 규모의 차이가 매우 컸음을 비교해 볼 수 있다. 이러한 차이에 관하여는 에스더서에 등장하는 페르시아 제국의 아하수에로 왕이 크세륵세스와 동일 인물이었을 경우에 그리스를 정복하기 위한 2차 원정 전의 전쟁 준비 회의 성격의 잔치^{에 1:3}와 살라미스 해전^{주전 480}에서 패배하고 원정이 실패로 끝난 후에 페르시아로 돌아와서 왕궁에 칩거하며 무너진 삶을 살았던 시기의 잔치^{2:18}라는 시간적이며 배경적인 차이를 반영한다고 해석하기도 한다.

4장에는 모르드개의 도움 요청과 에스더의 응답이 나오며, 왕비 에스더의 결단으로 결국 유다인들은 절멸의 위기에서 구원을 얻게 되었다. 에스더는 〈잔치〉로 기승전결의 변화 과정과 줄거리의 연속선을 이어갔다. 잔치는 군사적 목적의 성격을 띠기도 했고, 정치를 외면하고 칩거한 삶을 방탕하게 살아갔던 한 왕의 사생활을 폭로하는 기능을 하기도 하면서 에스더서에서 일어났던 사건들을 연결하면서 해결하고 반전시키는 발판처럼 활용하기도 했다. 대제국 페르시아 왕의 잔치는 누군가에게 기쁨이 되기도 하고, 슬픔이 되기도 하면서, 결국 마지막에는 박해의 위험에 처했던 유다 민족의 구원을 이루어가는 반전의 잔치가 백성들 사이에서 일어날 수 있었다. 그 잔치는 디아스포라 유다 백성들의 현실 삶 속에서 부림절의 잔치와 축제가 되었다. 에스더는 자기 자신의 명예가 아니라 이스라엘 자손 전체의 구원을 위해 결단하였으며, 왕이 호출하지 않았으나, 왕 앞에 나아가는 대조되는 요소들과 내용으로 이후의 이야기가 구성되어 있음을 볼 수 있다. 5장에는 왕비 에스더가 주관하는 잔치에 왕과 하만이 함께 초대되었던 일들이 소개되어 있고, 6-7장은 반전이 이루어지면서 유대인 전체를 죽이려는 하만의 계략이 왕비 에스더에 의해서 아하수에로 왕에게 고발되었고, 이로 인하여 모르드개를 처형하려고 하만이 준비했던 사형 도구로 자신이 최후를 맞이하게 되었던 일을 수록하였다. 8-10장은 페르시아 제국 내에서 유대인을 해치려고 했던 이들이 보복을 당하고, 심판을 받게 되었고, 위기에 처했던 이스라엘 자손은 구원을 받게 되었다는 역설적인 결론과 부림절의 기원에 관한 이야기로 에스더서는 마무리되었다.

3. 에스더는 어떤 뜻을 담은 책일까?

이스라엘 자손들이 유다인이라는 이유만으로 멸시받고, 때로는 위험에 처하기도 하고, 박해의 위기에 직면하기도 했고, 이러한 내용들은 포로기와 디아스포라 유대인들이 살아가던 이방 땅에서의 일상 가운데서 하나님의 구체적이고 가시적인 응답과 섭리와 구원이 보이지 않고, 현실 가운데서 어려움에 직면하게 되었던 단편적인 일들을 보여주고 있다. 마치 이사야 선지자가 유다 멸망 시기와 포로기 시대를 예언하면서 하나님을 "스스로 숨어계시는 하나님"이라고 묘사했던 것과 같은 느낌으로 에스더서를 우리는 읽어갈 수도 있다. 그러나 민족의 구원을 위하여 목숨 걸고 기도하는 사람들과 지도자들을 위하여 도고의 기도를 드렸던 사람들과 보이지 않는 하나님은 함께 하셨고, 페르시아 제국 안의 디아스포라 유대인들을 보호하시고 구원하시는 역사를 기도하는 지도자들과 함께 이루어가셨음을 에스더서를 통하여 확인할 수 있다.

역사서에서의 신학 산책[4]

역사서는 이스라엘 민족의 가나안 정복과 정착과 왕조의 역사와 멸망과 포로기전후의 역사로 구성되어 있다. '역사'란 무엇인가에 관하여 '아我와 비아非我의 투쟁'신채호이라는 이해와 '도전과 응전'이라는 개념A. Toynbee과 '과거와 현재와의 대화'E. H. Carr라는 다양한 이해가 있는 것처럼 구약성경의 역사서에 관하여 참으로 여러 가지 이론들이 적용되거나 제안되어왔다. 마틴 노트M. Noth의 그리스 '인보동맹'amphiktyonia, 隣保同盟 가설이 한동안 구약학계에서 유행하기도 했으나, 이스라엘의 지파 체제보다 후대의 다른 문명권 정치 체제를 구약 역사서 해석에 적용하는 것은 시대착오적이라는 비판을

---

4   신명기적역사서 연구의 최근 연구 동향에 관한 내용은 이은우, "소위 신명기 역사 연구의 최근 동향." 『구약논단』 14-3 (2008.9), 67-86 참조하여 요약 정리함.

받게 된 일도 있었고, 이스라엘의 가나안 정복 사건에 관하여 전통적인 '정복설' 이외에도, 이집트에서 탈출한 노예들의 점진적인 '평화적 잠입' 가설 A. Alt, M. Noth과 사회과학비평을 적용한 연구로 '농민혁명' 가설 G. Mendenhall, N. Gottwald의 주장도 있었다.

그동안 구약학계에서는 역사서를 주로 〈신명기적 역사서〉와 〈역대기적 역사서〉의 틀을 가지고 설명해 왔다. 우리나라 고려 시대의 역사를 기술한 책들 가운데 사관에 따라서 구분되는 두 개의 역사서가 있는데, 정사로 분류되는 〈삼국사기〉는 김부식에 의해 기록되었고, 야사로 분류되는 〈삼국유사〉는 일연에 의해 기록된 것으로 알려져 있다. 두 역사서가 그 성격과 특징에 따라서 구분되듯이 구약에서도 포로기 이전 시대에 통일왕국과 남북왕국의 역사를 기록한 사무엘서와 열왕기서가 있고, 포로기 이후 시대에 남왕국 유다의 역사를 중심으로 기록한 역대기서가 동일한 이스라엘 민족의 역사를 기록했지만 서로 다른 역사적 관점과 해석을 보여주는 역사서에 해당된다는 것이 기존의 구약학계에서 역사서를 설명해 왔던 신학적 틀이었으며, 그 내용은 다음과 같이 요약해서 정리해 볼 수 있다. 그러나 신명기적 역사서와 역대기적 역사서로 구약 역사서에 속한 책들을 구분하는 기존 역사서 이해의 전통은 일부 학자들 Auld, Eslinger 사이에서 '신명기적 역사서'의 존재를 의심하거나 부정하는 주장이 나타나면서 새로운 도전에 직면하기도 했다.

1. 신명기적 역사서 남왕국 유다, 북왕국 이스라엘의 역사 포함

일관된 역사의식을 가지고 있는 사람들에 의해 자료수집, 편찬, 기록된 여호수아부터 열왕기하까지의 책들수, 삿, 삼상, 삼하, 왕상, 왕하을 일컫는 용어이며,

이에 속한 책들은 신명기의 계약사상에^{순종-복, 불순종-멸망} 입각한 역사 기술로서 특징을 갖는 것으로 평가되고 있다. 열왕기서는 다윗의 후계자로서 솔로몬의 왕위계승으로부터 북왕국 이스라엘과 남왕국 유다의 멸망까지의 전역사를 신앙적인 입장에서 보고 신학적으로 해석하여 기술한 역사서이다. 왕들에 대한 평가 기준은 그들의 정치, 군사, 경제적 업적이 아니라 다만 하나님 앞에서 어떤 자세로 백성을 다스리고 나라를 통치했는가에 초점을 맞추고 있다.[5]

2. 역대기적 역사서 _{남왕국 유다의 역사}

역대기적 역사서는 역대상,하, 에스라, 느헤미야, 에스더까지의 책을 포함한다. 온 인류의 시작인 아담의 계보에서 시작하여 이스라엘과 유다 왕국의 몰락을 거쳐, 페르시아 시대의 포로귀환 공동체와 디아스포라 유대인의 역사까지 다루고 있다. 역대기서의 기록목적은 이스라엘의 국가 재건기에 있어서 신앙공동체로서 이스라엘 백성들이 지향해야 할 방향성과 가치관을 제공하는 데 있었다고 볼 수 있다. 이를 위해 다윗과 솔로몬의 범죄와 실수들에 대한 내용들을 생략하고, 성전건축과 성전제의, 레위인들의 성전직무 분담에 관련된 치적들만을 기록하였다고 해석되고 있다.[6] 역대기

---

[5] 신명기적 역사서에 관한 신학적 논의와 주제들은 다음과 같이 요약할 수 있다.
  (1) M. Noth의 "신명기적 역사"에 관한 이론 (1943)
  (2) 신 12-26장의 법전을 중심으로 한 신명기 초기형태 + 첨가 부분
      = 신명기사가 한 사람의 작품(Dtr): BC 550년경 팔레스틴 지역에서 만들어짐.
  (3) 발전 - BC 586이후 DtrG (Grundschritft = DtrH (Smend),
          BC 580-560 DtrP (Prophetic), BC 560 DtrN (Nomistic)
  (4) 그 밖의 다른 주장들
      a. 문학비평적 신명기 역사 이해 (Polzin): '문학적 본문으로서의 역사'
      b. 범신명기주의 (Pan-Deuteronomism): 예레미야, 오경, 잠언, 소선지서의 신명기적 편집
      c. 신명기적 역사의 핵심은 역대기와 사무엘-열왕기 공유본문 (Auld, 1999)

서의 역사관은 구약성서의 역사 이해는 모든 역사가 하나님의 말씀과 그 말씀이 인간의 삶의 장인 역사 속에서 구체화되고 현실화되는 과정으로, 모든 인간사는 하나님의 주도된 의도 하에서 진행되고 있는 것으로 이해한다. 모든 역사는 예언의 성취의 과정이고, 그 단계이며, 모든 예언서는 역사의 주요, 구원의 주인이 하나님이심을 강조하므로 어떠한 역사적 정황에서도 하나님을 섬기는 신앙에서 떠나지 말 것을 강조하고 있다.

이스라엘 역사연구와 관련된 또 다른 문제 가운데 하나는 '최소주의'minimalism와 '최대주의'maximalism의 논쟁이다. 객관적인 역사적 사실로 인정할 수 있는 이스라엘 민족 역사의 시작을 구약성경의 진술보다는 고고학적 증거들을 바탕으로 이스라엘 민족의 왕정시대 전후시기로 보거나[7], 그마저도 의심하며 다윗 왕조의 역사성까지 신뢰하기 어렵다고 보는 주장이 있으며, 반대로 구약성경의 내용과 고고학적인 연관성을 주장하고, 현대 역사가들이 "과거 사건을 다루면서 초자연적 요소나 기적적인 요소들을 무시하는 경향"을 비판하면서, 성경 역사의 신뢰성을 강조하는 입장[8]이 대립하는 양상이 전개되고 있다. 한동안 〈성서고고학〉이라는 용어보다는 객관성과 일반고고학적인 측면을 강조하며 〈팔레스타인 고고학〉이라는 말이 고고학 분야에서 힘을 얻는 과정도 있었다. 맥스웰 밀러의 이스라엘 역사와 월터 카이저의 이스라엘 역사는 성경 역사의 고대성과 신뢰성 문제에 있어서 서로 다른 입장을 보여주며, 또 다른 입장의 중도적 입장의 역사서로 존 브라이트의 이스라엘 역사책도 살펴볼 수 있다.

---

6   성전과 율법 중심의 이상적 통치모델로서 다윗-솔로몬의 통치상(성전중심. 예배중심. 신앙중심)을 제시하고자 했던 역대기적 역사서의 특징은 다음과 같이 요약해 볼 수 있다.
    (1) 다윗-솔로몬을 부각시킨 역사서술: 성전건축 준비와 성전건축 실행을 강조
    (2) 에스라-느헤미야서: 모세를 통해 주어졌던 율법과 계약을 강조 (=율법주의 탄생)
    (3) 에스더: 포로귀환의 대열에 참여하지 않은 페르시아지역 디아스포라 유대인의 역사

7   J. Maxwell Miller and John H Hayes, *A History of Ancient Israel and Judah*, 박문재 옮김, 「고대 이스라엘 역사」(서울: 크리스챤다이제스트, 2009), 83-84.

8   Walter C. Kaiser, *A History of Israel*, 류근상 옮김, 「이스라엘의 역사」(서울: 크리스챤출판사, 2010), 35.

Ⅲ. 시가서와 지혜서

구약 지혜문학의 특징 가운데 하나로 '인류 보편의 공통적 가치관의 반영'을 들 수 있다.[1] '시가서와 지혜서'에 속한 책들은 주로 시문체로 기록되었으며, 히브리어 성경에서는 '성문서'로 분류된다.

1. 욥기 – 욥의 고난과 관련된 세 친구들엘리바스, 빌닷, 소발과의 세 차례에 걸친 논쟁으로 구성된 욥기는 1-2장과 42장의 산문 부분과 중간의 시문 부분으로 이루어져 있으며, 3차 논쟁에서는 소발 대신에 엘리후라는 새로운 인물과의 논쟁이 나타난다.

2. 시편 – 마치 율법서의 구조처럼 시편도 1-5권[1-41, 42-72, 73-89, 90-106, 107-150]으로 구성되어 있다. 3편부터는 다윗의 생애와 관련된 탄원시로 시작해서 146-150편의 찬양시로 끝나는 시편의 흐름을 살펴 볼 수 있다.

3. 잠언 – 하나님 경외를 강조하는 지혜의 격언과 가르침의 모음집이며, 솔로몬 왕의 지혜 교훈과 '고대 서아시아' 지역의 지혜문학과 히

---

[1] 天將降大任於是人인댄 必先苦其心志하며 勞其筋骨하며 餓其體膚하며
      (천장강대임어시인야)   (필선고기심지)   (노기근골)   (아기체부)
      空乏其身하야 行拂亂其所爲하나니 所以動心忍性하야 曾益其所不能이니라
      (공핍기신)   (행불란기소위)   (소이동심인성)   (증익기소불능)
      - 하늘이 장차 그 사람에게 큰 사명을 주려 할 때는, 반드시 먼저 그의 마음과 뜻을 흔들어 고통스럽게 하고, 그 힘줄과 뼈를 굶주리게 하여 궁핍하게 만들어 그가 하고자 하는 일을 흔들고 어지럽게 하나니, 그것은 타고난 작고 못난 성품을 인내로써 담금질을 하여 하늘의 사명을 능히 감당할 만하도록 그 기국과 역량을 키워주기 위함이다.(맹자, 告子 章句 下, 15장) - 유교의 경전인 '사서삼경' 가운데 맹자에 나오는 이 문장의 교훈은 구약 성경의 욥기서에서 다루어지는 주제 가운데 '고난을 통한 교육과 연단과 훈련'이라는 내용을 연상하게 한다.

스기야 시대의 편집된 자료들로 이루어져 있다.

4. 전도서 – '허무함'의 주제를 강조하면서도 결국은 하나님 경외와 신앙을 강조하는 전도서는 하나님을 창조주와 심판주로 묘사한다. 이 책은 '유신론적 회의주의'라고 할 수 있는 독특한 관점을 가진 책이다.

5. 아가서 – 솔로몬 왕과 술람미 여인의 결혼을 전제로 하는 사랑의 이야기와 노래이다.

하나님이 계시해주신 많은 지혜가 이들 문서에서 발견되기 때문에 구약학계에서 흔히 이 책들을 지혜 문서라고도 부른다. 히브리어 성경에서는 '기록하다'라는 뜻의 동사 〈카타브〉에서 파생된 명사를 사용하여 '기록들'복수형이라는 의미로 〈케투빔〉성문서-聖文書이라고 하고 또는 시문서詩文書라고도 한다. 이는 '거룩한 글들'이란 의미인 동시에 문장이 시편과 같이 '시詩'로 되어 있어서 부르는 호칭이었다. 구약 지혜문학에서 매우 두드러진 점은 '가정교육'을 강조하고 '하나님 경외'의 신앙을 최고의 가치로 교훈한 종교적 성격이었다.

『욥기』 - 고난과 회복의 주 하나님

욥기는 모든 인생사의 고난과 회복의 주권은 하나님께 속한 것이며, 인생의 주권자이신 '하나님'이 바로 이스라엘의 '야훼'라는 사실을 선포한다. 욥기는 1-2장에서 욥에 관한 소개와 그에게 닥친 고난의 원인과 상황을 설명해준다. 3장부터는 욥과 세친구의 3차에 걸친 논쟁이 전개되었으며, 3-14장까지의 첫 번째 논쟁과 15-21장까지의 두 번째 논쟁과 22-31장까지 세 번째 논쟁이 수록되어 있다. 그런데 세 번째 논쟁에서는 엘리바스와 빌닷과 욥의 논쟁 다음에 소발과 욥의 논쟁이 나와야 하지만, 32장부터 갑자기 엘리후의 등장과 훈계가 37장까지 이어져 있다. 그런 다음에 38-42장까지 하나님의 현현하심과 함께 하나님과 욥의 대화가 나오고, 42장에서 욥의 모든 것이 회복되었다는 내용으로 욥기는 끝나고 있다.

하나님과 하나님의 아들들과 사탄의 하늘나라 궁정 회의,
누구도 원치 않았고, 알 수도 없는 운명적인 대화가 오고 갔다.
절대자의 허락하심 속에서 사탄은 불행을 무기 삼아 욥과 그의 가족에게 한번 또 한번
다가왔다. 욥은 재산과 자녀와 건강을 잃고 사랑하는 아내마저 그를 떠나갔다.
위로를 기대했던 친구들은 고단하고 괴로운 인생의 원칙과 철칙과 법칙을 주장하며
적대자가 되었고, 모든 것을 다 잃은 것도, 건강을 다 잃은 것도, 자식들이 다 죽은 것도,
모두 다 '인과응보'이고, 그러니 회개하라 강요하였다. 치아는 사라지고, 잇몸은 무너져
내렸고, 악몽 속에 불면의 밤은 깊어가고, 피골이 상접한 검은빛 몸뚱이의 통증과
가려움은 바늘 끝만큼의 빈틈도 주지 않고 몸과 마음과 정신과 영혼까지 파고들었다.
죽음 뒤에 희망을, 이 세상 뒤에 다음 세상을, 사람이 아닌 구속자를 희망하고,
꿈꾸었지만, 결국은 멈출 수 없는 그분을 향한 탄식과 부르짖음 속에서 욥은
마침내 살아계신 하나님을 만났다. 하나님은 욥을 만나 주셨다.
절망 속에 무감각해져 버린 욥에게 질문하시는 하나님은 그에게 세상을 다시 보고,
듣고, 느끼게 하시고, 잃어버렸던
모든 감각을 회복하게 하셨으며,
욥이 다시 정신을 차리고, 눈을 뜨고,
귀를 열고, 마음을 다잡을 수 있게 하셨다.
하나님과의 만남은 고난 가운데 매몰된 이에게 그 고난을 초월하는 힘을 주며,
길을 잃고, 답을 잃고, '죽음에 이르는 병'에 걸려 스스로 포기하고 절망한 이에게
길 없는 곳에도 길이 있고, 답 없는 곳에도 대답이 있고, 벽만 있는 곳에도 문이 있음을
알려 준다. 듣기만 하던 주님을
대면하여 만나는 그 시간과 그 자리에는
달콤한 구원처럼 흑암 속에서 자신을
숨기고 있는 죽음의 문턱을 넘지 않아도 열고 나갈 수 있는 생명의 문과 열쇠가 있음을
알게 해준다. 오직 예수 그 이름에 있는 비밀과도 같은 진리를 욥은 그의 삶으로
말해주었고, 입술로 증언해 주었다. 하나님과의 만남, 곧 성부와 성자와
성령이 함께 만나는 그 신비의 순간에 대하여 욥기는 우리에게 이야기해 주고 있다.

《2023 겨울 성지답사 – 갈릴리》

1. 「욥기」 - 고난 가운데 하나님과의 만남이 갖는 의미는 무엇일까?

"여호와께서 사탄에게 이르시되 내가 그를 네 손에 맡기노라 다만 그의 생명은 해하지 말지니라. 사탄이 이에 여호와 앞에서 물러가서 욥을 쳐서 그의 발바닥에서 정수리까지 종기가 나게 한지라. 욥이 재 가운데 앉아서 질그릇 조각을 가져다가 몸을 긁고 있더니, 그의 아내가 그에게 이르되 당신이 그래도 자기의 온전함을 굳게 지키느냐 하나님을 욕하고 죽으라. 그가 이르되 그대의 말이 한 어리석은 여자의 말 같도다 우리가 하나님께 복을 받았은즉 화도 받지 아니하겠느냐 하고 이 모든 일에 욥이 입술로 범죄하지 아니하니라."욥 2:6-10

라 투르Georges de La Tour가 그렸던 1600년대 작품인 〈그의 아내에게 모욕 받는 욥〉은 욥기 2장 1-10절 본문 단락 안에서 9-10절에 기록된 욥과 그의 아내 사이의 대화를 묘사하고 있다.[1] 창백하고 처참한 몰골이 되어버린 몸을 적나라하게 묘사한 이 그림은 암울하고 어두운 책으로 채색된 배경이 매우 인상적이다. 욥의 아내는 앉아 있는 욥을 고압적으로 내려다 보며 무엇인가를 설득하려는 듯이 말하고 있다. 이 모습이 그의 오른손에 들려 있는 촛불의 빛으로 더욱 선명하게 보이고 있다.

아래의 작은 의자에 초라하게 앉아 몸을 의지하고 있는 욥의 얼굴은 한 없이 슬프고 초라하게 보인다. 더러워진 발과 근육이 다 빠져버린 듯이 메마른 팔과 피골이 상접한 몸은 욥이 당한 재난의 정도를 너무도 생생하게 시각적으로 보여주고 있다. 화가는 벗은 몸으로 초라하고 비참한 모습으로 앉아 있는 욥과 대조적으로 붉은색 옷을 갖추어 입은 아내의 모습을 그리면서 두 사람에게 조명을 비추듯이 밝게 묘사함으로 보는 이의 눈길을 집중시킨다.

이는 대조적인 색감을 통해 욥의 아내를 선명하게 부각시키며 배경의 모든 요소들을 어두움 속에서 흐릿하게 표현한 것이다. 이를 통해 보는 이들은 욥이라는 한 인간을 너무도 빈궁하고 처참하게 만들어버렸던 그의 고난과 그를 모욕하는 아내에게 집중하게 된다. 그림 속에 앉아 있는 욥의 눈을 바라보면서, 그의 질문이 만약 하나님을 향했다면 혹은 그림을 마주 보는 사람들에게 향했다면 욥의 질문은 "왜 내게 이런 일들이 일어난 것일까요?"라는 물음을 던졌을 수 있었겠다는 상상을 해본다.

그러나 이 질문에 답해줄 수 있는 사람은 없다. 심지어 욥기에서도 독자들은 욥의 고난과 관련된 '하나님의 천상 회의'에서 하나님의 아들들과

---

1   Georges de la Tour, 〈Job Mocked by His Wife〉(1632-1635), oil, canvas, 97x145cm 그림과 해설 출처: https://www.wikiart.org/fr/georges-de-la-tour/job-raille-par-sa-femme-1650.

사탄 사이에서 벌어졌던 참소와 논란의 배경을 알고 있지만, 정작 그렇게 극심한 고난에 처했던 당사자 욥에게는 끝까지 그 이유가 밝혀지지 않았다. 이러한 점은 우리가 살아가고 있는 인생의 여정과 그 안에서 벌어지는 사건과 사고의 모든 의미와 뜻을 생각해 볼 수 있게 한다. 우리가 살아가면서 겪게 되는 여러 일들 가운데 어떤 경우에는 그 일이 담고 있는 하나님의 뜻을 깨닫게 되는 때도 있지만, 대부분은 욥기에 기록된 욥처럼 저마다 각자의 인생을 살아가는 우리 사람들도 인생에서 혹은 역사에서 벌어지고, 발생하는 무수히 많은 일을 영문도 모른 채 맞닥뜨리고, 감내하며 살게 된다는 사실을 생각해 보게 한다.

이 그림은 1821년에 윌리엄 블레이크^{William Blake}가 욥기 1-2장에 기록된 하나님의 천상 회의와 욥의 가족 이야기를 2층 구조로 그렸던 작품이었다.[2] 욥의 고난 소식을 듣고 멀리서 찾아왔던 엘리바스와 빌닷과 소발은 처

음에 욥을 위해서 울면서 슬픔과 애처로움을 표현하고, 그런 다음에는 7일간 아무 말 없이 욥과 함께 있어 주었다^{욥 2:12-13}. 차라리 이렇게 말없이 함께 있다가 돌아가 주었다면 욥의 친구들은 그것만으로도 충분했겠다는 생각이 들기도 한다. 왜냐하면 그 이후에 엘리바스와 빌닷과 소발이 번갈아 가면서 욥과 벌였던 공격적인 논쟁들은 욥에게는 너무도 혹독하고 감당하기

2   William Blake (1757-1827), ⟨Job's Evil Dreams⟩(1821), watercolor, The William Blake Archive, 그림 출처: https://commons.wikimedia.org/wiki/File:Blake_Book_of_Job_Linell_set_2.jpg. http://www.blakearchive.org/exist/blake/archive/object.xq?objectid=but551.1.wc.2&java=no

어려운 상처가 될만한 내용들로 전개되었기 때문이다. 그 논쟁 속에는 공통적으로 그들의 학식과 경험에 근거한 '인과응보'의 기계적인 적용만 난무했다. 친구들과 논쟁을 벌이던 욥은 차라리 자신의 몰골을 보고서라도 제발 불쌍히 여겨달라고 요청하기도 했던 일들이 벌어지게 되었다욥 19:20-21.

윌리엄 블레이크의 수채화 작품인 이 그림은 욥기 32장에서 엘리후의 갑작스러운 등장이 나타날 때까지 반복적으로 세친구와 벌였던 논쟁을 배경으로 하고 있다.[3] 욥에게 공격적인 평가와 회개를 촉구했던 세 친구의 매서운 말투와 살을 베는 듯한 언어들은 그림 속 욥을 향한 친구들의 손가락과 표정과 눈빛 안에 다 들어가 있는 듯하다. 그림에서 욥의 오른편에 앉아 있는 욥의 아내가 욥을 바라보는 표정에도 욥을 향한 가득한 원망이 엿보인다. 본문은 욥의 아내가 욥에게 심지어 "하나님을 욕하고 죽으라"라는 말까지 했다고 전해주고 있다욥 2:9. 아무리 어려운 상황에 직면하였다고 하더라도 넘지 말아야 하는 선은 있다.

그렇지만 우리가 욥의 아내가 쏟아내었던 말들을 문자 그대로 읽고, 그 사람의 말로 그를 정죄할 것인가의 문제는 좀 더 고민해 볼 필요가 있다. 왜냐하면 하나님도 동방의 의인이라고 인정할 만큼 의로운 사람이었던 욥마저도 자신의 생일을 저주하는 표현을 사용했던 것처럼, 욥의 아내는 자신이 겪었던 비극적인 사건들의 상처를 해결할 여유도 없이 고스란히 떠안고 있었던 상황이었기 때문이다. 하루아침에 자신이 낳아서 길렀던 열

---

3   William Blake, ⟨Job's Evil Dreams⟩(1821). 그림과 해설 출처: https://commons.wikimedia.org/wiki/File:Blake_Book_of_Job_Linell_set_10.jpg

남매를 고스란히 잃었고, 전 재산이 다 사라져 버린 상황에서, 그렇게 철저하게 열심히 하나님의 말씀을 따라 살려고 했고, 실제로 착하고 올바르게만 살아왔던 남편은 이제 완전히 무너진 모습으로 자기 앞에 무기력하게 앉아 있었다.

그런 남편 욥을 마주한 욥의 아내는 정상적일 수 없는 감정과 마음을 가지고 하나님을 원망하는 대신에 눈에 보이는 남편에게 자신의 모든 슬픔과 고통과 아픔을 어떤 감정의 여과도 없이 표현했을 수 있다. 어거스틴은 "사탄의 친구"라는 말로써 이런 욥의 아내를 악녀로 평가했다고 전해진다. 하지만 '트라우마'라는 주제의 관점에서 보면 욥기 2장 9절을 전통적인 해석과 다른 각도에서 해석할 수 있는 여지가 생긴다. 구약성경을 헬라어로 번역한 칠십인경에서는 여전히 병든 남편의 곁을 떠나지 않고 그를 도우려 했던 사람으로 욥의 아내를 묘사하였다. 그러나 욥기의 전체 내용은 세 번에 걸쳐 반복되었던 욥과 세 친구의 논쟁과 연이어 등장한 엘리후의 이야기를 기록하는 데 비중을 두었다.

욥기 38장과 이어진 본문에서는 폭풍 가운데 나타나신 하나님과 욥의 만남과 대화의 순간과 내용을 묘사해 주었다. 하나님은 욥에게 고난의 원인에 관하여 속 시원하게 밝혀주지 않으셨다. 또한 욥의 고통과 고난에 동정하거나 미안함을 표현하지도 않으셨다. 대신에 욥이 자신의 고난을 극복하도록 하셨으며, 욥기는 피조물인 사람과 창조주인 하나님과의 만남이라는 사건 자체가 인간의 해결할 수 없는 고통과 고난과 아픔에 대한 또 다른 차원의 답이 될 수 있다는 사실을 알려주었다. 욥을 통하여 욥기가 보여주었던 그런 신비와 초월의 경험을 묘사했던 그림들 가운데 윌리엄 블레이크가 1805년에 〈회오리바람으로부터 대답하시는 주님〉이라는 제목으로 흑연과 잉크와 펜을 사용하여 밑그림을 그리고 수채화로 완성한 작품이 있다.[4] 이 그림은 욥기 38장의 내용을 반영하고 있으며, 욥기 38장은 욥에게 천지창조의 장엄함과 피조세계의 광대함에 관하여 하나님이 말씀하시는 내용을 보여준다. 고난에 처한 사람은 심리적으로 자기 자신에게만 집중하게 된다. 그로 인한 상처가 깊어지게 되면 때로는 우울증으로 시달리고, 어느 순간 감정과 감각이 무감각한 상태에 이르기도 하는 문제들이 발생할 수도 있다. 어쩌면 그런 상황에서 치유를 경험하고 벗어날 수 있도록 하나님은 욥의 감각을 자극하고 그의 주의를 환기시키려고 하셨던 것일 수 있다. 또한 욥이 자신의 고통과 고난에만 자신의 모든 감각과 시선을 집중하다가 광활한 창조 세계와 바깥 세계로 자신의 눈을 돌리게 되면서 정신적 치유와 회복을 위한 변화의 계기를 경험할 수 있었던 것으로 보인다.[5] 욥기 42장에서는 가족과 재산과 건강과 욥의 모든 것이 회복되었음을 말해주면서 욥기를 마무리하는데, 욥은 하나님과의 만남을 통하여 〈회개〉하였고[욥 42:5-6], 그 모든 회복의 과정은 욥이 자기 자신이 아니라 자신을 비난하고 논쟁했던 친구들을 위한 〈도고 기도〉로 하나님께 기도할 때 이루어지게 되었던 것임을 말해주는 내용도 인상적이다[욥 42:8].

---

4   William Blake (1757-1827), 〈The Lord Answering Job Out of the Whirlwind〉(June 1805), 231x267mm. 그림과 해설 출처: https://commons.wikimedia.org/wiki/File:The_Lord_Answering_Job_Out_of_the_Whirlwind_Butts_set.jpg

5   이것은 심리치료의 다양한 방법들 가운데 EMDR(Eye Movement Desensitization and Reprocessing, 안구운동 민감소실 재처리 요법) 치료법이 적용되는 경우와 유사한 경험이 되었을 수도 있다. 이 치료법은 부정적인 생각과 정신적 충격과 상처의 기억들이 꼬리를 물고 이어지면서 그 강도가 점점 더 강해지는 과정을 차단하기 위하여 눈동자를 움직이는 동작을 활용하는 방법이라고 매우 단적으로 설명해 볼 수 있다. 이처럼 하나님과 대면하게 되었던 욥이 자기 자신 바깥의 창조 세계에 관하여 말씀하시는 하나님의 말씀을 따라가면서 자신의 시선과 시야의 방향을 바꿀 수 있었다면 그런 치료법의 효과를 경험하면서, 하나님과의 깊은 영적인 만남과 교제 가운데서 욥은 하나님으로 말미암는 치유와 회복의 신비와 기적을 깨닫고 경험할 수 있었을 것이라는 설명도 가능할 것이다.

2. 「욥기」[6] - 고난과 회복의 주 하나님

.... 왜 욥은 이렇게 말했다가 다시 저렇게 말했던 것일까?

"또 사람에게 말씀하셨도다. 보라 주를 경외함이 지혜요 악을 떠남이 명철이니라."욥 28:28

잠언 1장 7절과 9장 10절에서도 구약 지혜문학의 결론으로서 '하나님 경외'의 주제를 반복적으로 기록하였으며, 욥기 28장 28절의 본문과 동일한 내용을 비교해 볼 수 있다. 욥기 28장 28절에서 언급한 〈경외〉라는 말은 원래 히브리어 동사 〈야레〉에서 원형을 찾을 수 있으며, 그 기본적인 뜻은 '두려워하다' 혹은 '무서워하다'였다. 이 낱말의 뜻을 풀어보기 위하여 부모와 자녀의 관계와 가정교육의 문제를 생각해 볼 수 있다. 한 가정에서 부모는 사랑으로 자녀를 양육하고 보살핀다고 하더라도, 자녀들이 부모의 사랑만 알고, 무서워할 줄 모르고, 오히려 부모의 말까지 무시하기만 한다면 제대로 된 가정교육은 이루어질 수 없다. 부모를 무서워할 줄 알 때 자녀는 자신의 잘못을 훈계하는 부모의 말과 가르침을 통하여 옳고 그름을 올바르게 배우게 된다. 그래서 이 히브리어 동사 〈야레〉는 부모-자녀 사이의 관계에서 부모 '공경'이라는 말로 번역되었고, 하나님과 사람의 관계에서는 하나님 '경외'라는 말로 표현되었다.

욥기 1장과 42장에 나오는 재산의 목록은 정확히 2배씩 증가한 형태로 기록되어 있으며 각 장에서 사용된 신명은 첫 장의 하나님과 마지막 장의

---

6   욥기 참고 문헌: 하경택, "욥과 욥기의 문제," 「한국기독교신학논총」 제31권 제1호 (2004), 47-76; 정희성, "상실의 관점에서 읽는 욥기," 「한국기독교신학논총」 제70권 제1호 (2010), 337-59; 이윤정, "욥의 아내의 말이 지닌 해석적 열쇠," 「Canon&Culture」 15-2 (2021.10), 77-107.

야훼^{여호와}라는 변화도 보여주고 있어서 욥기서 전체가 수미상응구조^{inclusio}의 문학적 특징을 잘 드러내주고 있는 것으로 볼 수 있다. 그 가운데 욥과 엘리바스와 빌닷과의 두 번째 논쟁을 기록한 내용 중간에 있는 욥기 28장은 전형적인 지혜문학의 내용과 결론을 소개하고 있다. 28절은 그 본문의 마지막 구절이며 결론에 해당한다. 그러나 오히려 엘리바스가 악인이 평생에 당하게 되는 고통을 말하고^{욥 15:20}, 빌닷이 꺼져버린 불빛과 같은 악인의 어두운 운명을 설명하고^{18:5-6}, 소발이 심판받는 현실^{20:28-29}에 관하여 말했으나, 그때마다 욥은 반박하였다.

심지어 욥기 21장에서는 욥이 지혜문학의 가르침과 배치되는 말을 하고, 악인이 의인을 짓밟고 올라가 승승장구하고, 부를 누리고, 장수하며 그 자손들에게까지 부를 세습해주고, 평안히 살다가 평안한 죽음을 맞이하는 현실에 관하여 이야기하기도 했다. 그러나 27장에서 욥은 다시 모든 악인은 하나님의 심판을 받게 되고, 그의 모든 의지하는 부와 재산과 경제력이 타인을 위한 것이 될 것이라는 말을 하면서 바로 앞에서 했던 자신의 말들과는 반대말을 하였음을 보여준다. 28장도 마찬가지이다. 그러면서 마지막 결론으로 하나님을 경외하는 것이 지혜의 근본이고, 악을 떠나는 것이 명철이라는 말씀을 욥이 말했다고 욥기는 기록해 주었다. 완전히 반대말을 하고, 정반대의 논리를 전개했던 욥의 말들을 비교 분석한 욥기 주석가들 가운데는 이 문제를 가지고 씨름하다가 욥기서 안에 저자가 다르고, 출처가 다른 자료들이 본문으로 들어와서 구성되어 있다고 설명하는 이들도 있었다.

그런데 생일을 저주하고, 인과응보의 가르침은 현실에 적용할 수 없다고 말했던 욥의 표현들은 그의 상황을 고려하여 본문을 재해석해 볼 필요가 있다. 자신을 위로한다고 찾아왔던 친구들의 비난과 꾸짖음에 대하여 반박하면서 했던 말들 중 함께 들어간 점과 욥의 감정, 심리상태, 최악의 건강 상태 등을 함께 생각해봐야 한다. 또한 현실에서는 극심하게 아프거나, 중병을 앓는 사람들에게서 실제로는 한 사람이 마치 전혀 다른 사람처럼 말하거나 행동하는 일도 만날 수 있고, 고열에 시달리는 사람이 자기 생각을 말하면서 전혀 논리적이지 않은 말을 하고 감정을 표현하거나 횡설수설하는 예도 있음을 경험할 수 있다.

똑같은 한 사람이 병에 걸려 아플 때 모습은 논리와 일관성만으로 다 설명 안 되는 실제 상황이나 사례들은 오히려 욥을 악인으로 규정하고 공격하는 친구들에게 욥기 21장의 욥과 27장의 욥이 전혀 다른 말을 했던 것처럼 그대로 기록한 비논리적 상황이 더 현실에 가깝다고 해석해 볼 수 있는 여지를 제공해준다.

3. 욥기는 어떤 뜻을 담은 책일까?

욥기는 고난 중에 있던 욥에게 피조 세계와 그 안의 생명체들을 바라보게 하셨던 하나님의 모습을 보여준다. 고난 가운데 있던 욥에게 하나님은 찾아오셔서, 말씀하셨고, 욥을 회복시키고, 다시 그에게 복을 주셨다. 그의 깨달음과 회복의 전환은 하나님과의 만남에서 비롯된 것이 분명하다. 하지만 하나님은 그 만남의 내용 가운데 욥이 하나님의 창조 세계를 다시 만나고, 느끼고, 바라보고, 대면하는 과정을 포함하여 말씀해 주셨던 것으로 보인다.

또한 욥기는 욥의 고통과 환난의 직접적인 원인이 욥을 참소하던 사탄으로부터 말미암은 것이라는 점을 보여주면서 동시에 결국은 고난과 구원의 모든 주권이 하나님께 속한 것이라는 가르침을 전해준다. 히브리어 〈엘로힘〉은 일반명사로 사용되는 문맥에서는 '신들'로 번역되고, 고유명사로 사용되는 경우에는 '하나님'으로 번역되는 낱말이다. 욥기 1장에서는 〈엘로힘〉이 하나님으로 번역되었으나, 마지막 단락을 이루는 38장과 42장에서는 이스라엘 민족과 하나님의 고유하고 돈독한 관계성을 표현할 때 사용하는 〈야훼〉는 한글 성경에서 맛소라 본문의 읽기 전통^{Qere}에 따라 〈아도나이〉로 읽고 '주' 또는 '여호와'로 번역하는 신명을 사용하였다. 1장에서 사탄의 직접적인 개입으로 말미암아 시작되었던 욥의 모든 고난으로부터 욥을 찾아와 만나 주셨고, 42장에서 보여주는 회복과 구원을 욥에게 주신 분은 다름 아니라, 바로 〈야훼〉였다는 사실을 이러한 신명의 사용을 통해서도 욥기는 분명하게 말해주고 있다.[7] 그러므로 욥기는 결론적으로 고난과 회복의 주 하나님을 선포하는 책이라고 평가해 볼 수 있다.

---

7 김진명 (2016). "욥기의 서언과 결어에 나타난 '소유'(재산) 목록과 '신명'(神名)의 변화 문제에 대한 연구." 『구약논단』 22-1 (2016.03). 102-24.

『시편』 - 찬송 가운데 계시는 주 하나님

포로기 이후 율법주의가 강조되면서 '제2성전의 찬양집'이라는 별칭으로도 불렸던 시편도 율법서처럼 다섯 권으로 구성되었다. 시편 안에는 창조^창와 구원^출와 제사^레와 광야^민와 말씀^신의 주제가 반영된 시편들과 함께 모든 인간의 보편적인 고난과 역사와 희노애락과 생노병사의 이야기들이 노랫말로 담겨 있다. 성문서의 대표적인 책으로서 시편의 모든 말씀은 찬송의 권면으로 마무리되었다: "호흡이 있는 자마다 여호와를 찬양할지어다 할렐루야"^{시 150:6}. 시편은 다섯 권으로 구성되어 있으며, 1권은 1-41편에 해당한다. 3-41편까지의 다윗 시편은 2권 42-72편까지 이어져 있으며, 1-2권은 주로 다윗의 생애와 함께 개인적인 탄원시가 주를 이루고 있다. 참고로 72편과 127편은 솔로몬의 시편으로 표제어에 기록되어 있다. 73- 89편은 아삽과 헤만과 고라 자손 등의 다양한 저자들의 여러 장르에 속한 시들이 수록되어 있으며 3권으로 분류된다. 개인 시와 공동체 시와 시온을 주제로 하는 시와 제왕시와 찬양시와 탄원시와 감사시 등의 다양한 시들은 90-106편의 4권까지 이어지고 있는데, 90편은 모세의 시로 소개되어 있다. 5권에 속한 107-150에는 주로 감사와 찬양을 주제로 하는 시들이 집중적으로 수집되어 있다. 119편은 시편 가운데서도 가장 길고, 전체 성경에서도 가장 길이가 긴 본문이며, 히브리어 알파벳으로 구성된 답관체acrostic 형식의 토라 시편이 5권에 포함되어 있다.

그 외에 120-134편에는 '성전에 올라가는 노래'라는 표제어가 붙어 있는데, 그중 132편은 에브라다에서 발견한 성막과 언약궤에 관한 내용을 담고 있다. 146-150편은 '할렐루야'로 시작하여 '할렐루야'로 끝나는 수미상응구조inclusio의 찬양시가 배열되어 있다. 시편 150편은 호흡이 있는 모든 생명체의 찬양을 선포함으로 시편 5권을 마무리하고 있다.

시편의 표제어는 히브리어 전치사 〈르〉를 사용하는 짧은 문장으로 이루어져 있는데, 예를 들어, '다윗의 시'는 다윗이 지은 시라는 저작권을 명시하고 있는 정보로 파악할 수 있고, 혹은 '다윗을 위한 시'는 다윗이 저자가 아니라 다른 사람이 다윗을 위해서 헌정한 시로 볼 수 있다는 말도 된다. 1권의 여러 시는 다윗이 경험했던 생애의 사건들을 함께 표제어에 구체적으로 언급하고 있는 것으로 보아, 다윗이 자신의 인생 가운데 체험했던 일들과 연결된 내용을 시로 표현했던 것이라고 해석해볼 수 있다. 또한 시편에 수록된 다수의 시는 악기에 맞추어 연주할 수 있도록 안내하는 문구와 함께 기록되어 있다는 점에서 〈제2성전의 찬양집〉이라는 시편의 별칭은 적절했다고 평가할 수 있다.

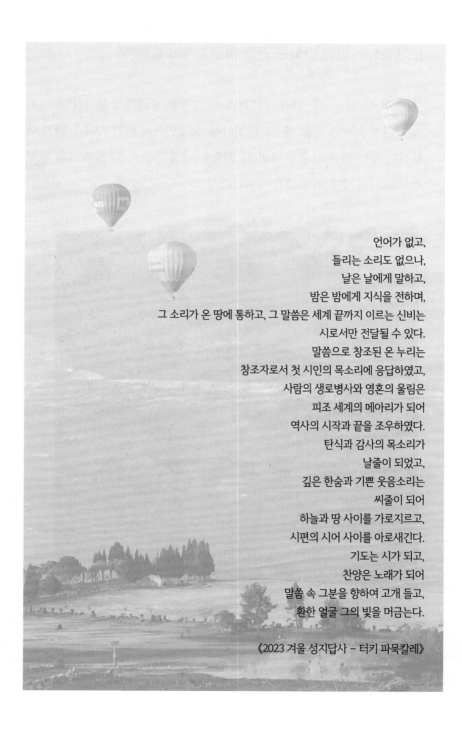

언어가 없고,
들리는 소리도 없으나,
낮은 낮에게 말하고,
밤은 밤에게 지식을 전하며,
그 소리가 온 땅에 통하고, 그 말씀은 세계 끝까지 이르는 신비는
시로서만 전달될 수 있다.
말씀으로 창조된 온 누리는
창조자로서 첫 시인의 목소리에 응답하였고,
사람의 생로병사와 영혼의 울림은
피조 세계의 메아리가 되어
역사의 시작과 끝을 조우하였다.
탄식과 감사의 목소리가
날줄이 되었고,
깊은 한숨과 기쁜 웃음소리는
씨줄이 되어
하늘과 땅 사이를 가로지르고,
시편의 시어 사이를 아로새긴다.
기도는 시가 되고,
찬양은 노래가 되어
말씀 속 그분을 향하여 고개 들고,
환한 얼굴 그의 빛을 머금는다.

《2023 겨울 성지답사 – 터키 파묵칼레》

1. 『시편』 - 인간 다윗은 과연 어떤 사람이었을까?

"다윗의 시, 인도자를 따라 부르는 노래, 다윗이 밧세바와 동침한 후 선지자 나단이 그에게 왔을 때 - 하나님이여 주의 인자를 따라 내게 은혜를 베푸시며 주의 많은 긍휼을 따라 내 죄악을 지워 주소서. 나의 죄악을 말갛게 씻으시며 나의 죄를 깨끗이 제하소서."시 51:1-2

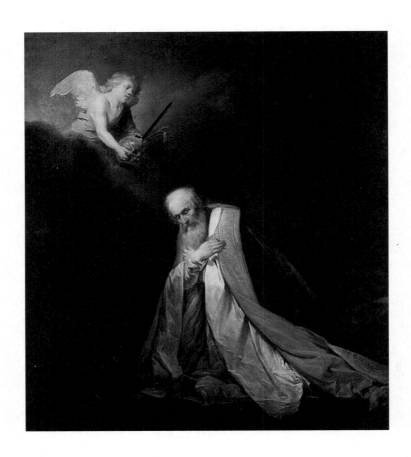

그레버Pieter de Grebber가 1635-1640년경에 그렸던 〈기도하는 다윗〉이라는 제목의 그림은 노년의 다윗이 경건한 모습으로 기도하고 있는 장면을 묘사한 작품이다.[1] 그는 평생을 기도하며 그 내용을 시와 노래로 기록하여 남겼던 왕이었고, 그의 기도들 가운데 특별히 회개의 기도에 주목해 볼 수 있다. 다윗 왕의 회개 기도는 그가 우리아의 아내 밧세바와 동침한 후에 선지자 나단이 그를 찾아왔을 때시 51와 말년의 인구조사 후에 선지자 갓이 그를 찾아오기 전날의 기록삼하 24:10으로 구약성경에 수록되어 있다. 이 그림의 배경이 되었던 다윗 왕의 회개 기도는 사무엘하 24장의 인구조사 사건과 관련되어 있으나, 그레버의 작품은 우리가 다윗 왕이 드렸던 두 차례의 회개 기도와 그의 기도하는 모습을 더 생생하게 상상하고, 구체적으로 생각해보는 데 도움을 준다. 먼저 사무엘하 24장의 본문을 보면 다윗 왕은 그가 요압 장군의 만류에도 불구하고 인구조사를 강행한 후에 스스로 자책하면서 하나님 앞에서 "내가 이 일을 행함으로 큰 죄를 범하였나이다. 여호와여 이제 간구하오니 종의 죄를 사하여 주옵소서…"라는 죄의 고백과 사죄의 기도를 드렸다는 기록을 확인할 수 있다24:10. 그리고 다음 날 아침에 선지자 갓이 찾아와 하나님의 말씀을 전하였고, 다윗 왕은 7년 기근과 3개월간의 내전과 3일간의 온역 가운데 그 징벌을 선택하게 되었다. 역대상 21장 12절에는 재앙의 목록이 3년 기근과 3개월간의 내전과 3일간의 온역으로 기록되어 있는데, 두 본문 가운데 온역을 "여호와의 칼"이라고 표현한 차이점을 볼 수 있다. 두 본문 사이에 기록된 징벌의 기록에서 3과 7의 숫자상 차이는 있지만, 다른 구약 본문들에서 3과 7은 많은 경우에 동일하게 '완전수'를 상징하는 신학적인 숫자로 사용되었음을 볼 수 있다. 그러므로

---

1   Pieter de Grebber (1600-1652/1653), 〈King David in Prayer〉(1635-1640), 94×84.5cm (33.2 in), Museum Catharijneconvent. 그림과 해설 출처: https://commons.wikimedia.org/wiki/File:5201-king-david-in-prayer-pieter-de-grebber.jpg

숫자의 차이는 본문을 해석하는 데 큰 문제가 되지는 않는다고 평가할 수 있다. 그레버는 선지자 갓을 그림에 묘사하는 대신에 하늘 위에 나타난 천사가 칼과 곡식단과 항아리를 들고 있는 모습으로 세 재앙을 상징적으로 표현하였으며, 이 그림을 해석한 자료들 가운데는 하나님께서 선지자 갓을 통하여 말씀하신 세 가지 징벌 가운데 하나를 선택해야 하는 순간을 묘사한 것이고, 사무엘하 24장 13절 본문을 반영한 것이었다고 설명한 경우도 있다.[2] 그러나 동일한 사건을 기록한 사무엘서와 역대기서 가운데서 그림 속 천사가 들고 있는 〈칼〉은 이 그림이 사무엘하 24장 본문보다는 역대상 21장을 반영한 것으로 해석할 수 있는 근거가 될 수 있다. 왜냐하면 역대상 21장 12절에서만 "여호와의 칼"이라는 말이 사용되었기 때문이다.

화려한 겉옷을 왕의 의복으로 걸쳤으나, 하나님 앞에서 머리 숙여 겸손하게 진실한 마음으로 회개의 기도를 드릴 줄 알았던 다윗 왕의 모습은 그가 저질렀던 범죄에도 불구하고 하나님께서 그를 용납해주셨던 가장 큰 장점이었을 수 있다. 다윗은 사람의 손이 아니라 하나님의 손에 의한 징벌을 원한다는 답을 하였고 곧이어 단에서 브엘세바까지 이스라엘 전체에 온역이 발생하여 백성 칠만 명이 죽는 사건이 발생하였다. 그러나 하나님은 다시 뜻을 돌이키시고 사흘이 되기 전에 심판을 멈추게 하셨던 것으로 보인다[24:16]. 그후에 여부스 사람 아라우나의 타작마당에 '여호와의 사자'가 나타났다는 소식을 들었던 다윗 왕은 그 장소를 구입하였고, 그곳에서 전제와 화목제를 드리면서 온 이스라엘에 내렸던 재앙이 그치게 되었다[24:25][3] 다음은 시편 51편의 표제어와 함께 구체적인 상황이 언급된 다윗의 기도문이다. 히브리어 전치사 〈르〉는 단순히 "~를 위한"이라는 뜻으로 풀이될

수도 있고, 속격을 나타내는 "~의"로 번역될 수도 있다. 이러한 번역에 따라서 다윗을 위해서 누군가 다른 사람이 지은 시편이라는 의미로 해석하거나, 다윗이 직접 지었던 다윗의 시편으로 뜻풀이할 수 있다. 시편 51편은 다윗이 자신이 밧세바와 동침했던 사실을 숨기기 위하여 헷 사람 우리아를 죽이고, 그의 아내를 후처로 맞이하였던 죄를 나단 선지자가 찾아와서 지적했던 사건과 직접 연결되어 있음을 밝혀주고 있는 다윗 자신의 회개 기도로 보지 않을 이유가 없다.

시편 3-41편의 시편 1권과 72편으로 끝나는 시편 2권의 대부분의 시가 다윗의 시로 표제어가 붙어 있고, 150편 가운데 총 73편이 다윗의 시편으로 분류된다. 그 가운데 72편과 127편은 솔로몬의 시로 알려져 있고, 90편은 모세의 시라는 표제어가 붙어 있다. 다윗의 시편은 종종 그 표제어에 다윗의 생애와 관련된 사건들이 언급되어 있기도 하며, 시편 18편은 사무엘하 22장에도 동일한 다윗의 시가 기록되어 있기도 하다. 다윗은 시편 51편에서 자신의 죄를 고백하고, 하나님의 용서를 구하며, 정한 마음과 정직한 영과 주의 성신을 간구하는 기도를 드리며, 하나님이 구하시는 제사는 상한 심령이며, 상하고 통회하는 마음이라고 고백하였다. 또한 찬송할 수 있게 해달라는 간구를 하기도 하였다^{51:15}. 다윗 왕은 시와 음악의 재능을 가지고 있었고, 사울 왕이 악신에 사로잡혔을 때 수금을 연주하여 도움을 주었을 정도로 악기 연주에도 재능이 있었던 것으로 보인다^{삼상 19:9}. 음악에 대한 관심이 많았던 다윗 왕은 그가 왕 위에 오른 이후에 성막 제사에 레위인 찬양대와 악기 연주자들을 조직하여 세우기도 하였다^{대상 15:16-24}.

사무엘하 23장 1절에서는 다윗 왕을 가리켜 "이스라엘의 노래 잘하는 자"라고 표현하였다. 현대 예루살렘 성의 다윗왕 묘실 근처에 설치되어 있었던 다윗왕 기념 동상도 하프를 연주하는 음악가의 모습으로 조각되어 있었던 모습도 인상적이었다.⁴ 시편 51편의 '회개 시편'처럼 다윗 왕은 그의 생애 가운데 일어났던 사건들을 경험하면서, 구체적인 사건을 기록하며 그 문제 혹은 주제를 놓고 기도하였고, 시로 기록하기도 하였음을 시편과 역사서에서 알려주고 있다. 그가 기록했던 기도와 시와 노래는 시편에 수집되어 수록되었고, '제2성전 시대'에 이르러서는 시편이 성전의 찬송가로 활용되기도 했던 것으로 알려져 있다. 그렇다면, 우리는 본회퍼^{Dietrich Bonhoef-}^{fer} 목사님의 말처럼, 예수님께서 십자가에서 시편으로 기도하셨듯이 시편으로 기도하기를 배우고, 시편의 말씀에 영혼의 간구와 마음의 고백을 함께 담아 묵상할 수 있으며, 시편으로 기도하면서 그리스도인으로서의 삶을 살아갈 수 있다.

2.「시편」[5] – 찬송 가운데 계시는 주 하나님

시편은 히브리어로 기록된 맛소라 성경의 전통 속에서는 율법서^{Torah}와 예언서^{Nebiim}와 성문서^{Ketubim} 가운데 성문서의 첫째 책으로 구분되어 있다. 포로기 이후 시대에 수집되거나 기록된 것으로 여겨지는 성문서는 누가복음 24장 27절과 44절에서 두 차례 부활하신 예수님이 언급하셨던 것처럼 유대교의 구약성경 3분법에 따라 마지막의 다양한 성격의 책들을 포함하고 있다. 특이한 점은 시편과 절기에 낭송되는 작은 분량의 책들도 다섯 권으로 구분되어 있다는 점이다. 이는 포로기 이후 시대에 유대교 전통에서

---

4   하프를 연주하는 다윗왕 기념 동상은 러시아의 성니콜라스 자선재단에서 2008년에 기증하여 시온산의 예루살렘 다윗 왕 묘실 부근에 있는 테오토코스 도미시안 교회의 벽 아래 설치되었다가 2018년에 철거되었다. https://orthochristian.com/111803.html

5   시편 참고 문헌: 배희숙, "구약 시온의 노래: 보복을 기원하는 시편 137편."「성서마당」제81호 (2007.03), 44-54: 안근조, "시편의 죄 관념 재고."「구약논단」15-3 (2009), 87-107: 안근조, "시편 80편의 다의성."「구약논단」24-2 (2018), 93-117: 임성권, "시편 119편과 145편에서 나타나는 절 단위 평행법에 관한 비교 연구."「구약논단」30-4 (2024), 333-63: 하경택, "'세계의 어머니'로서의 시온-시편 87편에 대한 주석적 연구."「구약논단」47-2 (2021.12), 15-34.

강조되었던 모세오경 즉 율법주의의 전통을 반영하고 있는 책들의 형태로 해석되기도 한다.

········· **시편 1-2편은 왜 시들 가운데 가장 앞에 놓여 있을까?**

"복 있는 사람은…"이라는 문장으로 시작하는 시편 1편은 율법을 지키는 사람이 복되다고 이야기하는 '율법'^{토라} 시편이다. 시편 1편과 함께 19편과 119편도 율법 시편으로 분류되는 시들이다. 이어진 시편 2편은 왕에 관한 묘사와 내용으로 전개되는 특징으로 인하여 '제왕' 시편 혹은 '메시아 시편'으로 분류되기도 한다. 제왕 시편에 속한 시편은 45편과 72편 등이 있으며, 72편은 솔로몬의 시로 알려진 시편이기도 하다.[6] 그런데 왜 이렇게 율법시와 메시아 시편이 150편으로 구성된 시편 전체의 가장 앞에 놓이게 되었을까? 시편은 포로기 이후에 수집된 시들로 구성되어 있다. 포로기 이후 시대에 포로귀환 유다 공동체에서는 유다와 이스라엘 왕국 멸망의 역사를 반성하면서, 하나님의 말씀과 율법의 불순종으로 인한 심판의 예언이 성취되었던 사건으로 왕국의 역사를 재해석하게 되었다. 뼈아픈 경험과 반성의 시대적 분위기는 율법의 전통을 강조하고, 그 가르침을 실천하려는 율법주의의 방향으로 기울게 되었다.

동시에 포로귀환의 대열에 참여했던 당시 유다인은 신앙적 열정과 이상을 가지고 예루살렘으로의 귀환을 선택했던 사람들이었다. 이들은 다윗 왕조의 과거 영광을 회복하고, 모세부터 예언자들에게로 이어졌던 예언의 기대와 염원 속에서 다윗의 후손으로서 '메시아'에 관한 소망을 가슴 깊이 되새겼던 것으로 생각해 볼 수 있다. 정리해 보면, 포로귀환 유다인 공동체

---

6 김진명. "시편 19편에 나타난 하나님의 '창조'와 '구원'과 '율법.'" 『한국기독교신학논총』 108 (2018.04), 5-24.

에서 점점 더 강화되었던 '율법주의 상황'과 다윗 왕조의 회복을 향한 이스라엘 민족의 열망을 반영하는 '메시아' 주제가 연결된 두 개의 특징적인 시편들이 시편 전체의 가장 앞에 나오면서 시편 전체의 서론적인 역할을 하게 되었다고 평가할 수 있다. 한편 시편 전체가 5권으로 구성된 특징도 그당시 시대적인 분위기 속에서 5권으로 이루어진 '율법서'오경의 구조를 반영한 것으로 해석될 수 있다.

왜 시편은 탄원시로 시작해서 찬송시로 끝나는 구조로 구성되어 있을까?

시편의 전체 구조는 개인 탄원시로 시작하여 찬양시로 끝이 난다. 개인 탄원시는 이중 삼분의 일 이상으로 가장 많은 비중을 차지한다. 이는 시편을 "영혼의 해부학"이라 표현하며 인간의 모든 감정과 정서, 영적 상태를 반영한다는 깔뱅의 설명을 떠올리게 한다. 왜냐하면 사람의 인생은 고난과 수고와 슬픔의 경험이 기쁨과 감사보다는 더 많다는 것이 일반적인 깨달음과 현실의 경험이기도 하기 때문이다. 인생을 괴로움의 바다라는 뜻에서 고해苦海로 표현하기도 했던 타종교의 경우만 보아도 시편 가운데 가장 많은 수의 시들이 고난에 관하여 노래하고 있다는 점은 인간의 현실과 영혼의 상태를 잘 비춰주고 있는 특징이라는 설명을 이해할 수 있게 해준다.

시편 가운데 가장 길게 기록된 시편 119편은 8절씩 히브리어 알파벳을 순서대로 반복하면서 두운을 맞춘 특징을 보여주는 토라 주제의 시편으로서, 여기에는 율법에 관한 집중적인 표현과 더불어 인간의 실존에 관한 이해의 내용이 잘 반영되고 있다는 특징을 보여준다. 하나님의 말씀 곧 율법을 향한 방향성을 가진 하나님의 사람은 하나님의 말씀에 관한 확신 가운데서 강함을 경험하기도 하고, 하나님의 말씀과 멀어진 마음으로 자신의 연약함을 경험하기도 하지만 다시금 율법을 지향하며 앞으로 나아갈 수 있는 존재라는 사실을 말해주고 있다.[7]

시편 14편과 53편은 쌍둥이 시편이라고 할 수 있는 시편으로서 각각 야훼^{여호와}와 하나님의 신명을 구분해서 사용한 시편이었다. 시온의 노래로 알려진 시편 84편에서는 예루살렘 성 중앙을 관통했던 "시온의 대로"를 표현하기도 했으며, 시편 48편 2절의 "저 북방에 있는 시온산"이라는 표현은 고대 가나안 신화에서 신들이 모여 회의하는 북방산^{차폰산}의 전승과 이미지를 야훼 신앙의 요소로 재해석했던 흔적도 보여주었다. 왜냐하면 이스라엘 전체 국토에서 시온산은 지리적으로 중부 지역에 위치해 있기 때문이다.

시편 104편 3절의 바람 날개와 구름 수레 등의 표현도 그와 유사하게 폭풍신의 이미지와 흔적을 연상할 수 있는 요소들을 가지고 서술했지만 야훼를 신앙화했던 특징으로 해석되기도 한다^{cf. 시 18:10}. 시편 113편 3절의 "해 돋는 데서부터 해지는 데까지…"라는 표현도 아마르나 문서^{Amarna} 등에서 사용되었던 고대 서아시아 지역 문학과 기록들의 관용적 표현이기도 했다.[8]

지혜문학과 시편에 나타나는 특징들 가운데 하나는 이처럼 이스라엘 전통과 고유의 요소들이 아니었던 자료들을 재해석하고, 받아들여 이스라엘화하여 사용했던 흔적들이 포함되어 있다는 점이다. 이러한 점은 이스라엘의 지혜문학이 발전했던 시기에 자신감을 가지고 관용적 표현과 외부요소들을 받아들여서, 충분히 소화한 후에 재활용했던 것으로 평가할 수 있다. 그 외에 시편 6, 32, 38, 51, 102, 130, 143편은 7개의 회개 시편으로 알

---

7   임성권. "[나의 박사 논문을 말한다] 시편 119편. 살아계신 하나님의 말씀 없이는 살아갈 수 없는 인간에 대한 장엄한 기도." 『기독교사상』 통권 제778호 (2023.10), 145-59.

8   ANET, 272.

려져 있다. 시편 146-150편은 '야훼를 찬양하라'는 뜻의 히브리어 〈할렐루야〉가 문장의 앞과 뒤에 항상 나타나는 '수미상응구조'inclusio를 보여주는 찬양시들로 구성되어 있으며, 탄원시로 시작해서 감사와 찬양으로 끝맺게 되는 시편의 구조와 내용의 흐름은 창세기 1장에서 "저녁이 되며, 아침이 되니, 이는 ~째 날이라"라는 반복된 구문에서 말씀하듯이 히브리인들이 인식했던 시간의 흐름을 보여주고, 인생의 어두움과 밝음이 교차되는 인생사의 경험도 반영해주고 있다. 시편의 큰 흐름과 구성을 보여주는 이러한 특징은 인생 여정의 어둡고 슬픈 때에도, 여전히 찬양과 기쁨의 끝을 희망하며 살아갈 수 있는 신앙적인 인생관을 보여주고 있다는 해석을 가능하게 해준다.

3. 시편은 어떤 뜻을 담은 책일까?

종교개혁자 루터가 "성경 속의 작은 성경"이라고 말하기도 했던 150편의 시편은 정말 많고 다양한 장르와 신학적 주제를 담은 시들로 이루어져 있는 책이다. 이스라엘 역사를 이야기한 시편과 창조의 주제를 노래한 시편시 104과 출애굽과 광야시대의 역사에 관한 시편시 105도 있다. 이스라엘 민족의 멸망시 137과 포로 해방과 귀환의 역사시 126를 담은 시편들과 같은 서사시도 있고, 모세의 시편으로 알려진 시편도 있으며시 90, '나'를 주어로 하는 시와 '우리'를 주어로 하는 다양한 시도 함께 있다. 예수께서 십자가에 못 박히셨을 때 마지막 순간까지도 암송하셨던 "엘리 엘리 라마 사박다니"시 22:1 / 마 27:46라는 구절과 "아버지여 내 영혼을 아버지 손에 부탁하나니다"시 31:5 / 눅 23:46라는 구절 등은 우리에게도 시편으로 기도하고, 시편을 묵상하고, 암송하는 일이 얼마나 중요한 것인가를 깨닫게 해준다.

시편은 기도와 시와 노래였으며, 하나님을 찬양하는 일은 호흡이 있는 모든 생명체의 본분이며시 150:6, 제사와 예배를 받으시고, 감사의 제사로 영광을 받으시는 하나님시 50:14-15은 그 찬송과 찬양 가운데 거하시는 분이며, 거룩하신 분이시라고 시편 22편 3절에서는 가르쳐 주고 있다. 그렇다면 우리는 이러한 시편의 다양한 표현을 종합적으로 파악하면서 하나님은 초월적인 신으로서 하늘에 계신 분이시며시 53:2, 동시에 이스라엘 사람들이 부르는 찬송 가운데 임재하는 분시 22:3이라고 요약해 볼 수 있다. 시편의 하나님 이해의 특징과 내용은 이스라엘 민족을 선택하고 부르셨던 하나님이 인간의 모든 상황을 초월해서 계시는 "하늘의 하나님"스 7:12이시지만, 동시에 그 하나님은 성도들이 겪어왔던 역사와 현실 속에 언제나 함께 계셨고, 이스라엘 사람들의 '찬송 가운데 현현하시는 분'시 22:3이시라고 구약의 본문들이 이야기해 왔던 동일한 분이심을 깨닫게 해준다. 시편은 하나님을 향한 사람들의 찬양과 기도의 책이지만, '할렐루야 시편'이라고 부르기도 하는 146-150편까지의 시편은 찬양이 사람만의 전유물이 아니라, 호흡이 있는 모든 생명체가 함께해야 할 일이라고 표현하고 권면한다시 150. 하나님 찬양의 사역에 모든 생명체를 초청하며, 시편은 그들 모두에게 하나님을 찬양하라는 말씀을 전하고 있다.

『잠언』 - 지혜의 주 하나님

잠언은 '지혜의 왕'으로 알려진 솔로몬을 대표적인 저자로 인정하지만, 그 안에는 이방 나라의 문명과 가르침 속에서도 수집되었던 보편적인 지혜문학의 교훈을 함께 수록하기도 했다. 잠언은 '고대 서아시아ᵍ고대근동' 지역의 보편 학문으로서 '지혜문학'의 범주에 속하지만, 이 모든 교훈과 가르침과 지혜의 내용이 '하나님을 두려워할 줄 안다'라는 뜻의 〈하나님 경외〉라는 신앙적 주제로 연결되었다는 점에서 가장 큰 차별성을 갖는다. 잠언은 〈하나님 경외〉가 지혜의 근본이며, 하나님은 사람의 머리카락과 바다의 모래보다 많은 수의 생각과 지혜를 가지고 계시는 지혜의 주 하나님이심을 선포하는 책이다. 1-9장은 지혜에 관한 교훈이며, 그 가운데 8장은 의인화된 지혜ᵉˢ의 잠언이다. 10장 1절부터 22장 16절은 솔로몬 왕의 잠언이고, 22장 17절부터 24장 34절은 여러 가지 잠언들이며, 25-29장은 히스기야 시대에 편집한 솔로온의 잠언이며, 30-31장은 아굴과 르무엘의 잠언이다.

왕을 잃어버리고,
왕국이 사라지고,
성전이 불타 없어져 버린 시대,
이방 땅 포로 되어 끌려온 유다 백성들,
아버지의 훈계와 어머니의 법을 떠나지 말고,
아들과 딸들에게 계명과 말씀을 간직하라 가르쳤던 가정교육의 흔적들,
이방인에게 빼앗길 재물 대신에 지혜를
타인이 앗아갈 권력 대신에 지식을
음녀의 유혹 대신에 부부의 사랑을
야훼를 두려워할 줄 알고, 악에서 떠나는 것이
지혜와 지식과 명철의 근본임을
고운 것도 거짓되고, 아름다운 것도 헛되기에
여호와를 경외하는 사람 되기를,
지나친 부유함으로 가운데 하나님을 잊지 않아야 하며,
지나친 가난함으로 도적질하고 하나님의 이름을 망령되게 하지 않아야 하기에
과도한 부와 지나친 가난 대신에 일상의 평범함 가운데 신앙과 가정을 지켜가는 길
그것이 지혜임을 잠언은 이야기하고 지혜를 얻으라 소리 내어 외쳤다.
무너진 성전을 재건하며, 잃어버린 땅을 되찾고,
지혜의 왕 메시아를 기다리고 영접하는 길을 말하듯이, 지혜는 마치 사람처럼 외쳤다.
지혜가 제일이니 지혜를 얻으라고 이야기하였다.

《2017 겨울 성지답사 – 그리스 아테네》

1. 「잠언」 – 무엇이 세상에서 가장 귀한 것일까?

"지혜가 제일이니 지혜를 얻으라 네가 얻은 모든 것을 가지고 명철을 얻을지니라." 잠 4:7

지혜의 왕 솔로몬을 묘사했던 그림들 가운데 안드레아스 브루거Andreas Brugger의 이 그림은 1777년에 〈보좌에 앉은 솔로몬〉Solomon at his throne이라는 제목으로 그린 작품이다.[1] 빨강과 노랑과 파랑의 삼원색 요소가 모두 사용되고 천상의 빛과 하얀 구름과 궁정의 화려함이 다양한 색채로 묘사된 그

---

1 Andreas Brugger, 〈Solomon at his throne〉(1777), 그림과 해설 출처: https://commons.wikimedia.org/wiki/File:Wurzach_Pfarrkirche_Decke_Westteil.jpg

림에서 솔로몬 왕의 궁정 회의가 이루어지고 있는 모습을 가장 먼저 확인할 수 있다. 하늘의 세계와 지상의 세계 사이에 놓여 있는 높은 보좌 위에 왕관을 쓰고 있는 솔로몬 왕은 크게 펼쳐 놓은 건물의 설계도를 놓고 다른 사람과 무엇인가에 대하여 의논하고 있으며, 왕궁은 주변의 많은 사람에 의해 둘러싸여 있다. 솔로몬의 보좌 윗부분의 구름 위 천상 세계에도 많은 인물이 함께 표현되어 있는데, 그림의 좌편 위쪽에는 제사장의 관을 쓰고 복장을 한 것으로 보아 아론으로 추정해 볼 수 있고, 그 앞에 십계명 돌판을 들고 있는 인물은 모세로 보인다.

그 곁에서 왕관을 쓰고 하프를 연주하고 있는 인물은 다윗을 묘사한 것이며, 그림의 오른편에 칼을 들고 앉아 있는 사람은 바알과 아세라 선지자 850명과 대결하여 승리하였던 엘리야로 추정해 볼 수 있다. 모세는 율법서를 대표하고, 예언서는 엘리야로 대표될 수 있으며, 다윗왕은 전체적으로는 역사서의 대표적 인물로 평가할 수 있으며, 다윗은 동시에 많은 시편의 저자라는 점에서 시편과 연결 지어 생각해 볼 수도 있다. 이처럼 지상과 천상의 이층 구조에서 위층에 해당하는 구름 위의 영역에는 구약의 전체 역사와 인물들이 묘사되어 있다.

이와 함께 구름 아래의 지상에 있는 솔로몬 왕은 구약의 지혜문학을 대표하며, 잠언과 연결될 수 있다는 점에서 이 그림은 기독교의 구약성경을 구분하는 사분법 전통에 따라서 율법서와 역사서와 지혜문학을 포함하는 시가서와 예언서 전체를 아름답고 화려하며 다채로운 색상으로 묘사한 솔로몬의 왕국과 하늘나라의 연결된 모습으로 보여주고 있다고 설명할 수 있다. 그림에서 궁정 계단의 가장 아래인 동시에 그림의 아랫부분 우측에는 지혜의 왕 솔로몬에게 선물을 가지고 찾아온 한 무리의 사람들 모습도 살펴볼 수 있다. 그런데 열왕기서와 역대기서에서 함께 말해주고 있는 솔로몬 왕의 지혜는 하나님으로 말미암은 것이었다는 사실이다.

왜냐하면 다윗의 뒤를 이어 왕으로 즉위한 솔로몬 왕이 기브온 산당에서 '일천번제'를 드리고 난 후에 솔로몬 왕에게 현현하셨던 하나님이 그에게 원하는 것을 물으셨을 때 솔로몬 왕은 백성을 올바르게 통치할 수 있는 지혜를 구하였다고 전해주고 있기 때문이다. 하나님이 솔로몬 왕에게 주셨던 것은 지혜와 총명과 바닷가의 모래와 같이 넓은 마음이었다고 열왕기상 4장 29절에서는 설명하였고, 3장 9절에서는 "듣는 마음"이라는 뜻의 히브리어 〈레브-쇼메아〉라는 말로 표현하기도 했다. 그러므로 구약성경에서 말하고 있는 지혜는 이성과 지식과 지능의 차원이 아니라 하나님을 향하는 마음의 문제라는 사실을 알 수 있다.

이 지혜는 하나님을 두려워할 줄 아는 마음이라는 차원에서 "여호와를 경외하는 것이 지혜의 근본"이라는 표현과 연결되었고, "거룩하신 자를 아는 것이 명철"이라는 말도 하나님과의 관계성을 표현하는 말과 결합되어 있음을 확인할 수 있다. 구약성경의 지혜문학에 나타난 가장 큰 특징도 종교적 성격과 신앙적인 차원으로 고양되었다는 점에서 고대 서아시아의 다른 지혜문학과 차별성을 갖는 것으로 평가되고 있다. 고대 서아시아 지역의 다른 지혜 문학에서 나타나고 있는 보편적인 지혜문학의 특징은 인생의 희노애락과 고난의 문제를 다루기도 하고, 사람이 인생을 성공적으로 살아가기 위한 처세술과 연관된 격언과 가르침을 포함하고 있다는 점이었다. 그렇지만 구약의 잠언서에서도 고대 서아시아 지역의 지혜문학에서 나타나는 보편적인 특징과 요소들을 공유하고 있는 면도 많았으며, 특히 지혜를 최고의 덕목으로 평가했던 점은 그러한 예 가운데 하나로 볼 수 있다 ^{잠 4:7}. 그러면서도 대부분의 잠언을 가정교육과 결합하여 강조하고, 지혜가 사람처럼 사람을 초청하고 소리를 높이며 활동하는 모습으로 묘사하는 의인화의 특징과 함께 하나님과의 관계성을 가장 중요하게 보았다는 점에서 구약의 지혜문학이 갖추고 있었던 독특한 색을 발견할 수 있다.

2. 『잠언』[2] - 지혜의 주 하나님

"여호와를 경외하는 것이 지식의 근본이거늘 미련한 자는 지혜와 훈계를 멸시하느니라. 내 아들아 네 아비의 훈계를 들으며 네 어미의 법을 떠나지 말라."잠 1:7-8

.... 왜 잠언에서는 〈가정교육〉의 주제가 강조되었던 것일까?

이스라엘 지혜문학의 특징은 보편적 지혜의 주제를 야훼 신앙의 차원으로 승화시킨 것과 지혜 교육을 가정교육의 형태로 연결하여 강조했다는 점으로 요약해 볼 수 있다. 잠언 1장 7-8절의 본문은 이 두 가지 주제를 잘 보여주고 있다. 이스라엘 민족이 주전 722년에 북왕국 이스라엘을 멸망시켰던 앗수르 제국에 의해 포로로 끌려가게 되었고, 사마리아 지역에는 이방민족들을 끌어다 놓게 되었다. 그 후 주전 586년에 남왕국 유다가 바벨론 제국에 의해 멸망당하면서 이스라엘 민족은 3차에 걸쳐 포로로 끌려가게 되었다. 다시 페르시아 제국이 바벨론을 정복하면서 정책의 방향이 많이 바뀌었으며, 포로되었던 민족들을 고향으로 돌려보내고, 대신 총독을 파견하고 각 민족들의 신전을 복원하도록 했던 고레스의 칙령에 따라 이스라엘 민족도 예루살렘으로 돌아와서 성전을 복원하게 되었다. 그런 역사와 흥망성쇠를 경험했던 역사의 당사자들은 포로로 붙잡혀 바벨론 각 지역에 끌려가 생활하는 동안 야훼 종교와 이스라엘 민족의 정체성을 지키기 위하여 고군분투하며 생존하는 길을 찾아야만 했다. 그곳에서 무너진

2   잠언 참고 문헌: 이희학, "잠언에 등장하는 '음녀'와 '이방 계집'의 번역 문제," 『성경원문연구』 제21호 (2007), 7-33; 김정우, "잠언 8장 22-31절에 나타난 지혜의 성격과 창조에 있어서 그의 역할에 대한 번역적 고찰," 『성경원문연구』 제24호 (2009), 7-33; 안근조, "지혜문학 연구의 제방법론," 『구약논단』 18-1 (2012), 34-59; 안근조, "잠언의 의인화된 지혜여성: 그 수사학적 기능과 신학적 의미," 『구약논단』 27-1 (2021), 131-65.

성전과 제사를 대신하는 회당 예배의 전통이 시작되었고, 하나님의 백성 이스라엘의 정체성을 지켜가기 위하여 안식일을 강조하고 할례를 강조하였으며 금식하였고 다니엘과 같은 디아스포라 유대인들은 하루 세 번씩 예루살렘을 향하여 기도하는 전통을 강화시켜 가기도 했다.

그 과정에서 가장 중요한 요소는 무엇이었을까? 왕국이 멸망하여 사라져버렸고, 땅을 상실했으며, 왕도 없는 상황에서 모든 교육과 모든 신앙과 모든 전통은 가정을 통해서 다음 세대에게 전달될 수 있었다. 포로기 이후 시대에 수집되어 현재의 최종 본문 형태로 마무리된 잠언은 부모와 자녀의 관계와 부부의 관계를 전체적으로 강조하였으며, 가정을 파괴할 수 있는 간통의 문제에 관하여 매우 엄하게 경고한 내용들을 어렵지 않게 찾아볼 수 있다. 잠언 31장 10절은 한 남편의 아내로서 현숙한 여인이 여호와를 경외하는 여자라는 결론을 통해서 잠언 마지막 장에서도 아내와 남편의 관계를 중심으로 이루어지는 가정 문제를 부각한 내용도 볼 수 있다. 잠언에서 가족 구성원들과의 관계와 가정의 가치와 윤리를 강조했던 이유들 가운데 하나는 포로기 시대에 중요한 기능과 역할을 했던 가정에 초점을 맞추었던 데 있었을 수 있다. 건강한 가정의 존속을 통하여 이 모든 것이 다음 세대에게 교육되고 전승될 수 있었기 때문이었다는 점을 생각해 보면 잠언서의 이러한 특징을 이해하는 데 도움을 얻을 수 있다. 잠언은 무엇보다도 지혜의 교육을 강조하였다. 1장 1절과 10장 1절과 25장 1절은 솔로몬의 잠언이라는 소개를 통하여 지혜문학을 솔로몬 왕과 밀접하게 연결시켰는데, 25장 1절에서 인상적인 점은 솔로몬의 잠언이 히스기야 왕 때 수집되었다는 설명을 덧붙였다는 점이다.

잠언 8장의 '여성 지혜'는 고대 서아시아의 지혜문학에서 온 것일까?

구약성경의 주변 세계에는 언제나 다신교의 종교와 신화가 있었고, 열방과 이방 민족들은 남신과 여신을 섬기면서 삶을 살아갔다. 그렇다면 그 나라들 속에서 함께 살아갔던 이스라엘 사람들의 지혜문학에도 그런 여신 숭배의 흔적이나 여신과 연관될 만한 요소가 남아 있다고 볼 수 있을까? 잠언 8장에서 나타나는 여성명사 〈호크마〉는 '지혜'를 뜻하며, 마치 사람처럼 지혜가 다른 사람들을 부르고, 초청하며, 말하고, 교훈하기도 한다. 이에 관하여 학자들 가운데서는 이집트에서 '생명'을 상징하는 〈마아트〉와 유사한 것으로 설명하려고 했던 이도 있었고, '여신'의 이미지를 반영하는 주제로 볼 수 있다는 제안을 했던 사람도 있었다.

그러나 이러한 설명은 구약성경 전체 맥락과도 맞지 않는 상상력의 결과였다고 평가할 수 있다. 구약성경 자체에서 '지혜'는 처음부터 여성명사로 나타났고, 인격적인 존재로서 지혜는 하나님의 천지창조의 순간에도 함께 하셨던 존재로 묘사되기도 했다. 여기서 지혜는 신비하게도 하나님의 피조물이 아니라 하나님께서 가지고 계셨던 것이다.

지혜로 세상을 창조하셨다는 묘사는 하나님께서 말씀으로 세상을 창조하시고, 그 말씀이 성육신하신 예수님이었으며, 예수님이 구약에서 지속적으로 예언해 왔던 메시아 곧 그리스도라고 증언한 요한복음 1장의 〈로고스 기독론〉과 밀접하게 연결될 수 있는 특징을 보여주고 있다. 구약성경의 인격화된 지혜의 특징은 신약에서 복음서 가운데 요한복음과 함께 일관된 연속성과 정경 전체의 맥락을 보여주는 고유한 성경적 주제라고 해석해 볼 수 있다.K. Dell 참조.[3]

'범사에 주님을 인정함'^{잠 3:6}과 '하나님을 경외함'^{잠 9:10}의 뜻은 무엇일까?

'범사'는 큰일로부터 작은 일까지 모든 일을 뜻하며, '알다'라는 의미를 가진 히브리어 동사 〈야다〉의 변화형을 번역한 '인정하다'라는 말과 연결된 잠언 3장의 문장은 일상의 삶 속에서 하나님과 인격적인 관계를 생각하고, 인식하면서 살아가라는 말씀으로 이해할 수 있다. 또한 잠언에서 반복적으로 사용된 '경외'는 히브리어 동사 〈야레〉에서 파생된 명사를 번역한 말이며, 본디 '두려워하다' 또는 '무서워하다'라는 뜻을 갖는 말에서 유래된 낱말이다. 하나님의 살아계심을 알고, 하나님은 자비하시고 노하기를 더디 하시는 분이지만, 죄와 악을 심판하시는 무서운 하나님이라는 사실을 올바르게 아는 것에서 지혜가 시작될 수 있음을 잠언은 일관되게 가르쳐 주고 있다. 이러한 잠언의 가르침은 자신을 사랑하는 부모님의 사랑을 알지만, 부모님의 무서움도 아는 자녀들이 부모님 앞에서 함부로 목소리 높여 싸울 수 없고, 공손하게 예의를 갖추어 말하고 행동하듯이, 일상생활 속의 겸손과 예의와 지혜로운 처신도 하나님 경외에서 시작될 수 있는 것이라는 사실을 깨닫게 해준다.

잠언은 어떤 뜻을 담은 책일까?

이스라엘 민족의 통일왕국 시대는 주전 1000년경에 시작되어 사울과 다윗과 솔로몬 왕까지 이어졌다. 제국에 버금갈 정도로 가장 부강했던 이스라엘을 통치한 솔로몬 왕은 열왕기상 4장 29절 이하의 본문에서 지혜의

---

3 Katharine J. Dell, *The Book of Proverbs in Social and Theological Context* (Cambridge: Cambridge University Press, 2006).

왕으로 묘사되어 있다. 솔로몬 왕의 지혜는 동양 모든 사람과 애굽의 모든 지혜보다 뛰어났으며, 그는 잠언 삼천과 노래 천 다섯을 지었다고 기록되어 있다왕상 4:32. 잠언 1장 1절도 다윗의 아들 이스라엘 왕 솔로몬의 잠언이라고 밝혀주었다.

잠언은 25장처럼 솔로몬의 잠언이지만 후대에 히스기야 왕이 통치하던 시대에 왕의 신하들이 편집한 것이라고 서술한 바잠 25:1와 같이 여러 시대에 걸쳐서 수집된 격언들을 편집하여 모아놓은 모음집의 성격을 갖는다. 또한 30장의 아굴의 잠언과 31장의 르무엘 왕의 어머니가 훈계한 잠언과 같이 비이스라엘적인 이름이 연관된 잠언도 구약 안에 포함되어 있다는 점은 구약 지혜문학의 보편성과 고대 서아시아 지역에서 이루어졌던 국제적인 지혜 문학의 상호 교류와 영향의 흔적을 보여주는 요소로 해석될 수 있다. 그러나 또 하나 구약 지혜문학의 특징 가운데 하나는 1장 7절과 9장 10절과 같이 '여호와 경외'라는 신앙적이며 종교적인 차원의 성격과 함께 28장 4절과 9절같이 '율법'을 '지혜'의 주제와 자연스럽게 연결하였던 내용이다. 여기에서 우리는 이스라엘 지혜문학의 관점과 강조점이 단순한 처세술의 범주를 넘어서고 있다는 사실을 확인해 볼 수 있으며, 29장 18절에서도 율법을 지키는 자가 복되다는 표현을 통하여 〈율법〉과 구약의 〈지혜문학〉을 연결한 특징을 찾아볼 수 있다. 그렇다면 이스라엘의 지혜문학이 강조하는 지혜는 결국 하나님의 말씀이라는 주제와 맥을 이어가고 있음을 알 수 있다. 구약의 지혜문학은 하나님 경외와 하나님 말씀 곧 율법과 결합된 특징을 보여주며, 잠언을 통하여 묘사되고, 선포되고 있는 하나님은 결국 하나님의 사람들에게 지혜를 주시고, 지혜로 모든 세상의 창조를 이루셨던 분이시라는 것이며, 하나님은 지혜의 주 하나님이심을 보여주고 있다는 결론에 이를 수 있다.

『전도서』 - 창조자와 심판자로서 주 하나님

전도서의 저자로 알려진 노년의 솔로몬 왕은 하나님을 창조주인 동시에 심판주로 인식하고 선포하였다. 지혜자와 우매자의 죽음이 모두 헛되기에 사람의 지혜도 결국은 헛되다고 말함으로써 전통적이고 보편적인 '지혜문학'의 교훈에 반하는 것처럼 보이지만, 결국은 창조주이시며 심판주이신 하나님을 경외하라는 가르침은 이스라엘 지혜문학의 특징으로서 〈하나님 경외〉의 주제를 더욱 명확하게 드러내 준다. 1-2장까지 인생의 허무함을 이야기한다. 3-6장은 모든 것에는 때가 있다는 교훈과 정치와 경제와 문화와 사회에 걸친 인생의 다양한 주제들을 논하는 내용으로 구성되어 있다. 7-11장은 앞날을 알 수 없는 인생의 여정에 관하여 여러가지로 교훈하지만, 그와 함께 최선을 다해 자신에게 주어진 일을 감당하며 살아가야 한다는 가르침을 전달한다. 전도서 12장은 창조자가 바로 심판자이기 때문에 하나님을 경외하고 하나님의 말씀을 따라 살아야 한다는 이스라엘 지혜 문학의 대전제인 동시에 공통적인 가르침에 이르고 있다.

헛되고,
헛되며, 헛되고,
헛되니 모든 것이 헛되고,
해 아래 새것이 없도다.
모든 것에는 때가 있고,
때를 따라 아름답게 하셨으며,
하나님은 사람에게 영원을 사모하는 마음을 주셨다.
지혜도 헛되고,
부함도 헛되고, 명예도 헛되며,
권력도 헛되니 내 마음대로 살 것이 아니라.
그러므로 생각할 힘이 있을 때 하나님이 나의 창조주이심을 기억하고,
모든 행위와 모든 은밀한 일을 선악간에 심판하실 심판주이심을 기억하라.

《2017 겨울 성지답사 – 텔 여리고》

시가서와 지혜서 · 『전도서』

1. 「전도서」 - '모든 것이 헛되다'

"전도자가 이르되 헛되고 헛되며 헛되고 헛되니 모든 것이 헛되도다."^전
1:2

아스크나지^{Isaak Asknaziy, 1856-1902}의 〈가장 큰 헛됨: 모든 것이 헛되도다〉
^{Vanity of vanities; all is vanity}는 노년의 솔로몬 왕을 그림으로 그렸다.[1] 전도서 전체
의 내용과 느낌을 잘 반영하고 있는 그림이라는 평가를 해볼 수 있다. 황금
빛으로 장식된 궁정의 아름다움과 그 벽면에 기록된 고대 히브리어 서체
가 이곳이 솔로몬 왕의 궁정임을 보여준다. 물론 그 가운데 있는 넓은 보좌
에 양손을 펼치고 앉아 있는 나이 들고 늙은 사람이 바로 솔로몬 왕이다.
그의 앞쪽에서 무엇인가를 경청하고 있는 모습의 젊은이들은 전도서

<hr />

1   Isaak Asknaziy (1856-1902), 〈Vanity of vanities; all is vanity〉(19th century), 그림 출처: https://commons.
     wikimedia.org/wiki/File:Isaak_Asknaziy_02.jpeg

11-12장에서 노인으로서 솔로몬 왕이 청년들에게 훈계하는 내용을 수록한
전도서의 내용을 반영하고 있는 듯하다. 모든 화려함을 다 갖추고 있는 공
간 안에 있으나, 결코 웃을 수 없는 솔로몬 왕의 얼굴을 통해 화가는 무엇
을 말하고 싶었던 것일까? 지혜의 왕으로 알려졌던 솔로몬은 하나님이 주
신 지혜를 활용하여 과학수사기법이나 유전자 검사가 없던 그 시대에 서
로 친엄마임을 주장하는 두 여성 사이에서 친엄마를 가려내기도 하였고^{왕상}
^{3:16-28}, 그의 지혜에 관한 소문을 듣고 찾아왔던 시바 여왕의 방문을 받게
된 일도 있었다^{왕상 10:1-10}. 또한 솔로몬 왕의 잠언에서는 지혜가 제일이니 지
혜를 얻으라고 강력하게 권고하기도 했다^{잠 4:7}. 그러나 노년의 솔로몬은 완
전히 반대말을 하였다. 지혜가 우매함보다는 뛰어난 것이지만, 우매자와
지혜자의 죽음이 같으며^{전 2:16}, 그러므로 결국 다 헛되다는 결론을 이야기
하였다^{2:17}. 전도자는 모든 것의 헛됨을 이야기하고 해 아래 새것이 없음을
선포하였다^{1:2-11}. 모든 것의 '헛됨'이라는 큰 주제를 담은 본문은 3장으로
이어지는데, 3장에서는 모든 것에 때가 있음과 하나님이 모든 것을 지으시
지만 사람이 알 수 없고 하나님은 모든 것을 때를 따라 아름답게 하셨으며,
사람에게는 영원을 사모하는 마음을 주셨다고 교훈한다^{3:1-11}.

그렇지만 모든 사람의 허무한 인생 가운데 '기뻐하며 선을 행하는
것'^{3:12}과 '수고하고 그 수고의 결실을 누리는 것'^{5:18}과 '사랑하는 아내와 함
께 즐거워하며 사는 것'^{9:9}이 하나님께서 주신 복이라는 사실을 알려주었
다. 전도서의 이 모든 주제도 '하나님 경외'의 주제로 연결되었다^{7:18}. 그러
므로 전도서는 노년의 솔로몬 왕을 통하여 '하나님 경외'라는 구약 지혜문
학의 동일한 주제를 전달하지만, 이 세상과 인생 가운데서 지혜마저도 헛
된 것이라는 처절한 깨달음 뒤에도 그 결론은 유효함을 역설적인 논리로
이야기해주었음을 확인할 수 있다. 인생의 허무한 날들은 모든 사람에게
주어진 것이지만, 그 속에 마치 밭에 감추어진 보화처럼, 하나님의 복은 착

한 일을 행하며, 가족을 사랑하고, 수고한 결실을 누리는 '일상의 작지만 소중한 행복'이라는 사실을 다시금 전도서는 교훈해 주었다^{전 9:9-10}.² 그러므로 전도서 1장의 허무주의는 공허한 결론이 아니라 오히려 일상의 작은 행복을 소중히 여기며 살아갈 이유를 가르치는 지혜로운 교훈의 서문과 같은 역할을 한다. 또한 허무한 인생의 포기와 절망이 아니라 일상의 수고와 작고 소중한 행복을 찾기 위한 노력이 가치 있는 일이라는 사실을 죽음 이후 세계에서 아무것도 할 수 없다는 사실을 일깨워줌으로써 역설적으로 강조해주고 있다는 사실도 알 수 있다. 전도자는 "해 아래서"^{9:13} 경험했던 자신의 현실 경험을 바탕으로 다른 이들에게 교훈하였다. 고대 이스라엘의 지혜문학 가운데서도 현실적이며, 역설적인 가르침과 논리의 전개 방법을 보여주는 책이라고 할 수 있다.

2. 「전도서」³ – 창조자와 심판자로서 주 하나님

"너는 청년의 때에 너의 창조주를 기억하라 곧 곤고한 날이 이르기 전에, 나는 아무 낙이 없다고 할 해들이 가깝기 전에, 해와 빛과 달과 별들이 어둡기 전에, 비 뒤에 구름이 다시 일어나기 전에 그리하라."^{전 12:1-2} … "일의 결국을 다 들었으니 하나님을 경외하고 그의 명령들을 지킬지어다 이것이 모든 사람의 본분이니라. 하나님은 모든 행위와 모든 은밀한 일을

---

2 "네 헛된 평생의 모든 날 곧 하나님이 해 아래서 네게 주신 모든 헛된 날에 네가 사랑하는 아내와 함께 즐겁게 살지어다 그것이 네가 평생에 해 아래서 수고하고 얻은 네 몫이니라. 네 손이 일을 얻는 대로 힘을 다하여 할지어다. 네가 장차 들어갈 스올에는 일도 없고 계획도 없고 지식도 없고 지혜도 없음이니라."(전 9:9-10)

3 전도서 참고 문헌: 배정훈, "전도서에 나타난 잠정적인 지혜," 「구약논단」 17-4 (2011), 10-32; 김순영, "전도서의 일상과 노동의 관점," 「성경원문연구」 제42호 (2018), 22-44; 김순영, "모호한 이름 코헬렛의 정체성 탐색," 「구약논단」 제24권 제4호 (2018), 94-124; 김창대, "전도서에서 헤벨과 신중한 삶," 「장신논단」 50-5 (2018), 39-66.

선악 간에 심판하시리라."12:13-14

.... 허무한 세상을 내 마음대로 살아도 될까?

전도서는 하나님을 창조자와 심판자로 12장의 첫 줄과 마지막 줄 문장에서 이야기해주었다. 노년의 솔로몬은 지혜마저도 허무한 것이라는 도발적인 발언을 통하여 기존의 모든 지혜문학이 말하는 교훈의 핵심마저도 부정함으로써 사람들을 당황스럽게 만들었다. 그러나 그러한 지혜의 허무함에 관한 교훈은 구약 지혜문학의 결론이 아니었으며, 결국 솔로몬 왕이 말하려고 했던 바는 이 허무한 인생 가운데서 소중히 여겨야 하는 일상의 중요한 가치들이 무엇인가를 말해주는 단계를 지나서 '하나님 경외의 주제'를 가르치는 데까지 나아간다7:18. 이렇게 역설적이며, 파격적인 논리 전개의 방식이나 역설적인 교훈의 방법은 솔로몬 왕이 기존의 현자들과 달리 남다른 독창성과 비범한 지혜를 가졌던 인물이었다는 사실을 다시금 상기시켜주는 특징으로 해석해 볼 수 있다. 어떤 면에서는 솔로몬 왕의 유언처럼도 보이는 전도서는 지혜문학이 교육의 대상으로 삼았던 이들이 누구인가를 본문 안에서 가르쳐 주었다. 11장 9절에서는 청년들에게 자기의 눈과 마음에 원하는 것과 즐길 수 있는 것을 즐기라는 권면을 하는 듯이 보이지만 마지막 문장에서 "그러나 하나님이 이 모든 일로 인하여 너를 심판하실 줄 알라"고 말함으로써 청년들이 마음 가는 데로 혹은 몸이 가는 데로 따라가며 함부로 살아서는 안 된다는 경고를 매우 강력하게 전해주었다.

전도서 2장 13절에서는 "지혜"의 뛰어남을 빛과 어두움의 대조만큼이나 분명한 것이라고 말했다. 그러나 잠시 후에 16절에서는 지혜자의 죽음과 어리석은 자의 죽음이 같은 것이라고 말한다. 결국 지혜도 헛되다고 말한 것이다[2:17]. 전도서 3장에서는 '하늘 아래'〈타하트 핫샤마임〉[전 3:1] 모든 것에 때가 있다고 말하면서, 대조법을 사용하여 날 때와 죽을 때, 울 때와 웃을 때, 사랑할 때와 미워할 때…를 말한다. 그런데 때〈에트〉와 기회 또는 우연〈페가으〉도 모든 사람에게 임한다는 것이다.

전도서는 사람이 수고함으로 기쁨을 경험하는 것은 '하나님의 선물'이라고 말하고[전 3:12], 또 사랑하는 아내와 인생의 기쁨을 경험하면서 살라고 명령하기도 하면서, 그것이 인생에서 수고한 "너의 몫"[개역: 분복]이라고 말했지만[전 9:9], 다시 결론적으로 '해 아래'〈타하트 핫샤메쉬〉 모든 것이 처음부터 끝까지 헛되고[1:2, 12:8], 다 피곤한 것[1:8, 12:12]이라고 말하였다. 이렇게 전도서에는 계속해서 나오는 서로 다른 이야기들이 있다. 이 모든 것은 그렇다면 모두 논리적 〈모순〉이고 〈오류〉일까? 혹은 저자의 다름과 자료의 다름을 말해야 하는 특징들일까? 이렇게 말하는 전도서의 저자인 전도자는 과연 무엇인가를 경험해서 알고 말하는 경험론자일까? 아니면 그저 허무하다고 미리 결론을 내리고 자신도 경험하지 못한 것을 말하고 있는 관념론자일까? 그러나 이 자체가 전도자가 경험했던 〈현실〉 그 자체일 수 있다. 전도서 3장 11절과 8장 17절에서는 서로 반대되는 이런 일들을 통해 하나님께서 하시는 일을 사람들이 알 수 없도록 하셨다는 반복된 결론을 제시하였다. 전도자가 이 말을 했다가 다시 저 말을 하는 것처럼 보이는 그런 일들이 이 세상 속에서는 실재하고 있다는 깨달음을 말해주는 전도서는 이 세상 모든 일들 속에서 질서와 법칙과 구분으로 모든 것을 설명하려는 이들에게 '인과응보'의 원리만으로 세상은 다 설명되지 않으며, 인과응보의 원리를 초월하는 현실도 있을 수 있고, 꼭 그래야만 할 것 같지만, 그렇지 않을 수 있음을 말해주고 있다.

사람은 어디서 와서 어디로 가는 것일까?

전도서는 사람도 짐승도 다 흙에서 와서 흙으로 돌아간다고 말했다^{전 3:19-20}, 또 사람은 죽으면 〈스올〉에 들어간다^{9:10}고 말하기도 했다. 하지만 전도서는 또 다른 설명을 한다. 사람의 영〈루아흐〉은 위로 올라가고 동물의 혼〈루아흐〉는 아래^땅로 내려간다는 전도서 3장의 상징적인 표현^{전 3:21}은 12장에서 보다 구체적으로 기술되었다. 흙은 땅으로 돌아가고 영〈루아흐〉은 그것을 주신 하나님께로 돌아간다^{전 12:7}는 이 본문은 마치 창세기 16장 8절에서 하갈에게 건네셨던 하나님의 질문을 기억했다가 전도자가 대답하는 듯하다. "네가 어디서 왔으며 어디로 가느냐?"라는 하나님의 물음에 하갈은 단순하게 물리적인 이동에 관하여 답하였고, 대화는 그러한 상황에서 종결되었다. 하갈이 여주인 사래를 피하여 도망한다고 여호와의 사자에게 대답했고, 그는 하갈에게 여주인에게로 다시 돌아가서 복종하라고 이야기해주었다^{창 16:8-9}. 하지만 전도서는 더 근본적이며 영적인 차원의 대답을 제시한다.

사람의 영은 하나님으로부터 왔고, 다시 하나님께로 돌아간다는 것이다^{12:7}. 마치 창세기 2장 7절에서 하나님이 사람을 창조하실 때 그의 코에 생기〈니슈마트 하임〉를 불어넣었다고 묘사했으며, "생기"로 번역된 히브리어 낱말은 '호흡'을 뜻하는 〈네샤마〉와 '살아 있음' 또는 '생명' 뜻하는 복수형 낱말인 〈하임〉이 결합된 합성어가 사용되었던 문장의 메아리를 느낄 수 있다. 전도서 12장 7절에서 흙은 땅으로 돌아간다는 문장에서 사용

시가서와 지혜서 · 『전도서』
283

한 히브리어 〈아파르〉도 흙으로 번역된 말이며, 창세기 2장 7절에서 사람을 창조할 때 사용된 '흙'과 동일한 낱말이기도 했다. 창세기 3장 19절에서는 흙을 뜻하는 〈아파르〉와 〈아다마〉를 함께 사용하여, 사람이 흙에서 와서 흙으로 돌아간다고 표현하였다. 그러므로 사람의 영〈루아흐〉을 주신 분이 하나님이시고, 사람의 영은 다시 하나님께로 돌아간다는 표현을 사용했던 전도서 12장 본문에서 우리는 구약 인간 이해의 신학적인 내용을 살펴볼 수 있다. 구약성경에는 사람의 질료가 흙〈아파르〉이지만 하나님으로 말미암은 호흡〈네샤마〉을 가진 존재이기에, 흙으로 지어졌던 사람〈아담〉은 호흡이 끊어지면 다시 흙〈아파르〉으로 돌아간다는 창세기 2장과 3장[3:19]의 표현과 함께 전도서 12장처럼 영적인 존재로서 여전히 신비한 차원을 간직한 인간에 관한 신학적 이해와 표현이 있다는 사실을 분명하게 확인해 볼 수 있다.[4]

전도자는 개인주의자인가 아니면 공리주의자인가?

개인주의와 이기주의는 각자가 개인의 중요성을 강조하지만, 공리주의는 개인의 행복도 다수가 행복할 수 있을 때 의미를 가질 수 있다고 보았다. 그렇다면 전도서의 저자는 개인의 중요성을 강조한다는 점에서 개인주의자에 더 가깝다고 생각할 수 있다. 하지만 전도서 12장 13절에서는 하나님 경외의 주제를 "모든 사람"의 본분이라고 설명함으로써 인류 전체를 향한 메시지와 과감하게 결합시키기도 했다.

전도서 1장 2절의 '헛되다'라는 주제를 담은 본문은 12장 8절에서 다시 등장하여 인생의 허무하고 헛된 운명의 굴레를 말해주었다. 그렇지만

---

[4]   시편 104편 29절과 146편 4절에서도 하나님이 호흡을 거두어가시면, 사람은 흙으로 돌아간다고 기록했으며, 욥기 34장 15절도 사람은 흙〈아파르〉으로 돌아간다는 표현을 사용하였다.

일의 결국을 다 들은 사람에게 이제 필요한 것은 하나님 경외이며 "명령"으로 표현된 하나님의 말씀을 지키며 살아야 한다는 구약 지혜 문학의 공통된 가르침으로서 하나님 말씀과 하나님 경외의 두 가지 주제를 함께 제시하였다전 12:13. 그런데 전도서는 또 한 번 논리 전개의 과정에서 '창조주' 하나님이 결국 이 모든 행위와 은밀한 일까지 전부를 심판하실 '심판주' 하나님이라는 사실을 언급함으로써, '창조와 심판'의 주제를 연결하고, '태초와 종말'의 주제를 연결하는 '비약'을 보여주었다.

전도서 12장에는 이 세상의 종말에 관한 묘사도 나오며12:2-5, 동시에 인생의 마지막으로서 개인의 죽음에 관한 서술도 함께 표현되어 있다12:5-8. 이 세상의 멸망과 끝도 중요한 주제이지만, 개인의 죽음과 인생의 끝도 함께 중요하다전 12:2, 5-6. 하나님은 우주와 세상 모든 것의 창조주이시지만 동시에 "너의 창조자"이시기도 하다전 12:1. 또한 "너를" 심판하실 분이라는 사실도 알아야 한다. 그렇다면 이 세상의 우주적 창조와 종말의 사건과 함께 각 개인의 창조와 종말로서 죽음을 전도서는 함께 이야기하는 책이라고 평가할 수 있다. 개인주의와 공리주의의 문제도 전도서에서는 공존하고 있다고 말할 수 있을 것이다.

전도서는 이처럼 논리적이고 순차적인 논리 전개와 함께 이야기 서술 방식과 틀에서 과감하게 벗어나는 서술 방식을 통해서, 전도서를 읽거나 듣는 이들에게 정신적인 해방감을 경험할 수 있도록 해준다. 그러나 동시에 그런 논리적 틀 안에서도 하나의 메시지를 보게 한다. 구약의 하나님 곧 이스라엘 민족이 믿는 하나님은 창조자이며 동시에 심판자이신 주 하나님이라는 사실을 기억하라는 수사적 표현을 통해서 너무도 선명하고 또렷하게 말해주었다.

.... **사람은 누구나 '피곤한 삶'을 살아간다는 것이 인생의 전부일까?**

    다음의 그림은 구스타브 도레가 〈노년의 솔로몬〉이라는 제목으로 1866년에 제작했던 작품이다.[5] 아이작 아스크나지의 작품에서는 주변에서 늙은 솔로몬 왕의 말을 경청하는 청년들을 묘사했다. 그런데 이와는 다르게 구스타브 도레는 그림 속 인물의 주변에 흩어져 있는 기록지들을 통해서 솔로몬 왕이 다음 세대를 교육하고 내용을 전달하는 방법으로 "기록"을 활용한 것으로 묘사해 주었다. 그런데 여러 책을 쓰는 것과 공부하는 것은

5   Gustave Doré (1832-1883), 〈King Solomon in Old Age〉(1866), 그림 출처: https://en.m.wikipedia.org/wiki/File:087.King_Solomon_in_Old_Age.jpg

구약을 그리다

피곤한 일^{전 12:12, cf. 1:8}이라고 솔로몬 자신이 말하기는 했지만, 동시에 솔로몬 자신=^{전도자, 1:1}이 전도서를 기록하였다는 사실은 지혜와 지식이 지혜자 자신만을 위한 목적이 아니라 다음 세대의 교육을 위해 자신의 수고로움을 감내했던 일일 수 있다. 누군가 다른 사람을 위한 일을 한다는 것은 자기 자신을 소모하고, 사용하여, 그 일에 자신을 헌신하는 것이다.

자신의 재능은 있으나, 마지못해 일하는 사람도 있고, 열정과 마음을 담아 일하는 사람도 있고, 그 일이 좋아서 자신과 남을 위해 일하는 사람도 있다. 그 가운데는 모든 것을 담아서 그 일을 하나님이 불러서 자신을 선택하여 맡겨 주신 것으로 믿고, 소명으로 생각하면서 일하는 사람도 있다. 칼뱅이 말했다고 알려진 '직업소명설'에 해당하는 것은 사람 앞에서가 아니라 하나님 앞에서 그 일을 감당하는 마지막 경우라고 할 수 있다. 신약의 본문들 가운데서는 "무슨 일을 하든지 마음을 다하여 주께 하듯 하고 사람에게 하듯 하지 말라"라는 골로새서 3장 23절의 말씀을 이 경우에 적용해 볼 수 있다. 본회퍼 목사님은 예수 그리스도를 '타자를 위한 존재'라고 보았고, 예수를 믿고 따르는 그리스도인도 '타자를 위한 존재'로 살아가야 한다는 교훈을 했다. '너희는 세상의 소금이다' 혹은 '너희는 세상의 빛이다'라고 말씀하셨던 예수님의 말씀과 같이 살아가려고 하는 사람은, 결국 '빛과 소금'도 자신을 소모함으로써 세상 속에서 제 역할을 하는 것처럼, 그리스도인으로서 '무엇을 위해 자기 자신을 부인하고, 자기 십자가를 지고, 예수 그리스도를 따라갈 것인가?'라는 질문을 일상의 삶의 현장에서 항상 묻고 대답하면서 분별하고 결단하며 살아가야 한다는 결론에 이를 수 있다.

3. 전도서는 어떤 뜻을 담은 책일까?

전도서는 이스라엘의 절기와 관련된 다섯 두루마리 성경^{메길로트} 가운데 일년 동안 가장 풍요로운 절기인 장막절에 낭송하도록 하는 책이었다. 전도서를 모든 과일과 곡식 추수까지 끝나는 장막절에 읽고 경청하며 묵상하게 했다는 사실은 예수께서 어리석은 부자의 비유를 통하여 소유의 넉넉함에 마음을 두지 말고 오직 하나님을 향한 마음을 잃지 않고 살아가도록 교훈하셨던 것처럼 구약의 방식으로 동일한 교훈과 지혜를 얻게 하는 방법이었다고 할 수 있다.

다시 말한다면, 예수께서 제자들에게 해주셨던 말씀처럼 '어리석은 부자'의 잘못과 같은 동일한 어리석음을 반복하며 살지 말라고 가르쳐 주는 예방주사와도 같은 구약의 말씀이었다는 생각도 든다. 또한 창조자와 심판자를 기억하면서, 인생의 젊은 날을 살아가야 한다는 전도서 11-12장의 전도서 결론부의 권면과 교훈은 젊은이들로 이루어진 다음 세대가 하나님을 믿는 '야훼 신앙'을 잘 지키며 살아야 한다는 종교적 가르침을 교육하고 전달해주고 있다는 점에서는 구약시대 종교교육의 지혜를 담고 있는 책이라는 할 수 있다.

동시에 이 결론적 가르침은 청년들을 포함하여, 인생의 여정을 살아가고 있는 모든 세대에 속한 하나님의 사람들을 위한 하나님의 말씀과 교육의 내용이었다. 왜냐하면 모든 사람에게는 죽음을 통해 각자가 맞이하는 개인적 종말의 경험도 있기 때문이다. 하나님의 불가해성에 관한 독특한 신학적 사고와 모순성이 실재하는 현실 자체의 깨달음과 인생의 허무함에 관한 경험주의적인 체험적 교훈과 함께 전도서는 인생과 죽음의 영적인 차원에 관하여 이야기하는 내용도 찾아볼 수 있다. 전도서는 인생과 사람에 관한 세속적인 지혜문학과는 다른 차원의 신학적이며 영적인 교훈과 깨달음을 간직하고 있는 종교적 지혜문학의 성격을 갖는 경전으로서, '하나님 이해' 없는 '사람 이해'가 가능하지 않다는 사실을 분명하게 강조하고 제시하는 책이라고 말할 수 있다.

『아가서』 - 사랑과 결혼의 주 하나님

아가서는 '결혼'을 중심의 주제로 삼고 있는 사랑의 노래이다. 히 브리어 제목인 〈쉬르 하쉬림〉은 '세상의 모든 노래 가운데 가장 아름다운 노래'를 뜻하는 말이며, 최상급을 나타내는 관용적 표 현이기도 하다. 창세기 1-2장에서는 하나님께서 처음으로 사람 들을 위해 만들어 주셨던 두 가지 제도를 '안식일'의 전통과 '결 혼'이었다고 이야기해 주었다. 아가서는 하나님을 믿는 신앙 안 에서의 결혼과 사랑의 아름다움을 노래하는 책이다. 그러므로 하나님은 사랑과 결혼의 주권자이시다. 예수님은 하나님이 짝지 어 주신 것을 사람이 나눌 수 없다고 해석하시고 말씀하셨다^마 ^{19:6-8}. 1-3장 5절까지는 솔로몬 왕과 술람미 여인의 사랑 이야기 가 시와 노래의 문학적 형식으로 표현되었고, 3장 6-11절은 솔 로몬 왕과 술람미 여인의 결혼 예식을 묘사해 주었다. 이 내용은 고대 이스라엘 사람들의 전통적인 혼례가 밤에 이루어졌던 배경 을 그대로 보여주고 있다. 4-8장까지는 매우 다양한 형태로 신랑 의 노래와 신부의 노래와 친구들의 노래를 표현했던 여러 가지 본문들이 수록되어 있다.

나의 완전한 자는 하나라고 스스로 고백하는 이는
이것이 사랑일까? 누구에게도 더는 묻지 않는다.
사랑은 죽음같이 강하고, 질투는 여호와의 불과 같기에
사랑을 모르는 사람은
죽음도 알 수 없고, 삶마저도 알지 못한다.

사랑을 모르고, 하나님을 알지 못하는 이는
인생을 살아도
사람답게 산다는 것이
무엇인지 모르기에,
일상의 아름다움이
숨겨진 보물찾기와 같음을
깨닫지 못하고 살아간다.
가슴 속 불같은 뜨거움 잃어버린 채,
처음 사랑 어딘가에서 떨어뜨려 버린 이의
차지도 덥지도 않은 심장 가지고,
어제와 같은 오늘과 오늘 같은 내일을 그저 똑같이 맞이한다.

《2017 겨울 성지답사 - 이스라엘 광야 돌풀》

1. 『아가서』 - '검다 그러나 아름답다'라는 본문은
어떻게 해석해야 할까?

"예루살렘 딸들아 내가 비록 검으나 아름다우니 게달의 장막 같을지라도 솔로몬의 휘장과도 같구나."아 1:5

『아가서』라는 제목의 이 그림은 1893년에 귀스타브 모로Gustave Moreau가 수채화로 그렸던 그림이다.[1] 아가서 1장 1절은 "솔로몬의 아가라"라는 구절로 시작되었다. 히브리어 제목인 〈쉬르 하쉬림〉은 같은 낱말의 단수형과 복수형을 나란히 배열하여서 최상급을 나타내는 히브리 문학의 관용적 표현이며, 문자적 의미는 〈노래들 중의 노래〉라는 말이다. '세상에서 가장 아름다운 노래'라는 뜻풀이를 할 수 있다. 그런데 귀스타브 모로는 이 책의 이름을 자신의 그림 제목으로 활용하였으며, 그림에는 이처럼 화려한 장식의 옷을 걸치고 있는 한 여성을 매우 신비스럽게 느껴지는 화려한

---

1   Gustave Moreau (1826-1898), 〈Song of Songs (Cantique des Cantiques)〉(1893), 387×208mm, Ohara Museum of Art. 그림과 해설 출처: https://commons.wikimedia.org/wiki/File:Gustave_Moreau_-_Song_of_Songs_(Cantique_des_Cantiques)_-_Google_Art_Project.jpg

색채의 주변 환경과 어울리게 묘사해 주었다. 건물 기둥의 고급스러운 장식과 반듯한 계단의 모습과 달빛을 받은 주변 건축물들의 푸른 빛 감도는 고풍스러운 모습들은 모든 것을 매력적이고 아름답게 느껴지도록 해주고 있다. 그림 속 이 여성은 아가서에서 솔로몬 왕의 신부로 나타나는 술람미 여인일 수도 있다[아 6:14]. 1장 5절의 '나는 검다' 그러나 '아름답다'는 구절은 술람미 여인의 말일 수 있지만, 이 문장 자체는 유대인들의 미드라쉬적 해석 전통과 전승 가운데서 매우 역설적인 관계를 표현하는 아가서의 신학적 진술이라고 설명하는 해석도 있다. 그 가운데서 검다는 것은 일반적으로 부정적인 것을 묘사하는 데 사용되는 색이었지만, 아름답다고 표현할 수 있는 것은 그 대상이 가지고 있는 양극적인 의미를 보여주기 때문이라는 내용의 설명도 만나볼 수 있다.

예를 들자면, 율법은 어렵기 때문에 검지만 동시에 율법은 하나님의 말씀이기 때문에 아름답다고 말할 수 있다는 설명이 그러한 해석의 구체적인 사례에 해당할 수 있다. 아가서는 본래 남성과 여성의 '사랑의 노래'이며, 본문 안에서는 솔로몬 왕과 술람미 여인의 관계 속에서 주고받는 대화와 친구들과의 이야기로 구성되어 있다. 아가서 1장 5절에서 술람미 여인의 피부색이 검다는 표현의 이유는 본문 안에서 너무도 단순하다. 술람미 여인이 포도원에서 일하며 생활하였기 때문에 햇볕에 그을려 거무스름하게 되었다는 것이다[아 1:5-6]. 아가서에서 노래하는 사랑의 노래는 육체적인 아름다움과 연인 사이의 감정도 매우 구체적으로 묘사해 주고 있지만, 전체적인 내용은 3장의 5-11절까지의 결혼식을 배경으로 하고 있으며, 그러한 점에서 아가서의 사랑 노래는 신랑과 신부의 노래로 해석되는 것이 적절하다고 할 수 있다.

그러한 배경 속에서 아가서 4장 4절의 "네 목은 무기를 두려고 건축한 다윗의 망대 곧 방패 천 개, 용사의 모든 방패가 달린 망대 같고"라는 본문과 7장 4절의 "목은 상아 망대 같구나 눈은 헤스본 바드랍빔 문 곁에 있는 연못 같고 코는 다메섹을 향한 레바논 망대 같구나"라는 본문과 8장 10절의 "나는 성벽이요 내 유방은 망대 같으니 그러므로 나는 그가 보기에 화평을 얻은 자 같구나"라고 기록했던 본문들의 표현과 뜻을 해석해 볼 수 있다. 신랑과 신부로서 부부관계는 모든 외부인에게 무조건 개방적인 관계가 될 수 없고, 아내와 남편의 관계는 다른 이성과의 관계에서도 경계선 없는 무조건적 관용의 관계가 성립될 수 없는 배타적 관계이다. 그런데 전쟁을 대비하는 망루와 성벽과 성채와 성문도 모든 사람에게 개방적일 수는 없다. 평화 시에는 성문을 열어 놓을 수 있으나, 적으로부터 백성을 보호하기 위한 목적에 부합하는 폐쇄성이 있어야 한다는 면에서 둘 사이의 유사한 점들을 비교해 볼 수 있다. 아가서는 이러한 배경 속에서 여성의 아름다움을 성벽과 성채와 전쟁 망대로 연결하는 직유법을 문학적 장치로 사용하여서, 신랑과 신부의 부부관계에서 지켜가야 하는 덕목들을 위한 배타성의 특징을 그렇게 표현하였다.

　귀스타브 모로는 초현실주의적인 느낌의 구도와 색채와 느낌의 방법들을 사용하여, '거무스름한 피부색'의 한 여성을 그림으로 표현하였고, 사랑의 노래를 부르는 술람미 여인의 모습일 수도 있는 한 인물을 묘사했던 그림에 '세상에서 가장 아름다운 노래'라는 뜻의 『아가서』라는 제목을 붙였다. 이 그림은 그 제목과 함께, 마치 아가서 1장 2절의 "검다 그러나 아름답다"라는 뜻의 문장처럼, 아가서의 매력과 아름다움을 느낄 수 있도록 해주는 동시에 두 요소가 하나의 협력관계corlabo를 이루면서, 그림으로서 『아가서』를 보는 이들과 구약책으로서 『아가서』를 읽는 이들 모두에게 무한한 상상력의 동기를 제공해주고 있다.

2. 『아가서』[2] – 사랑과 결혼의 주 하나님

"너는 나를 도장 같이 마음에 품고 도장 같이 팔에 두라

사랑은 죽음 같이 강하고 질투는 스올 같이 잔인하며

불길 같이 일어나니 그 기세가 여호와의 불과 같으니라."[아 8:6]

········ 아가서에는 '하나님의 이름'이 어떻게 기록되어 있을까?

에스더서는 한 번도 '신명'이 사용되지 않았던 특징을 보여주는데, 아가서도 '신명' 사용의 문제에 있어서는 그에 못지않은 특이점을 보여주는 책이라고 할 수 있다. 아가서에서 유일하게 한번 '신명'[神名, Tetragrammaton]이 사용된 경우는 8장 6절의 "여호와의 불"[개역개정]이라는 낱말이었다. 그런데 이 표현은 히브리어에서 최상급을 나타내는 일종의 관용법으로 볼 수도 있다. 예를 들어, '하나님의 산'이라는 표현은 말 그대로 하나님의 산으로 알려진 호렙산 혹은 시내산을 표현하는 말일 수도 있지만 '신명+명사'의 형태로서 가장 높은 혹은 아주 높은 산을 뜻하는 언어적 표현일 수 있다.

그러므로 "여호와의 불"은 매우 격렬한 불 혹은 아주 강한 불이라는 번역이나 해석이 가능한 말이다. 또한 이 단어를 하나의 낱말로 볼 경우에도 그러한 해석은 가능하다. 몇몇 영어 번역 성경에서는 "a mighty flame"[NIV], "a most vehement flame"[KJV]라고 번역하기도 했으며, 한글 번역 성경 가운데 〈공동번역성경〉에서 "어떤 불길이 그보다 거세리오"라고

---

2   아가서 참고 문헌: 김지찬, "아가서의 문예적 독특성과 신학적 메시지," 『신학지남』 74-3 (2007), 121-62: 강승일, 『성경전서 개역개정판』 아가 번역의 개정을 위한 주석적 제안," 『구약논단』 16-4 (2010), 93-113: 이유미, "아가의 반전(反轉)의 신학," 『구약논단』 20-2 (2014), 156-85: 안근조, "아가서의 정경성과 신학," 『신학연구』 제73호 (2018.12), 109-36: 이일례, "고난받는 자에게 미치는 사회적 관계성(Social Relationship)," 『구약논단』 22-4 (2016), 102-28.

번역하였다. 그렇다면 이런 경우에는 아가서에서도 문자적으로 '하나님의 이름'이 나타나지 않는 특징을 확인할 수 있다는 결론에 이를 수밖에 없다.

하지만 이에 해당하는 히브리어 낱말은 〈샬르해배트야〉이며, 이 낱말의 문법적 분석에 따라서는 그 번역이 달라질 수도 있다^{BHS 비평장치의 제안 확인}. 이 낱말의 어미 부분을 '신명의 약어 형태'가 결합된 것으로 보는 경우(여호와의 불)와 낱말 전체를 한 단어로 보거나 관용적 표현법으로 보는 경우(강한 불)의 두 가지 해석이 가능할 수 있다.

.... 아가서의 사랑은 불장난 같은 연애의 감정일까?
아니면 신앙적 결단이 필요한 현실 속 결혼의 실재일까?

아가서는 생각보다 복잡한 구조를 가지고 있다. 그래서 단락을 명확하게 구분하는 데 어려움이 있으며, 이러한 이유로 아가서를 주석하는 책마다 서로 다르게 단락 나누기를 제시하는 모습들을 볼 수 있다. 아가서는 구약성경 안에 수록된 '연애편지'일 수도 있고, '사랑의 노래'를 모아서 구성한 책일 수도 있다. 구약성경과 유대교 전통에서 절기에 낭송하는 책들을 모아놓은 '다섯 두루마리' 성경 가운데 유월절과 연관된 아가서는 전통적으로 하나님과 이스라엘의 관계로 해석되었고, 기독교에서는 예수 그리스도와 교회의 관계로 해석되었던 책이기도 하다. 아가서에서 노래한 남자와 여자의 사랑은 결혼을 배경으로 하였으며, 부부관계 혹은 신랑과 신부의 관계 안에서 이야기되었다. 또한 아가서 8장 6절의 '사랑과 죽음'과 '질투와 스올'은 직유법을 통해서 서로 연결된 주제들로 언급되었으며, 죽음과 스올이 사람 스스로 통제할 수 있는 대상이 아니듯이, 사랑과 질투도 사람의 마음속에 일어나지만, 사람의 통제를 넘어서 "여호와의 불"과 같이 그 대상을 집어삼킬 수 있는 위험성도 가지고 있는 것임을 말해주었다.

그러므로 아가서의 성적인 주제와 육체적인 아름다움의 문제를 포함하는 모든 내용이 결혼의 울타리 안에서 이야기되고 있듯이, 사랑과 질투의 문제는 하나님과의 관계 안에서 절제와 균형감을 잃지 않도록 다루어져야 하는 주제들이라고 할 수 있다. 구약성경에서 결혼의 주제에 관하여는 창세기 2장에서 처음 하나님이 남자와 여자의 만남을 인도하셨고[2:22], 결혼을 제정하셨다고 이야기해주었다[2:24]. 말라기 2장 14-15절에서는 하나님이 친히 결혼의 증인이 되셨다고 말하고, 남편과 아내에게 서로 한 사람을 배우자로 허락하신 것은 경건한 자손을 얻기 위함이었다는 결혼제도와 가정을 위한 하나님의 본래 뜻도 밝혀주고 있다. 예수님은 마음의 완악함으로 인해서 모세율법가 이혼을 허락했으나, 음행의 이유를 제외한 경우의 이혼은 '간음'이라고 말씀하셨고, 하나님이 짝지어 주신 것을 사람이 나누지 못한다는 예수님 자신의 해석을 덧붙여서 결혼의 중요성을 강조해주셨던 일도 있었다[마 19:3-9].

창세기의 창조 이야기 마지막 단계[창 2:18-25]에서 하나님에 의해 시작된 것으로 서술된 결혼의 주제는 복음서에서도 예수 그리스도에 의해 강조되었고, 호세아서[호 1:2, 2:14-20]와 요한계시록의 종말에 관한 묘사[계 21:2]에서도 결혼의 유비가 사용되었을 정도로, 구약에서 신약에 이르는 기독교 정경 전체에서 '결혼'은 일관되게 강조되었던 주제였다.[3] 그 가운데 구약의 아가서 전체 내용은 결혼과 사랑의 문제에서도 하나님의 주권을 인정하고, 하나님과의 관계 속에서 다루어져야 함을 말해주고 있다고 요약할 수 있다. 이와

---

3 창세기 2장의 결혼제도에 관한 본문에서 남편과 아내로 번역될 수 있는 〈이쉬〉와 〈이샤〉는 창세기 1장의 남성과 여성을 뜻하는 〈자카르〉와 〈네케바〉라는 사람 창조 이야기를 전제로 하는 연속성을 갖는다. 그러므로 구약성경은 결혼을 남자와 여자 두 사람의 만남과 결합이라는 사실을 분명하게 말해주었고, 예수님은 이 주제를 더 강화하는 의미를 부여한 해석을 하셨음을 기독교 정경 전체에서 확인해 볼 수 있다. 이에 관한 자세한 내용은 다음의 논문을 참고할 수 있다. 김진명, "구약과 신약에서 말하는 '성'과 '결혼'의 주제에 대한 종합적 이해에 대한 연구 – 창세기 1장 27절과 2장 18-25절 본문의 정경적 전개에 관한 주석적 연구," 『장신논단』 51-5 (2019.12), 9-36.

관련하여 함께 생각해보아야 할 신약성경의 본문이 있다.

"모든 것이 가하나 모든 것이 유익한 것은 아니요 모든 것이 가하나 모든
것이 덕을 세우는 것은 아니니, 누구든지 자기의 유익을 구하지 말고 남
의 유익을 구하라." 고전 10:23-24

"그런즉 너희가 먹든지 마시든지 무엇을 하든지 다 하나님의 영광을 위하
여 하라." 고전 10:31

사랑과 결혼도 모든 사람에게 가능한 일이지만, 그리스도인은 덕을 세
우고, 나의 유익보다는 상대방의 유익을 구하며, 하나님의 영광을 위한 목
적과 범위 안에서 절제하거나, 다루거나, 행해야 하는 문제들이라고 할 수
있다. 그러므로 하나님은 사랑과 결혼의 문제에서도 주권자이심을 인정하
고, 신앙적인 균형감을 가지고 분별하고 절제하는 일이 필요함을 생각해야
하겠다.

.... 아가서는 사랑하는 사람의 '아름다움'을 어떻게 묘사했을까?

아가서에서 전통적으로 문제가 되었던 점 가운데 하나는 지나치게 구
체적이며 노골적으로 남성과 여성의 육체적 아름다움을 묘사하였다는 점
도 있었다. 그러나 구약성경 자체의 현실적인 종교적 특성을 고려한다면
오히려 아가서에 관한 지나친 영적 해석은 편향적이며 인위적인 해석이
될 수도 있다. 왜냐하면 구약성경에서 사람을 이해할 때 영과 육을 분리하
거나, 한쪽에만 의미를 부여하고, 다른 편을 부정하게 취급하는 치우친 표
현이나 해석을 하지 않고 있기 때문이다. 아가서는 사람의 외적인 아름다
움에 관하여 묘사하였다. 그러나 동시에 하나님을 믿는 성도들의 신앙과

부합하는 독자적인 관점과 시각을 가지고 구약성경이 말하는 아름다움의 주제를 시적인 언어들로 표현하였다.

그러한 아름다움을 노래하는 시적 표현들은 아가서 본문 안에서 '신랑과 신부의 노래'로 드러나면서, 사랑의 눈으로 상대방을 바라보는 특별한 시각의 묘사들이었다는 점과 함께 단순하게 세속적인 의미의 성적인 자극과 유희를 위한 언어 사용과 묘사가 아니라 결혼의 울타리 안에서 성적인 아름다움의 주제를 이야기하고 있다는 사실도 자연스럽게 밝혀지고 있다. 예를 들어, 사랑하는 여성의 목과 코를 전쟁을 대비하는 성채의 망루와 망대로 표현한 직유법^{아 4:4, 7:4}과 "잠근 동산", "덮은 우물", "봉한 샘" 등의 은유법으로 아름다운 신부를 묘사한 표현들^{아 4:10-12}은 적이나 외부인에게 함부로 개방하지 않는 폐쇄성의 공통점을 갖지만, 내부인의 생명을 보호하고, 지키기 위해서는 개방성을 함께 가지고 있는 특징을 갖는 사물을 가지고 남편과 아내의 관계와 결혼하는 남녀의 관계를 묘사하기도 했다.

3. 아가서는 어떤 뜻을 담은 책일까?

히브리어 성경의 성문서 책들의 가운데 부분에 있는 다섯 권의 책을 기독교와 유대교에서는 서로 다르게 분류하고 있다. 기독교인들은 『룻기』와 『에스더』를 역사서로 보지만, 유대인들은 이 책들을 '두루마리'라는 뜻을 갖는 히브리어 낱말 〈메길라〉^{מגלה, megilla}의 복수 형태인 〈메길로트〉^{מגלות, megillot}라고 부른다. '다섯 두루마리'라고 부르는 이 책들의 특징은 구약성경 가운데서도 '짧은 책'이라는 점과 구약의 명절과 연결되어 활용되었던 '절기서'라는 점이다:

1) 룻기 - 칠칠절(오순절, 맥추절)

2) 아가서 - 유월절(무교절)

3) 전도서 - (초막절; 수장절 혹은 장막절이라고도 함)

4) 예레미야애가 - 아빕월 9일(예루살렘 멸망 기념)

5) 에스더 - 부림절

　　유월절에 낭송되는 전통과 함께 이어져 온 아가서는 위에서 살펴보았던 바와 같이 아가서의 본문들은 신랑과 신부로서 솔로몬과 술람미 여인의 노래와 시였으며, 가장 아름다운 노래라는 제목을 붙일 수 있는 '사랑의 노래'였다. 아가서는 신학적인 해석을 통해서 유대교에서는 '하나님-이스라엘'의 관계로 해석해왔으며, 기독교에서는 '예수 그리스도-교회'의 관계로 해석해 왔다. 아가서에서 술람미 여인과 솔로몬 왕의 서로를 찾는 사랑의 관계 묘사를 지혜의 왕 솔로몬과 지혜문학의 지혜의 관계, 곧 지혜를 찾는 주제를 유비적으로 표현한 책으로 보는 해석도 있다.[4] 그러므로 아가서는 아름다움을 묘사하는 심미적이며 미학적인 요소를 가장 많이 품고 있는 책이면서, 동시에 아름다움을 묘사하는 상징체계와 문학적 표현들로 인하여 여러 가지 다양한 관점의 해석이 가능한 책이라고 할 수 있다.

4　　Rosalind Clarke, "Seeking Wisdom in the Song of Songs," in *Interpreting Old Testament Wisdom Literature*, ed. by D. G. Firth and L. Wilson (Downers Grove: IVP Academic, 2017), 100-12.

시가서와 지혜서에서의 신학 산책

　시가서와 지혜서에 수록된 하나님의 말씀은 사람과 피조물과 역사와 도시와 왕과 신앙과 삶과 영적인 세계와 현실과 살아 있는 동안과 생명과 죽음과 이후의 문제에 관해서도 이야기해준다. 사람은 하나님이 창조하신 드넓은 세계의 한 부분처럼 느껴지기도 하지만, 동시에 하나님과 동행하는 삶을 살아가는 존재라고 가르쳐 주며, 하나님을 닮아가는 길은 사람이 사람답게 살아가는 길과 맞닿아 있는 것임을 말해주는 책들로 구성되어 있다. 구약의 율법서와 신약의 복음서에 관한 관심과 열기에 비하면, 과거 구약학계에서는 지혜문학에 관한 연구는 변방 지역과 불모지와 같았다고 표현해도 과언이 아니었다. 그나마 이루어졌던 연구들은 주로 지혜문학의 보편성이라는 특징을 고대 서아시아고대 근동 지역의 영향과 유래라는 관점에서 접근했던 흔적들을 찾아볼 수 있다.

　폰 라트G. von Rad는 그의 〈구약신학〉 저술의 마지막 부분을 지혜문학 연구에 할애하였고, 구약성경의 '지혜' 주제가 얼마나 광범위하게 구약성경 안에서 나타나고, 깊이와 무게감을 가지고 있었는지 살펴보면서 비로소 관심을 집중시키기도 했다.[5] 현대에는 구약학계에서 지혜문학에 관한 많은 관심과 다양한 연구가 이루어지고 있다고 볼 수 있다.[6]

5　G. von Rad, *Theologie des Alten Testaments*, Bd. 1, 2., 허혁 역, 『구약신학』 3권 (서울: 분도출판사, 1980).

6　델(Katherine J. Dell)은 지혜문학의 주제들을 고대 이스라엘과 구약 자체의 전통 속에서 유래한 것으로 볼 수 있다고 주장하였다[Katharine J. Dell, "Reading Ecclesiastes with the scholars," ed. D. G. Firth and L. Wilson, *Interpreting Old Testament Wisdom Literature*, 81-99]. 전도서의 모순적이며 대립적인 본문들에 관한 기존의 해석들에 관하여 김지명은 바흐친(Mikhail Mikhailovich Bakhtin, 1895-1975)의 '대화 이론'을 활용하여 본문상 호적해석(intertextuality)을 시도하였고, 묵시문학의 천상세계에 대한 관심보다 경험주의적인 관점에서 상호모순성의 현실 그 자체를 전도서의 본문들이 보여주고 있다고 설명하였다[김지명은 전도자를 '해 아래서' 경험한 바를 이야기했던 경험론자이며, 하나님의 하시는 일을 지혜자도 알 수 없다(전 8:17)고 말함으로써 '천상의 비

욥기와 시편과 잠언과 전도서와 아가서에 이르는 '시가서와 지혜서'의 지혜문학에 속한 책들에서 시문체의 특징들과 함께 신학적이며, 종교적인 독특성을 욥기에서는 하나님의 직접적인 개입으로 혹은 잠언과 전도서에서처럼 간접적인 개입의 형태로 하나님의 목소리와 말씀들을 반영한 본문들 안에서 발견할 수 있다. 감추어진 지혜에 관한 인식의 가능성과 불가능^{잠 1:28, 8:35-36, 전 8:17}이 공존하는 문제와 숨어계신 것처럼 보이는 하나님과 하나님의 하시는 일을 다 파악할 수 없음을 인정하는 본문^{욥 34:5-6}들 가운데서도 여전히 하나님과의 관계성을 전제했던 구약의 지혜서들은 하나님 이해와 신앙의 문제를 가장 중요하고 근본적인 주제로 인지해 왔다는 사실을 잘 보여주고 있다. 그러므로 구약의 시가서와 지혜서에서 모든 인식과 사상과 사고의 체계와 생존을 위한 현실 삶에 관한 깨달음과 기록들은 〈하나님과 사람의 관계〉라는 독특한 토대 위에 세워진 구약 지혜문학의 결과로 이해할 수 있다.

밀과 지식'을 이야기하는 묵시문학과는 다른 말을 한다고 보았다. Jimyung Kim, *Reanimaiting Qohelet's Contradictory Voices* (Leiden, Boston: Brill, 2018)]. 그는 솔로몬으로 암시된 전도자가 신비한 지식의 차원보다는 하나님의 뜻을 알 수 없다는 인식을 강조하면서, 주전 3세기 이후 묵시문학이 발흥하던 시대에 이에 반하는 목소리를 전도서에 담아내었다고 주장하기도 했다. 클라케(Rosalind Clarke)는 아가서를 의인화된 여성 지혜와의 연관성이라는 맥락에서 지혜문학 장르에 속한 책으로서 성격을 파악하는 시도를 했다[Rosalind Clarke, "Seeking Wisdom in the Song of Songs," 100-112]. 스톡스(Simmon P. Stocks)는 시편의 다양한 주제들과 교훈적인 기능에 주목하면서, 많은 시편(33, 37, 49, 73, 127, 128 etc.)에서 나타나는 지혜 전통의 특징들을 해석하고 논증하였다[Simon P. Stocks, "'Children, listen to me': the voicing of wisdom in the Psalms," ed. by D. G. Firth and L. Wilson, *Interpreting Old Testament Wisdom Literature*, 194-204].

Ⅳ. 예언서

'예언서'는 예언자 자신 혹은 대필자에 의해 기록된 책들^{렘36:32}이다. 히브리어로 예언자를 〈나비〉라고 부른다. 하나님께서 부탁하신 말씀을 전달하는 하나님의 '대언자'^{代言者}라는 뜻에서, '예언자'^{豫言者}라는 용어로 번역되고 있다. 예언자들 가운데 책을 남기지 않았던 예언자들을 고대 예언자^{엘리야, 엘리사, 나단…}로 분류하고, 책으로 기록을 남겼던 예언자들을 고전적 예언자혹은 문서 예언자^{아모스, 예레미야, 호세아…}라는 호칭을 사용하여 분류하기도 한다. 구약 예언자의 역할과 예언의 기능에 관한 다음의 설명은 예언서 공부를 위한 준비 단계에서 우리에게 도움이 될 수 있다:

"예언자의 기능이 선지^{先知}, 즉 미래에 대하여 아는 것이 완전히 배제된 것은 아니다. 그렇다고 무당처럼 미래의 일을 예보하는 자가 아니라, 하나님의 뜻에 거역한 백성들의 미래가 파멸과 심판밖에 없음을 안타까워하면서 미래에 대한 경고를 했던 사람들이 이스라엘의 예언자들이었다."[1]

예언자를 옛날 이스라엘 사람들은 "선견자"라고 부르기도 했는데, "선지자"라는 칭호를 사용하기 이전 시기에 썼던 용어이기도 했다^{삼상 9:9}. 히브리어로는 〈호제〉 또는 〈로에〉이며, 보는 자라는 의미로, 하나님께서 보여주신 계시와 환상을 보고 영적인 의미를 다른 사람들에게 전하는 역할을

---

[1]   강사문, 『구약의 역사이해』(서울: 한국성서학연구소, 2002).

하는 이들을 일컫는 호칭으로 사용되기도 했다. 그 외에 엘리사 선지자는 모세에게 적용되었던 "하나님의 사람"이라는 호칭으로 묘사되기도 하였으며^{신명기 33:1, 왕하 5:8}, 하나님의 말씀이 임할 때, 그들이 받은 말씀을 세상 사람들에게 전달했던 예언자들은 때로 하나님의 '천상회의'를 보고, 듣는 경험을 하기도 했다^{왕상 22:19-23}. 그들은 하나님의 영이 함께하심과 하나님의 임재하심을 경험하면서 살았으며, 하나님의 사람으로서 불의한 정치 권력자들과 맞서기도 하고, 왕들과 지도층과 백성들을 꾸짖기도 하면서, 고난과 역경 속에서도 하나님께서 그들을 친히 불러 맡겨주셨던 〈소명〉을 감당하기 위해서 자신의 희생을 감수하며 살았던 사람들이기도 했다.

예언서에 포함된 책들 가운데 특별히 다니엘서와 같은 책은 다른 예언서들과 다른 성격 때문에 '묵시문학'이라는 별도의 영역에 속한 책으로 분류되기도 했다. '묵시문학'은 어떤 초현실적인 존재가 특정 인간을 수령자로 하여 전하는 천상의 계시를 이야기 형식으로 기록하고 있는 글이라고 할 수 있으며, 천상의 세계와 비밀에 속한 지식을 강조한다. '묵시'는 시간적, 공간적 차원의 초월적인 실체를 은밀하게, 상징적으로 묘사하기도 하며, 묵시문학의 범위 안에는 더 작은 양식의 환상과 꿈과 천사와의 담론과 기도와 전설 등이 포괄적으로 포함되는 특징이 나타나기도 한다. 다음은 예언서 전체를 예언자가 활동했던 시대에 따라 혹은 예언서의 분량에 따라 간략하게 요약하여 정리한 내용이다:

1) 예언자가 활동했던 시대에 따른 예언서의 구분
   (1) 주전 8세기 예언자들
      북왕국 이스라엘: 아모스^{주전 750년경} / 호세아^{740년경} / 요나^{여로보암 2세 750년경}
      남왕국 유다: 이사야 ^{주전 742-700년 경} / 미가 ^{740-701년 경}
   (2) 주전 7세기 예언자들

스바냐 주전 628-622년   예레미야 주전 626-587년

나훔 주전 612년   하박국 주전 605년

(3) 바벨론 포로기의 예언자들

　　오바댜 / 에스겔 주전 593-571년

(4) 바벨론 포로기 이후의 예언자들

　　학개, 스가랴 주전 520-515년 / 요엘 주전 500년 이후 / 말라기 주전 500-450년경

2) 책의 분량에 따른 예언서의 구분

　　(1) 대예언서 - 사, 렘, 겔, 단

　　(2) 소예언서 - 호, 욜, 암, 옵, 욘, 미, 나, 합, 습, 학, 슥, 말

　　상대적으로 분량이 많은 네권의 예언서는 〈대예언서〉로 분류되었다. 주전 8세기 예언자 이사야와 관련된 『이사야』서부터, 포로기 이후 시대 예언자 다니엘과 연관되었고, 히브리어 성경에서는 성문서로 분류되었던 『다니엘』서까지의 책들이며, 다음과 같이 간략하게 요약해 볼 수 있다.

1) 이사야 - 예언자의 소명과 거룩하신 하나님 선포 구원+창조, 사 6:1-9, 43:15-21

2) 예레미야/애가 - 남유다왕국 멸망 시기; 예언과 역사 렘 16:2, 20:9, 25:3, 11/애 2:11

3) 에스겔 - 레위기와 에스겔서의 비교; 포로시대 초기 겔 1:1-3, 40:1-2 성전환상

4) 다니엘 - 포로기 시대 디아스포라 유대인의 삶 바벨론-페르시아; 묵시문학 12:1-3

　　다니엘서 이후의 12권의 책들은 앞의 네 권의 책과 다른 분량의 차이 때문에 〈소예언서〉라고 불리고 있으며, 각 예언서의 1장 1절은 예언자의 시대와 가문과 왕조 역사가 함께 중요한 정보로 제공하는 비슷한 양식의 도입 문장과 같은 기능을 하는 경우들이 많다. 12권의 소예언서는 히브리

어 성경에서는 한 권의 책으로 구분되어 있다. 그러므로 소예언서에 속한 책들은 한 권의 책으로 생각하면서 읽어갈 수도 있고, 각각의 예언서를 별개의 책으로 생각하면서 읽어갈 수도 있다.

1) 호세아 - 호세아의 결혼과 예언서의 '결혼' 유비 1:2 / 2:16-20

2) 요엘 - '여호와의 날' 1:15 / 2:28-32

3) 아모스 - 아모스의 직업: 목축업과 농업 / 정의와 공의 5:21-24

4) 오바댜 - 에돔 1:10-11

5) 요나 - 니느웨 앗수르 심판 예언과 회개와 구원 3:4 / 3:8-10 / 4:10-11

6) 미가 - 유다 성읍과 백성들을 향한 예언 가난한 농촌 출신, 심판/구원: 6:6-8

7) 나훔 - 니느웨 심판

8) 하박국 - 예언자의 두 가지 질문 신정론 - ① 1:3-4(5-6). ② 1:14-17(2:4) / 3:16-19

9) 스바냐 - 왕족 출신 심판/구원: 부패한 예언자 가운데 계신 '의로우신 하나님' 3:1-5, 7

10) 학개 - 성전건축 1:8, 2:17-19

11) 스가랴 - 성전건축과 종말론 2:12-13, 9:9-10, 14:9

12) 말라기- 포로기이후 시대 / 여섯 논쟁 1:6-9, 3:7-12, 2:14-16

대예언서

『이사야』 - 이스라엘의 거룩하신 분, 스스로 숨어 계시는 주 하나님 Deus Absconditus

주전 8세기 유다 왕국의 예언자 이사야는 포로기 이전과 포로기와 포로기 이후 시대에 관한 예언을 하였으며, '고난의 종'의 노래를 통해 메시아와 고난의 주제를 연결시켰다. 메시아에 관한 가장 많은 예언과 '새 하늘과 새 땅'에 관한 종말론적 예언을 통하여, 이사야서는 야훼 하나님이 '이스라엘의 거룩하신 분'이시며, 죄악으로 멸망 당할 이스라엘의 주인이라고 말한다. "스스로 숨어 계시는 주 하나님" Deus Absconditus 은 비록 사람들의 눈에 없는 것처럼 보일지라도, 강대국들과 약소국들의 역사의 주권자이시고, 이 세상 모든 나라와 열방을 심판하시고 구원하시는 만왕의 왕이시라는 사실을 선포한다. 1-39장은 이사야의 생애와 예언 활동에 관한 내용으로 요약해 볼 수 있으며, 40-55장은 포로귀환의 예언과 관련된 내용을 많이 기록하고 있는 본문들로 구성되어 있으며, 제2이사야서로 분류되기도 했다. 40장은 '위로의 책'이라는 별명으로 불리기도 했다. 56-66장은 제3이사야서로 구분되었던 단락이며, 포로기 이후 시대와 종말 새하늘과 새땅 에 관한 예언으로 이루어져 있다.

웃시야 왕이 죽던 해에 성전에 올라간 그 날,
보좌에 좌정하신 하나님을 뵈었고, 거룩하다 찬양하는 스랍들의 목소리를 들었다.
내 악을 제하시고, 내 죄를 사하시며, 이스라엘의 거룩하신 분은 말씀하셨다.
"내가 누구를 보내며, 누가 우리를 위하여 갈까?"
그때 "내가 여기 있나이다 나를 보내소서!" 응답하였고, 이사야는 선지자가 되었다.
온 나라와 백성과 언어가 다른 민족들을 향한 하나님의 구원사를 선포하였고,
사람의 생각과 다른 하나님의 생각과 뜻과 길을 전하였다.
앗수르와 애굽이 이스라엘과 함께 하나님의 기업이 되는 종말의 때를 바라보았고,
사막에 꽃이 피고, 광야에서 샘물이 솟아나며
포로 되었던 이들과 남은 자들이 돌아오는 날을 보았다.

이새의 줄기에서 솟아나는 한 싹이 돋아나고,
기름 부음 받은 이가 고난의 종으로 나타나 노래하는 소리를 들었다.
새 하늘과 새 땅과 새 예루살렘이 이 땅 위에 임하고,
온 세상의 의인과 악인을 향한 심판과 구원이 교차하는 때를 보았다.
유다가 기울어져 가는 현실 속에서 이사야는 임마누엘을 예언하였고,
스스로 숨어계시는 하나님을 선포하였으며,
흉악의 결박을 풀어주고, 고아와 과부를 돌아보며, 공의와 정의를 실행하는 금식을 외치고,
야훼의 거룩하고 존귀한 날 안식일에 오락을 행하지 않고, 발걸음마저 절제할 것을
가르쳤다.
일어나라 빛을 발하라 소리쳤으며, 주 여호와의 신이 임하시고,
기름 부음 받은 이에게 아름다운 소식을 전하라 하시며,
고침과 자유와 놓임을 전파하고,
여호와의 은혜의 해와 우리 하나님의 신원의 날을 선포하라 하신 그분의 말씀을
이사야는 모든 시간과 공간 속에서 살아가는 온 세상 피조물들을 향하여 예언하였다.

《2017 겨울 성지답사 – 예루살렘》

구약을 그리다

1. 『이사야』 - 이사야의 '이상한 소명'에 포함된 속뜻은 무엇이었을까?

"그 때에 그 스랍 중의 하나가 부젓가락으로 제단에서 집은 바 핀 숯을 손에 가지고 내게로 날아와서, 그것을 내 입술에 대며 이르되 보라 이것이 네 입에 닿았으니 네 악이 제하여졌고 네 죄가 사하여졌느니라 하더라."^사 ^{6:6-7}

    이사야는 주전 740-701까지 약 40년간 예언활동을 했으며, 남유다의 웃시야, 요담, 아하스, 히스기야 시대에 말씀을 전하였다^{사1:1, 왕하 19-20장}. 예레미야 선지자는 주전 626-580년까지 46년간 활동했으며, 요시야, 여호야김, 여호야긴, 시드기야 때와 예루살렘 멸망 후 몇 년 동안 예언활동을 하였다.

    그 당시, 북이스라엘은 소수의 특권층이 부를 누리며 사치했고, 제사장은 타락하여 형식적인 제사를 드리고 백성에게 율법을 가르치지 않았고, 가나안 종교풍속의 영향으로 혼합주의적 종교형태가 성행하였다. 남유다는 북이스라엘처럼 우상숭배와 죄악이 관영하지는 않았지만, 공의와 공평이 전 사회적으로 실현되지 못하고 있었고, 뇌물로 좌우되는 재판이 성행하였다.

발레스트라^{Antonio Balestra, 1666-1740}의 〈선지자 이사야〉라는 작품은 이사야 6장 6절과 7절의 내용을 그림으로 표현하였다.[1] 여섯 날개를 가진 천상의 존재인 스랍들이 "거룩하다, 거룩하다, 거룩하다 만군의 여호와여 그의 영광이 온 땅에 충만하도다"^{사 6:3}라는 노래를 부르는 장면과 웃시야 왕이 죽던 해에 성전에 올라간 이사야가 보았던 하늘 보좌에 앉으신 주님의 모습^{사 6:1}은 그림에서 생략되었고, 스랍 대신 아기 천사가 작은 손에 쥔 조그만 부젓가락으로 제단에서 집은 핀 숯을 가져와서 이사야의 입술에 대려고 하는 순간에 집중하여 화가는 예언자 이사야의 소명 장면을 표현하였다. 그런데 6장 6절의 제단도 화가는 그림 좌편 뒤쪽에 있는 화로로 대신하였다.

하늘 보좌에 앉으신 하나님을 대면한 순간 이사야의 반응은 "그 때에 내가 말하되 화로다 나여 망하게 되었도다 나는 입술이 부정한 사람이요 나는 입술이 부정한 백성 중에 거주하면서 만군의 여호와이신 왕을 뵈었음이로다…"^{사 6:5}라는 죄인으로서 자신의 실존에 대한 자각과 고백이었다. 거의 유사한 반응을 우리는 예수님이 고기 잡는 어부였던 베드로에게 찾아가셨을 때 처음 예수님을 만났던 베드로의 모습 속에서도 볼 수 있다. "시몬 베드로가 이를 보고 예수의 무릎 아래에 엎드려 이르되 주여 나를 떠나소서 나는 죄인이로소이다 하니, 이는 자기 및 자기와 함께 있는 모든 사람이 고기 잡힌 것으로 말미암아 놀라고, 세베대의 아들로서 시몬의 동

---

1   Antonio Balestra (1666-1740), 〈Prophet Isaiah〉(18th century), Castelvecchio Museum, 그림 출처: https://commons.wikimedia.org/wiki/File:Antonio_Balestra_-_Prophet_Isaiah.jpg

업자인 야고보와 요한도 놀랐음이라."눅 5:8-10

　밤새도록 고기를 잡으려 했지만, 빈손으로 돌아올 수밖에 없었던 베드로에게 예수님은 깊은 곳에 가서 그물을 내려 고기를 잡으라 말씀하셨고, 그렇게 순종했을 때 일어난 일을 보며 놀란 베드로가 예수님께 보였던 반응도 죄의 고백이었다. 욥도 고난의 막바지에 이르러 하나님을 대면하게 되었고, 그의 마지막 고백 역시 "내가 주께 대하여 귀로 듣기만 하였사오나 이제는 눈으로 주를 뵈옵나이다. 그러므로 내가 스스로 거두어들이고 티끌과 재 가운데에서 회개하나이다"욥 42:5-6라는 회개의 기도였다. 그러므로 사람이 거룩하신 하나님 앞에 나아가, 그분을 만나려 할 때 그 첫걸음은 죄의 고백이다. 신은 신이고, 사람은 사람이며, 질적으로 완전히 다른 존재로서 사람이 스스로 자신의 죄를 해결할 수 없다는 사실과 하나님 앞에서 홀로 선 인간의 실존은 죄인임을 먼저 깨닫는 일이 중요하다. 자신의 죄를 고백함으로 하나님 앞에 나아가는 바로 그 순간이 하나님과 사람의 관계가 시작되는 출발점이라고 할 수 있다.

　그림 속 이사야는 큰 책을 받침 삼아서 하얀 지면에 펜을 들어 히브리어 본문을 기록하고 있다. 히브리어 자음으로 기록된 본문은 이사야 6장 6절의 문장이며, 화가는 그림 속 히브리어 본문을 작품의 배경을 파악할 수 있는 단서hint로 제공하려고 한 것으로 보인다. 성경 본문에서 하나님은 이사야에게 사죄의 선포를 하셨고6:7, 다시 "내가 누구를 보내며 누가 우리를 위하여 갈 것인가?"라는 하나님의 음성을 들은 이사야는 곧바로 "내가 여기 있나이다. 나를 보내소서"6:8라고 응답함으로써 예언자의 길을 걷게 되었다. 그러나 참으로 난해한 것은 그가 예언자로서 받았던 첫 번째 말씀이었다.[2] "들어도 깨닫지 못하고, 보아도 알지 못하고, 마음을 둔하게 하며,

---

2　"여호와께서 이르시되 가서 이 백성에게 이르기를 너희가 듣기는 들어도 깨닫지 못할 것이요 보기는 보아도 알지 못하리라 하여, 이 백성의 마음을 둔하게 하며 그들의 귀가 막히고 그들의 눈이 감기게 하라 염려하건대 그들

귀가 막히고, 눈이 감기게 하라"⁶:¹⁰는 명령을 받은 이사야 선지자가 과연 할 수 있는 일은 무엇일까? 선지자로서 소명에 순종하라는 말씀일까? 아니면 다른 숨은 뜻이 이렇게 표현된 말씀 속에 들어 있는 것일까?

이사야서 전체의 문맥 속에서 이 본문을 다시 살펴보면, 이사야가 받았던 소명과 첫 번째 말씀은 '심판의 예언'이었다는 해석을 할 수 있다. 심판이 시작될 때 가장 두드러지는 현상과 특징 가운데 하나는 바로 누구의 말도 듣지 않는 아집과 고집과 완악함이다. 옛날 출애굽 당시 이집트의 파라오가 그러했고, 이사야 시대에 회개하고 돌이키지 않는 남왕국 유다와 그 백성들이 그러했다. 다른 누구의 목소리에도 귀 기울이지 않고, 더욱 경직되고, 더욱 완고해져 가기만 한다면, 그것은 개인 혹은 공동체 누구에게든지 종말이 그렇게 멀리 있지 않음을 알려주는 신호가 될 수 있다. 확정된 '심판의 경고'에도 불구하고 다시 '회개'하고 돌이켜서 '살길을 택하라'는 말씀의 구조는 이미 이사야 1장에서도 확인할 수 있었다. 그러나 이사야 선지자가 선포한 하나님의 말씀을 사람들은 순종하지 않았고, 결국은 멸망의 길로 가버렸던 남왕국 유다의 역사와 이사야서에서 찾아볼 수 있다.

2. 『이사야』³ – 이스라엘의 거룩하신 분, 스스로 숨어 계시는 주 하나님 Deus Absconditus

"이스라엘의 거룩하신 이… 구원자 이스라엘의 하나님이여 진실로 주는 스스로 숨어 계시는 하나님이시니이다."사 45:11-15

이 눈으로 보고 귀로 듣고 마음으로 깨닫고 다시 돌아와 고침을 받을까 하노라 하시기로. 내가 이르되 주여 어느 때까지니이까 하였더니 주께서 대답하시되 성읍들은 황폐하여 주민이 없으며 가옥들에는 사람이 없고 이 토지는 황폐하게 되며, 여호와께서 사람들을 멀리 옮기셔서 이 땅 가운데에 황폐한 곳이 많을 때까지니라"(사 6:10-12)

"주 여호와의 영이 내게 내리셨으니 이는 여호와께서 내게 기름을 부으사 가난한 자에게 아름다운 소식을 전하게 하려 하심이라. 나를 보내사 마음이 상한 자를 고치며 포로된 자에게 자유를, 갇힌 자에게 놓임을 선포하며, 여호와의 은혜의 해와 우리 하나님의 보복의 날을 선포하여 모든 슬픈 자를 위로하되, 무릇 시온에서 슬퍼하는 자에게 화관을 주어 그 재를 대신하며 기쁨의 기름으로 그 슬픔을 대신하며 찬송의 옷으로 그 근심을 대신하시고 그들이 의의 나무 곧 여호와께서 심으신 그 영광을 나타낼 자라 일컬음을 받게 하려 하심이라."^{사 61:1-3}

.... 이사야서에서 알려주는 '이스라엘의 구원'과 '세상 종말'은 어떤 내용일까?

"나는 여호와 너희의 거룩한 이요 이스라엘의 창조자요 너희의 왕이니라. 나 여호와가 이같이 말하노라 바다 가운데에 길을, 큰 물 가운데에 지름길을 내고, 병거와 말과 군대의 용사를 이끌어 내어 그들이 일시에 엎드러져 일어나지 못하고 소멸하기를 꺼져가는 등불 같게 하였느니라. 너희는 이전 일을 기억하지 말며 옛날 일을 생각하지 말라. 보라 내가 새 일을 행하리니 이제 나타낼 것이라 너희가 그것을 알지 못하겠느냐. 반드시 내가 광야에 길을 사막에 강을 내리니, 장차 들짐승 곧 승냥이와 타조도 나를 존경할 것은 내가 광야에 물을, 사막에 강들을 내어 내 백성, 내가 택한 자에게 마시게 할 것임이라."^{사 43:15-20}

---

3   이사야 참고 문헌: 배희숙. "이사야 56장 1-8절의 재건공동체." 『장신논단』 제39권 (2010.12), 11-34; 김구원. "이사야 6장의 문체 구조 분석: 평행법 구조를 중심으로." 『성경원문연구』 제43호 (2018.10), 122-60; 우택주, 정원제. "제3이사야서의 배경에서 본 이사야 6장의 내러티브 비평." 『신학논단』 제65권 (2011), 121-45.

이사야서에 나타나는 대표적인 하나님 칭호는 "이스라엘의 거룩한 자"^{45:11, 47:4, cf. 43:15}였으며, 43장 15절에서도 이와 유사한 형태의 호칭이 사용된 것을 볼 수 있다. 출애굽 사건과 홍해 바다의 기적을 연상할 수 있는 표현들이 사용되지만, 이스라엘 민족의 자랑이었던 이 일마저도 기억하지 말고 생각하지 말라고 명령한다. 이어서 하나님이 창조하시는 "새 일"은 바벨론에 포로로 끌려온 이스라엘 민족의 해방과 구원이며, 구체적으로는 '포로귀환'의 사건이라는 현실의 역사적 사건으로 연결된 예언의 내용으로 이루어져 있다. 포로귀환의 주제는 이스라엘의 '남은 자' 사상의 근거가 된 본문들^{사 6:13}과 연결되어 있으며, 훗날 포로귀환의 대열에 참여했던 유대인들은 '남은 자'와 동일시하면서, 자신들의 정체성을 세워갔던 것으로 해석하기도 한다. 이사야 44장 28절과 45장 1절에는 이방인 가운데 유일하게 '기름 부음 받은 자'로 페르시아의 고레스 왕이 언급되어 있으며, 고레스 왕에게 이렇게 파격적인 표현이 적용될 수 있었던 것은 이 왕이 바벨론에 포로로 끌려왔던 모든 민족의 해방을 선포한 칙령을 반포함으로써 이스라엘 민족의 포로귀환도 가능하게 했기 때문이었다.

이스라엘 민족의 입장에서는 이사야서에서 선포한 포로귀환의 예언과 성취를 실제 역사 속에서 드러낸 왕으로 페르시아의 고레스 왕을 평가할 수 있었기 때문에 이스라엘 민족의 왕과 제사장과 예언자에게만 적용되었던 '기름 부음'^{메시아}의 주제를 파격적으로 연결할 수 있었다는 해석을 하고 있다. 또한 이사야 45장에서는 세상의 창조자 하나님^{사 45:18}이 이스라엘을 포로 생활에서 구원하시는 구원자 하나님^{45:22}이라는 서술을 통해서 구약의 전통적인 '창조' 주제와 '구원' 주제를 결합하는 특징도 나타나고 있다. 현실 역사 안에서 세상의 마지막 때가 오게 되면, 이 세상 많은 나라와 민족들은 심판을 받고, 이스라엘은 구원을 얻게 될 것을 예언한 종말론적 주제 본문들이 65-66장에 집중적으로 기록되어 있으며, '새 하늘과 새 땅'과 같은 용어와 이에 관한 예언들은 부분적으로 신약의 요한계시록에서 인용되거나 활용되었다. 새 하늘과 새 땅이 뜻하는 것은 모든 창조 세계와 피조물 전부를 포함하는 영역이며, 이스라엘 민족과 열방과 인류와 만물을 포함하는 새 창조 주제와 연결될 수 있다. 창조주와 심판주이신 하나님을 묘사한 "나는 처음이요 나는 마지막이라"라는 이사야 44장 6절의 문장도 요한계시록에서 인용되고 있는 대표적인 본문 가운데 하나이다계 1:8, 21:6. 역사 안에서의 종말을 예언했던 이사야서의 종말론에 관련된 본문들에 관하여 구약학계에서는 현실의 역사를 넘어선 차원의 종말에 관하여 이야기하는 다니엘서의 '묵시론적 종말론'과 구분되는 '역사적 종말론'이라는 용어로 정리하였다.

그렇지만 구약성경과 신약성경에서 공통되게 이야기하는 내용은 지구를 폐기하고 지구를 떠나는 차원의 구원과 종말보다는 종말의 때에 생태계 전체를 포함하는 지구의 온전한 회복과 새로운 변화라는 방향성을 가지고 있다고 볼 수 있다. 산 자와 죽은 자를 포함하는 온 인류와 최후의 '악과 죽음'에 대한 심판까지도 기독교의 경전으로서 구약과 신약의 종말론 관련 본문들은 일관되게 증언하고 있다사 66:22, 계 21:1, 20:12-15. 그 외에도 이사야서에서는 이방 나라들을 향한 하나님의 증인으로서 소명사 43:10, 21, 49:6과 함께 60장과 같이 이방인들을 이스라엘의 구원으로 부르고 초대하는 원심적 형태의 '선교적 주제' 본문도 찾아볼 수 있다. 이사야서 19장에만 유일하게 기록된 예언 가운데 하나는 종말의 때에 이집트와 앗시리아와 이스라엘의 모습을 묘사하는 내용으로 이루어진 예언이었다사 19:23-25.4

이 예언에는 아브라함의 고향이었던 갈대아 우르가 있는 〈메소포타미

---

4   "그날에 애굽에서 앗수르로 통하는 대로가 있어 앗수르 사람은 애굽으로 가겠고 애굽 사람은 앗수르로 갈 것이며 애굽 사람이 앗수르 사람과 함께 경배하리라. 그날에 이스라엘이 애굽 및 앗수르와 더불어 셋이 세계 중에 복이 되리니, 이는 만군의 여호와께서 복 주시며 이르시되 내 백성 애굽이여, 내 손으로 지은 앗수르여, 나의 기업 이스라엘이여, 복이 있을지어다 하실 것임이라."(사 19:23-35)

아〉 지역과 족장들과 이스라엘 민족의 피난처였던 〈이집트〉 지역과 이스라엘 민족에게 약속의 땅이었던 〈가나안〉 지역의 사람들이 모두 함께 온 세계의 복이 되게 하신다는 하나님의 계획과 뜻하심이 묘사되어 있다. 결국 이 세상의 구원은 서로 간의 적대감과 원한으로 이어져 온 역사의 쇠사슬과도 같은 고리를 끊어버리고, 원수까지도 사랑하라는 예수님의 말씀이 실현되는 때와 장소에서 하나님의 평화가 온전하게 이루어지는 것이라는 상상으로 생각의 꼬리를 이어가게 된다.

이사야서에서 알려주는 '하나님의 이름'과 '메시아 예언'의 내용은 무엇일까?

약소국이 되어버렸던 주전 8세기 이사야 예언자가 활동하던 시대와 더욱이 이스라엘 민족 전체가 왕국의 멸망을 경험하고, 처절하고 비참한 살육의 현장에서 살아남은 사람들은 이방 땅에 포로로 끌려가게 되었던 현실 가운데서 이사야서의 예언을 접했다면, 이들에게 '이스라엘의 거룩하신 분,' '만군의 여호와 하나님'은 공허하고 허무한 메아리 같은 이름이 되었을 수도 있었다. 그러나 이사야 선지자는 "이스라엘의 거룩하신 분" 바로 그분은 현실을 바라볼 때는 마치 보이지 않고 "스스로 숨어 계시는 하나님"이라고 표현하였다[사 45:15].

강대국 앗수르와 바벨론과 이집트의 군사력과 경제력과 힘의 보호를 얻기 위하여 자기 백성마저도 희생양 삼아버리는 권력자들과 지도층의 무자비함과 무지함과 무능함이 눈앞에 보이는 현실의 전부인 것처럼 보여도, 마침내 이 땅 위에 하나님이 사랑하시는 정의와 공의를 세우고, 열방을 심판하시며, 이스라엘을 구원하시는 역사의 주 하나님은 이스라엘의 거룩한 분, 이스라엘의 창조자, 이스라엘의 구원자라는 예언의 말씀을 이사야 선지자는 선포하였다. 하나님은 모세를 통하여 "나와 같은 선지자"를 이스라엘 민족에게 보내주실 것이라는 약속을 해주셨고, 이 주제는 메시아 예언으로 이어졌으며, 메시아 시편으로 해석되는 시편 2편의 제왕시도 메시아의 기대와 열망을 반영한 시편이었으며, 이사야서에서는 그 메시아가 사람들의 생각과는 달리 고난의 종으로 오게 될 것을 예언하기도 했다.

그러나 하나님의 성령이 함께하시는 메시아는 모든 포로된 자에게 해방과 자유를 선포하고, 슬퍼하는 자에게 기쁨을 회복하고, 하나님의 은혜의 해를 선포하는 아름다운 소식을 전하는 사역을 감당할 것이라는 희망의 예언이 함께 이사야서에서는 예언되었다. 이사야 61장 1절 이하의 본문은 예수께서 안식일에 고향 나사렛 회당에 찾아가셔서 펼쳐 읽으셨던 성경의 첫 본문으로 누가복음 4장에서 다시 등장한다눅 4:17-19. 예수님은 '기름 부음 받은 자'를 뜻하는 히브리어 '메시아'〈마쉬아흐〉로서 세상에 오셨고, 신약성경에서는 헬라어로 '그리스도'〈크리스토스〉라는 칭호로 표현되었다. 구약의 예언은 이렇게 신약으로 이어졌으며, 예수님은 살아계신 하나님의 아들이시오, 우리를 죄에서 구원하실 그리스도이심을 고백했던 베드로마 16:16와 마르다요 11:27의 신앙고백과 같은 믿음을 가지고 살아가는 오늘의 그리스도인들에게도 성취된 현실로 경험되고 있다. 그러므로 그 이름은 불러도 대답 없는 이름이 아니라, 그의 이름을 믿으면 구원을 얻는 이름이 되었고, 부르다가 내가 죽을 이름이 아니라 누구든지 그 이름을 불러 구원을 받는 이름이 되었다. 예수 그리스도, 비밀이지만 비밀이 아닌 이름!

"주 예수를 믿으라 그리하면 너와 네 집이 구원을 얻으리라."행 16:31
"누구든지 주의 이름을 부르는 자는 구원을 얻으리라."롬 10:13

3. 이사야서는 어떤 뜻을 담은 책일까?

이사야서는 하나님을 이스라엘의 거룩하신 분으로 불렀다. 하나님은 창조주이시며, 빛과 어둠을 지으시고[45:7], 구원과 심판을 베푸시며, 세상 역사 속에서 구원을 창조하시는 분이다. 우주적인 종말의 심판을 행하시는 하나님은 동시에 각 사람의 언행에도 주목하시는 분이시라고 이사야서는 하나님에 관하여 진술한다: "예루살렘이 멸망하였고, 유다가 엎드러졌음은 그들의 언어와 행위가 여호와를 거역하여 그의 영광의 눈을 범하였음이라"[사 3:8]. 또한 하나님은 역사의 주권자이시며 만왕의 왕이시지만[43:15], 동시에 스스로 숨어계시는 하나님[45:15]이라고 진술했던 이사야 선지자는 이사야서에서 〈창조〉와 〈구원〉의 주제를 결합시키면서[43:15, 44:6, 45장], 역사 속에서 구원을 창조해가시는 하나님의 말씀의 능력과 예언 성취의 확실성을 강조하였다[55:8-11]. 이사야서는 하나님을 '창조주'이며 동시에 '구속주'라고 선포하는 책이라고 할 수 있다.

이사야가 선지자로서 소명을 경험하고 활동하였던 시대는 주전 8세기였으며 유다 왕국의 웃시야 왕이 죽던 해부터 요담과 아하스와 히스기야 왕의 통치 시기까지였다[사 1:1, 6:1]. 1-39장은 이사야의 생애와 활동에 관한 내용으로 요약해 볼 수 있으며, 7장 14절에는 아람 왕 르신과 북왕국 이스라엘 왕 베가의 연합군이 반-앗시리아 동맹에 동참을 거부했던 남유다 왕국으로 침략을 시도했던 아하스왕 시대에 선포되었던 '임마누엘'의 예언이 기록되어 있다. 13-23장은 열방의 심판에 관한 내용으로 이루어져 있으며, 38장에는 히스기야 왕의 죽음 예언과 왕의 간구를 들으신 하나님의 수명 연장 허락에 관한 기적의 사건이 기록되어 있다. 공교롭게도 수명이 연장되었던 기간에 태어난 므낫세는 열왕기서에서 유다 왕국의 심판과 멸망을 초래했던 인물로 평가한 왕이었다.

이사야 40-55장은 제2이사야서로 분류되기도 했으며, 포로 시대와 관련된 예언으로 해석되었다. 56-66장은 제3이사야서로 구분되었던 단락이며, 포로기 이후 시대에 관한 예언으로 해석되기도 했다. 과거 이사야서를 주석했던 이들 가운데는 역사적 이사야와 더불어서 제2와 제3의 저자가 있었고, 그들이 현실에서 일어난 사건을 목격한 후 또는 예언자의 사후에 '사건 후 예언'이라는 개념을 가지고 예언 양식에 따라 다른 사람에 의해 편집되었거나 기록된 것이라는 설명을 제안한 사람도 있었다Mickelsen, 1963.[5] 그러나 시대별 예언자와 예언의 편집층을 구분하는 대신에 통일된 하나의 예언서라는 전통적인 이해와 전제를 가지고 본문을 해석하는 주석 전통의 흐름도 함께 있었다.

이사야서에는 '고난의 종'의 노래라고 알려진 4개의 유명한 본문들이 있고42:1-9;49:1-13; 50:4-11-, 52:13-53:12, 다양하고 풍성한 '메시아' 예언이 수록되어 있다사 11:1-9, 61:1-11···. 이러한 본문들은 신약에서 예수 그리스도의 공생애 사건과 메시아 예언과 관련하여 복음서에서 많이 인용되기도 했다, "··· 너희는 위로하라 내 백성을 위로하라"라는 인상적인 명령문으로 시작하는 40장은 '위로의 책'이라는 별명으로 불리기도 하는 40-55장 단락의 첫 장으로서 포로귀환의 예언과 관련된 내용을 많이 기록하고 있는 본문들로 구성되어 있다. 이사야 43장 15-20절은 이스라엘 민족이 지금까지도 유월절로 기념하고 있는 출애굽 구원 사건의 전승과 관련된 내용과 함께 이를 능가하는 하나님의 구원으로서 '포로귀환'의 주제를 노래한 예언으로 해석되고 있다. 하나님의 구원은 결국 그분의 사랑으로 말미암는 것임을 성경은 증언하고 있다사 49:15-16.

메시아가 오시면 이루어지게 될 피조 세계의 구원과 완성을 미리 보여

---

[5]   Grant Osborne, *The Hermeneutical Spiral*, 임요한 옮김, 『성경해석학총론』(서울: 부흥과개혁사, 2017), 372-373의 내용을 참조함.

주는 의미로 예언한 본문들 가운데 이사야 11장에서는 약한 동물과 강한 동물과 사람이 함께 살아가며, 더불어 복을 누리는 공동체의 모습을 이야기하고 묘사해 주기도 했다.

『예레미야』 - 멸망과 심판의 주 하나님

주전 6세기 유다 왕국의 멸망 시기의 예언자 예레미야는 율법의 순종과 회개를 촉구하였다. 하나님의 말씀으로 규정했던 죄악을 저지르는 개인과 공동체와 국가를 심판하시고 멸망하게 하시는 분이 이스라엘의 주 하나님이라고 선포하였으며, 구원도 하나님께 속한 것임을 하나님과 사람의 마음을 가슴에 품고 살았던 눈물의 선지자 예레미야는 예언을 통하여 선포하였다. 예레미야 1장 1절부터 25장 38절은 예레미야의 소명과 유다와 예루살렘에 관한 예언이며, 26장 1절부터 45장 5절은 예레미야의 전기라고 할 수 있는 그의 생애와 예언 활동의 기록이다[26장 성전 설교 26:2]. 29장 10-14절은 포로기 70년 예언, 30-31장 위로의 책[31:29-30], 39장 2-6절은 예루살렘 함락, 42장 1절부터 44장 30절은 애굽으로 피신. 46-52장은 열방에 관한 예언과 성전 파괴[52:12-14]와 유다 멸망 역사의 기록이며, 시간 순서상으로 기록되지 않은 특징이 있다.

베냐민 땅의 유배지 아나돗의 제사장 힐기야의 아들 예레미야,
태중에서 지어지기 전에 이미 그를 아셨다는 하나님의 부르심에 순종하여
철 모르던 어린 나이에 이미 선지자가 되었다. 23년을 한결같이 눈물로 호소하며 유다는
회개하고 멸망의 길에서 돌이키라 선포하였지만25:3, 남은 것은 멸시와 조롱과 따돌림의
아픔. 결혼도 하지 말라 하셨기에 외로이
순종하여 따라간 소명의 길16:2,
아무도 듣지 않는 예언을
멈추겠다 마음먹었지만,
중심이 불 붙는 것 같아
견딜 수 없었고,
하나님은 결국 예레미야를
이기셨다20:7-9.
불같은 말씀, 반석을 쳐서
깨트리는 방망이 같은
주님의 말씀 전할 수밖에 없었다23:29.
유다 왕 요시야의 아들 여호야김 왕 때, "악한 길에서 돌이키고 심판의 재앙을 피하여
살길을 찾으라"라고 성전에서 선포하던 예레미야를 유다 방백들은 죽이고자 하였다26:1-19.
바벨론왕 느부갓네살이 여호야김의 아들 여호야긴여고냐 왕과 백성들을 사로잡아 갔을
때에는 무화과 광주리의 환상을 보며 예언하였고24:1-2, 70년간의 포로 생활을 예언하라
하셨기에 대언하였고25:11-12, 서기관 바룩은 예레미야의 구전을 책으로 기록하였다45:1.
 요시야의 아들 시드기야가 여호야김의 아들 고니야를 대신하여 왕이 된 후에도 왕은
예레미야를 통하여 전달된 하나님의 말씀을 듣지 않았으며, 애굽의 진격과 일시적인
바벨론의 후퇴 이후에 임하게 될 멸망을 예언한 예레미야는 예루살렘 성 시위대 뜰에
갇혀서 유다의 최후를 맞이하였다37:1-21. 열방과 바벨론에게도 임하게 될 멸망의 심판을
예언하였던 예레미야의 예언은 그렇게 마무리 되었다51:64
70년 세월 지나 포로 되었던 이들 돌아오고, 그가 흘렸던 눈물만큼이나 더 오랜 시간 흐른
후에 '눈물의 선지자'에게 주셨던 '새언약'31:31-33의 약속은 예수께서 베푸셨던 최후
만찬의 자리와 제정해 주셨던 성례전의 말씀 가운데서 성취되었다눅 22:20.

《2017 겨울 성지답사 – 예루살렘 눈물교회》

구약을 그리다

1. 『예레미야』 – 예언자는 어떤 사람이었을까?

"슬프다 나의 근심이여 어떻게 위로를 받을 수 있을까 내 마음이 병들었도다. 딸 내 백성의 심히 먼 땅에서 부르짖는 소리로다 여호와께서 시온에 계시지 아니한가, 그의 왕이 그 가운데 계시지 아니한가 그들이 어찌하여 그 조각한 신상과 이방의 헛된 것들로 나를 격노하게 하였는고 하시니, 추수할 때가 지나고 여름이 다하였으나 우리는 구원을 얻지 못한다 하는도다. 딸 내 백성이 상하였으므로 나도 상하여 슬퍼하며 놀라움에 잡혔도다. 길르앗에는 유향이 있지 아니한가 그곳에는 의사가 있지 아니한가 딸 내 백성이 치료를 받지 못함은 어찌 됨인고, 어찌하면 내 머리는 물이 되고 내 눈은 눈물 근원이 될꼬 죽임을 당한 딸 내 백성을 위하여 주야로 울리로다."렘 8:18-9:1

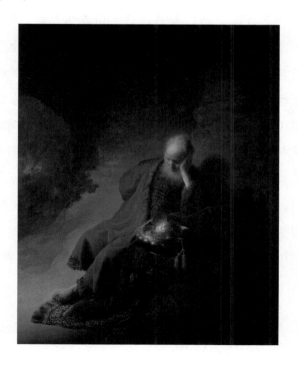

렘브란트Rembrandt, 1606-1669가 그렸던 〈예루살렘의 멸망을 슬퍼하는 예레
미야〉Jeremiah Lamenting the Destruction of Jerusalem라는 제목의 1630년 작품은 예레미
야서와 예레미야애가에 기록된 예루살렘의 멸망을 배경으로 한 작품이다.[1]
그림의 왼편 가장자리에는 이미 불타고 있는 예루살렘과 자신의 손으로
눈을 가린 채 헤매고 있는 한 사람과 그 뒤편에 있는 무장한 군인들의 모습
이 보이는데, 이 군인들은 예루살렘을 멸망시킨 바벨론의 군대일 수 있다.
예루살렘 성과 성전이 파괴되고, 거주민들이 살육당하는 멸망의 현장을 목
격했던 예레미야의 수심 가득한 얼굴의 주름살은 명암의 대비로 표현된
무게감만큼이나 커다란 슬픔을 새겨놓은 흔적처럼 보인다.

　　왼손으로 얼굴을 받친 모습 속에서 상실감과 절망한 마음으로 온몸의
기운마저 잃어버린 예레미야의 고통과 힘겨움을 엿볼 수 있다. 그의 팔 아
래에 놓여 있는 금속 그릇 속에는 금 그릇과 패물들이 담겨 있고, 그의 팔
꿈치 밑에는 예언서일 수 있는 두텁고 큰 책이 놓여 있다. 그림 속 예레미
야 선지자는 화려한 겉옷을 걸치고 있고, 금실로 수놓은 듯한 양탄자 위에
맨발로 앉아 있다. 누군가 아무리 좋은 옷을 입혀 주었어도 예레미야는 기
쁨보다는 슬픔 속에 잠기게 되었다. 또는 예루살렘과 유다의 멸망을 예언
하였던 예레미야를 바벨론의 정복자들이 아무리 극진하게 대접해 주었다
고 한들, 벌하셨으나 아파하시는 하나님의 마음을 가슴에 품고, 하나님의
마음에 공감하며, 그분의 말씀으로 예언했던 선지자의 마음은 이미 다 무
너져 내려버린 상황이었다. 선지자는 하나님과 사람들 사이에서 동시에 하
나님의 심장을 가지고 말씀을 외쳐서 대언하는 사람이었고, 사람들의 마음
을 가지고 하나님께 간구하는 사람이었다. 예언자는 그렇게 하나님의 〈파

1　　Rembrandt Harmenszoon van Rijn (1606-1669), 〈Jeremiah Lamenting the Destruction of Jerusalem〉
　　(1630), oil on oak wood, 58×46cm, 그림 출처: https://commons.wikimedia.org/wiki/File:Jeremia_treurend_
　　over_de_verwoesting_van_Jeruzalem_Rijksmuseum_SK-A-3276.jpeg

토스〉와 사람의 〈파토스〉를 한 심장에 담은 채로 살아가야만 했던 '하나님의 사람'이었다. 그 모습을 잘 보여주는 본문 가운데 하나가 예레미야 8장 18절에서 9장 1절에 기록된 본문이었다. 이 짧은 분량의 한 단락 본문 안에는 예언자의 말과 이스라엘 백성들의 말과 하나님의 말씀이 함께 포함되어 있다. 그 내용에 따라 누구의 말인지를 분석하여 분류해 보면 다음과 같이 정리해 볼 수 있다:

(1) 예언자의 말: 슬프다 나의 근심이여 어떻게 위로를 받을 수 있을까 내 마음이 병들었도다. 딸 내 백성의 심히 먼 땅에서 부르짖는 소리로다.

(2) 백성의 말: 여호와께서 시온에 계시지 아니한가, 그의 왕이 그 가운데 계시지 아니한가.

(3) 하나님의 말씀: 그들이 어찌하여 그 조각한 신상과 이방의 헛된 것들로 나를 격노하게 하였는고 하시니,

(4) 백성의 말: 추수할 때가 지나고 여름이 다하였으나 우리는 구원을 얻지 못한다 하는도다.

(5) 예언자의 말: 딸 내 백성이 상하였으므로 나도 상하여 슬퍼하며 놀라움에 잡혔도다. 길르앗에는 유향이 있지 아니한가 그곳에는 의사가 있지 아니한가 딸 내 백성이 치료를 받지 못함은 어찌 됨인고, 어찌하면 내 머리는 물이 되고 내 눈은 눈물 근원이 될꼬 죽임을 당한 딸 내 백성을 위하여 주야로 울리로다.

이 단락에 기록된 본문은 하나님의 말씀을 중심에 두고 앞뒤에 예언자의 말과 백성의 말이 대구법의 형태를 이루면서 서로 상응하는 구조를 보여주고 있다. 그런데 여기서 예언자는 이스라엘 자손들의 간구와 기도의

소리를 듣고 하나님께 전달하고, 하나님의 말씀을 듣고 이스라엘 자손들을 향하여 하나님의 말씀을 선포함으로 전달하고 있으며, 동시에 자신의 가슴으로 하나님의 심정과 사람의 심정을 공감하면서 그 생각과 마음과 깨달음과 감정까지도 이야기하고 있는 모습을 볼 수 있다. 1차와 2차와 3차까지 포로로 붙잡혀 갔던 유다 왕국의 백성들은 결국 마지막 주전 586년에 대부분의 백성들이 바벨론에 포로로 끌려가게 되었고, 예루살렘은 철저하게 파괴되고 초토화되는 비극적인 종말을 맞이하였다.

예레미야 8장과 9장 사이의 이 본문은 예루살렘의 멸망 전에 이미 포로로 끌려가 있던 이스라엘 자손들의 상황과 역사적 배경을 반영하고 있으며, 포로된 곳에서 고향 땅으로 돌아갈 구원의 날을 기다리며 고통스러워 하던 백성들의 목소리를 담고 있다. 그들의 소식을 들으며 가슴 아파하는 선지자 예레미야의 슬픔도 표현되어 있고, 이스라엘 민족의 우상숭배와 죄악으로 인하여 진노하시며 심판하시는 하나님의 말씀도 함께 이 본문 속에 수록되어 있었다. 하나님의 사람으로서 예레미야 선지자는 기도하는 사람이었고, 선포하는 사람으로서 하나님이 부르신 소명을 따라 평생을 살아갔던 사람이었다. 때로는 슬픈 마음으로 수십 년 동안 외쳤던 심판 예언을 더는 전하지 않겠다고 결심했으나, 다시 불 붙는 것 같은 마음을 견딜 수 없어서 하나님이 나를 이기셨다고 고백하며 다시 소명의 자리로 돌아오기도 했던 일도 있었고렘 20:7-9, 결혼을 금지하셨기 때문에 결혼할 수 없었던 예레미야의 삶도 이스라엘 민족의 심판 예언과 연결되어 있음을 확인할 수도 있다렘 16:1-4.

예언자로 살아가던 생애 동안 그가 선포했던 하나님의 심판에 관한 경고를 유다 사람들은 누구도 좋아하지 않았기 때문에 그는 언제나 조롱거리가 되었고, 회피의 대상이 되었으며, 심지어 생명의 위협을 받기까지 하였다. 그러나 그가 하나님께 받았던 소명을 접을 수가 없었다. 죽음보다도 강한 하나님의 사랑이 예레미야 선지자를 붙들고 있었고, 그 사랑 때문에 예레미야는 주께서 명하신 소명의 자리를 박차고 떠날 수가 없었다. 하나님의 말씀이 그에게 임했던 첫날, 그는 하나님의 사랑에 사로잡혔고, 그 심장 가득한 사랑으로 어린 시절 예레미야는 그분의 부르심에 순종하여 그렇게 하나님을 따라나섰다.[2]

2. 『예레미야』[3] – 멸망과 심판의 주 하나님

········· 예레미야서에서 알려주는 '광야'는 어떤 곳일까?

"여호와의 말씀이 내게 임하니라. 이르시되 가서 예루살렘의 귀에 외칠지니라. 여호와께서 이와 같이 말씀하시기를 내가 너를 위하여 네 청년 때의 인애와 네 신혼 때의 사랑을 기억하노니 곧 씨 뿌리지 못하는 땅, 그 광야에서 나를 따랐음이니라. 이스라엘은 여호와를 위한 성물 곧 그의 소산 중 첫 열매이니 그를 삼키는 자면 모두 벌을 받아 재앙이 그들에게 닥치리라 여호와의 말씀이니라."렘 2:1-3

---

2   "여호와의 말씀이 내게 임하니라 이르시되, 내가 너를 모태에 짓기 전에 너를 알았고 네가 배에서 나오기 전에 너를 성별 하였고, 너를 여러 나라의 선지자로 세웠노라 하시기로, 내가 이르되 슬프도소이다. 주 여호와여 보소서 나는 아이라 말할 줄을 알지 못하나이다 하니, 여호와께서 내게 이르시되 너는 아이라 말하지 말고 내가 너를 누구에게 보내든지 너는 가며 내가 네게 무엇을 명령하든지 너는 말할지니라. 너는 그들 때문에 두려워하지 말라 내가 너와 함께 하여 너를 구원하리라 나 여호와의 말이니라 하시고, 여호와께서 그의 손을 내밀어 내 입에 대시며 여호와께서 내게 이르시되 보라 내가 내 말을 네 입에 두었노라. 보라 내가 오늘 너를 여러 나라와 여러 왕국 위에 세워 네가 그것들을 뽑고 파괴하며 파멸하고 넘어뜨리며 건설하고 심게 하였느니라 하시니라."(렘 1:4-10)

3   예레미야 참고 문헌: 배정훈, "성전 멸망을 선포한 예언자," 『장신논단』 47-1 (2015), 41-67; 김래용, "예레미야 25-44장의 메시지: 3단계 구성을 중심으로," 『구약논단』 28-3 (2022), 10-42; 김유기, "예레미야 34장 17절의 דְּרוֹר(드로르)의 의미," 『구약논단』 28-2 (2022), 77-104; 양인철, "트라우마의 관점에서 본 예레미야 16장 해석," 『구약논단』 29-2 (2023), 104-35; 정미혜, "예레미야서 37-39장에 나타난 시드기야의 정치 세력," 『구약논단』 29-4 (2023), 349-79.

사람이 똑같은 일을 경험해도 각자의 경험을 저마다 다른 시각과 관점에서 평가하고, 한 사건에 관하여 서로 다른 표현과 서술을 할 수 있다. 그러나 부정할 수 없는 것은 그 일이 현실의 시간과 공간 속에서 있었다는 하나의 사실이다. 이런 일은 구약의 역사서와 신약의 복음서에서도 경험하게 된다. 성경에 기록된 '광야'의 주제에 관한 묘사와 출애굽 사건 이후 40년간의 '광야시대' 역사에 관한 평가에서도 그러한 현상이 나타나고 있다. 출애굽 했던 이스라엘 자손의 광야시대 역사는 민수기 13-14장의 가나안 정탐 사건 이후에 시작되었다. 하나님이 이스라엘 민족에게 약속해 주셨던 "젖과 꿀이 흐르는 땅"으로서 가나안땅에 대한 악평과 지도자 모세와 아론을 향한 원망과 하나님을 향한 완전한 불신앙의 결과는 하나님의 심판 선언으로 일단락되었다^{민 14:34-35}.⁴

그 후에 출애굽과 광야시대 역사에 관한 부정적인 평가는 시편 78편과 106편과 에스겔 20장 13-17절과 고린도전서 10장 1-10절과 히브리서 3장 7-11절에서도 찾아볼 수 있다. 그러나 호세아 2장 14-15절과 예레미야 2장 1-3절은 이 광야시대를 〈첫사랑〉의 때로 해석하였다. 이렇게 '찬반 논쟁'처럼 엇갈린 평가가 있을 수밖에 없는 것은 민수기에 기록된 광야시대 역사의 독특한 측면들에서 기인한다. 출애굽 첫 세대에게는 광야의 여정이 불순종과 심판의 시대가 되었다. 그러나 동시에 출애굽 둘째 세대에게는 광야의 여정 가운데 그들 자신이 목격했던 부모 세대의 불신앙과 반역과 하나님의 심판받는 역사가 '반면교사'가 되었고, 신앙의 훈련과 연단 과정과 교육의 시간이 될 수 있었다. 그렇다면 이스라엘 자손의 출애굽 둘째 세대에게 '광야'는 예레미야의 해석과 같이 하나님과 새로운 이스라엘 세대의

---

4   "너희는 그 땅을 정탐한 날 수인 사십 일의 하루를 일 년으로 쳐서 그 사십 년간 너희의 죄악을 담당할지니 너희는 그제서야 내가 싫어하면 어떻게 되는지를 알리라 하셨다 하라. 나 여호와가 말하였거니와 모여 나를 거역하는 이 악한 온 회중에게 내가 반드시 이같이 행하리니 그들이 이 광야에서 소멸되어 거기서 죽으리라."(민 14:34-35).

'첫사랑'과 '신혼여행'의 때와 같은 '상징적 언어'로 표현될 수 있는 측면이 겉으로는 잘 보이지 않았던 광야시대의 속뜻과 내면과 심층에 놓여있던 것임을 알 수 있다.

.... 예레미야서는 왜 읽어가기 어려운 것일까?

예레미야 선지자는 그처럼 남유다 왕국의 역사와 미래에 관하여 다른 시각을 가지고 바라보며, 다른 미래의 시간을 인식하면서, 모든 이들이 솔로몬 성전이 서 있는 예루살렘은 멸망하지 않는다고 생각할 때 불의와 불법과 죄악에 대한 하나님의 심판이 현실이 될 것이라는 경고의 예언을 이어갔다. 그러나 모두가 하나님의 심판을 받고 멸망하게 되는 미래의 현실 가운데서게 될 때 하나님의 작정하신 심판이 이루어지고 70년의 포로생활이 끝나면 다시 포로귀환과 해방을 맞이할 것이라는 예언까지도 예레미야는 선지자로서 선포하였다. 예레미야서는 1장의 요시야 왕 시대에 예레미야에게 임했던 하나님의 말씀과 그의 소명에 관한 내용으로 이루어져 있다. 2-45장은 남왕국 유다의 왕조 역사와 심판 예언을 수록하였다. 46-50장은 열방의 나라와 민족들을 향한 심판 예언이고, 52장은 다시 유다 멸망과 바벨론에 포로로 끌려갔던 유다 왕 여호야긴의 석방 사건까지 기록한 내용으로 구성되어 있다.

그런데 예레미야서의 가장 큰 어려움 가운데 하나는 역사적 혹은 연대기적 순서로 예언서를 기록하지 않았다는 점이다. 예레미야는 아나돗의 제사장 힐기야의 아들이었고, 요시야왕 13년부터 시드기야왕 11년 말까지 예언했고, 그 해 5월에 예루살렘은 멸망하였다고 예레미야서 1장 1-3절에 밝혀주고 있다. 유다 왕조의 연대기적 역사는 요시야-여호아하스^{살룸}-여호야김-여호야긴^{여고냐. 고니야}-시드기야/그달랴 순서였다. 그러나 예레미야서 본문에서는 왕들의 순서가 시대순으로 기록되어 있지 않다: 1장 1절 요시야 - 21장 1절 시드기야 - 22장 11절 살룸^{여호아하스} - 22장 18절 여호야김 - 22장 24절 고니야^{여호야긴} - 24장 1절 시드기야 - 25장 1절, 36장 1절 여호야김 - 37장 1절 시드기야 / 40장 5절 - 그달랴^{총독} / 45장 1절 여호야김 - 52장 1절 시드기야 - 52장 31절 여호야긴의 석방 순서로 기록되어 있다. 이처럼 예레미야서는 대략적으로만 살펴보아도 연대기적 순서가 아니라 뒤섞여 있는 형태로 유다 왕들의 이름과 사건들이 기록되어 있음을 확인할 수 있다.

이 가운데는 예레미야의 성전 설교^{7장, 26장}과 안식일 계명에 관한 자세한 말씀^{17장}과 바벨론에 포로로 잡혀간 이들에게 보냈던 편지^{29장}와 이스라엘과 유다와 다시 세우실 '새 언약'에 관한 예언^{31:31}과 선조 요나답의 명령을 지켜서 유목민의 전통을 지키며 살아왔던 레갑 족속 이야기와 그들을 향한 구원의 예언^{35장}과 하나님의 명령하심을 따라 두루마리 책에 하나님의 말씀을 기록할 때 서기관 바룩이 예레미야의 구전대로 기록한 일^{36:1-4}과 여호야김 왕이 그 두루마리에 기록된 하나님의 말씀을 듣고 회개하는 대신에 그것을 가져다가 겨울궁전 화로 불에 작은 칼로 베어서 불사른 일 ^{36:20-26} 등의 무수히 많은 사건과 하나님의 다양한 말씀과 예언이 기록되어 있다.

········· **예레미야서에서는 어떤 하나님을 선포하고 있을까?**

예레미야서의 연대기적 순서만큼이나 혼란스럽고 뒤죽박죽처럼 보이는 유다 왕국 멸망사의 과정에서도 바벨론 제국의 시위대장 느부사라단이 예레미야 선지자에게 바벨론 이주를 제안하면서 했던 말처럼 '하나님의 말씀'은 성취되었으며^{렘 40:3}, 모든 사건의 순간들은 하나님의 계획하신 때와 기한에 따라 칠십년 포로생활의 예언이 이루어져 가고 있는 기간이기도 했다렘 25:11. '포로시대'에 대한 하나님의 말씀은 예레미야 29장 10-14절에 기록되어 있으며, 이 본문에서 범죄한 이스라엘 민족의 멸망과 유다 왕국을 심판하셨던 주 하나님의 속마음과 본뜻이 무엇이었는지를 밝혀주었다. 하나님의 마음속에 있던 뜻과 생각은 하나님의 백성을 향한 사랑이었으며, 복과 평안과 미래와 희망이었다.[5]

목숨을 건 대수술 없이는 살릴 수 없는 지경의 환자처럼 죄악으로 부패하고 타락한 이스라엘 민족을 살리는 길을 하나님은 대수술과도 같았던 심판을 통한 극단적 방법밖에는 없음을 판단하셨고, 결정하신 하나님은 예레미야 선지자를 통하여 전해주셨던 멸망과 심판의 예언과 경고의 말씀대로 실행하셨다. 누구보다도 이 모든 일을 알고 있었던 예레미야 선지자는 바벨론 제국에 의한 유다 왕국의 멸망 사건을 하나님의 시각에서 바라보았고, 예레미야애가에서는 이 비극적이었던 유다 왕국의 멸망과 파멸 사건의 주어를 하나님으로 표현하고 기록하였다. 하나님은 개인과 공동체와 역사의 죄악에 대하여 심판과 멸망을 판결하시고, 결정하시며, 실행하시는 주 하나님이시며, 동시에 심판받은 사람들을 용서하시고, 회복하시고, 구원하실 수 있는 분이라는 사실을 예레미야서를 통하여 예레미야 선지자는 우리에게 이야기해 주고 있다.

---

[5] "여호와께서 이와 같이 말씀하시니라 바벨론에서 칠십 년이 차면 내가 너희를 돌보고 나의 선한 말을 너희에게 성취하여 너희를 이 곳으로 돌아오게 하리라. 여호와의 말씀이니라 너희를 향한 나의 생각을 내가 아나니 평안이요 재앙이 아니니라 너희에게 미래와 희망을 주는 것이니라. 너희가 내게 부르짖으며 내게 와서 기도하면 내가 너희들의 기도를 들을 것이요. 너희가 온 마음으로 나를 구하면 나를 찾을 것이요 나를 만나리라. 이것은 여호와의 말씀이니라 나는 너희들을 만날 것이며 너희를 포로된 중에서 다시 돌아오게 하되 내가 쫓아 보내었던 나라들과 모든 곳에서 모아 사로잡혀 떠났던 그 곳으로 돌아오게 하리라 이것은 여호와의 말씀이니라."(렘 29:10-14)

3. 예레미야서는 어떤 뜻을 담은 책일까?

예레미야서에 기록된 이스라엘 민족의 멸망사 가운데서 '예언자'로서 삶을 살았던 예레미야 선지자는 어린 나이에 예언자로서의 소명을 경험하였다렘 1:5-6. 그는 그가 받은 소명 때문에 하나님의 말씀에 순종하여 결혼을 포기해야만 했다렘 16:1-2. 그 소명으로 말미암아 그는 23년 넘게 멸망의 예언과 심판의 경고를 해야 했고25:3, 그 소명의 길이 너무 힘들어서 중간에 포기하려고도 했지만, 하나님이 결국 그를 이기셨으므로 다시 불 붙는 것 같은 마음을 견딜 수 없었다고 고백하면서, 다시 예언자로서 살아가야만 했던 '삶의 자리'로 돌아왔던 사람이었다렘 20:7-13. 그는 끝까지 하나님께 부르짖고, 회개하고, 죄악에서 돌이켜 구원을 받으라는 하나님의 말씀을 전하였고, 하나님의 본심은 재앙이 아니라 평안이며, 소망을 주고자 하심이라고 선포하였다렘 29:11. 하나님은 마침내 스스로 돌이키지 못하는 이스라엘 자손들의 마음을 하나님께서 친히 돌이켜주시고, 그들을 다시 하나님의 백성 삼으시겠다는 〈새 언약〉의 약속을 예레미야 선지자에게 예언하게 하셨다렘 31:31.

예레미야서에서는 한 공동체에 속한 개개인이 전체의 심판과 구원에 한꺼번에 포함되는 것이 아니라 개인적인 책임에 따라 주어지게 될 것을 "신 포도"의 비유를 통해 가르쳐 주었다렘 31:30. '새 언약'의 예언은 예수께서 십자가 고난을 받으시기 전 유월절 저녁 식사를 〈최후의 만찬〉으로 제자들과 함께 가지시면서 제정하셨던 〈성례전〉의 말씀 속에서 성취되었으며고전 11:23-28, 성례전의 '분병분잔'은 인류를 죄에서 구원하시기 위한 십자가 고난과 대속의 죽으심을 기념하고, 부활의 생명과 영생의 약속을 상징하는 예식으로 기독교 역사 속에서 전승되었다. 예레미야서는 예언자가 누구인지, 하나님이 어떤 분인지, 심판은 무엇이고, 구원이 무엇인지를 알려

주는 책이며, 하나님의 사람으로 살아가야 하는 그리스도인들에게 과연
〈소명〉이 무엇인가를 알려주는 책이다.

『예레미야애가』 - 우리를 긍휼히 여기실 주 하나님

이스라엘 민족의 죄악을 심판하시고 유다^{주전 586}와 이스라엘^{주전 722}을 멸망시키신 하나님 앞에서 선지자 예레미야는 장송곡에 해당하는 조가를 불렀다. 예레미야애가는 1-3장이 히브리어 알파벳으로 이루어진 답관체^{acrostic} 시로 기록되었다. 이 책은 '절제된 시적 언어'로 이루어진 고백과 탄식의 장송곡이지만 동시에 탄원하는 기도서이며, 4장은 예루살렘 파멸의 현장 속에서 오로지 하나님께만 다시금 구원의 희망을 두어야 한다고 권면하며, 절망한 사람들의 마음을 이끌어갔던 슬픈 희망의 마지막 노래였다. 예레미야 선지자는 심판하신 그분만이 다시 이스라엘을 긍휼히 여기시고, 구원을 베푸실 주 하나님이심을 이미 알고 있었기 때문에 오직 그분만을 향해 가슴속 슬픔 가득한 기도의 노래를 불렀다.

예레미야의 슬픈 울음소리 노래가 되었다.
레위기 26장, 신명기 28장… 율법의 예언 따라 저주의 말씀 현실이 된 석양빛 물든 그날.
미운 것, 가증한 것,
부정한 것,
속된 것
모조리 쓸어 담은 용광로 되어 불타오른 예루살렘.

야훼의 성전은 이미 훼파되고,
시온성 뜨거운 불길과 함께 사그라지는 유다의 마지막 호흡.
돌 위에 돌도 남지 않은 시온을 향한 눈길,
애처로운 주검,
사라지는 눈빛과 마주할 때,
창자는 끊어지고,
간이 쏟아지는 잿빛 탄식.
가여운 내 딸, 내 백성 이스라엘을 위한 노래 멈추고
선지자의 속 울음소리는 기도가 되었다.

《2017 겨울 성지답사 – 맛사다》

1. 『예레미야애가』 - '눈물의 선지자' 예레미야

"슬프다 주께서 어찌 그리 진노하사 딸 시온을 구름으로 덮으셨는가 이스라엘의 아름다움을 하늘에서 땅에 던지셨음이여 그의 진노의 날에 그의 발판을 기억하지 아니하셨도다. 주께서 야곱의 모든 거처들을 삼키시고 긍휼히 여기지 아니하셨음이여, 노하사 딸 유다의 견고한 성채들을 허물어 땅에 엎으시고 나라와 그 지도자들을 욕되게 하셨도다 … 내 눈이 눈물에 상하며 내 창자가 끊어지며 내 간이 땅에 쏟아졌으니 이는 딸 내 백성이 패망하여 어린 자녀와 젖 먹는 아이들이 성읍 길거리에 기절함이로다. 그들이 성읍 길거리에서 상한 자처럼 기절하여 그의 어머니들의 품에서 혼이 떠날 때에 어머니들에게 이르기를 곡식과 포도주가 어디 있느냐 하도다"애 2:1-2, 11-12

위의 그림은 더 이상의 설명이 필요 없을 정도로 처절하게 파괴되어 버린 예루살렘 성의 폐허 속에서 고통스러워하는 선지자 예레미야의 심정을 고스란히 보여주고 있다. 1870년에 레핀^{Ilya Repin}이 〈예루살렘 폐허 위에서 선지자 예레미야의 울부짖음〉Cry of prophet Jeremiah on the Ruins of Jerusalem 이라는 제목으로 그렸던 그림이다.[1] 명암의 극명한 대조는 어두움의 무거운 색채만큼 깊은 절망과 슬픔의 강도를 느낄 수 있게 한다. 그림 중앙에서 밝은 조명을 비춘 것처럼 빛이 집중된 자리에 남루한 겉옷을 걸친 노인 한 사람이 겨우 벽에 기대어 서 있는 모습을 볼 수 있다. 이렇게 슬픔에 매몰된 모습으로 빛 가운데 서 있는 노인이 화가가 상상했던 눈물의 선지자 예레미야였다.

그는 예루살렘 멸망의 마지막 날까지 죽음의 위협 가운데서 고초를 겪었던 모습 그대로 초라하게 남아 있는 성벽의 담장 위에는 기둥 하나가 쓰러질 듯 위태하게 기울어진 채로 서 있다. 한때는 화려하고 웅장하게 열 지어 서 있었을 그 거대한 기둥이 떠받치고 있던 건물의 아름다움은 이제 사라져 버렸고, 오로지 폐허 위에서 울부짖는 선지자의 구슬픈 울음소리만 남아 있다. 화려한 솔로몬 성전도 돌무더기가 되었고, 시온산 위에서 찬란하게 빛나던 산성 예루살렘도 산산이 깨어지고 부서져 버린 파편 덩어리가 되었다. 예루살렘 성에 피난해 있었던 남왕국 유다의 백성들은 무참하게 살육당했고, 목숨을 부지할 수 있었던 이들은 바벨론 땅에 포로로 끌려가 버렸다.

예레미야애가 2장 1절의 히브리어 〈에카〉는 애통함과 슬픔을 표현하는 감탄사였으며, 한글 성경의 본문에서는 "슬프다"로 번역되어 있다. "그 발등상"은 구약에서 보통 언약궤를 표현하는 용어였으며^{대상 28:2, 시 99:5}, 역사

---

[1] Ilya Repin, 〈Cry of prophet Jeremiah on the Ruins of Jerusalem〉(1870). 그림 출처: https://commons.wikimedia.org/wiki/File:Jeremiah_by_Repin.jpg

적으로는 주전 586년의 예루살렘 성전 파괴 이후부터 구약성경에서 더는 언급되지 않은 것으로 보아 사라져 버린 것으로 추정하고 있다. 히브리어의 언어적 표현으로는 '도시'가 여성형 명사였는데, 2장 1-2절에서는 '처녀 시온'과 '처녀 유다'라는 호칭을 통하여 도시와 왕국의 여성 이미지를 강조하였다. 그런데 11-12절에서도 '처녀 내 백성'이라는 표현을 추가하면서 동시에 전쟁과 왕국의 멸망 상황에서 실제로 가장 처절하고 비참한 경험을 하게 되는 어린아이들과 부녀자들의 고통을 묘사하였다. 특별히 12절은 어머니의 품 안에서 굶주림 가운데 기력을 잃어버린 채 숨을 거두는 어린 자녀와 젖먹이들의 모습을 표현하고 있으며, 이러한 문체와 문장과 이미지는 유다 왕국 멸망의 슬픔과 애통함을 극대화해주고 있다. 또한 '눈물에 눈이 상하고, 창자가 끊고, 간이 밖으로 쏟아진다'는 문학적 표현을 사용한 문장들도 예루살렘의 멸망 속에서 감당할 수 없는 일들을 겪어내야만 하는 '하나님의 사람들'의 슬픔과 고통을 너무도 극적으로 드러내 준다. 구약 시대 이스라엘 사람들은 창자와 간이 인간의 감정을 담아내는 신체 기관으로 생각했기에 감당할 수 없는 멸망의 비극과 슬픔을 표현하기 위하여 그렇게 묘사했던 것이다.

4장 13-14절에서는 선지자들과 제사장들의 죄악을 지적하고, 4장 17절에서는 이방 나라를 의지하며 구원을 기대했던 정치 지도자들의 외교적 실책을 언급하였다. 5장 16절은 유다 백성의 죄악으로 인한 하나님의 심판을 이야기했다. 이스라엘 민족을 물리적으로 멸망시킨 것은 바벨론 제국이었으나, 선지자 예레미야는 그 주권이 그 나라와 그들의 군사력과 더욱이 그들이 섬기는 신들이 아니라 하나님께 있는 것이기에 멸망의 상황을 묘사할 때마다 그 문장의 주어는 하나님으로 기록하고 있다는 사실도 확인할 수 있다. 왜냐하면 복과 화가 모두 하나님께로부터 오는 것임을 선지자 예레미야는 이미 알고 있었기 때문이다애 3:38-39. 그런데 이 말씀은 이미 신명기 28-30장에도 기록되어 있었고, 레위기 26장에도 기록되어 있었던 복과 저주를 경고하는 율법서의 말씀으로 선포되었던 하나님의 말씀이기도 했다.

예레미야애가의 전체 내용은 이렇게 '멸망의 슬픔'과 '구원의 희망'도 오직 하나님의 주권에 속한 것임을 알고 하나님께 다시 한번 처참한 이스라엘 민족의 상황을 고백하는 기도로 '예레미야애가'를 마무리하고 있다 [5:20-21]. 그는 하나님의 속상하고 아픈 마음을 담아 사람들에게 하나님의 말씀을 전했던 것처럼, 또 울면서 백성들의 구원을 위한 간구의 기도를 올렸던 것처럼, 예레미야애가의 마지막 문장을 기록하면서도 그는 여전히 눈물 흘렸을 것이다. 그러므로 예레미야 선지자가 기록했던 예레미야애가의 마지막 문장 마침표는 그의 눈물 '한 방울'이지 않았을까?

2. 『예레미야애가』[2] - 우리를 긍휼히 여기실 주 하나님

"그대의 입을 땅의 티끌에 댈지어다 혹시 소망이 있을지로다 자기를 치는 자에게 뺨을 돌려대어 치욕으로 배불릴지어다."[애 3:29-30]

주전 586년에 바벨론 왕 느부갓네살에 의하여 유다 왕국이 멸망 당하고, 예루살렘이 불타서 없어져 버렸으며, 유다 백성들은 바벨론 땅에 포로로 끌려가게 되었다. 그러나 예언자 예레미야는 이 일이 하나님의 손에 의하여 일어난 하나님의 심판과 징벌의 사건이었다고 해석하였다. 우리말의

---

2 예레미야애가 참고 문헌: 박동현, "예레미야애가 번역 연습." 『성경원문연구』 제24호 부록 (2009), 7-29; 구아름. "설교에서 애통의 중요성에 관한 연구(Lament-Driven Preaching): 예레미야애가를 중심으로." 『장신논단』 54-2 (2022), 125-49.

'아이고'라는 장례식 곡소리처럼 애통함을 표현하는 히브리어 감탄사 〈에카〉가 본래 〈예레미야애가〉의 히브리어 제목이었으나, 헬라어 번역인 칠십인경의 제목은 눈물을 뜻하는 〈트레나〉였다. 매우 절제된 문학 양식으로 유다 왕국과 예루살렘 멸망을 묘사하는 '예레미야애가'는 히브리어 성경에서는 성문서에 속하는 책들 가운데 〈메길로트〉라고 부르는 다섯 두루마리 성경에 속한 책이었다.

예루살렘 멸망 기념일로 알려진 '아브'[7월 15일-8월 15일]월 9일에 유다 사람들은 이 책을 낭송하면서 절기를 지켰다. 〈에카〉라는 낱말은 1장 1절과 2장 1절과 4장 1절에 기록되어 있으며, 전체 5장 가운데 1-4장은 히브리어 알파벳 전체의 22개 자음을 첫 글자로 사용하는 본문들로 이루어진 '답관체'[acrostic] 시로 구성되어 있다. 1-4장은 장송곡과도 같은 탄식과 애통함과 권면의 시문으로 이루어져 있으며, 5장은 예언자의 회개와 간구의 기도로 이루어져 있다. 그 가운데 1-2장은 구체적인 예루살렘 멸망 상황을 그대로 반영하고 묘사한 내용을 포함하고 있다. 예레미야애가는 민족적이고 역사적인 위기에 처한 고난에 대한 탄식과 슬픔을 히브리어 알파벳의 순서에 따라 한 절씩 기록하였고, 3장에서만 3절씩 기록하는 시문으로 표현함으로써 왕국의 멸망과 백성의 죽음을 수사학적인 문학성과 절제의 미학 속에 고스란히 담아내었다.

예레미야애가에서 선지자 예레미야가 보여주고 있는 구원을 위한 간구와 기도는 매우 소극적이고, 수동적인 면을 보여주고 있다는 생각이 든다. 물론 예레미야 선지자가 대언했던 하나님의 말씀 가운데에서도 "일을 행하시는 여호와, 그것을 만들며 성취하시는 여호와, 그의 이름을 여호와라 하는 이가 이와 같이 이르시도다. 너는 내게 부르짖으라 내가 네게 응답하겠고 네가 알지 못하는 크고 은밀한 일을 네게 보이리라"라는 예레미야 33장 2-3절을 보면 그런 적극적이고 전투적인 간구와 용사의 기도와도 같은 기도를 촉구하는 말씀도 만날 수는 있었다. 또한 예레미야애가 3장 40절의 "우리가 스스로 우리의 행위들을 조사하고 여호와께로 돌아가자"라는 본문에서와 같이 심판받은 이스라엘 자손들을 향하여 회개를 촉구하는 내용에서는 여느 예언자들과 다르지 않게 매우 적극적이고 능동적인 신앙의 자세를 요구하고 있는 면도 찾아볼 수는 있다.

하지만 전반적으로 예레미야애가의 본문들에서 보고 느끼게 되는 예레미야 선지자의 권면과 기도의 내용은 다른 면들을 느끼게 한다. 예레미야애가 3장 26-28절의 본문에서는 하나님께서 이스라엘 민족에게 내리신 심판과 징벌의 상황 속에서 사람들에게 '잠잠히 기다림'에 관하여 말하는 내용을 볼 수 있다. "사람이 여호와의 구원을 바라고 잠잠히 기다림이 좋도다. 사람은 젊었을 때에 멍에를 메는 것이 좋으니, 혼자 앉아서 잠잠할 것은 주께서 그것을 그에게 메우셨음이라"라는 이스라엘 민족을 향한 선지자의 권면을 보면서 때로 소극적이고 수동적인 신앙의 자세가 필요할 때가 있음을 생각해 볼 수 있다.

5장 21-22절의 "여호와여 우리를 주께로 돌이키소서 그리하시면 우리가 주께로 돌아가겠사오니 우리의 날들을 다시 새롭게 하사 옛적 같게 하옵소서. 주께서 우리를 아주 버리셨사오며 우리에게 진노하심이 참으로 크시니이다"라는 마지막의 두 문장에서도 선지자 예레미야가 이스라엘 민족의 멸망을 경험한 상황 가운데서 하나님을 향하여 간구하고 고백하는 내용을 볼 수 있다. 여기서도 이스라엘 민족이 주님께 돌이키고, 회개하는 일마저도 스스로 할 수 없는 것이라는 전제를 가지고 기도하며, 현재의 비참한 멸망 상황만을 묘사하고 고백하고 있다는 점에서 간구를 최소화하고 하나님의 자비와 은총의 주권에 전적으로 의지하는 신앙의 소극적이며 수동적인 측면을 느낄 수 있다.

선지자 예레미야는 가장 절실하고 절박한 상황 가운데서 어떻게 이런 권면과 이런 소극적이고 수동적인 자세의 기도를 할 수 있었던 것일까? 예레미야애가 3장 32-33절에서 우리는 선지자 예레미야가 알았던 하나님의 속마음이 무엇인가를 엿볼 수 있다. "그가 비록 근심하게 하시나 그의 풍부한 인자하심에 따라 긍휼히 여기실 것임이라. 주께서 인생으로 고생하게 하시며 근심하게 하심은 본심이 아니시로다"애 3:32-33라는 본문은 선지자 예레미야가 누구보다도 하나님의 속마음과 성품을 잘 알고 있는 선지자였기 때문에 심판받은 이스라엘 민족을 향하여 말하고, 또한 하나님을 향하여 이스라엘 민족의 형편을 고백하면서 하나님의 은혜를 의지하여 그렇게 기도할 수 있었음을 헤아려 볼 수 있다.

예레미야 선지자는 멸망한 이스라엘 민족을 향하여 이렇게 권면하였다. "그대의 입을 땅의 티끌에 댈지어다 혹시 소망이 있을지로다. 자기를 치는 자에게 뺨을 돌려대어 치욕으로 배불릴지어다."애 3:29-30 그가 그렇게 권면할 수 있었던 속 깊은 뜻은 이어진 본문에서 찾아볼 수 있다. "이는 주께서 영원하도록 버리지 아니하실 것임이며, 그가 비록 근심하게 하시나, 그의 풍부한 인자하심에 따라 긍휼히 여기실 것임이라."애 3:31-32 그런 다음에 이어졌던 본문이 앞에서 언급한 예레미야애가 3장 32-33절의 바로 그 본문이었다:

"그가 비록 근심하게 하시나 그의 풍부한 인자하심에 따라 긍휼히 여기실 것임이라. 주께서 인생으로 고생하게 하시며 근심하게 하심은 본심이 아니시로다."애 3:32-33

그러므로 때로는 우리의 신앙이 억지가 되지 않아도 됨을 생각해 볼 수 있다. 때로는 너무 고통스러워서 어떤 간구도 할 수 없는 지경에 처하게 될 수 있는데도 자기 자신을 극복하고, 넘어서는 초인적인 신앙을 요구받을 때도 있다. 그러나 자신의 형편과 처지를 그저 소상하게 사실 그대로 하나님 앞에 고백하듯이 이야기하는 그런 기도도 하나님 앞에서는 가능한 것임을 예레미야애가를 통하여 살펴볼 수 있다. 예레미야애가를 읽으면서 기억해 볼 수 있었던 신약의 본문은 로마서 8장 26절이었다. 이 말씀에서는 우리가 기도할 정신마저 혼미해질 정도로 고난에 처하고, 감당할 수 없는 고통스러운 지경에 맞닥뜨리는 순간에도 하나님과 예수 그리스도의 영이신 성령이 우리를 위하여 친히 간구하신다는 사실을 이야기해 주었다:

> "이와 같이 성령도 우리 연약함을 도우시나니 우리가 마땅히 기도할 바를 알지 못하나, 오직 성령이 말할 수 없는 탄식으로 우리를 위하여 친히 간구하시느니라." 롬 8:26

『에스겔』 - 마른 뼈도 살게 하는 강력한 말씀의 주 하나님

남왕국 유다의 왕 여호야긴이 바벨론에 포로로 사로잡힌 지 5년 부터겔 1:2 22년이 지난 27년까지29:17 에스겔 선지자의 활동은 지속되었다. 그 기간은 역사적으로 최소한 주전 592년부터 570년 까지에 해당하는 시기였으며, 여호야긴 왕과 함께 포로로 끌려 갔던 에스겔 선지자는 주전 586년의 예루살렘 파멸 소식도 바벨론 땅에서 듣게 되었고, 처참한 모습으로 바벨론에 포로로 끌려 오는 멸망한 유다 백성들의 모습을 직접 목격했을 것으로 보인다.

하나님의 진노하심과 심판을 경험한 이스라엘 민족의 참담함과 절망 속에서 에스겔 선지자는 마른 뼈들의 골짜기에서 그 뼈들이 하나님의 말씀으로 되살아나는 환상을 보았다. 또한 그는 새로운 예루살렘 성전의 재건을 미리 바라보며, 하나님의 말씀을 대언하였다. 하나님은 말씀으로 온 세상과 사람을 창조하셨고, 다시 말씀으로 멸망한 이스라엘 민족을 새롭게 창조해 가실 주 하나님이심을 선포하였다. 1-24장은 예언자의 소명과 예루살렘 멸망 전에 바벨론 땅에서 선포한 유다 심판과 멸망 예언1-3 파수꾼의 소명 / 24:15-27 에스겔의 아내 사망: 이스라엘 멸망표징이고, 25-32장은 열방에 대한 예언이며, 33-48장은 예루살렘 멸망 후의 구원과 회복에 관한 예언37 마른 뼈의 환상, 40-48 새 성전 환상이다.

주전 597년 유다 왕 여호야긴이 바벨론 왕 느부갓네살의 2차 침입 때에 사로잡히던 날,
젊은 제사장 에스겔도 함께였다. 서른 살 즈음에 느부갓네살 왕의 대운하 맞닿은 그발 강가
에서 네 얼굴과 네 날개 가진 그룹의 형상과 야훼의 영광의 형상의 모양1:4-28, 10:20-22
을 보고 말씀하시는 자의 음성을 듣고 에스겔은 선지자가 되었다.
여호와의 영광이 성전 문지방을 떠나 그룹들 위에 하나님의 영광이 머무는 환상10:18-19
을 본 후에, 예루살렘의 멸망을 예언했던 에스겔은 이방인들 속으로 흩어진 주의 백성을
위해 주께서 잠깐 그들의 성소가 되시며11:16, 열방 가운데 흩은 이스라엘 백성을 다시
모아 이스라엘 땅으로 돌아가게 하실 것과
그들에게 한 마음과 새 영을 주시고, 율법을 행하게 하며,
다시 하나님의 백성 삼으시는
약속의 말씀을 선포하였다11:14-21.
너는 핏덩어리라도 살라, 너는 핏덩어리라도 살라 반복해서 말씀하시는 주님의 음성
듣고16:6, 의인은 오직 자기의 의로 살고, 악인은 오직 자기의 죄로 죽는 것이며,
악인의 죽음마저도 아파하시는 하나님은 그들이 돌이켜 살기를 원하신다 선포하였다18:32.
아내를 잃던 날 예루살렘 멸망의 표징이 된 에스겔24:15-24은
슬퍼하지 말라 명하시는 주님의 말씀 따라 순종함으로 예언하였다.
에스겔은 이스라엘 족속의 파수꾼 삼으신 주님의 뜻33:7 받들어,
깨어 주의 음성 들으며, 마른 뼈들의 골짜기에서 그들이 살아나는 환상을 보고,
유다와 이스라엘이 하나 되리라 말씀하시는 말씀 들으며 멸절됨 속에서 이스라엘 회복의
소망을 다시 꿈꾸었다37장.
생수의 강이 성전 문지방 밑에서 흘러나와 온 세상 다시 되살리는 환상을 보며,
예루살렘 성전과 예루살렘 성과 이스라엘 땅의 회복을
에스겔 선지자는 주님의 말씀을 대언하였다48장.

《2017 겨울 성지답사 – 텔 라기스》

1. 「에스겔」 – 바벨론 그발강 가에서 보았던 환상의 뜻은 무엇일까?

"갈대아 땅 그발 강가에서 여호와의 말씀이 부시의 아들 제사장 나 에스겔에게 특별히 임하고 여호와의 권능이 내 위에 있으니라. 내가 보니 북쪽에서부터 폭풍과 큰 구름이 오는데 그 속에서 불이 번쩍번쩍하여 빛이 그 사방에 비치며 그 불 가운데 단 쇠 같은 것이 나타나 보이고, 그 속에서 네 생물의 형상이 나타나는데 그들의 모양이 이러하니 그들에게 사람의 형상이 있더라." 겔 1:3-5

에스겔은 삼십 세가 되던 해로 추정되는 해 4월 5일에 바벨론 제국에 포로로 끌려간 사람들과 함께 '그발 강 가'에 하나님의 말씀이 임하시는 경

험을 하게 되었다. 느부갓네살 왕의 운하로 알려진 그발강은 **유프라테스강**^{QR}과 티그리스강 하류의 사이에 있었다. 에스겔 선지자가 소명을 경험하였던 때는 1장 2절에서 여호야긴 왕이 사로잡힌 지 오 년이라고 언급한 것으로 보아 바벨론 느부갓네살 왕의 2차 유다 침공과 포로 사건이 있었던 주전 597년경이었던 것으로 판단할 수 있다. 하나님의 말씀이 에스겔에게 임하였고, "여호와의 권능"이 그의 위에 있었으며, 그는 이 소명의 경험 가운데 북방에서 다가온 폭풍과 큰 구름의 환상을 보게 되었다^{1:4}. 이 모든 것은 하늘이 열리며 "하나님의 이상"으로 그에게 보여진 것이었다^{1:1}. 폭풍과 구름 속에서 나타난 것은 〈네 생물의 형상〉이었으며, 그림에서는 왼편 중간의 날개 달린 천사처럼 보이는 사람과 사자와 소와 독수리 모습의 네 생물로 오른쪽까지 연결된 형태로 묘사되었다. 에스겔서 1장 5절에서는 네 생물의 모양이 사람의 형상이었다고 말하고 있으며, 10절에서는 사람과 사자와 소와 독수리의 얼굴이었

다고 말했고, 6절 본문은 이 환상 속 생물이 각각 얼굴과 날개가 있었던 것으로 묘사해 주고 있다[1:6].

이 그림은 레오나르도 다빈치와 미켈란젤로와 함께 르네상스 시대 3대 화가로 알려진 라파엘[Raphael]이 1518년에 〈에스겔의 환상〉[Ezekiel's Vision]이라는 제목으로 그렸던 작품이다.[1] 이 그림은 에스겔 1장에 기록된 에스겔 선지자의 소명 사건과 연결된 환상을 묘사하였다. 환상 속 생물들은 바퀴 안에 바퀴가 있는 형상과 구조로 연결되어 있었고, 생물들의 신이 그 바퀴 안

---

1   Raphael, 〈Ezekiel's Vision〉(1518), 40×30cm, Palazzo Pitti, Florence, 그림과 해설 출처: https://en.wikipedia.org/wiki/Ezekiel%27s_Vision_%28Raphael%29 / Anna Maria Brizio "Raphael," EWA vol. XI, 1839-1869.

에 있었다[1:16, 21]. 그 "날개 소리"는 "물소리"와 "전능자의 음성"과도 같고, 떠드는 소리 곧 군대의 소리와도 같았으며, 생물들의 머리 위 보좌의 형상 위에 있는 '사람의 모양' 같은 한 형상을 에스겔 선지자가 보았다[1:24-26]. 그 보좌 위의 형상 사방에서는 광채가 있었는데 무지개와 같았고, 이는 "여호와의 영광의 형상의 모양"이었으며, 에스겔 선지자는 말씀하시는 자의 음성을 듣게 되었다[1:28]. 에스겔에게 임했던 하나님의 말씀은 청각과 시각을 통해서 인식되었고, 복잡한 모양과 화려한 색채와 우렁찬 소리와 연결된 복합적인 형태의 환상과 함께 그를 하나님이 선지자로 부르시는 소명의 경험으로 이끌었다.

　'사람의 아들'로 번역될 수 있는 히브리어 〈벤-아담〉은 선지자 에스겔을 하나님이 부르시는 칭호로 2장 1절에서 처음 사용되었다. 하나님은 에스겔 선지자에게 말씀을 듣고, 먹으라고 명하신 후에 이스라엘 자손에게 하나님의 말씀을 대언하도록 하셨다[2:8-3:1]. 이 과정은 하나님의 말씀을 전하는 '대언자'로 하나님께서 부르시는 사람이 〈하나님의 말씀〉을 준비하는 과정과도 같다. 하나님의 말씀을 전하는 사람은 먼저 그 말씀을 자신이 경험하고, 그 말씀을 묵상하고 연구하여 충분히 소화한 후에, 나가서 하나님의 말씀을 선포한다는 순서로 해석할 수 있는 내용이기도 하다. 라파엘은 예술가로서 상상력을 가지고 에스겔 1장의 말씀을 읽고, 묵상하면서, 해석하여 시각화했던 그림을 우리에게 제시해 주었다. 열린 하늘과 먹구름과 지상의 배경은 빨강색과 파랑색과 노랑색의 화려한 삼원색을 파스텔 톤으로 활용하였으며, 그림 중앙의 하늘 가장 높은 곳의 환한 빛줄기가 왼쪽 가장 아래 지상의 한 작은 사람 위에 비치는 모습으로 묘사되었다. 그림 속 지상의 작은 사람은 두 손을 높이 들고 그 빛을 향하여 응답하고 있는 모습을 볼 수 있다. 그림 속 중앙의 네 생물 모양이 마치 보좌처럼 천사들과 함께 공중에 떠 있는 한 사람을 받쳐주고 있으며, 이 인물은 에스겔 1장 28절에서 묘사한 "여호와의 영광의 형상의 모양"으로 해석해 볼 수 있다.

라파엘은 에스겔 선지자가 그발 강 가에서 만났던 하나님과 그가 경험했던 소명의 순간과 그의 환상 가운데 보고 듣고 느끼고 깨달았던 아름다운 영광의 주 하나님을 그의 예술작품으로 묘사하고 표현하기 위하여 애쓰고 수고했음을 이 성화를 보면서 느껴볼 수 있다. 너무도 복잡한 본문의 여러 요소를 라파엘은 그림 속에서 나타나고 있는 내용과 상징과 실재 모양을 표현한 요소들에서 때로는 생략하고, 다시 추가하고, 서로 다른 색들을 덧입혀 가면서 그림 전체의 조화로움과 품격과 아름다움이 그림을 마주한 사람에게 경험될 수 있도록 그림을 완성하였다.

에스겔 1장에서 선지자 에스겔은 소명 경험과 함께 하나님의 영광의 형상을 보았다. 그 당시 고대 서아시아 세계 사람들은 한 민족의 땅과 신과 백성은 연결되어 있다고 보았다. 그래서 그 관계성의 단절을 통한 반란 예방 차원에서 앗시리아 제국과 바벨론 제국은 정복한 나라의 백성들을 그 땅과 신과 분리시키고자 이방 땅으로 강제 이주시키는 정책을 펼치게 되었다. 그러나 하나님은 이스라엘 자손이 포로로 끌려간 바벨론 땅에서도 하나님의 종들에게 나타나셨고, 그들 가운데 여전히 함께 하고 계시다는 사실과 그들과 소통하시며, 역사의 주권자로서 그들의 길을 인도하시는 분이시라는 사실을 보여주셨다. 이 사건을 통해서 에스겔 선지자와 이스라엘 자손들은 하나님이 결코 지역에 얽매이거나, 무능력하게 사람의 제한된 사고에 묶이는 분이 아니라 모든 것의 주인이시며, 모든 피조세계의 주권자이심을 강렬한 환상 가운데서 나타내 보여주셨고, 말씀으로 들려주셨다.

2. 「에스겔」[2] – 마른 뼈도 살게 하는 강력한 말씀의 주 하나님

.... 마른 뼈도 살아날 수 있을까?
= 포로된 이스라엘은 회복될 수 있을까?

"그가 내게 이르시되 인자야 이 뼈들이 능히 살 수 있겠느냐 하시기로 내가 대답하되 주 여호와여 주께서 아시나이다. 또 내게 이르시되 너는 이 모든 뼈에게 대언하여 이르기를 너희 마른 뼈들아 여호와의 말씀을 들을지어다." 겔 37:3-4

_____

2   에스겔 참고 문헌: 김상래, "에스겔 40-48장에 나타난 '새 성전'의 정체성." 『구약논단』 16-1 (2004), 215-44: 한동구, "에스겔의 성전 비판과 야훼의 성전 되심(겔 8-11장)." 『구약논단』 21-2 (2015), 9-37: 배정훈, "포로이해를 통해 본 예언서의 리더십." 『구약논단』 22-3 (2016), 168-95: 양인철, "에스겔의 아내를 향한 묵언의 애도(겔 24:15-27): 에스겔의 트라우마의 관점으로 본 해석." 『구약논단』 26-2 (2020), 115-48: 홍성민, "에스겔 44장 17-31절 사독 제사장법의 목적과 기능." 『구약논단』 26-2 (2020), 149-77: 김주환, "에스겔의 닫힌 입과 열린 입에 관한 묘사가 가진 함의." 『구약논단』 27-1 (2021), 36-60, 배희숙, "형상과 측량의 의미로 본 에스겔의 새 성전 답사(겔 40:1-43:12)," 『장신논단』 53-5 (2021), 9-35.

구약을 그리다
350

앞의 그림은 메치스Quentin Metsys the Younger, 1543-1589의 〈마른뼈 골짜기에서 에스겔 선지자의 환상〉The prophet Ezekiel's Vision of the Valley of Dry Bones이다.[3] 주님께서 에스겔에게 물으실 때 "인자야 이 뼈들이 능히 살 수 있겠느냐?"라고 말씀 하신 것은 모르는 문제의 답을 구함이 아니었다. 하나님은 반어법을 사용 하는 것처럼 이 질문을 통하여 '사람의 아들'인자로서 인간의 한계가 무엇이 며, 이성과 인식의 한계가 무엇이고, 사람의 언어와 생각과 시간의 한계가 무엇인가를 에스겔 선지자에게 재확인하도록 하셨던 말씀으로 해석할 수 있다. 그런 일은 오직 인간인 사람이 아니라 신이신 하나님만이 알 수 있는 것이었다.

그런데 인간의 한계 안에서 가능하지 않은 것을 하나님은 예언자로서 사명을 수행하고 있는 에스겔에게 대언하도록 하셨다. 하나님이 직접하실 수 있고, 하나님이 직접 말씀하시면 더 빠르고, 더 효과적일 수 있을텐데 그 모든 방법을 놓아두고, 하나님은 에스겔에게 대언하라고 말씀하셨다. 하나님은 하나님의 사람을 부르신다. 하나님은 하나님의 사람과 함께 일하 기를 원하시고, 함께 '동행'하기를 원하신다. 그를 향한 또는 인간을 향한 사랑으로 밖에는 설명이 안되는 더디고, 불편하고, 번거롭고, 비효율적이 며, 불안전한 길이지만 그것이 하나님의 사랑을 사람에게 보여주신 한 모 습이지 않았을까…?

에스겔 선지자에게 하나님은 "너희 마른 뼈들아 여호와의 말씀을 들을 지어다"라고 대언하라고 말씀하셨고, 그 구체적인 내용을 이어진 본문으 로 가르쳐 주셨다. "주 여호와께서 이 뼈들에게 이같이 말씀하시기를 내가 생기를 너희에게 들어가게 하리니 너희가 살아나리라. 너희 위에 힘줄을

---

3 Quentin Metsys the Younger (1543-1589), 〈The prophet Ezekiel's Vision of the Valley of Dry Bones〉 (1589), 237×218cm, Auktion Dorotheum Wien (2011), 그림과 해설 출처: https://en.m.wikipedia.org/wiki/ File:Quinten_Massys_Vision_des_Propheten_Ezechiels.jpg

두고 살을 입히고 가죽으로 덮고 너희 속에 생기를 넣으리니 너희가 살아 나리라 또 내가 여호와인 줄 너희가 알리라 하셨다 하라"겔 37:5-6라는 말씀을 받은 선지자 에스겔은 마른 뼈들을 향하여 그렇게 대언하였다. 그러자 마른 뼈들에 힘줄과 살과 가죽이 덮이게 되었다. 다시 생기를 향하여 대언하라는 하나님의 말씀에 순종하여 명령대로 대언했을 때 그들에게 생기가 들어갔고, 그들이 살아 일어나서 군대가 되는 모습을 에스겔 선지자는 목격하고 경험하였다겔 37:9-10. 하나님께 심판받고 멸망 당한 이스라엘 민족의 포로 시대 상황은 그 누구도 해방과 구원을 상상하거나 예측하거나 생각할 수 없는 마른 뼈와 같은 형편이었다. 일제 강점기 동안 청나라와 러시아와 영국과의 전투에서 승전하는 일본을 보면서 느꼈던 한국인들과 지도자들의 심정과 상황도 다르지 않았으며, 일본은 절대 멸망할 수 없다는 생각이 자신을 압도하는 두려움이 되었다. 그래서 춘원 이광수를 비롯하여 민족주의의 길을 걸었던 많은 자들이 독립의 꿈을 접고 친일의 길을 걸어가게 되었다고 평가하는 이들도 있다.

그와 같이 앗시리아에 의해 주전 722년에 포로로 끌려간 북왕국 이스라엘과 바벨론에 의해 다시 586년에 포로로 끌려간 남왕국 유다의 이스라엘 민족은 성전의 파괴와 예루살렘의 파멸과 왕국의 멸망을 목격하고 경험했기에 좌절하였고, 절망하였으며, 예루살렘으로 돌아갈 것이라는 희망을 접어버렸다. 포로기 이스라엘 민족의 그러한 형편과 정신적인 공황 상태와 심리를 에스겔 37장 11-12절은 '무덤'으로 유비하여 표현하였다. 그리고 하나님은 마른 뼈가 되살아난 환상처럼 하나님께서 만드실 포로 귀환의 해방과 구원의 역사를 선지자 에스겔에게 예언하도록 하셨다.

"또 내게 이르시되 인자야 이 뼈들은 이스라엘 온 족속이라 그들이 이르기를 우리의 뼈들이 말랐고 우리의 소망이 없어졌으니 우리는 다 멸절되었다 하느니라. 그러므로 너는 대언하여 그들에게 이르기를 주 여호와께서 이같이 말씀하시기를 내 백성들아 내가 너희 무덤을 열고 너희로 거기에서 나오게 하고 이스라엘 땅으로 들어가게 하리라."겔 37:11-12

　　하나님은 여기에서 한 걸음 더 나아가셨다. 북이스라엘과 남유다가 회복되고, 연합하고, 하나가 될 것이라는 말씀도 에스겔 선지자에게 이야기해주셨고 예언하도록 명하셨다겔 37:16-23. 아무도 꿈꿀 수 없고, 상상할 수 없고, 인간의 이성과 지식과 생각의 범위 안에서 예측할 수 없을 때 예언자는 하나님의 뜻을 하나님과 함께 꿈꾸었고, 현실로 경험하였기에, 분명한 어조로 확신 가운데서 하나님의 말씀을 전할 수 있었다. 이 모든 것이 하나님의 말씀에서 비롯되었으며, 하나님의 말씀을 듣고 순종했던 예언자들의 선포는 구약에 기록된 하나님의 말씀으로 예언서에 수록되었다.

예언자들의 예언 행동, '행위예술'인가?
혹은 '보이는 말씀'인가?

　　에스겔서는 1-3장에 에스겔의 소명에 관한 내용이 기록되어 있고, 4-24장까지는 유다와 예루살렘에 관한 예언이 여러 환상과 비유와 약속과 표징의 형태로 기록되었다. 에스겔 선지자는 마치 행위예술을 하듯이 예루살렘의 함락을 예언하면서 박석을 활용하였고4:1-3, 좌편390일과 우편40일으로 모로 누워 예언했으며4:4-8, 또 그 기간에 쇠똥으로 불을 피워 구운 보리떡을 가지고 예루살렘의 포위와 멸망을 예언하였다4:9-17. 에스겔은 타락한 모습이 가득한 예루살렘 성전의 환상8장과 여호와의 영광이 성전에서 떠나는 환상겔 10:18-19과 쫓겨난 이스라엘 자손들이 흩어진 열방에서 하나님이 임시 성소가 되신다는 말씀겔 11:16과 이사하는 상징행위12장로 예언하기도 했다. 또한 자신의 아내가 죽는 일을 표징으로 경험하면서 하나님의 말씀을 대언하였다겔 24:15-27. 25-32장은 열방과 나라와 민족들을 향한 에언의 기록이며, 33-39장은 이스라엘의 회복과 구원에 관한 예언이고, 40-48장은 새로운 성전의 환상과 이스라엘의 환상을 예언한 내용으로 에스겔서가 구성되어 있다.

에스겔서의 성전환상의 많은 이미지와 종말의 때와 마지막 전쟁에 관한 묘사는 신약의 요한계시록에서 인용되거나 인유되기도 했다. 제사장이었던 에스겔은 예언자로서 소명을 받았던 사람이었다. '인자'라는 칭호가 예언자 에스겔에게 적용되었고33:1, '파수꾼'의 유비를 통하여 그의 소명과 예언자로서의 정체성을 에스겔서에서 묘사하기도 했다33:7. 에스겔서의 많은 내용도 제사장으로서 그의 배경과 무관하지 않은 특징을 보여준다. 에스겔서에서 전반적으로 광범위하게 나타나고 있는 제사법과 다양한 율법 가운데 레위기와 평행을 보여주거나 레위기 본문이 재해석되었던 흔적을 찾아볼 수 있는 점들이 그러한 특징을 잘 드러내 주고 있다.

에스겔 37장의 마른 뼈 골짜기의 환상을 통하여, 우리는 〈하나님의 말씀〉이 '얼마나 강력한 것인가'를 경험할 수 있다. 하나님은 말씀으로 천지를 창조하셨고, 하나님의 말씀이 임재하는 경험을 했던 사람들은 예언자가 되었으며, 하나님의 말씀은 마른 뼈도 다시 살아 군대가 되게 하시듯이, 하나님의 말씀으로 멸망한 이스라엘 민족의 포로 귀환과 구원과 해방의 역사도 만들어 갔던 것이라는 사실을 에스겔서는 이야기해주고 있다. 그러므로 에스겔서는 말씀으로 온 세상을 창조하시고, 역사를 시작하신 하나님은 역사 가운데서 여전히 하나님의 강력한 말씀으로 일하시고, 구원과 해방을 만들어 가시는 역사의 주인과 주권자이심을 가르쳐주고 보여주는 책이라고 할 수 있다.

사람들은 아무리 설교를 많이 듣고, 아무리 성경 공부를 많이 해도 다른 사람들이 변하지 않는 것이 이상하다고 말한다. 하지만 원래 하나님의 말씀은 강력했다. 예레미야 선지자는 하나님의 말씀이 불같고, 반석을 쳐서 부스러뜨리는 방망이 같다는 표현을 하기도 했다^{렘 23:29}. 에스겔처럼 먼저 하나님의 말씀이 어떤 말씀인가를 먼저 들어야 하고, 보아야 하고, 경험해야 비로소 대언할 수 있다. 자기 자신도 믿지 못하는 하나님의 말씀을 사실이라고 외치는 것은 연극과 행위예술과 마술쇼와 같은 공연과 다를 바 없다. 믿어도 행하지 않는 믿음은 죽은 믿음이라고 야고보서는 말하고 있다^{약 2:26}. 아무리 세계적인 가수가 좋은 노래를 불러도 고장난 음향시설과 장비가 활용된다면 그 노래는 사람들의 귀에 제대로 들리지 않는 공허한 소리와 듣기 싫은 소음이 될 수 있다. 그 당시에 타락한 제사장과 거짓 예언자들은 고장난 음향시설과도 같았다. '하나님의 말씀'이라고 공표했던 말들은 실상은 자기 생각을 발표하는 사람의 목소리였고, 겉 포장과 무늬만 하나님의 말씀이었으며, 실은 남들과 즐기는 만담과 자기만족을 위한 언어의 유희와 같은 공허한 소리였다. 우리는 하나님의 어떤 말씀을, 어떻게 체험하고, 어떻게 살아낼 것인가 먼저 물을 수 있어야 한다. 그런 다음 비로소 우리는 다른 사람에게도 여전히 강력한 〈하나님의 말씀〉을 어떻게 경험할 수 있고, 그 말씀대로 어떻게 살아갈 수 있는가에 관하여 '대언'하는 문제를 진지하게 고민하며 그 해답을 찾아갈 수 있을 것이다.

3. 에스겔은 어떤 뜻을 담은 책일까?

주전 597년 바벨론의 느부갓네살의 예루살렘 침공으로 18세의 유다 왕 여호야긴은 3개월간 왕위에 있다가 항복하고 1만 명의 포로와 함께 바벨론으로 끌려가게 되었고, 에스겔도 이때 포로로 끌려가 593년 그발 강가에서 예언자로서의 소명을 받았다. 여호야긴의 뒤를 이어 시드기야가 왕이 되었으나 유다 백성들은 므낫세 왕이 앗수르에 포로로 끌려갔다가 다시 돌아왔던 것처럼^{대하 33:10-13}, 여호야긴 왕이 다시 돌아와 유다를 통치할 것을 기대하고 있었다. 그러나 에스겔은 백성들의 기대와 상반되게 멸망에 대해 예언하였고, 그 예언은 성취되었다.

　　제사장 에스겔은 예언자로 활동하고, 에스겔서를 기록하였다. 에스겔서는 제사와 제물과 거룩함의 주제와 관련된 내용들에서는 율법서와의 연관성을 보여주며^{레 17-26, 이른바 성결법전}, 규례와 법도로서 율법의 주제와 관련해서는 신명기서의 영향을 보여준다고 평가할 수 있다^{겔 11:16-21, 신 4:25-31, 26:16, 30:1-10, cf. 겔 20:32-신 12:30 이웃 나라처럼 되려는 문제}.[4] "세상 중앙"에 거주하는 백성들^{겔 38:12}과 열방의 전쟁에 관한 내용과 에스겔 38-39장의 곡과 마곡의 전쟁과 종말에 관한 예언은 요한계시록의 종말에 관한 묘사에서 연관성을 보여주는 특징이 나타나며[5], 에스겔서는 예언서와 율법서와의 연관성과 함께 구약^{예언서}과 신약^{요한계시록}의 연관성도 드러내주고 있다. 여기에서 우리는 에스겔서와 성경의 다른 본문들 사이에서 나타나는 본문상호성의 문제를 확인할 수 있으며, 새로운 예루살렘 "성전"의 환상을 예언하고, "하나님의 거룩한

산"에 관한 묘사를 하는 본문에서 높은 산으로서 '시온산'^{QR' 40:2}과 '에덴' 동산^{28:13-14}의 언어들이 연결되고 있는 특징은 하나님의 구원 사건이 단순하게 이스라엘 민족의 회복과 구원이라는 영역과 범위에 제한되거나 멈출 수 있는 것이 아니며, 이미 구약에서 하나님의 구원사의 지평은 온 인류와 종말을 향한 역사의 범위로 확장되었음을 보여주는 요소로 평가할 수 있다.[6]

---

[4]　Gordon McConville, *The Prophets, Exploring the Old Testament,* vol. 4, 박대영 옮김, 『선지서』 성경이해 6 (서울: 한국성서유니온선교회, 2014), 217. 에스겔 44장과 민수기 3-4장은 제사장과 레위인에 관한 내용의 공통점을 갖지만 서로 다른 점들을 보여주고 있다(205).

[5]　위의 책, 218.

[6]　위의 책, 211-12.

『다니엘』 - 부활과 영생을 약속하신 주 하나님

다니엘은 주전 605년에 바벨론에 포로로 끌려가서, 주전 586년에 예루살렘 멸망과 주전 538년에 바벨론의 멸망과 페르시아 제국 고레스 왕의 칙령으로 말미암은 이스라엘 민족의 포로귀환 사건을 그 땅에서 경험하였다^{단 9:1-2}. 바벨론과 페르시아 제국에서 총리로서 활동했던 다니엘 선지자는 왕들의 꿈을 해몽하고, 환상과 미래를 보며 예언하였다. 다니엘서는 바벨론과 페르시아의 흥망성쇠를 넘어서 인류의 역사와 종말의 때에 벌어지게 될 일들과 하나님의 심판과 영생과 부활의 약속까지의 내용을 기록하였으며, 히브리어 성경에서는 '성문서'에 속하며, 예언서 가운데 〈묵시문학〉으로 분류되며, 특별히 아람어 본문^{2:4-7:28, cf. 스 4:8-6:18, 7:12-26} 부분이 포함되어 있다. 다니엘서는 구약의 하나님이 인류의 역사와 그 너머의 '부활과 영생'까지 주관하시는 영원한 주 하나님이심을 선포하는 책이다. 1-6장은 바벨론과 페르시아 포로 생활 중 겪었던 다니엘의 역경과 수난 이야기^{2. 바벨론 느부갓네살 왕의 꿈, 3. 세 친구와 금신상-풀무불, 5. 벨사살 왕 6. 페르시아 다리오 왕-사자굴}로 구성되어 있고, 7-12장은 다니엘의 역사와 종말에 대한 환상^{묵시적 종말론} 예언의 기록이다.

주전 605년 바벨론 왕 느부갓네살의 1차 침입 때 포로로 사로잡혀갔던 유다의 지도층과
백성 가운데 다니엘과 하나냐와 미사엘과 아사랴가 있었다. 일제 강점기 때 대한제국
백성의 이름을 바꾸어버렸던 '창씨개명' 사건처럼, 그들의 이름은 바벨론식으로 바뀌어
벨사살과 사드락과 메삭과 아벳느고가 되었다[1:6-7].
사드락과 메삭과 아벳느고는 금신상에 절하지 않았던 일로 풀무불 속에 던져질 때
"왕이여 우리가 섬기는 하나님이 계시다면 우리를 맹렬히 타는 풀무불 가운데에서
능히 건져내시겠고 왕의 손에서도 건져내시리이다. 그렇게 하지 아니하실지라도 왕이여
우리가 왕의 신들을 섬기지도 아니하고 왕이 세우신 금신상에게 절하지도 아니할 줄을
아옵소서"[3:17-18]라고 대답하였으나, 결국은 그 박해상황 가운데서 구원을 받았다.
다니엘은 바벨론 왕 느부갓네살이 간밤에 꾸었던 꿈을 알려주고,
그의 꿈을 해몽주었으며[2장], 벨사살 왕이 환상 중에 보았던
"메네 메네 데겔 우바르신"이라는 손가락 글씨를 해석해 주었다[5장].
바벨론 제국이 페르시아 제국으로 복속된 후에는 페르시아 제국의 총리
셋 가운데 하나가 되었고[6:1-2], 왕의 조서를 어기고 하루 세 번 예루살렘을 향하여
기도하다 사자굴에 던져지는 박해와 그 속에서 살아남아 구원받는 경험을 하였다[6장].
바벨론 벨사살왕 원년에 네 짐승의 환상과 "옛적부터 항상 계신 이"[7:9, 22]의
환상을 보았고, 벨사살왕 삼년에 숫양과 숫염소의 환상을 보았고, 천사 가브리엘을 만나
그 해석을 들었다[8장]. 다리오왕 원년에 다니엘은 예레미야의 70년 예언대로 예루살렘의
황폐함이 그침을 말씀하시는 주님의 말씀을 들었고[9:1-2], 고레스왕 삼 년에는 큰 전쟁에
관한 이상을 경험하였다[10:1]. 다리오왕 원년에 페르시아 제국의 네 왕과 헬라 제국의
네 왕의 전쟁과 역사[11장]와 네 민족을 호위하는 큰 군주 천사 미가엘[10:21, 12:1]의
일어남과 마지막 때의 '대 환난'과 그 후의 영생과 영벌의 부활을 다니엘은
예언하였다[12:1-4]. 다니엘서는 마지막 때의 모습을 이렇게 묘사하였다:
"…많은 사람이 빨리 왕래하며 지식이 더하리라."[12:4]
그러나 "지혜 있는 자는 궁창의 빛과 같이 빛날 것이요 많은 사람을 옳은 데로
돌아오게 한 자는 별과 같이 영원토록 빛나리라."[12:3]

《2023 겨울 성지답사 – 에베소》

1. 「다니엘」 - "누구에게 어떤 대답을 해야 할까?"

"이튿날에 왕이 새벽에 일어나 급히 사자 굴로 가서, 다니엘이 든 굴에 가까이 이르러서 슬피 소리 질러 다니엘에게 묻되 살아 계시는 하나님의 종 다니엘아 네가 항상 섬기는 네 하나님이 사자들에게서 능히 너를 구원하셨느냐 하니라. 다니엘이 왕에게 아뢰되 왕이여 원하건대 왕은 만수무강하옵소서. 나의 하나님이 이미 그의 천사를 보내어 사자들의 입을 봉하셨으므로 사자들이 나를 상해하지 못하였사오니 이는 나의 무죄함이 그 앞에 명백함이오며 또 왕이여 나는 왕에게도 해를 끼치지 아니하였나이다 하니라." 단 6:19-22

　페르시아 제국의 다리오 왕은 어느 날 30일간 왕 외에 다른 신을 섬기지 못 하게 하는 법령 시행을 의논한 신하들의 제안을 받아들여 조서와 금령을 내렸다. 그때 세 명의 총리 가운데 한 사람이었던 다니엘은 이를 알고

도 다니엘 6장 10절의 내용처럼 하루 세 번 무릎을 꿇고 감사 기도를 드렸다. 이 모든 일은 다니엘을 제거하기 위한 다른 고위직 신하들의 계략이었음을 나중에 다리오 왕도 알게 되었지만, 이미 때는 늦은 상황이었다.

리비에르Briton Rivière, 1840-1920가 1890년에 그렸던 〈왕을 향한 다니엘의 대답〉Daniel's Answer to the King이라는 제목의 작품은 사자 굴 속에 던져졌던 다니엘의 이야기를 기록한 다니엘서 6장의 내용을 배경으로 한 그림이다.[1] 다리오 왕은 자신이 인장을 찍어 확인해 주었던 조서대로 다니엘을 사자 굴에 던져 넣어야만 했다.

화가는 이 내용을 그림에 반영하면서, 바벨론을 거쳐 페르시아 제국에서도 고위 관직에 오르게 되었던 다니엘을 이제는 노년의 인물로 묘사하였다. '사자 굴'은 벽돌로 만들어진 감옥처럼 보이지만, 바닥에는 뼈들과 빛바랜 핏자국도 있는 것으로 보아 이미 이런 형태의 사형집행이 이루어졌던 장소였음을 보여준다. 그러나 다니엘 6장 20절의 다니엘의 대답처럼 하나님께서 천사를 보내셔서 사자들의 입을 이미 봉인하셨고, 다니엘은 살아남을 수 있었다. 화가는 다리오 왕에게 대답하는 다니엘의 모습을 그림으로 묘사하였다.

다니엘 주변을 여전히 맴돌고 있는 일곱 마리 사자들은 갈기가 없는 암컷 사자 네 마리와 풍성한 갈기를 가진 수컷 사자 두 마리와 아직 다 자라지 않은 갈기를 가지고 있는 젊은 수컷 사자 한 마리로 그려져 있다. 화가는 이 그림을 위하여 여러 가지 많은 고민과 생각을 하면서 본문을 묵상하고, 본문을 구성하고 있는 하나, 하나의 내용을 그림 안에 반영하고자 노력했던 것으로 보인다. 페르시아의 총리로서 고급스러운 옷을 입었으나,

---

1   Briton Rivière (1840-1920), 〈Daniel's Answer to the King〉(1890), oil on canvas, 120.5×187.9cm, Manchester Art Gallery, 그림과 해설 출처: https://commons.wikimedia.org/wiki/File:Daniel%27s_Answer_to_the_King,_by_Briton_Riviere,_GMIII_MCAG_1937_123-001.jpg

맨발인 모습은 다니엘이 다른 정적들의 계략으로 인하여 급하게 끌려와서 형 집행을 당하게 되었던 상황을 짐작할 수 있게 해준다. 닫혔던 사자 굴의 돌이 옮겨지고 그 방향으로부터 빛이 들어오고 있다.

뒤늦게서야 다니엘을 시기했던 다른 신하들의 모함과 계략이었음을 알게된 다리오 왕은 총리 다니엘을 걱정하며, 밤이 맞도록 금식하고 이튿날 새벽에 일어나 사자 굴로 찾아왔었다⁶:¹⁸⁻¹⁹. 다니엘이 던져졌던 사자 굴에 찾아 온 왕의 모습은 보이지 않지만, 빛이 들어오고 있는 위쪽의 방향과 그곳을 향하여 얼굴을 들고 있는 다니엘의 모습으로 보아 화가가 자신의 작품에 〈왕을 향한 다니엘의 대답〉이라고 붙였던 제목의 뜻을 파악해 볼 수 있다. 다니엘의 얼굴에서는 타협하지 않는 신앙과 신념을 지키면서 자신이 포로로 끌려왔던 바벨론 제국과 그 후의 페르시아 제국에서 공직자로서 삶을 살았던 강직함을 느낄 수 있다.

다니엘서 1장 1절에 따르면 여호야김 왕의 통치 삼 년에 바벨론 느부갓네살 왕의 1차 침공으로 유다 백성들이 포로로 끌려가게 되었는데^{주전 608}, 다니엘과 세 친구도 그 가운데 포함되어 있었고, 포로로 끌려가 흩어진 유대인을 뜻하는 '디아스포라' 유대인으로서 이방 땅에서의 삶을 살아가게 되었다. 바벨론의 포로 정책은 앗시리아처럼 마구잡이로 사람을 끌어가는 형태와 달리 엘리트 계층을 집중적으로 끌고 가서 제국에 필요한 인력으로 사용하는 방식으로 이루어졌으며, 다니엘과 하나냐와 미사엘과 아사랴도 그러한 사람들 가운데 속한 인물들이었다. 과거 일제 강점기 때 일본 정부가 한국 사람들의 이름을 강제로 일본 이름으로 바꾸었던 '창씨개명'이라는 정책을 시행했던 것처럼 다니엘과 세 친구도 바벨론식 이름을 받게 되었다.

각각의 이름은 벨드사살과 사드락과 메삭과 아벳느고였으며^{단 1:7}, 이 사람들은 공개적으로 유대인으로서 음식 정결법을 지키는 것과 하나님을 믿는 신앙을 지키면서, 박해와 위협의 상황 속에서도 굴하지 않고 정면으로 헤쳐나가는 삶의 행보를 보여 주었다 [단 3:16-18]. 포로로 끌려갔던 유대인들의 삶은 매우 다양한 유형으로 나타났을 것으로 보인다. 다니엘과 세 친구처럼 순교를 각오하고, 타협하지 않은 신앙의 모습을 지키려 했던 유형의 유대인들도 있었고, 에스더서의 모르드개와 에스더와 같이 결정적인 상황이 아닌 일상 속에서는 자신이 유대인임을 숨기고 드러내지 않는 하나님의 백성으로서 삶을 살았던 유형의 유대인들도 있었다.

바벨론에 포로로 끌려갔던 유대인들은 〈골라〉라고 부르는 유대인 집단 공동체를 이루고 살았고, 어느 정도의 자율성도 보장받으면서 그곳에서 성전 예배를 대체하기 위한 회당 예배의 전통도 새롭게 만들어 지키는 삶을 살아갔던 것으로 파악되고 있다. 그들은 용병이 되기도 하고, 제국의 관직에 진출하기도 하고, 상업 활동을 하기도 하면서 예레미야 선지자의 예언과 같이 그곳에 정착하여 생존하는 길을 택하기도 했다 [렘 29:1-9]. 디아스포라 유대인들의 삶은 다양한 유형의 모습으로 페르시아 제국의 통치 시기와 그 후의 시대에도 지속되었다. 그렇게 생존의 길을 찾아 살아갔던 하나님의 백성들 가운데 그림 속 다니엘은 그렇게 순교를 각오하고 신앙을 지키는 길을 선택한 강직한 사람이었다고 다니엘서의 본문은 말해주고 있다.

그리스도인들도 기독교가 국교가 아닌 세상 나라에서 살아갈 때 시기와 강도의 차이가 있어도 언제나 그와 유사한 상황에 놓이게 될 가능성이 있다. 그 가운데서 어떻게 살아갈 것인가를 결정하고 결단하는 것은 자신이 처한 상황과 형편 속에서 각자의 몫이 될 수 있다. 예수님은 제자들을 파송하시면서 "보라, 내가 너희를 보냄이 양을 이리 가운데로 보냄과 같도다. 그러므로 너희는 뱀같이 지혜롭고, 비둘기같이 순결하라." [마 10:16]라고 말씀하셨다. 세상 속에서 살아가는 그리스도인들에게도 때로 뱀 같은 지혜와 비둘기 같은 순결함을 말씀하신 그런 삶의 지혜와 신앙의 순결함이 필요한 때가 있다. 이어진 예수님의 말씀은 마태복음 10장 29-31절에 기록되어 있다.

> "몸은 죽여도 영혼은 능히 죽이지 못하는 자들을 두려워하지 말고 오직 몸과 영혼을 능히 지옥에 멸하실 수 있는 이를 두려워하라. 참새 두 마리가 한 앗사리온에 팔리지 않느냐? 그러나 너희 아버지께서 허락하지 아니하시면 그 하나도 땅에 떨어지지 아니하리라. 너희에게는 머리털까지 다 세신 바 되었나니, 두려워하지 말라 너희는 많은 참새보다 귀하니라."

다니엘과 세 친구는 비록 예수님의 말씀을 듣지는 못했으나, 마땅히 두려워할 자를 두려워하는 신앙의 지혜와 하나님을 경외하는 믿음을 가지고 살았던 사람들의 전형을 보여주었다. 그림의 배경이 되었던 다니엘의 대답과 신앙을 지키기 위해 풀무불에 던져졌던 세 친구의 대답 속에서도 '예수님의 말씀'의 메아리를 들을 수 있다.

> "왕이여 우리가 섬기는 하나님이 계시다면 우리를 맹렬히 타는 풀무불 가운데에서 능히 건져내시겠고 왕의 손에서도 건져내시리이다. 그렇게 하지 아니하실지라도 왕이여 우리가 왕의 신들을 섬기지도 아니하고 왕이 세우신 금 신상에게 절하지도 아니할 줄을 아옵소서."단 3:17-18

다니엘과 세 친구는 하나님을 두려워할 줄 알고, 어떤 사람도 두려워하지 않는 신앙인의 모습을 지키며 살았던 사람들이었다. 그렇지만 이 모든 일은 그들 자신의 힘과 지혜와 능력으로 말미암은 일들이 아니었다. 오직 전적인 하나님의 특별한 은혜가 그들에게 주어졌기에 가능했던 일이었음을 다니엘서는 우리에게 이야기해주고 있다.

2. 「다니엘」[2] – "부활과 영생을 약속하신 주 하나님"

.... 다니엘서에서 알려주는 세상 종말의 모습과 내용은 무엇일까?

"땅의 티끌 가운데에서 자는 자 중에서 많은 사람이 깨어나 영생을 받는 자도 있겠고 수치를 당하여서 영원히 부끄러움을 당할 자도 있을 것이며, 지혜 있는 자는 궁창의 빛과 같이 빛날 것이요 많은 사람을 옳은 데로 돌아오게 한 자는 별과 같이 영원토록 빛나리라. 다니엘아 마지막 때까지 이 말을 간수하고 이 글을 봉함하라 많은 사람이 빨리 왕래하며 지식이 더하리라."단 12:2-4

다니엘서는 본래 두 가지 언어로 기록된 본문으로 이루어져 있었다. 2장 4절 후반절-7장 28절까지 아람어로 기록되어 있고, 앞뒤에는 히브리어로 기록된 형태로 구성된 책이다.[3] 내용에 따라 다니엘서를 구분해 볼 수 있는데, 바벨론 제국과 페르시아 제국의 통치 시기가 구분되고, 각각의 왕들의 통치 시기와 관련된 본문의 배경 역사와 예언의 내용에 따라서 다음과 같이 단락 구분을 해볼 수 있다.

다니엘서는 우선 1-4장이 바벨론 왕 느부갓네살의 통치 시기에 있었던 일들의 기록으로 이루어져 있다. 왕의 꿈에서 보았던 신상의 환상을 해석한 일2장과 풀무불에 다니엘의 세 친구가 던져졌으나 구원받게 되었던 사건3장과 왕이 짐승과 같은 상태가 되어 왕궁을 떠났다가 돌아오게 된 사건이 예언의 내용4장과 함께 기록되어 있다. 5장에는 벨사살 왕이 예루살렘

---

2   다니엘 참고 문헌: 배정훈, "포로의 신학으로 읽는 다니엘서," 「구약논단」 15-4 (2009), 69-86; 배정훈, "연대기로 읽는 다니엘서의 종말론," 「구약논단」 19-3 (2013), 323-47; 배정훈, "새 계시(New Revelation) 논쟁으로 바라보는 다니엘서의 형성," 「구약논단」 25-3 (2019), 158-79.

3   구약성경의 아람어 본문은 창세기 31:47, 예레미야 10:11, 에스라 4:8-6:18, 7:12-26, 다니엘 2:4b-7:28이다.

성전 기물을 가지고 잔치를 벌일 때 "메네 메네 데겔 우바르신"이라는 글
자가 벽면에 새겨진 환상과 바벨론 멸망의 예언이 기록되어 있다. 6장은
페르시아 제국으로 정권이 바뀐 후에 바벨론 지역의 통치자로 추정되는
다리오 왕의 통치 시기에 여전히 총리로서 고위 관직의 생활을 했던 다니
엘과 사자 굴 사건 이야기로 구성되어 있다. 7-12장까지는 이후 시대와 종
말의 때에 관한 예언으로 구성되어 있는데, 7-8장은 벨사살 왕 때 꿈을 꾸
면서 보았던 네 짐승 환상 기록과 숫양과 숫염소와 작은 뿔의 환상 기록이
며, 9장은 페르시아 제국 시대 다리오 왕 때에 가브리엘 천사[9:21]가 전해준
이상과 함께 예루살렘 중건과 메시아 예언과 예루살렘 성전의 파괴에 관
한 예언에 관한 내용으로 이루어져 있다.

　　10장에는 페르시아 고레스 왕 때 받은 큰 전쟁의 예언과 환상이 기록되
어 있는데, 그 가운데 미가엘 천사에 관한 두 차례의 언급이 있었다[10:13, 21].
11장의 다리오 왕 때 페르시아와 헬라의 전쟁에 관한 예언과 그 이후 혼란
스러운 시대와 역사에 관한 예언을 볼 수 있으며, 12장은 미가엘 천사에 관
한 언급과 함께 종말의 때에 일어날 큰 환난 예언과 그 후에 있게 될 영생
과 영벌을 위한 부활의 예언을 수록하였다. 다니엘서에는 하나님의 말씀이
임하는 일반 예언자들의 소명 경험과 같은 내용이 나타나지 않으며, 꿈과
천사를 통하여 전달되는 계시의 형태가 일반적인 종말의 예언과도 구분되
는 특징들이다. 이러한 특징들과 함께 현실 역사의 경계선을 넘어서는 종
말론적 예언의 내용을 근거로, 다니엘서는 일반 '예언서'와 달리 〈묵시록〉
또는 〈묵시문학〉에 속하는 책으로 구분되고 있다.

.... 다니엘서에 기록된 사건들은 역사적 실재였을까?

　　다니엘서의 몇몇 본문들은 유명한 성화 작품들과 함께 살펴볼 수 있

다. 4장의 느부갓네살 왕의 꿈과 환상과 다니엘의 해석과 예언을 그림으로 묘사했던 윌리엄 블레이크의 작품은 〈느부갓네살〉이라는 제목으로 1795년 혹은 1805년에 제작되었다.[4] 4장 1-18절에는 느부갓네살 왕의 꿈과 그

속에서 보았던 이상을 묘사한 내용이 기록되어 있다. 4장 24-27절에 기록된 것은 느부갓네살 왕이 미쳐서 사람들에게 쫓겨나게 되고 들짐승과 함께 거하며 소처럼 풀을 먹으며 지내다가 하나님의 다스리심을 깨달은 후에 왕이 돌아오게 될 것을 다니엘이 꿈을 해몽하고 예언한 내용이다. 4장 28-37절은 다시 자신의 꿈과 다니엘의 예언과 같이 모든 일이 실현되었음을 느부갓네살이 확인하는 내용으로 4장은 구성되어 있다. 한동안 이 기록은 역사적 신빙성이 없는 '오류'로 평가되었다. 그러나 1975년에 그레이슨 A. K. Grayson에 의해 발견된 바벨론 점토판 문서[대영박물관, NO. BM 34113]가 느부갓네살 왕의 정신병과 관련된 내용으로 보이는 자료를 발견하게 되면서 성경에 기록된 사건의 역사성을 재확인하게 되는 일이 있었다.[5]

　　다음의 그림은 렘브란트가 1635년경에 그렸던 〈벨사살의 향연〉이라는 제목의 작품이며 다니엘서 5장과 관련된 벨사살 왕의 궁중 잔치를 배경으

4　William Blake (1757-1827), 〈Nebuchadnezzar〉(1795/c.1805),54.3×72.5cm, Tate Britain, 그림과 해설 출처: https://commons.wikimedia.org/wiki/File:William_Blake_-_Nebuchadnezzar_(Tate_Britain).jpg

5　8 Historical Epic Fragment regarding Evil-Merodach (pp. 87-92) This is a very small piece (BM 34113 = sp 213) of an historical epic. A coherent narrative is available only on the obverse where Nebuchadnezzar II (name partly restored) and Evil-Merodach are mentioned. If it is assumed that it came from the same kind of tablet as the Adad-shuma-usur epic then the obverse would be part of column i, which means that it is quite possible that the narrative came down as far as Nabonidus or even Cyrus. In the small portion that is preserved the main theme seems to be the improper behaviour of Evil-Merodach, particularly with regard⋯ A. K. GRAYSON, Babylonian Historical-Literary Texts, Toronto: University of Toronto Press, 1975, https://www.jstor.org/stable/10.3138/j.ctt1vgw9bq
cf.(https://www.ministrymagazine.org/archive/1978/04/new-light-on-nebuchadnezzars-madness)

로 하고 있다.[6] 예루살렘 성전에서 약탈해온 성전의 그릇들을 자신의 왕궁 잔치에 가져다 사용할 때 "사람의 손가락"이 나타나서 벽에 글씨를 쓰는 환상을 보게 된 왕은 당황하여, 다니엘을 불러서 해석하게 하였다. 그 글자는 〈메네 메네 데겔 우바르신〉이었고, 왕의 나라가 끝나게 될 것이라는 예언의 내용이었다. 렘브란트는 다니엘서 5장 2절의 내용을 그림에 담으려고 했던 것으로 보인다. 왕이 귀인과 왕후와 빈궁들과 함께 예루살렘 하나님의 전에서 가져온

은과 금 기명을 사용하던 상황을 시각적으로 잘 묘사해 주었으며, 환상을 보고 나서 왕이 즐기던 얼굴빛이 변했다고 하는 6절의 내용도 그림 속에 있는 벨사살 왕의 놀란 표정 가운데 그대로 나타나 있다. 히브리어를 공부 했던 것으로 알려진 렘브란트는 벽면의 글자를 히브리어 자음으로 표기하였다.

다니엘서는 주전 608년에 다니엘이 바벨론에 포로로 끌려가게 된 느부갓네살 왕의 1차 유다 침공을 역사적 배경으로 하고 있고, 주전 586년 이후 페르시아 제국 시대 고레스 왕과 다리오 왕의 이름도 역사적 배경으로 삼고 있는 책이다. 그런데 예언의 내용은 그 이후 헬레니즘 제국과 그 시대의 역사적 혼란상과 주전 2세기 이후 셀류코스 왕조의 왕이었던 안티

---

6 Rembrandt Harmenszoon van Rijn (1606-1669), 〈Belshazzar's Feast〉(1635-1638), 167.6×209.2cm, National Gallery, room 24 / According to Daniel 5:1-31, King Belshazzar of Babylon takes sacred golden and silver vessels from the Jewish Temple in Jerusalem by his predecessor Nebuchadnezzar. Using these holy items, the King and his court praise 'the gods of gold and silver, bronze, iron, wood, and stone'. Immediately, the disembodied fingers of a human hand appear and write on the wall of the royal palace the words "MENE", "MENE", "TEKEL", "UPHARSIN". 그림과 해설 출처: https://commons.wikimedia.org/wiki/File:Rembrandt-Belsazar.jpg

오쿠스 에피파네스 4세 시대의 박해 상황[11:21절 이하]과 로마로 해석되는 '깃 딤'[11:30]까지 언급하고 있다는 점 때문에 그 기록 시기는 주전 6세기에서 주 전 2세기까지 여러 학자에 의하여 다양하게 주장되었다. 그러나 이보다 더 중요한 것은 다니엘이라는 역사적 인물과 디아스포라 유대인의 삶을 살았 던 사람들이 겪었던 실제 사건들과 신앙으로 인한 박해의 상황이 벌어졌 던 바벨론과 페르시아 제국 시대 하나님의 백성이 겪었던 생존과 삶의 문 제들이었다.

3. 다니엘서는 어떤 뜻을 담은 책일까?

바사[페르시아]왕 고레스가 주전 537년에 바벨론을 무너뜨리고 유대인들을 포로 생활에서 해방하였으나, 다니엘은 포로 귀환에 합류하지 않고 페르시 아 땅에 그대로 남아서 활동하였다. 다니엘서는 다니엘의 전기가 아니라 하나님의 역사 주권과 섭리를 선포한 책이다. 다니엘서는 〈묵시록〉이라는 매우 독특한 예언과 계시문학의 장르에 속하는 책으로 분류되고 있으며, 무엇보다도 12장에 기록된 종말에 관한 예언은 영생과 영벌의 심판과 종 말의 때에 있게 될 부활에 관하여 증언하고 있으며, 이는 다니엘서의 중요 성을 재확인하게 되는 내용이라고 할 수 있다.

사람들은 지식을 더하고 빨리 왕래하게 될 것이라는 12장 4절은 오늘 우리가 살아가는 시대의 문명이 갖는 특징과 부합하는 특징으로 해석되기 도 한다. 이러한 시대에 그리스도인으로서 올바르게 살아가기 위해서는 무 엇보다도 지혜가 필요하다. 지식이 더하여지는 시대에 정보는 과도할 정도 로 넘치고 있지만, 그 속에서 분별력 있게 살아가며 올바른 가치관을 지켜 가기 위해서는 지혜가 더욱 절실하게 요구된다. 무엇보다도 사람들을 옳은 길로 인도하고, 하나님의 말씀과 신앙과 믿음과 복음의 길로 올바르게 돌아올 수 있도록 하는 일이 중요하며 하나님은 다니엘서의 예언을 통하여 그런 사람들은 하늘의 별과 같이 영원토록 빛날 것이라는 약속을 해주셨다단 12:3.

소예언서

『호세아』 - 이스라엘의 신랑이신 주 하나님

북왕국 이스라엘의 여로보암 왕이 통치하던 주전 8세기에 북이스라엘은 정치와 경제와 군사적인 중흥기를 맞이하고 있었다. 그러나 국력의 신장과 경제적 풍요로움 속에서 북왕국에는 우상 숭배의 죄악과 음란하고 타락한 문화와 사회적 불공정이 만연해 갔다. 호세아서는 결혼의 유비로 하나님과 이스라엘 민족의 관계를 표현하였고, 음행의 주제를 통해 북왕국 이스라엘의 죄악을 꾸짖었다. 1-3장은 호세아 선지자의 소명으로서 결혼생활과 하나님의 말씀에 관한 내용이며, 4-14장은 북이스라엘의 심판과 구원에 관한 예언의 기록이다.

사랑하라 하셨지만,
사랑할 수 없는 사람을
사랑할 수밖에 없는 슬픈 운명의 사내는 결혼으로 인하여 선지자가 되었다.
아내로 맞이하여
태어난 자녀들은 긍휼 없음을 선포하는 로루하마,
백성임을 부정하는 로암미,
갈등하는 이스르엘이라 이름부르며,
누구도 귀 기울여 듣지 않는 그분의 말씀을 선포하였다. 호세아는…
답답하고, 난해하고, 난감한 사람을 사랑하지 않지만,
이유를 알 수 없는 결혼으로 인하여 인생 갑갑한, 예언자의 아내가 되었다. 고멜은…
자녀들의 이름마저 예쁘게 부를 수 없는 슬픈 운명의 여자는
아지랑이처럼 피어나는 신기루와 같은 자유를 향해 달아났다.
깨어지고, 무너지고, 산산이 쪼개어진 가슴 조각 주워 담아,
추스르고 싸매어 아내를 찾아 나선 발걸음,
'그 마음이 내 마음이다' 말씀하시며
나의 말을 사랑하는 이들에게 대언해달라 하나님은 힘없이 부탁하신다.
차라리 포기하고, 차라리 버려주고, 잊혀진 사람 삼으면 좋으련만
다른 사내들에게 속임 당하고, 팔려 다니며, 만신창이 되어 버린 인생,
몸과 마음을 가눌 수 없고, 어디에도 기댈 곳 없던 그곳으로
끝끝내 찾아온 유일한 남자…
그의 손 다시 붙잡고 자녀들에게 돌아가는 발걸음,
끝내는 가슴 시린 고마움…
그의 손끝 스치는 순간 처음 깨닫는 하나님의 마음.

《2017 겨울 성지답사 – 예루살렘 눈물 교회》

예언서 · 『호세아』

「호세아」[1] − 호세아는 왜 고멜과 결혼했을까?: 이스라엘의 신랑이신 주 하나님

"웃시야와 요담과 아하스와 히스기야가 이어 유다 왕이 된 시대 곧 요아스의 아들 여로보암이 이스라엘 왕이 된 시대에 브에리의 아들 호세아에게 임한 여호와의 말씀이라. 여호와께서 처음 호세아에게 말씀하실 때 여호와께서 호세아에게 이르시되 너는 가서 음란한 여자를 맞이하여 음란한 자식들을 낳으라 이 나라가 여호와를 떠나 크게 음란함이니라 하시니"호 1:1-2

1   호세아 참고 문헌: 박경식, "호세아의 결혼 비유에 담긴 사회정치학적 수사학 연구." 「구약논단」 24-2 (2018), 62-92: 유윤종, "호세아에 나타난 두운법." 「성경원문연구」 제45호 (2019), 70-92: 홍성혁, "호세아 9장 13절의 의미와 번역에 관한 제안: 호세아 9장 10-17절의 맥락 속에서." 「구약논단」 26-4 (2020), 155-86.

이 그림은 플랑드르^{Fleming, Flemish}의 풍경화가 질리스 반 코닌슬루^{Gillis van} ^{Coninxloo, 1544-1607}가 그렸던 〈예언자 호세아와 강과 계곡이 있는 산의 풍경〉 ^{Mountain Landscape with River Valley and the Prophet Hosea} 작품이다.² 코닌슬루는 1585년에 앤트워프^{Antwerp, 안트베르펜}가 스페인에 의해 함락되고 나서 개신교 예술가들의 강제 이주로 모여 살게 된 팔츠^{Pfalz} 산맥의 프랑켄탈^{Frankenthal}이라는 작은 마을 풍경을 호세아서와 연결하여 그림을 그렸던 것으로 추정되고 있으며, 호세아를 예배의 남용에 반대했던 인물로 보고 개신교 지도자의 상징적 선구자로 묘사하고자 했던 것으로 해석되고 있다.³

그림의 아래쪽 좌우편에는 한 가족을 바라보고 있는 사람들의 모습을 볼 수 있으며, 그 가운데에는 어린아이 세 명과 함께 있는 가족의 모습이 그려져 있다. 빨간색 겉옷을 입고 있는 남자는 호세아이고, 주황색 윗옷과 푸른색 치마를 입고 아기를 품에 안은 채로 앉아 있는 여성은 고멜이었을 것으로 보인다. 한 아이는 아빠 뒤에서 놀고 있고, 다른 아이는 엄마 곁에서 개 한 마리와 놀고 있는 모습도 볼 수 있다. 이 가족이 예언자 호세아의 가족이 맞는다면, 첫째 아이의 이름은 이스르엘에서 벌어졌던 학살의 피를 예후에게 갚으며, 이스라엘이 멸망할 것이라는 뜻으로 〈이스르엘〉이라고 불렀고, 둘째 딸은 하나님이 이스라엘 민족을 긍휼히 여기지 않는다는 뜻으로 〈로루하마〉라고 불렀으며, 셋째 아들은 이스라엘을 향하여 '내 백성이 아니다'라는 뜻의 〈로암미〉라고 부르게 되었다고 호세아 1장에서는 이야기해주고 있다.

북왕국 이스라엘의 여로보암 왕이 통치하던 주전 8세기에 북이스라엘

---

2   Gillis van Coninxloo (1544-1607), 〈Mountain Landscape with River Valley and the Prophet Hosea〉(16th century), 19.5×28.7cm, Museum Mayer van den Bergh. 그림 출처: https://commons.wikimedia.org/wiki/File:Gillis_van_Coninxloo_-_Mountain_Landscape_with_River_Valley_and_the_Prophet_Hosea_-_WGA05181.jpg /

3   그림 해설에 다음 출처에서 부분적으로 참고한 내용을 반영함: https://www.wga.hu/frames-e.html?/html/c/coninxlo/mountain.html.

정치와 경제와 군사적인 중흥기를 맞이하고 있었다. 그러나 국력의 신장과 경제적 풍요로움 속에서 북왕국에는 우상숭배의 죄악과 음란하고 타락한 문화와 사회적 불공정이 만연해가면서 속으로는 점점 더 상처가 곪아가는 상황에 이르고 있었다. 그 시대를 향한 호세아 선지자의 예언을 기록했던 호세아서는 결혼의 유비로 하나님과 이스라엘 민족의 관계를 표현하였고, 음행의 주제로 북왕국 이스라엘과 지도자와 백성을 향한 하나님의 말씀을 전해주었다. 하나님의 구원보다 강대국 앗시리아와 이집트를 좇아다니며 구원을 구걸하던 북왕국 이스라엘의 외교정책과 하나님을 섬긴다고 하면서 동시에 음행을 동반한 풍요다산의 제의를 행하던 가나안 종교에 빠져서 실제적인 간음과 영적인 간음을 저지르며 살아가던 백성들의 종교문화를 하나님은 '행음하는 죄'로 규정하였다. 하나님은 예언자 호세아가 자신의 결혼생활을 통하여 이 일을 경험하고 하나님의 심정을 가지고 북왕국의 이스라엘 민족에게 대언해달라고 그를 부르셨다. 호세아서 1장 1-2절은 호세아 선지자의 소명이 그의 결혼과 직결된 문제였음을 보여주는 본문이다.

호세아에게 하나님의 말씀이 임하여 선지자가 되었을 때 그가 받았던 소명의 첫 시작은 음란한 여인으로 알려져 있던 '고멜'과의 결혼생활이었다. 부모로서 절대 원할 수 없는 이름을 하나님의 말씀 때문에 자녀들에게 지어 주어야 했다. 아내 고멜이 반대했을 수도 있지만 호세아 선지자는 그렇게 자녀들의 이름을 지어준 후에 누군가 그에게 왜 그렇게 험악한 이름을 자녀들에게 붙였느냐고 묻는 이들에게 하나님의 심판 예언을 전해주기 위함이었다. 고멜의 입장에서는 하나님의 부르심에 순종하여 자신과 결혼하고, 자녀들의 이름마저도 무섭게 지어놓고 살아가는 남편 호세아를 이해하기도 어려웠고, 인생을 즐기며 살지 못하는 예언자 호세아에게 적응하기 어려웠을 수 있다.

결국 고멜은 힘겨웠던 결혼생활을 포기하게 되었고, 남편 호세아와 세 자녀를 모두 버리고 다른 남자들을 만나기 위하여 집을 떠났다. 그러나 하나님은 다시 예언자 호세아에게 찾아와 다시 아내를 데려오라고 명령하셨고, 호세아는 "타인에게 연애를 받아 음부된 그 여인을 사랑하라"는 말씀에 순종하여 "은 열다섯과 보리 한 호멜 반"으로 고멜을 데리고 돌아왔다 호 3:1-2. 호세아와 함께 자녀들에게로 돌아가던 그 길은 고멜의 기억 속에 오래도록 남았을 것이다. 호세아 선지자는 결혼생활 가운데 고통을 경험했던 그 심정과 다시 타인을 찾아 집을 나간 아내를 끝까지 사랑하며 되찾아 와야 했던 그 마음을 가지고 하나님의 말씀을 대언해야만 했다.

우상을 섬기고, 다른 신을 따르며, 하나님을 버렸던 이스라엘 민족이 바로 음란한 여인 고멜의 모습이었고, 그런 이스라엘 민족을 끝까지 사랑하며 내게 돌아오라 말씀하시는 하나님이 아내 고멜을 끝까지 사랑한 남편 호세아의 모습이었다.

호세아서 1-3장은 호세아 선지자의 결혼생활에 관한 내용과 이를 통한 하나님의 말씀으로 이루어져 있고, 4-14장은 4-10장까지 이어진 북왕국 이스라엘의 죄악과 심판의 예언과 11-14장의 하나님의 변함없는 사랑과 북이스라엘에게 주어질 징벌 이후의 하나님의 구원에 관한 예언으로 구성되어 있다. 호세아서 2장 14-15절에서는 예레미야 2장 2절과 함께 광야시대를 첫사랑의 시절로 해석하였고, 그 관점에서 하나님과 이스라엘 관계를 신랑과 신부의 관계로 묘사하면서 '광야'의 주제를 긍정적으로 표현하였다 호 2:14-20. 심지어 하나님은 이스라엘 민족을 향한 하나님의 사랑을 표현하시면서, 그들을 위하여 기꺼이 하나님은 들판의 짐승과 공중의 새와 땅의 곤충으로 더불어 언약을 맺으시고, 활과 칼을 꺾어 전쟁을 없앨 것이라 말씀하시기도 했다.

히브리어 동사 〈야다〉는 '알다'라는 뜻과 함께 창세기 4장 1절에서 아담과 하와가 '동침한다'라고 번역되었던 것처럼 문맥에 따라서는 부부관계에 적용되는 의미도 포함하는 낱말이었다. 호세아서 4장 1절과 6절에서는 〈야다〉라는 동사에서 파생된 '지식'이라는 뜻의 〈다아트〉라는 말이 사용되었으며, 이 낱말은 부부가 서로를 사랑하고, 신뢰하며, 존중하는 인격적인 관계 속에서 상대방을 안다고 말하는 앎이라는 뜻풀이를 할 수 있는 차원의 개념이었다. 북이스라엘의 이스라엘 민족은 그런 하나님을 아는 지식이 없으므로 망한다는 심판의 예언을 호세아 선지자가 선포하였다. 히브리어 동사 〈슈브〉는 '돌아오다'라는 뜻이었으며, 물리적인 회귀의 뜻도 있지만, 영적인 차원의 의미는 죄악의 길에서 돌이키는 일 곧 회개를 뜻하는 중의적인 표현으로 사용되는 낱말이었다.

하나님은 호세아서 전체에 걸쳐서 이스라엘 민족을 향하여 "돌아오라" 말씀하셨고 호세아 선지자에게 대언 하도록 명하셨다. "사마리아의 송아지"호 8:6와 "벧아웬의 송아지"호 10:5는 북이스라엘이 벧엘과 단에 세웠던 금송아지 형상과 산당의 송아지 우상과 함께 '바알' 신의 상징으로 해석될 수 있었는데, '바알'이라는 말도 바알신을 뜻하는 고유명사로 사용되었지만, 문맥에 따라서는 일반명사로 남편을 뜻하는 중의적인 표현으로 사용되었다. 여기서 사마리아는 북이스라엘의 수도였지만, 벧아웬은 죄를 뜻하는 〈아본〉과 집을 뜻하는 〈베트〉가 결합된 '죄악의 집'이라는 뜻으로 산당을 의미할 수 있는 말이기도 했다. 하나님은 바알 신을 섬기며, 불의함과 죄악을 일상으로 살아가던 이스라엘 민족이 하나님을 향한 제의와 절기와 제물과 기도를 병행하는 것을 "두 마음"을 품는 죄로 규정하셨고, 징벌을 작정하셨다고 호세아서 10장 2절에서 말씀하고 있다.

북왕국 이스라엘을 하나님이 심판하시고, 멸망시키시는 것은 대수술과 같은 일이었다. 그 과정을 통해서만 이스라엘 민족의 뒤섞여 버린 혼합주의 종교의 죄악과 정치와 경제와 군사와 사회와 문화의 죄악과 모든 계층의 부정과 부패를 스스로 정화하고 개혁할 수 있는 지식도 마음도 뜻도 잃어버린 이스라엘을 구원하시는 길이라고 판단하셨다는 사실을 호세아 선지자는 예언하였다. 그러므로 하나님의 궁극적인 뜻은 결국 이스라엘 민족의 구원이었다. 호세아 11장 1-4절의 이스라엘 민족 구원에 관한 예언은 마태복음 2장 13-15절에서 예수 그리스도의 이집트 피난과 나사렛으로의 귀환에 관한 본문에서 인용되기도 했다.[4] 호세아의 결혼을 통하여 보여주셨던 하나님의 뜻과 구원의 주제는 호세아서 전체에서 결혼의 유비를 통해서 매우 특징적으로 부각 되었다.

---

4   김진명, "호세아 11장 1-4절과 마태복음 2장 13-15절의 미학적 성경주석에 관한 연구 운보 김기창과 렘브란트의 작품에 나타난 '이집트'이해와 해석을 매개로," 『장신논단』 52-2 (2020. 6), 9-36.

『요엘』 – 심판보다 회개를 원하시는 주 하나님

요엘 선지자에게 주님의 말씀이 임한 때를 정확하게 알 수 없다. 다만 메뚜기 재앙이 이스라엘 온 땅을 휩쓸고 지나갔던 일과 심한 기근이 발생했던 일을 사람들이 기억하던 시기에, '유다와 예루살렘'을 '이스라엘'이라고 표현했던 요엘 선지자는 이 일을 앞으로 임할 이 민족의 침략과 심판의 징조로 해석하고 예언하였다. 요엘서는 "여호와의 날"을 이스라엘의 영광과 구원이 아닌 무서운 심판의 날로 선포했다. 1장 1절부터 2장 17절은 심판 징조로서 메뚜기 재앙과 심판 예언의 내용이며, 2장 18절부터 3장 31절은 이스라엘의 구원과 주변 나라들의 심판에 관한 예언의 기록이다.

메뚜기 떼
모래폭풍처럼 휘몰고 간
황량한 들녘,
붉은 모래 언덕 넘어가는 저녁노을처럼,
온 세상 가득 적실 분노의 잔은 이미 붉게 기울었다.
여호와의 날은 찬란한 영광의 날이 아니라,
어둡고 캄캄하여 별빛마저 숨을 거두는 날,
전능자로부터 다가온 멸망처럼 가까운 그날,

시냇물과 들짐승도 불타버린
산하에서 외치다 시들어 간다.
이제라도 옷이 아니라 마음을 찢고 다시 돌아오라
말씀하시는 주의 음성,

언젠가
주님의 성령
다시금 주의 종들에게 부어질 때,
주의 이름을 부르는 자와
주께 부름 받는 자는 구원을 얻으리라.
나라와 민족들이 공의의 심판 앞에 세워지고,
주님은 다시 그의 백성에게 산성이 되고 피난처 되시리라.
예루살렘과 시온에서…

《2023 겨울 성지답사 – 에베소》

「요엘」[1] – "여호와의 날"은 어떤 날일까?^{욜 1:15/3:14}: 심판보다 회개를 원하시는 주 하나님

"브두엘의 아들 요엘에게 임한 여호와의 말씀이라. 늙은 자들아 너희는 이것을 들을지어다 땅의 모든 주민들아 너희는 귀를 기울일지어다… 팥 중이가 남긴 것을 메뚜기가 먹고 메뚜기가 남긴 것을 느치가 먹고 느치가 남긴 것을 황충이 먹었도다… 슬프다 그 날이여 여호와의 날이 가까웠나 니 곧 멸망같이 전능자에게로부터 이르리로다. 먹을 것이 우리 눈앞에 끊 어지지 아니하였느냐 기쁨과 즐거움이 우리 하나님의 성전에서 끊어지지 아니하였느냐"^{욜 1:1-4, 15-16}

---

1   요엘 참고 문헌: 김래용, "요엘서의 구원신탁 연구." 「구약논단」 25-2 (2019), 118-45: 홍성혁. "요엘 4장의 묵 시적 종말론 모티프와 그 기능: 야훼의 시온 통치를 통한 새 세상 도래 부각." 「구약논단」 20-2 (2014), 186-216: 기민석. "요엘 2:1-11에 나타난 전쟁 이미지 연구." 「복음과 실천」 59-1 (2017), 39-64.

이 그림은 미켈란젤로^{Michelangelo, 1475-1564}가 1509년에 그렸던 시스티나 예배당 천정화의 한 부분이며, 이 인물화에는 〈요엘〉^{Joel} 선지자의 이름이 붙어 있다.[2] 미켈란젤로는 미간을 잔뜩 찌푸린 채로 긴 두루마리에 기록된 무엇인가를 열심히 읽고 있는 한 남성의 모습으로 〈요엘〉 선지자를 묘사하였다. 요엘 선지자에게 주님의 말씀이 임한 때를 정확하게 알 수 없다. 다만 메뚜기 재앙이 이스라엘 온 땅을 휩쓸고 지나갔던 일과 심한 기근이 발생했던 일을 사람들이 기억하던 시기에, '유다와 예루살렘'을 '이스라엘'이라고 표현했던 요엘 선지자는 이 일을 앞으로 임할 이 민족의 침략과 심판의 징조로 해석하고 예언하였다.

1장 1절에서 2장 11절까지는 유다와 예루살렘의 심판과 멸망의 날이 될 "여호와의 날"^{1:15}에 관한 예언이 기록되어 있다. 그러나 2장 12-17절에 기록된 요엘 선지자의 예언은 〈회개〉의 촉구와 명령이었다. 2장 18절에서

3장 21절에는 이스라엘이 회개하고 돌이킨 후에 이루어질 구원과 이스라엘에 악행을 저지른 주변 나라들의 심판이 있게 될 "여호와의 날"^{3:14}에 관한 예언이 기록되어 있다.

약 백여 년 뒤인 1602년경에 루벤스^{Peter Paul Rubens, 1577-1640}는 미켈란젤로의 천정화를 그대로 모사했다. 오른쪽 작품에서 확인할 수 있는 바와 같이, 루벤스는 매우 정밀하게 요엘 선지자의 모습을 그렸지만, 그

---

2   Michelangelo di Lodovico Buonarroti Simoni (1475-1564), 〈Joel〉(1509), 355×380cm, Sistine Chapel, 그림 출처: https://commons.wikimedia.org/wiki/File:Michelangelo_profeti_Joel_01.jpg

가 그렸던 선지자 요엘의 얼굴에는 찌푸린 미간의 주름이 거의 묘사되지 않았고, 미켈란젤로의 그림에 나타난 예리한 인상이 좀 더 무던해진 느낌의 차이를 발견할 수 있다.[3] 요엘서는 다른 소예언서들의 서두 양식에 여러 정보가 수록된 경우와 달리, 단순하게 '브두엘의 아들'이라는 족보 사항만으로 구약성경에 나오는 다수의 '요엘'이라는 이름의 인물들과 다른 사람이라는 사실을 구분할 수 있도록 해주고 있다삼상 8:1-2, 대하 29:12, 느 11:9 등 ….

요엘서에서 가장 중요한 주제는 "여호와의 날"이다. 포로기 이전 상황에서 많은 거짓 예언자들은 성전이 있는 예루살렘은 결코 망하지 아니할 것이고, 포로된 자들도 속히 돌아올 것이라는 말로 하나님의 뜻과 무관한 자기 의견을 소리 높여 주장하고 있었다. 그러면서 '여호와의 날'은 이방 민족들에게만 심판의 날이 될 것이고, 이스라엘 민족에게는 구원과 영광의 날이 될 것이라는 것과 모든 것은 다 평안하고 괜찮다는 거짓말을 선포하고 있었다. 그러나 예레미야 선지자는 회개하고 돌이키지 않는다면 이스라엘 민족에게 더는 희망이 없고 포로생활의 심판과 멸망만이 기다리고 있다고 예언하였다. 요엘 선지자도 사람들의 기대와 반대로 "여호와의 날"은 유다 백성들의 죄악을 심판하는 크고 무서운 심판의 날이 될 것이라는 예언을 하고 있었다1:15-16. 따라서 그의 표정은 밝을 수만은 없었을 것이다.

미켈란젤로의 인물화로 묘사된 요엘 선지자의 예민하고, 속상한 듯한 표정과 인상이 더 적절하게 보일 수 있는 내용이 요엘서 전체를 덮고 있는 분위기라고 할 수 있다. 1장 4절에 나오는 '팥중이'와 '메뚜기'와 '느치'와 '황충'에 해당하는 히브리어 낱말들은 정확한 뜻을 확인하기 어려운 곤충 이름들이기도 하다. 왜냐하면 지금부터 2500여년 전의 곤충들 가운데 지

---

3 Peter Paul Rubens (1577-1640), 〈The Prophet Joel〉(1601 and 1602), 37×47cm, Louvre Museum. 그림 출처: https://commons.wikimedia.org/wiki/File:0_Le_Proph%C3%A8te_Jo%C3%ABl_-_P.P._Rubens_-_Lou-vre_(INV_20230).JPG

금은 멸종된 종류의 곤충들도 있을 것이기 때문이다. 그래서 일부 학자들 가운데, 이러한 히브리어 곤충의 이름들이 곤충의 '변태' 단계를 묘사한 표현이고, 메뚜기 재앙을 자세하게 묘사하기 위한 예언자의 관찰을 반영해 주는 것이라고 해석하는 경우도 있다.[4] 그 당시 사람들에게 너무도 충격적이었던 메뚜기 재앙과 기근의 상황의 요엘 선지자를 통하여 〈경고의 표징〉으로 해석되고, 선포되었다. 1장 6절에는 메뚜기 재앙이 상징하는 실제 사건은 강력하고 무자비한 한 이방 민족의 침략과 전쟁의 심판이라는 예언이 기록되어 있다.

심판이 작정된 상황에서 희망은 '여호와의 날'이 영광의 날이 될 것이라는 거짓 예언을 따라가는 것이 아니라, 은혜로우시며 자비로우시며 노하기를 더디하시며 인애가 크신 하나님께 금식하고 울며 '회개'하는 길뿐이라고 요엘 선지자는 2장 13절에서 매우 강력하게 증언하였다. 회개하고 돌이킬 때 비로소 하나님은 하나님의 신을 만민에게 부어주시며, 자녀들은 장래 일을 말하고, 늙은이들이 꿈은 꾸며, 젊은이들는 이상을 볼 것이라는 예언의 말씀을 전하였다[2:28-30]. 요엘 선지자는 분명하게 "여호와의 크고 두려운 날"이 이르기 전에 회개해야 한다는 예언을 했다[2:31-32]. 이스라엘 민족이 회개하고 돌이킬 때 하나님의 구원은 사로잡혀 간 자들에게까지 미칠 것이고, 포로 되었던 자들이 돌아올 때, 하나님은 여호사밧 골짜기에서 이스라엘 민족의 주변 나라들이 저질렀던 비인도적인 죄악들을 낱낱이 심판하시는 '여호와의 날'[3:14]이 될 것이라는 예언을 하였다.

요엘서의 전쟁 범죄에 관한 기록을 보면서, 16세기에 한국과 일본 사이에서 벌어졌던 전쟁인 '임진왜란' 때 일본인들이 조선 사람들을 포로로

---

4   방석종, 『호세아, 요엘』 대한기독교서회 창립100주년 기념 성서주석, 26, (서울: 대한기독교서회, 1996), 345-346.

끌고 가서 나가사키 항에서 전 세계 노예무역 시장에 팔아넘겼던 일[5]과 20세기 일제 강점기 때 일본군이 한국 청년들을 강제징용으로 끌어갔고, 여성들을 위안부로 끌고 가서 성노예로 삼았던 일들을 기억하면서 돌아보게 된다. 요엘서에서 하나님은 전쟁 범죄를 잊지 않으시고, 언젠가 심판하시는 분이라는 사실도 확인할 수 있다. 유다와 예루살렘의 백성을 3장 1절에서는 '이스라엘'이라고 불렀고, 두로와 시돈과 블레셋 민족들이 유다와 예루살렘의 자손들을 헐값에 팔아 넘기고, 심지어 헬라 족속에게까지 노예무역을 통해 인신매매를 했던 비인도적인 전쟁 범죄[3:3-6]와 에돔의 강포[3:19]를 하나님은 '여호사밧 골짜기'에서 심판하실 것과 그들이 유다 백성들에게 행했던 그대로 되갚음을 당할 것이라는 예언[3:2-8]이 요엘서를 구성하고 있다. 그렇지만 이러한 모든 변화는 이스라엘 민족이 하나님께 회개하고 돌아오는 일이 먼저이고, 그 후에 하나님의 구원이 이루어지게 될 것을 요엘 선지자는 예언하였다. 하나님은 심판보다 회개를 원하시는 분임을 요엘서는 알려주고 있다. 한편 요엘서 3장 16절의 '야훼께서 시온에서 부르짖는다'는 표현은 아모스 1장 2절에서 다시 나타난다. 이 본문을 통하여 요엘서는 다음의 아모스서와 연결되고 있다.[6]

---

5   김시덕, "(2) 나가사키에서 팔려나간 일본.조선인들… 그리고 끝나지 않은 거대한 비극." 〈경향신문〉, 2019. 10. 14. 김시덕의 명저로 읽는 일본의 쟁점(문화 칼럼), (2024.10.15 접속) 자료출처: https://www.khan.co.kr/article/201910132046005

6   Gordon McConville, *The Prophets, Exploring the Old Testament*, vol. 4. 박대영, 「선지서」(서울: 성서유니온, 2014), 260.

『아모스』 - 만군의 주, 정의와 공의의 하나님

주전 8세기는 많은 예언자들이 남유다와 북이스라엘에서 활발하게 활동하던 시대였다. 그들 가운데 아모스는 남유다 사람이었으며, 성직자가 아니었으나, 예언자로서 부름 받은 소명 때문에 북이스라엘에 올라가 활동했던 사람이다. 아모스서는 이스라엘과 유다와 열방의 주권자인 '만군의 주 야훼'는 바로 '정의와 공의의 하나님'이심을 선포하였다. 1-2장은 열방과 이스라엘과 유다의 심판 예언이며, 3-9장은 이스라엘에 집중된 심판 예언3-6과 여러 가지 환상7-9, 메뚜기, 불, 다림줄 / 7:10-17 벧엘 제사장들과 논쟁 / 과일 광주리, 심판주, 구원 예언으로 구성되어 있다.

선지자 생도도 아니었고, 제사장의 자식도 아니었다.
유다 땅 드고아의 목자들 중 한 사람 아모스,
뽕나무 배양하기에 바빠서 국제정세를 알 수 없었지만,
다메섹과 가사와 두로와 에돔과 암몬과 모압과 유다와 마침내
입술에 예리한 날 세워 이스라엘을 향한 예언의 칼날 겨누었다.
양 떼를 따르기에 벅차서 고향 땅 벗어나기 어려웠지만,
북이스라엘 땅 벧엘에 올라가 갈멜산 꼭대기 마르게 하시는 주의 음성 외쳤다.
사자가 부르짖을 때 누가 두려워 떨지 않을 수 있을까?
주님께서 말씀하시니 누가 예언하지 않을 수 있을까?
'다른 우상들이 아니라 나를 찾으라' 만군의 주 하나님이 말씀하셨기에
목청껏 소리 높이 외쳤고,
'공법을 물같이 정의를 강물처럼 흐르게 하라'
주 하나님 야훼께서 말씀하셨기에 목소리 높였다.
넘치는 부유함 가운데
사치를 멈추고,
요셉의 환난에
마음을 동하라
소리쳤다.
양식 없는
굶주림이
아니며,
물이 없는
갈함이 아니라,
여호와의 말씀 없는 기근이 임할 때에
안전하다, 평안하다 자기 말로 거짓을 외치는 죄인들은
죽음을 맞이하고,
단부터 브엘세바까지 우상을 섬기는 자들은 심판 중에 멸망한다 선포하였다.
멸망의 때를 지나서 사로잡혔던 자들 돌아오는 때,
무너진 것 다시 세우고, 뽑힌 것 다시 심는 날을 대언하라 명하셨기에
아모스는 지진 전 2년에 이스라엘에 대하여 묵시로 받은 말씀을 전하였다.

《2023 겨울 성지답사 – 요단강》

구약을 그리다

『아모스』[1] – 아모스는 왜 선지자가 되었을까? : '만군의 주 하나님'

"아모스가 아마샤에게 대답하여 이르되 나는 선지자가 아니며 선지자의 아들도 아니라 나는 목자요 뽕나무를 재배하는 자로서, 양 떼를 따를 때에 여호와께서 나를 데려다가 여호와께서 내게 이르시기를 가서 내 백성 이스라엘에게 예언하라 하셨나니, 이제 너는 여호와의 말씀을 들을지니라 네가 이르기를 이스라엘에 대하여 예언하지 말며 이삭의 집을 향하여 경고하지 말라 하므로, 여호와께서 이와 같이 말씀하시기를 네 아내는 성읍 가운데서 창녀가 될 것이요 네 자녀들은 칼에 엎드러지며 네 땅은 측량하여 나누어질 것이며 너는 더러운 땅에서 죽을 것이요 이스라엘은 반드시 사로잡혀 그의 땅에서 떠나리라 하셨느니라." 암 7:14-17

아모스 선지자는 남유다 드고아의 목자였으며, 뽕나무를 재배하는 자였다. 그는 선지자의 생도가 아니었고, 제사장도 아니었다암 7:14. 그러나 그는 하나님의 부르심을 받았고 예언자로서 북왕국 땅에 가서 하나님의 말씀을 선포하였다. 아모스 선지자는 주전 8세기에 남왕국 유다의 웃시야 왕과 북왕국 이스라엘의 여로보암 2세가 통치하던 시대에 하나님의 말씀을 묵시로 받게 되었다암 1:1. 아모스 3장 8절에는 남왕국 유다 땅에서 예언자와 무관한 삶을 살았던 자신이 왜 예언을 하게 되었는지 "사자가 부르짖은즉 누가 두려워하지 아니하겠느냐 주 여호와께서 말씀하신즉 누가 예언하

1   아모스 참고 문헌: 이희학, "북 왕국 멸망의 사회적 원인들과 예언자 아모스의 심판 선포." 『구약논단』 14-2 (2008), 29-48; 김태훈. "아모스 6:4-7의 〈마르제아흐〉 비판: 혼합종교에 대한 것인가, 사회적 불의에 대한 것인가?" 『신학과 사회』 24-2 (2011), 9-38; 최종원. "신명기 계약 신학의 범주로서 아모스 읽기." 『구약논단』 24-3 (2018), 201-29; 배희숙. "아모스의 열방 심판 말씀(1:3-2:5) - 이웃 민족의 '서너 가지 죄'의 성격과 유다 심판 말씀의 기능." 『장신논단』 54-5 (2022), 9-34.

지 아니하겠느냐"[3:8]라는 반문형식의 문장으로 고백했던 고백이 기록되어 있다. 예언자의 소명은 그가 생각했던 바도 아니었고, 바라고 원했던 일도 아니었다. 그러나 하나님이 그를 부르셨으니 순종할 수밖에 없었다.

아모스는 남 왕국 유다의 드고아 땅에서 목자와 농부로서 매일의 평범한 삶을 살아가던 사람이었다. 평범한 일상을 살아가던 어느 날 하나님의 말씀이 묵시로 그에게 임하는 경험을 하게 되었다. 그 시기를 아모스 1

장 1절에서는 그 당시 사람들이 다들 기억하는 큰 지진이 일어나기 2년 전 이었다고 밝혀주었고, 남 왕국은 웃시야 왕이 통치하고, 북 왕국은 여로보암 2세가 통치하던 때였다고 말하였다. 남북왕국의 이스라엘 민족은 각각 강력하고 유능했던 왕들의 통치와 부국강병 정책의 성공으로, 번영을 구가하는 시대를 맞이한 상황이었다. 그러나 하나님은 아모스를 예언자로 부르시고, 북이스라엘의 벧엘에까지 올라가서 하나님께서 이스라엘 민족을 향하여 말씀하고자 하셨던 '경고'를 전하게 하셨다. 그림 속의 아모스 선지자는

누군가를 바라보며 손가락으로 한 곳을 가리켜 말하고 있다. 하지만 이에 대한 설명이 없으므로 그림을 보는 사람들은 지금 상황에 대하여 상상의 날개를 펼쳐볼 수밖에 없다. 아모스 선지자가 바라보면서 말하고 있는 상대방은 아모스와 대결을 벌였던 벧엘의 제사장이며 거짓 예언자였던 아마샤였을 수 있다[7:10]. 또는 양떼를 따르던 아모스가 그에게 말씀하시는 하나

님의 음성을 들으며 남왕국 유다의 평범한 목동으로 살던 자신이 북왕국까지 가야 하는지 그곳을 가리켜 반문하는 상황이었을 수도 있다^{cf. 7:15}.

주전 931년경 이스라엘 민족의 남북분열이 일어난 이후에 벧엘과 단은 여로보암 1세 때 만들어진 북왕국 이스라엘의 성소였다. 북왕국 백성이 그동안 지켜오던 율법에 따라 예루살렘으로 1년에 세 차례 방문하던 전통을 단절시키고, 국경선을 넘어서 남왕국 유다로 내려가지 않도록 금송아지 우상을 세웠던 곳이었다. 그래서 벧엘의 제사장 아마샤는 벧엘을 "왕의 성소"와 "왕의 궁"이라고 표현할 수 있었다^{7:13}. 벧엘의 제사장 아마샤는 아모스 선지자의 활동을 여로보암 2세 왕에게 고발하기도 했지만, 자신이 직접 나서서 거짓 선지자 노릇을 하였다. 아마샤는 아모스 선지자에게 남왕국 유다 땅으로 돌아가서 예언하라고 윽박지르며 논쟁을 벌였다. 그러자 아모스 선지자는 자신이 선지자나 선지자의 생도도 아니었고, 농부와 목자였지만 하나님께서 "내 백성 이스라엘에게 예언하라"^{7:15} 명하셨기 때문에 예언하는 것이라는 대답을 했다. 또한 북왕국 이스라엘과 제사장 아마샤에게 닥치게 될 하나님의 심판에 관하여 예언의 말씀을 이어서 전하였다.

제임스 티소^{James Jacques Joseph Tissot, 1836-1902}가 1896-1902년 사이에 그렸던 『아모스』^{Amos}라는 제목의 그림은 아모스 7장의 어려운 상황을 그대로 반영해 주고 있는 듯하다.[2] 그림 속의 선지자 아모스는 목동의 옷을 입고 있고, 양치기 개 한 마리와 함께 맨발로 서 있으며, 손에는 목동의 지팡이를 들고 있다. 이 그림에서 묘사하고 있는 것은 그가 하나님의 부르심을 받고 벧엘로 정말 가야 하는지를 확인하는 장면일 수도 있고^{7:15}, 혹은 거짓 예언자로 활동했던 벧엘의 제사장 아마샤와 아모스 선지자가 대결하며 대화를 나누던 장면이었을 수도 있다^{7:10}는 상상을 하면서 그림을 바라보게

---

[2]   James Jacques Joseph Tissot (French, 1836-1902), 〈Amos〉(circa 1896-1902), 25.1×12.5cm, Jewish Museum of New York.

된다.

아모스서는 1-2장에 다메섹과 블레셋과 두로와 에돔과 암몬과 모압과 유다와 마지막으로 이스라엘을 향한 심판 예언이 기록되어 있다. 각각의 예언이 끝날 때마다 "이는 여호와의 말씀이니라"〈코 아마르 아도나이〉라는 종결문구가 반복된 양식처럼 기록된 것을 볼 수 있다. 각 예언 본문들에서도 열방의 비인도적인 전쟁 범죄와 그에 대한 하나님의 심판을 말씀하고 있다. 3-6장은 이스라엘에 집중한 하나님의 심판 예언으로 이루어져 있다. 심판의 경고는 지도층에 속한 사람들의 사치와 향락과 그들의 학대와 포학과 겁탈의 죄악에 관한 것이었다. 일상의 삶을 죄악 가득한 모습으로 살면서 풍성한 제사를 드리는 그들의 이중생활을 하나님께서 얼마나 가증하게 여기시는가를 지적하면서, 아모스 선지자는 그들의 죄악상을 책망하였다^{암 4:1-5, 6:1-11}.

다시 7-9장은 메뚜기 환상과 불의 환상과 다림줄 환상이 이어지는데, 이때 아모스는 선지자로서 이스라엘을 멸망시키려는 결정을 환상을 보여 주시는 하나님께 중재자 역할을 하였다. 그는 환상을 보면서 하나님께 심판의 뜻을 돌이켜 달라고 두 차례 간구하였고, 하나님은 심판의 뜻을 돌이키셨다^{7:3, 6}. 그러나 세 번째 여로보암의 집을 치고 이스라엘의 성소들과 이삭의 산당들을 파멸시킬 것이라는 '하나님의 말씀'을 듣게 되었다^{7:7-9}. 7장 10-17절에 아마샤와 아모스의 대결 이야기가 기록되어 있고, 평행법을 사용하여 "이스라엘"을 "이삭의 집"으로 표현한 심판 예언의 문장을 9절에 이어서 16절에서도 만날 수 있다. 8장의 과일 광주리 환상과 9장의 "만군의 주 여호와"의 심판 환상 후에는 8장 11-15절에 이스라엘의 사로잡힌 것을 하나님이 돌이키시고 구원하시며 회복하실 것이라는 예언으로 아모스서는 마무리 되었다.

아모스 선지자가 선포했던 예언의 내용은 다른 예언자들의 예언과 내용적으로 다르지 않았다. 만군의 여호와 하나님을 찾으라는 명령^{암 5:4-6}은 사회적 공의와 정의를 세우라는 것이었고, 그러면 심판의 뜻을 돌이키시고 하나님께서 살길을 주실 것이라는 말씀이었다^{5:14-16}. 그 결론과 요약은 "오직 정의를 물 같이, 공의를 마르지 않는 강 같이 흐르게 할지어다"라는 아모스 5장 24절에서도 확인할 수 있다. 아모스서의 심판 내용 가운데에는 8장의 과일 광주리 환상 뒤에 이어진 '기근'에 관한 예언이 있다. 하나님이 땅에 보내시는 기근은 양식이 없어 주림이 아니고, 물이 없어 갈함이 아니라 〈여호와의 말씀〉을 듣지 못하는 기갈이며, 젊은이들과 모든 사람이 "여호와의 말씀"을 구하여도 얻지 못하여 피곤하게 될 것과 단에서 브엘세바까지 우상을 섬기는 자들이 심판을 받게 될 것을 예언하였다^{8:11-14}.

기근이 발생하여도 마실 물을 구할 수 없고, 홍수가 일어나도 마실 물을 구할 수 없다. 지금은 말씀과 가르침의 기근보다는 홍수에 가까운 현상이 벌어지고 있는 시대이다. 그러나 사람들은 계속해서 돈을 사랑하고, 교만하고, 무정하며, 원통함을 풀지 않고, 참소하고, 절제하지 못하며, 사납고, 선한 것을 좋아하지 않고, 배반하고, 조급하며, 하나님을 사랑하는 것보다 다른 것을 더 사랑하는 삶을 살아가면서도 경건의 모양은 가지려 한다. 그러나 실상은 경건의 능력을 부인하며 살아가고 있는 삶에서 돌이키지 않고, 회개하지 않으면 선지자 아모스가 예언했던 "만군의 주 하나님"의 심판은 개인과 공동체에 언제나 누구에게든 임할 수 있음을 알아야 한다. 죄를 지고 여러 가지 욕심을 좇아가는 사람은 항상 배우지만, 진리의 지식에 이를 수 없으며, 마침내 그 어리석음이 드러나게 된다는 디모데 후서 3장 1-9절의 〈경고의 말씀〉을 아모스서와 함께 묵상하고 기억할 필요가 있다. 왜냐하면 살기 위하여 선을 구하고 악을 구하지 말아야 하고, 그렇게 살아야 한다고 했던 그들의 말대로 "만군의 여호와 하나님"은 그들과 함께 하시는 분이기 때문이다^{암 5:14}. 한편 아모스 9장 12절의 에돔에 관한 언급은

그 다음 이어지는 오바댜서로 연결성을 확인할 수 있게 하는 요소로 해석되고 있다.[3]

---

3   박대영, 「선지서」 338.

『오바댜』 - 전쟁 범죄를 반드시 심판하시는 주 하나님

주전 6세기경의 오바댜서는 〈에돔〉에 관한 심판 예언이다. 1장으로 구성된 이 예언서는 '주님의 종'이라는 뜻을 가진 오바댜의 이름으로 불리는 예언서이며, 11절의 예루살렘 멸망에 관한 구체적 언급으로 보아 주전 586년의 바벨론 제국에 의한 유다 멸망과 예루살렘의 파괴 사건이 발생했던 시기에 활동한 예언자로 평가되고 있다. 오바댜서는 1-14절까지 에돔에 관한 심판 예언이고, 15-21절은 하나님께서 이방 나라들을 벌하실 것과 이스라엘의 사로잡혔던 자들이 구원을 얻고 시온산으로 돌아올 것을 예언한 내용으로 이루어져 있다. 마지막 구절인 21절은 시온산의 구원와 에서의 산의 심판을 대조적으로 표현한 문장으로 마무리 되었다.

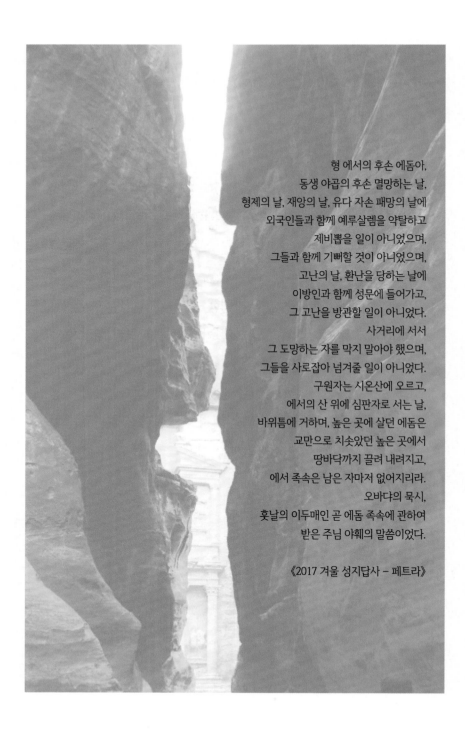

형 에서의 후손 에돔아,
동생 야곱의 후손 멸망하는 날,
형제의 날, 재앙의 날, 유다 자손 패망의 날에
외국인들과 함께 예루살렘을 약탈하고
제비뽑을 일이 아니었으며,
그들과 함께 기뻐할 것이 아니었으며,
고난의 날, 환난을 당하는 날에
이방인과 함께 성문에 들어가고,
그 고난을 방관할 일이 아니었다.
사거리에 서서
그 도망하는 자를 막지 말아야 했으며,
그들을 사로잡아 넘겨줄 일이 아니었다.
구원자는 시온산에 오르고,
에서의 산 위에 심판자로 서는 날,
바위틈에 거하며, 높은 곳에 살던 에돔은
교만으로 치솟았던 높은 곳에서
땅바닥까지 끌려 내려지고,
에서 족속은 남은 자마저 없어지리라.
오바댜의 묵시,
훗날의 이두매인 곧 에돔 족속에 관하여
받은 주님 야훼의 말씀이었다.

《2017 겨울 성지답사 – 페트라》

구약을 그리다

『오바댜』[1] – 에돔은 왜 심판받게 되었을까? : 전쟁 범죄를 반드시 심판하시는 주 하나님

"오바댜의 묵시라. 여호와께서 에돔에 대하여 이와 같이 말씀하시니라. 우리가 여호와께로 말미암아 소식을 들었나니 곧 사자가 나라들 가운데에 보내심을 받고 이르기를 너희는 일어날지어다. 우리가 일어나서 그와 싸우자 하는 것이니라. 보라 내가 너를 나라들 가운데에 매우 작게 하였으므로 네가 크게 멸시를 받느니라. 너의 마음의 교만이 너를 속였도다.

바위 틈에 거주하며 높은 곳에 사는 자여 네가 마음에 이르기를 누가 능히 나를 땅에 끌어내리겠느냐 하니, 네가 독수리처럼 높이 오르며 별 사이에 깃들일지라도 내가 거기에서 너를 끌어내리리라 여호와의 말씀이니라."옵1:1-4

오바댜서는 〈에돔〉에 관한 심판 예언이다. 오바댜서는 앞선 요엘과 아모스서와 함께 '여호와의 날'야훼의 날 주제가 공통적으로 나타나고 있다1:15.[2] 1장으로 구성되어 있는 이 예언서는 '주님의 종'이라는 뜻을 가진 오

1 Richard S. Hess, *The Old Testament* (Grand Rapids: Baker Academic, 2016), 631-36의 오바댜서에 관한 해설을 참조하여 내용을 정리함. 오바댜 참고 문헌: 윤동녕, "에돔에 대한 적의와 호의: 오바댜서를 중심으로." 『선교와 신학』 제48권 (2019), 273-302.

2 Marvin A. Sweeney, *The Prophetic Literature*, 홍국평 옮김. 『예언서』 구약학입문시리즈 5 (서울: 대한기독교서회, 2015), 235.

바댜의 이름으로 불리는 예언서이며, 11절의 예루살렘 멸망에 관한 구체적 언급으로 보아 주전 586년의 바벨론 제국에 의한 유다 멸망과 예루살렘의 파괴 사건이 발생했던 시기에 활동한 예언자로 평가되고 있다. 오바댜서는 1-14절까지 에돔에 관한 심판 예언이고, 15-21절은 하나님께서 이방 나라들을 벌하실 것과 이스라엘의 사로잡혔던 자들이 구원을 얻고 시온산으로 돌아올 것을 예언한 내용으로 이루어져 있다. 마지막 구절인 21절은 시온산의 구원와 에서의 산의 심판을 대조적으로 표현한 문장으로 마무리되었다.

오바댜 1장 1절과 연관된 이 그림은 제임스 티소가 1900년경에 〈선지자 오바댜〉The Prophet Obadiah라는 제목으로 그렸던 작품이다.[3] 분노와 슬픔에 가득한 표정을 짓고 있는 선지자 오바댜의 얼굴은 유다와 예루살렘의 멸망을 목격하고, 에돔 민족이 바벨론 제국의 군대와 함께 예루살렘 성으로 들어와 학살과 약탈을 자행했던 일들을 상기하며, 앞으로 에돔 민족에게 임하게 될 하나님의 심판을 예언했던 오바댜의 모습을 우리에게 시각적으로 보여주고 있다. 제임스 티소는 오바댜서를 읽고 묵상하면서, 그에 관한 자세한 묘사나 구체적인 정보가 본문에 기록되어 있지 않기 때문에 그림을 그리는데 어려움을 겪었을 수 있다. 오바댜 선지자를 묘사한 그의 그림은 예술가로서 오바댜서를 읽고, 신앙을 가진 예술가로서 본문을 해석하고, 그 결과를 그림으로 표현한 것이라고 할 수 있다. 티소는 구약 시대 유대인들의 복장이나 모습을 고증하는 과정을 거쳤을 것이고, 자신의 상상력을 발휘하여 예언자들의 모습을 그렸는데, 이렇게 일련의 인물화 형태로 예언자들의 얼굴과 신체를 전체적으로 묘사하였다. 하지만 티소의 예언자

---

3   James Tissot (1836-1902), 〈The Prophet Obadiah〉(1900), 25×11cm, Jewish Museum, New York, 그림과 해설 출처: https://commons.wikimedia.org/wiki/File:Tissot_Obadiah.jpg / khttps://www.artbible.info/art/large/220.html.

인물화는 본문의 구체적인 예언 내용을 연관시킨 경우를 찾아 보기 어렵다. 예언자들의 그림은 대부분 엄숙한 표정을 짓고 있는 다양한 사람들의 모습에 예언자의 이름을 붙여놓은 형태로 이루어져 있어서 왜 그런 표정하고 있고, 왜 그렇게 서 있는 것으로 묘사한 것인지 화가 본인의 추가적인 설명 없이는 파악하기 어려운 점들이 있다. 에돔 사람들은 세일 산악 지역에 거주하였고, 그들의 주거지는 산지의 높은 곳에 바위굴을 파서 만들었던 특징들이 있었으며, 그러한 특징은 오바댜 1장 3절에 반영되어 있다. 3절에서 '바위틈'이라는 말로 번역된 낱말에 사용된 히브리어 〈셀라QR〉는 반석을 뜻하는 히브리어 〈추르〉라는 낱말과 구분하여, 상대적으로 굴을 파거나 조각하기에 편리했던 사암이나 석회암과 같은 종류의 바위를 뜻하는 말이지만, '지명'으로 사용되기도 했다.[4] 에돔은 야곱의 형제 에서의 후손이었지만, 이스라엘 역사 속에서 상호 간에 그렇게 우호적인 협력적인 관계가 이루어졌던 것으로 보이지는 않는다. 다윗 왕은 이스라엘의 2대 왕으로 즉위한 후에 에돔을 정복하였고[삼하 8:13-14], 남왕국 유다의 왕 아마샤도 에돔을 공격하였으며, 셀라에서는 일만 명을 높은 바위에서 떨어뜨려 학살했던 일도 있었다[왕하 14:7, 대하 25:11-12]. 주전 586년에 바벨론 제국의 느부갓네살 왕에 의해 유다가 멸망 당하고 예루살렘이 함락될 당시에 그들은 방관만 하고 있지 않았다. 오히려 에돔 사람들은 유다의 침략자와 한편이 되어 함께 제비 뽑으며 약탈에 참여하였으며[11절], 바벨론 제국 군대의 무자비한 살육을 피해 달아나던 유다 백성들의 길을 막아섰고, 그들을 침략자들에게 넘겨주기도 했다[14절]. 에돔 사람들은 심지어 유다 백성을 학살하는 일에 적극적으로 참여하여 잔악한

---

4 〈셀라〉와 〈추르〉의 특징에 관한 자세한 내용은 다음의 논문을 참고할 수 있다. John A. Beck, "Why did Moses strike out? The Narrative-Geographical shaping of Moses' disqualification in Numbers 20:1-13," *The Westminster Theological Journal*, vol. 65, (2003), 135-41.

만행을 저질렀던 사실은 시편 가운데 '복수 시편'으로 알려진 137편에 매우 구체적으로 묘사되어 있다. 전쟁이 벌어지면 동서고금을 막론하고 힘없는 민간인과 부녀자들이 비참한 일들을 경험하게 된다.

　　범죄와 인간의 죄악은 하나님께서 기억하시는 일이 되며, 언젠가 그들과 그 나라와 민족들에게 이유를 묻고 책임을 물으시는 날이 있을 것이라는 생각을 하게 된다. 에돔 민족의 수도는 페트라 북쪽의 '보스라'였고 그곳에 궁궐이 있었다^{암 1:12}. 앞에서 언급한 '셀라'는 그 부근 지역이었을 것으로 추정되고 있다. 에돔 민족은 주전 2세기경 '페트라'를 중심으로 그 지역을 지배한 '나바티안'인들에 의해 세일 산지 지역에서 쫓겨나서 유대 지역으로 유입되었고, 신약 시대의 '이두매'인으로 불리던 사람들이 되었다. 주전 2세기 경의 유다 마카비 항쟁 이후에 시작되었던 하스모니안 왕조에 의해 주전 1세기에는 유다 지역 내에 거주하던 이두매인의 강제 개종이 이루어졌다. 오바댜서의 예언대로 에돔 족속과 나라는 역사 속에서 사라지게 되었다^{18절}.[5]

5　　「스페셜성경」 1286 참조.

『요나』 - 모든 생명을 귀하게 여기시는 주 하나님

열왕기하 14장 25절에는 아밋대의 아들 선지자 요나가 북왕국 이스라엘의 여로보암 2세 통치 기간주전 793-753년에 활동했다고 기록되어 있다. 이를 근거로 요나서 1장 1절의 아밋대의 아들 요나 선지자의 활동 시기는 주전 8세기로 판단해 볼 수 있다. 요나는 앗수르의 수도 니느웨에 가서 하나님의 심판을 경고하는 예언을 하라는 명령을 받고, 다시스로 도망치는 길을 선택했었다1장. 그러나 풍랑을 만난 배에서 바다에 던져졌고, 물고기 배 속에서 3일을 지내면서 '감사의 기도'2장를 드린 요나는 다시 기적적으로 밖으로 나오게 되었다. 그 후에 그는 하나님의 처음 명령대로 니느웨 성에 가서 하나님의 말씀을 전했던 선지자였다. 요나서는 요나 선지자가 이방인의 구원을 위하여 파송되었다는 측면에서 구약의 〈선교〉 주제를 보여주는 책으로 해석되기도 한다. 1-2장은 요나의 니느웨 파송 소명과 다시스로의 도피와 물고기 뱃속에서의 기도의 내용이고, 3-4장은 니느웨 성의 심판 예언 활동에 관한 기록이다.

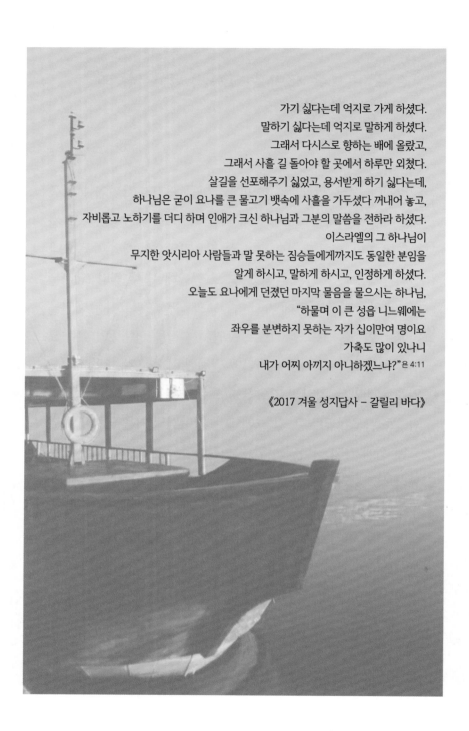

가기 싫다는데 억지로 가게 하셨다.
말하기 싫다는데 억지로 말하게 하셨다.
그래서 다시스로 향하는 배에 올랐고,
그래서 사흘 길 돌아야 할 곳에서 하루만 외쳤다.
살길을 선포해주기 싫었고, 용서받게 하기 싫다는데,
하나님은 굳이 요나를 큰 물고기 뱃속에 사흘을 가두셨다 꺼내어 놓고,
자비롭고 노하기를 더디 하며 인애가 크신 하나님과 그분의 말씀을 전하라 하셨다.
이스라엘의 그 하나님이
무지한 앗시리아 사람들과 말 못하는 짐승들에게까지도 동일한 분임을
알게 하시고, 말하게 하시고, 인정하게 하셨다.
오늘도 요나에게 던졌던 마지막 물음을 물으시는 하나님,
"하물며 이 큰 성읍 니느웨에는
좌우를 분변하지 못하는 자가 십이만여 명이요
가축도 많이 있나니
내가 어찌 아끼지 아니하겠느냐?"욘 4:11

《2017 겨울 성지답사 – 갈릴리 바다》

「요나」[1] – 최초의 '해외 파송 선교사' 요나? : 이방인과 동물의 생명도 귀하게 여기시는 주 하나님

"여호와께서 그 물고기에게 말씀하시매 요나를 육지에 토하니라… 요나
가 그 성읍에 들어가서 하루 동안 다니며 외쳐 이르되 사십 일이 지나면
니느웨가 무너지리라 하였더니, 니느웨 사람들이 하나님을 믿고 금식을
선포하고 높고 낮은 자를 막론하고 굵은 베 옷을 입은지라."욘 2:10, 3:4-5

열왕기하 14장 25절에는 아밋대의 아들 선지자 요나가 북왕국 이스라
엘의 여로보암 2세 통치 기간주전 793-753년에 활동했다고 기록되어 있다. 이를

---

1 요나 참고 문헌: 김상래, "요나의 기도(욘 1:17-2:10)에 묘사된 요나의 성격 이해," 「구약논단」 20-3 (2014),
   223-55; 홍혜경, "신화적 관점으로 본 요나의 삶과 현대적 적용," 「연세상담코칭연구」 제3호 (2015), 355-74;
   강철구, "심판 선언 양식을 통해 본 니느웨에 대한 요나의 숨은 의도," 「구약논단」 25-3 (2019), 130-57; 박경
   식, "요나 4장 10-11절의 열린 결말에 대한 내러티브 비평 연구," 「구약논단」 28-1 (2022), 93-123; 윤동녕,
   "요나 예언에 나타난 고대 근동 예언적 요소들," 「구약논단」 29-3 (2023), 145-81.

근거로 요나서 1장 1절의 아밋대의 아들 요나 선지자의 활동 시기는 주전 8세기로 판단해 볼 수 있다. 요나는 앗수르의 수도 **니느웨**^{QR}에 가서 하나님의 심판을 경고하는 예언을 하라는 명령을 받고, 다시스로 도망치는 길을 선택했었다^{1장}. 그러나 풍랑을 만난 배에서 바다에 던져졌고, 물고기 배 속에서 3일을 지내면서 '감사의 기도'^{2장}를 드린 요나는 다시 기적적으로 밖으로 나오게 되었다. 그 후에 그는 하나님의 처음 명령대로 니느웨 성에 가서 하나님의 말씀을 전했던 선지자였다. 요나서는 요나 선지자가 이방인의 구원을 위하여 파송되었다는 측면에서 구약의 〈선교〉 주제를 보여주는 책으로 해석되기도 한다.

피터 레스트만^{Pieter Lastman}은 1621년에 〈요나와 고래〉^{Jonah and the Whale}라는 제목의 작품을 그렸다. 화가는 요나서 2장 10절 본문을 그대로 그림에 반영하여 묘사하였다.[2] 히브리어 〈다그〉로 기록된 그 물고기의 구체적인 종류와 명칭과 세부적인 묘사는 성경 본문에 추가 언급이 없었기 때문에, 일반적인 사람들이 가장 크다고 생각하는 어류 가운데 '고래'로 묘사된 경우가 많았다. 하지만 사람을 삼킬 정도의 크기였다면 어떤 생물체였는지 알기 어려운 부분이 있다. 그림 속에서 정체를 알 수 없지만 고래라는 이름으로 묘사된 물고기는 요나를 육지로 토해내고 있고, 갈비뼈가 드러날 정도로 삼 일간 물고기 배 속에 갇혀 고생하다가, 갑자기 물고기 입 밖으로 뱉어지게 된 요나의 놀란 표정을 살펴볼 수 있다. 요나는 이렇게 해서 니느웨에 가서 하나님의 심판 경고의 예언을 하라는 말씀에 순종하여 니느웨 성으로 들어갔다. 그러나 요나 선지자는 삼일 길이나 되는 큰 성 니느웨에서 하룻길만 이동하며 '30일' 후에 하나님의 심판이 임할 것이라는 경고의 말

2   Pieter Lastman (1583-1633), 〈Jonah and the Whale〉(1621), 36.0×52.1cm, Museum Kunstpalast, 그림과 해설 출처: https://commons.wikimedia.org/wiki/File:Pieter_Lastman_-_Jonah_and_the_Whale_-_Google_Art_Project.jpg

씀을 외쳤다3:3-4. 그러나 그 결과는 놀라웠다. 니느웨의 백성들이 회개하기 시작했고, 왕까지 동참했으며, 왕의 조서에 따라 사람과 짐승과 가축까지 회개하는 일에 참여하게 되었다고 요나서 3장에는 기록되어 있다3:5-8. 하나님은 이 일을 보시고 회개하는 앗수르 백성을 향한 심판의 뜻을 돌이키셨다3:9-10. 그런데 이러한 결과를 바라보았던 요나 선지자의 응답은 매우 인상적이다.

요나 선지자는 심판의 경고를 듣고 회개한 앗수르 사람들과 재앙의 뜻을 돌이키신 하나님과 이렇게 되어진 결과에 대해 심히 싫어하고 노하였다4:1. 그래도 혹시나 하는 마음에 니느웨 성이 하나님의 심판으로 그곳에 내리는 재앙을 기대하고 기다렸지만, 끝내 재앙은 없었고, 하나님의 용서하심과 구원이 하나님의 말씀대로 니느웨 성에서 이루어졌다. 이 과정에서 박넝쿨이 자라서 생겼던 그늘이 사라지게 되었던 일과 이 일로 다시 노했던 요나 선지자에게 하나님께서 요나가 박넝쿨을 아꼈던 것처럼, 하나님은 자신이 그 큰 성읍 니느웨와 그 성읍의 사람들과 가축까지 그들의 생명을 아끼는 것이 "어찌 합당치 아니하냐?"라고 요나에게 물으시는 물음으로 하나님은 '사람과 동물의 생명까지도 귀하게 여기시는 주 하나님'이심을 보여주었다.

요나서는 1장은 요나 선지자의 소명과 다시스로의 도피와 폭풍을 만난 배에서 바다로 던져진 사건과 큰 물고기 배속에 삼 일을 들어가 있게 된 일을 수록하고 있다. 요나 선지자는 북왕국 이스라엘의 적대국 앗수르에 찾아가서 하나님의 말씀을 전하는 일조차 싫어했던 사람이었다. 예언자로서 소명을 받았지만, 그래도 니느웨에 가서 그들에게 회개하고 돌이킬 기회를 주기 위한 심판의 경고를 전하라는 하나님의 명령까지도 어기고 싶을 만큼 앗수르를 싫어했다는 사실을 확인할 수 있다. 그러나 그가 거의 대충 전한다 싶을 만큼 소홀하게 외쳤던 하나님의 말씀이었지만, 이 '하나님의 말씀'으로 인하여 회개의 역사가 일어났다고 요나서는 이야기해주고 있다.

　이러한 내용은 요나 선지자가 원했던 바가 아니었다고 해도 구약의 〈선교〉 주제로 연관되어 해석되는 기록들이었다.[3] 그렇다면 요나 선지자는 최초의 해외 선교사였다고 할 수 있겠다. 물론 요나서의 역사적 신빙성 문제와 관련하여 앗수르의 역사 기록에서는 근거를 찾을 수 없다는 주장도 있고, 요나서가 에스라-느헤미야 시대의 이방인을 배척하는 정책에 반발하기 위한 정치적 목적의 창작물이라는 주장도 있었다. 그러나 요나서의 역사성을 애초부터 포기하고 요나서의 본문을 해석해야 할 이유는 없다.[4] 왜냐하면 역사성을 부정하는 견해를 반박하는 근거와 사료들도 꾸준히 발견되거나 제시되어 왔기 때문이다. 예를 들어, 주전 763년의 일식에 관련된 앗시리아의 역사 기록에서는 앗수르-단$^{Assur-Dan}$의 통치 시기에 요나서 3장 5-8절의 회개의식과 연관될 만한 일들이 있었다는 내용을 찾을 수 있으며, 이 시기는 북이스라엘의 여로보암 2세의 통치 시기$^{주전 782-753}$에 해당한다는 사실도 확인할 수 있다.[5] 하나님의 명령을 거역하고 달아나기도 하고, 하나님의 뜻을 돌이키심에 대하여 싫어하고 분노할 정도로 강한 고집과 함께 다혈질적인 성격을 가졌던 선지자 요나는 그래도 물고기 배 속에서 감사의 기도를 드릴 수 있는 영성을 가졌던 사람이었다$^{욘 2:9}$. 그의 강한 성격을 사용하신 하나님은 요나 선지자를 북왕국 이스라엘의 적대국 심장부라고 할 수 있는 니느웨 성에 가서 하나님의 말씀을 선포할 수 있는 담력을 가진 적절한 사람으로 선택하셨다. 그리고 요나의 생각을 돌이킬 기회를

3　Christopher J. H. Wright, *The Mission of God*, 정옥배, 한화룡 옮김, 「하나님의 선교」(서울: IVP, 2014), 577-78.
4　Robert B Chisholm J., *Handbook of the Prophets*, 강성열 옮김, 「예언서개론」(고양: 크리스챤다이제스트, 2006), 617-34.
5　Randall Price and H. Wayne House, *ZonderHandbook of Biblical Archaeology* (Grand Rapid: Zondervan, 2017), 183-84.

주시며 끝까지 하나님의 뜻을 말씀해주시고 설득하시는 분이었다. 그런 면에서 하나님의 인자함과 자애로운 마음을 느낄 수 있도록 해주는 책이 요나서라고 말할 수 있다.

『미가』 – 작은 것을 들어 사용하시는 주 하나님

미가서는 유다 왕 요담과 아하스와 히스기야 시대에 활동했던 예언자 미가가 사마리아와 예루살렘에 관한 묵시 곧 하나님의 말씀을 기록된 예언서이다$^{미1:1}$. 주전 8세기에 이사야 선지자가 유다 왕국의 수도 예루살렘을 중심으로 활동했다면, 미가는 작은 동네 모레셋 사람이었고, 부자들에게 수탈당하던 가난한 백성을 위한 하나님의 말씀을 전했던 예언자였다. 미가서 5장 2절은 마태복음 2장 6절에 인용된 본문이며, 예수 그리스도의 탄생 예언과 연관된 본문으로 잘 알려져 있다. 1-2장은 사마리아와 예루살렘 심판 예언이고, 3-5장은 심판과 구원의 예언이며, 6-7장은 하나님의 경고와 이스라엘^{예언자}의 응답$^{6:1-5,\,6-8\,/\,6:9-16,\,7:1-10}$에 관한 2차례의 말씀과 축복의 예언$^{7:11-20}$으로 구성되어 있다.

중심이 아닌 변두리,
예루살렘이 아닌 모레셋,
삶의 터전은 울타리도 성벽도 없는 유대 땅 시골 마을,
약탈자는 사마리아를 멸망시킨 앗수르만이 아니었다.
울이 되어주고, 든든한 어른이 되어주고, 위로자 되어줄 것이라 믿었던 그들,
아름다운 시온성과 굳건한 라기스 성채와 영광스러운 마레사 성벽 안에 살고 있던
형제와 자매와 이웃들이 더불어 백성을 수탈하는 약탈자가 되었다.
지도자는 뇌물을 위해 재판하고,
제사장은 삯을 위해 교훈하며,
선지자는 돈을 위해 점치며,
하나님의 이름으로 말씀이라 외친다. 아름다운 산성들은 안전하고 영원하리라…
그러나 하나님의 심판은 북이스라엘과 남유다에 미치고,
안전하다 외쳤던 이들과 함께 안전할 줄 알았던 성벽 도시들도 무너지리라.
멸망의 날 지나 포로된 이방 땅에서 백성들이 되돌아올 때,
베들레헴 에브라다 작은 시골 동네에서는 이스라엘을 다스릴 자가 나오고,
넘어졌던 자리에서 남은 자들 다시 일어나,
애굽 땅에서 나오던 날과 같은 기사와 이적을 바라보며 주를 찬양하리라.

《2017 겨울 성지답사 – 이스라엘》

『미가』[1] – 가난한 마을에서는 무슨 일이 있었을까?: 작은 것을 들어 쓰시는 주 하나님

"재앙이로다. 나여, 나는 여름 과일을 딴 후와 포도를 거둔 후 같아서 먹을 포도송이가 없으며 내 마음에 사모하는 처음 익은 무화과가 없도다. 경건한 자가 세상에서 끊어졌고 정직한 자가 사람들 가운데 없도다. 무리가 다 피를 흘리려고 매복하며 각기 그물로 형제를 잡으려 하고, 두 손으로 악을 부지런히 행하는도다. 그 지도자와 재판관은 뇌물을 구하며 권세자는 자기 마음의 욕심을 말하며 그들이 서로 결합하니, 그들의 가장 선한 자라도 가시 같고, 가장 정직한 자라도 찔레 울타리보다 더하도다. 그들의 파수꾼들의 날 곧 그들 가운데에 형벌의 날이 임하였으니 이제는 그들이 요란하리로다."[미 7:1-4]

미가서는 유다 왕 요담과 아하스와 히스기야 시대에 활동했던 예언자 미가가 사마리아와 예루살렘에 관한 묵시 곧 하나님의 말씀을 기록한 예언서이다[미 1:1]. 주전 8세기에 이사야 선지자가 유다 왕

---

1 미가 참고 문헌: 이동수, "미가서에 나타난 정의와 공의," 『장신논단』 제15권 (1999), 56-73: 우택주, "자랑을 조롱으로 바꾸시는 하나님," 『복음과 실천』 32-1 (2003), 65-86: 차준희, "예언서의 윤리사상: 미가 6:6-8을 중심으로," 『한국기독교신학논총』 55-1 (2008), 55-78: 왕대일, "보습을 쳐서 칼로, 낫을 쳐서 창을 (욜 3:10a / 미 4:10a)," 『구약논단』 22-4 (2016), 14-43: 김래용, "미가서의 구조와 메시지: 3개의 주제(미 6:8)와 남은 자 개념을 중심으로," 『구약논단』 30-2 (2024), 44-75.

구약을 그리다
408

국의 수도 예루살렘을 중심으로 활동했다면, 미가는 작은 동네 모레셋 사람이었고, 부자들에게 수탈당하던 가난한 백성을 위한 하나님의 말씀을 전했던 예언자였다. 미가서 5장 2절은 마태복음 2장 6절에 인용된 본문이며, 예수 그리스도의 탄생예언과 연관된 본문으로 잘 알려져 있다. 율법서에는 613개의 명령이 있는데, 다윗은 11개[시 15]로 집약했다면, 미가는 공의와 인자와 겸손히 행함의 3개로 정리했고[미 6:8], 예수님은 하나님 사랑과 이웃 사랑의 2개로 집약했으며[마 22:35-40], 야고보는 '경건'이라는 낱말 하나로 정리했다고 볼 수 있다.[2]

구스타브 도레는 미가서 7장 1-20절을 배경으로 〈미가가 이스라엘 사람들에게 회개하라고 경고하다〉라는 제목의 그림을 그렸다.[3] 7장 1-6절은 사회적 정의와 공의가 무너진 현실과 도를 넘은 폭력과 불의와 죄악이 가득한 지도층과 백성의 총체적 타락과 신뢰가 완전히 무너져 버린 인간관계와 공동체의 모습을 고발하는 내용이다. 구스타브 도레가 그린 그림은 여기에 해당하는 내용을 묘사하였으며, 백성들 가운데 일부가 그의 예언 선포에 귀 기울여 듣고 있는 모습이 그려져 있다. 모레셋이라는 작은 동네 혹은 어떤 다른 동네의 골목길 모퉁이에서 두 손을 하늘 높이 번쩍 들고 예언하는 선지자의 모습을 묘사한 부분이 인상적이다. 7장 1-4절 본문을 구성하는 각 연은 다음과 같이 서로 상응하는 형태의 문장 구조로 이루어져 있음을 분석해 볼 수 있다:

---

2   George L. Robinson, *The 12 Minor Prophets*, 정일오 옮김, 『12소선지서 연구』(서울: 기독교문서선교회, 2016), 100.

3   Gustave Doré (1832-1883), 〈Micah Exhorts the Israelites to Repent (Micah 7:1-20)〉(1866), Doré's English Bible, 그림과 해설 출처: https://commons.wikimedia.org/wiki/File:139.Micah_Exhorts_the_Israelites_to_Repent.jpg

1절 상반절 서문 - 재앙을 탄식함: 재앙이로다 나여

1) 나는 여름 과일을 딴 후 같음   a   2) 포도를 거둔 후 같음   b

   먹을 포도송이가 없음, b'   내 마음에 사모하는 처음 익은 무화과가 없음

2) 경건한 자가 세상에서 끊어졌음 a   정직한 자가 사람들 가운데 없음   b

   무리가 다 피를 흘리려고 매복함 a   각기 그물로 형제를 잡으려 함   b

   - 두 손으로 악을 부지런히 행하는도다   c

3) 지도자와 재판관은 뇌물을 구함   a   권세자는 자기 마음의 욕심을 말함   b

   - 그들이 서로 결합하니   c

4) 그들의 가장 선한 자라도 가시 같음   가장 정직한 자라도 찔레 울타리보다 더함

4절 하반절 결어 - 심판을 선언함:

그들의 파수꾼들의 날 곧 그들 가운데에 형벌의 날이 임하였으니 이제는 그들이 요란하

리로다

  예언자는 이러한 시적인 문학 구조의 본문을 통하여 이스라엘 민족의
총체적 죄악과 타락상을 고발하며 예언하였다. 그의 예언 선포는 몇 가지
문학적인 양식의 변화를 주면서 7장 전체를 구성하고 있다. 1-6절에 이어
진 7-10절은 〈나〉라는 1인칭대명사를 사용하여 이스라엘 민족의 멸망과
회개의 고백과 구원의 예언을 기술한 형태로 문학적 형식이 변화된 문장
으로 이루어져 있다. 하나님의 심판의 때를 미가 예언자는 "파수꾼들의
날" 곧 "형벌의 날"이라고 표현하였다[7:4]. 그러나 11-12절은 정반대로 "네
성벽을 건축하는 날"이라는 표현을 통해서 이스라엘 민족을 정복한 자가
심판을 받고 포로되었던 백성들이 돌아오는 구원을 예언한 내용이며,
14-17절까지 열방의 심판과 이스라엘의 구원 예언이 이어져 있다. 18-20
절은 죄악을 사하시는 하나님께서 이스라엘 민족을 다시 긍휼히 여기시며,
죄악을 용서하시고, 그분의 인애와 성실을 베푸실 것을 확신가운데 고백하

는 예언자의 고백으로 마무리되었다. 미가서 1장 5절은 북왕국 이스라엘의 수도 사마리아를 "야곱의 허물"이라고 했고, 남왕국 유다의 수도 예루살렘에는 솔로몬의 성전이 있는 정치와 종교의 중심지였음에도 불구하고 "유다의 산당"이라는 파격적인 표현을 사용하여 비판했다. 13절에 언급된 **라기스**^{QR} 성은 남 왕국 유다의 수도 예루살렘을 방어하는 최후의 보루와 같은 역할을 하는 요새화된 성읍이었지만, 미가 예언자는 라기스 성을 "딸 시온의 죄의 근본"이라고 비판하였으며, 15절에서는 마레사와 아둘람의 지명을 구체적으로 언급하면서 심판의 예언을 선포하였다.

2장 1-2절과 3장 1-4절은 이스라엘 민족의 통치자들과 부자들이 자기 동족 가운데 약자들과 가난한 자들을 착취하고, 그들의 밭과 집과 재산을 빼앗고, 무자비하게 해치는 죄악들을 고발한 내용으로 이루어져 있다. 미가 예언자는 "야곱의 족속"^{2:7}과 "이스라엘 족속"^{3:1}이라는 표현을 사용하여 이스라엘 민족 전체의 죄악을 꾸짖었다. 3장 5절과 11절은 심지어 선지자와 제사장과 재판하는 지도층의 사람들이 뇌물을 받고, 돈을 위해 종교적 지위를 악용하는 죄악을 저질렀다고 지적하였다. 그러면서도 그들은 하나님께서 그들 가운데 함께 하시기 때문에 재앙이 임하지 않을 것이라고 확신하며^{3:11}, 하나님께 열심히 부르짖어 기도하는 모습으로 살아가고 있었다^{3:4}. 그렇지만 하나님은 이미 그들을 향한 심판을 작정하셨고, 그들의 죄악을 벌하실 것이라는 심판의 예언을 선포하였다. 그리고 4장은 마지막 때에 이루어진 구원을 예언하였는데 '율법이 시온에서부터 나오고, 여호와의 말씀이 예루살렘에서부터 나올 것'이라는 이사야 2장 3절의 본문이 미가서 4장 2절에서 동일하게 사용된 '본문상호성'의 관계를 확인해 볼 수 있다. 이러한 본문은 동시대에 예루살렘을 중심으로 활동했던 이사야 선지자와의 밀접한 연관성을 보여주는 내용으로 해석할 수 있다. 5장 2절은 '메시아 예언'으로서 복음서에서는 동방박사들이 별을 보고 찾아왔을 때 아기 예수의 탄생지를 찾기 위해 유대 서기관들에게 헤롯왕이 물었던 사건과 그 지역의 영아 살해 사건을 기록하면서 인용되었던 본문이기도 하다^마 ^{2:6 이하}.

6장 6-8절에는 하나님이 원하시는 것은 일 년 된 송아지 번제와 천천의 수양과 만만의 강수 같은 기름과 맏아들로 바치는 제물이 아니라 공의를 행함과 인자를 사랑함과 겸손히 하나님과 함께 행하는 것이라는 유명한 본문이 기록되어 있다. 7장의 심판 선언과 회개와 구원의 고백은 그다음에 이어진 내용이며 미가서는 1-7장으로 구성되어 있다. 다양한 주제와 여러 가지 문학적 양식의 변화가 함께 포함된 특징이 나타나는 미가서는 성곽을 갖춘 요새화된 성읍에 살면서 오히려 동족들 가운데 성곽도 없는 가난한 마을과 그곳의 거주민들과 힘없는 백성들을 핍박하면서도 종교적 위선과 거짓 가운데 살아가던 부유층과 권력자들과 성직자들을 향하여 미가 선지자는 매서운 심판 예언을 했다.

하나님은 의로운 이들과 힘없는 이들의 편이 되어주시고, 그들이 굽게 했던 정의와 공의를 다시 세우시는 분이시며, 역사의 주권자라는 사실을 가난한 시골 동네 모레셋의 예언자 미가를 통하여 다시금 재확인해주셨다. 또한 미가 선지자는 사람들 눈에 보잘것없어 보이는 작은 동네 베들레헴이 하나님께서 보내주실 '메시아'의 탄생지가 될 것이라고 예언하였다. 하나님이 함께 하실 때 포로 되었던 자들이 고향으로 돌아오게 되고, 연약한 이들과 작은 자들과 주변인과 같았던 이들이 "겸손히 하나님과 함께 행하는" 하나님의 동역자들로 살아가게 될 것이라는 '역설적인 신비'^{미 7:7-13}를 미가서는 우리에게 알려주고 있다.

『나훔』- 질투하시며 보복하시는 주 하나님

나훔은 주전 612년에 바벨론에 의해 앗시리아 제국이 멸망당한 역사적 사건에 관한 예언을 했던 선지자였다. 나훔이 받았던 묵시는 주전 722년에 북왕국 이스라엘을 멸망시켰던 앗시리아 제국이 "여호와는 질투하시며 보복하시는 하나님"의 심판에 의하여 멸망당할 것이라는 하나님의 말씀이었다. 나훔 선지자는 1장에서 대적자들의 심판이 이스라엘 민족에게 구원이 될 것이라고 언급하고[1:2-15], 나머지 전체 예언서를 앗시리아 심판의 내용으로 가득 채웠다. 앗시리아 제국의 수도 〈니느웨〉를 〈피의 성〉이라고 표현하였고[2:8, 3:1], 예언서의 마지막은 〈앗수르 왕〉[3:18-19]을 향한 심판 예언의 말씀으로 이루어져 있다. 1장에서 대적자들의 심판이 이스라엘 민족에게 구원이 될 것이라고 언급하고[1:2-15], 나머지 전체 예언서를 앗시리아 심판의 내용으로 가득 채웠다. 앗시리아 제국의 수도 〈니느웨〉를 〈피의 성〉이라고 표현하였고[2:8, 3:1], 예언서의 마지막은 〈앗수르 왕〉[3:18-19]을 향한 심판 예언의 말씀으로 이루어져 있다.

They shall eat together, together shall they bless
and together they shall take counsel.

"앗수르 왕이여 네 목자가 자고
네 귀족은 누워 쉬며
네 백성은 산들에 흩어지나 그들을 모을 사람이 없도다.
네 상처는 고칠 수 없고,
네 부상은 중하도다.
다 너를 보고 손뼉을 치나니
이는 그들이 항상 네게 행패를 당하였음이 아니더냐 하시니라." 나 3:18-19
하나님은 강대국 앗수르를 심판하실 것임을,
하나님은 약소국들의 눈물을 닦아 주실 것임을,
하나님은 그들이 행패를 당한 일을 되갚아 주실 것임을
엘고스 사람 나훔이 니느웨를 향한 묵시의 글로 예언하였다.
강대국과 약소국들 사이에서도 그분은 분명히 살아계신 하나님이시고,
공의의 하나님이심을…

《2017 겨울 성지답사 – 쿰란》

『나훔』[1] – 니느웨 성은 왜 심판받게 되었을까? : 질투하시며 보복하시는 주 하나님

"니느웨에 대한 경고 곧 엘고스 사람 나훔의 묵시의 글이라. 여호와는 질투하시며 보복하시는 하나님이시니라 여호와는 보복하시며 진노하시되 자기를 거스르는 자에게 여호와는 보복하시며 자기를 대적하는 자에게 진노를 품으시며, 여호와는 노하기를 더디하시며 권능이 크시며 벌 받을 자를 결코 내버려 두지 아니하시느니라. 여호와의 길은 회오리바람과 광풍에 있고 구름은 그의 발의 티끌이로다… 앗수르 왕이여 네 목자가 자고 네 귀족은 누워 쉬며 네 백성은 산들에 흩어지나 그들을 모을 사람이 없도다. 네 상처는 고칠 수 없고 네 부상은 중하도다 네 소식을 듣는 자가 다 너를 보고 손뼉을 치나니 이는 그들이 항상 네게 행패를 당하였음이 아니더냐 하시니라." 나 1:1-3, 3:18-19

나훔은 주전 612년에 바벨론에 의해 앗시리아 제국이 멸망당한 역사적 사건에 관한 예언을 했던 선지자였다. 나훔이 받았던 묵시는 주전 722년에 북왕국 이스라엘을 멸망시켰던 앗시리아 제국이 "여호와는 질투하시며 보복하시는 하나님"의 심판에 의하여 멸망당할 것이라는 하나님의 말씀이었다. 나훔 선지자는 1장에서 대적자들의 심판이 이스라엘 민족에게 구원이 될 것이라고 언급하고 1:2-15, 나머지 전체 예언서를 앗시리아 심판의 내용으로 가득 채웠다. 앗시리아 제국의 수도 〈니느웨〉를 〈피의 성〉이라고 표현하였고 2:8, 3:1, 예언서의 마지막은 〈앗수르 왕〉 3:18-19을 향한 심판

---

1 나훔 참고 문헌: 윤동녕, "나훔서에 등장하는 구원신탁의 요소들," 『구약논단』 18-4 (2012), 151-76; 윤영준, "나훔서의 역사적 맥락에 관한 연구: 에살핫돈의 왕위계승조약과의 관계를 중심으로," 『Canon&Culture』 15-1 (2021), 123-54.

예언의 말씀으로 이루어져 있다.

이 그림은 1888-1900년 경에 제임스 티소
James Tissot, 1836-1902가 나훔서 1장 1절에 언급된
나훔 선지자의 모습을 그렸던 『나훔』Nahum이라
는 제목의 수채화 작품이다.[2] 나훔 선지자에 관
한 자세한 정보 역시 나훔서 본문에서는 찾을
수 없으며, 엘고스 사람이라고만 언급된 것을
확인할 수 있다나 1:1. 티소는 예언자 나훔을 매우
마르고, 굳은 표정으로 하나님께 받았던 니느웨
심판의 묵시를 전달하기 위하여 서 있는 모습으
로 예언자 나훔을 묘사해 주었다. 티소는 예술
가로서 나훔서를 읽고 묵상하면서, 그가 느끼
고, 상상했던 예언자 나훔의 모습을 매우 엄중한 표정의 인물로서 그의 얼
굴을 시각화하여 보여주었다.

나훔서 1장 1절에서는 분명하게 앗시리아 제국의 수도였던 "니느웨에
대한 중한 경고"라고 밝혀주었으며, 이어진 1장 2절은 하나님을 묘사하면
서, "여호와는 질투하시며 보복하시는 하나님이시니라"라고 표현하였다. 3
절은 하나님이 노하기를 더디하시고, 권능이 크시며, 죄지은 자를 반드시
벌하시는 분이시라고 묘사했지만, 7절 이하의 본문에서는 동시에 하나님
은 선하시며 자기를 의뢰하는 자들을 아시고 구원을 베푸시는 분이시라는
사실을 전하고 있다. 니느웨 성은 티그리스강의 강물을 끌어들여 만들었던
해자로 둘러싸여 있었고2:8, 그런 모습은 이집트의 나일강 곁에 비슷한 모
습으로 건설되었던 〈노아몬〉으로 비교되기도 했다3:8. '아몬Amon의 도시'를

---

2   James Tissot (1836-1902), 〈Nahum〉(1888), 25×11cm, watercolor, Jewish Museum, 그림과 해설 출처:
      https://thejewishmuseum.org/collection/26647-nahum-nahum

의미하는 〈노아몬〉은 이집트어와 관련된 용어가 포함된 표현으로 분석해 볼 수 있으며, 상부 이집트의 기념비적 도시였던 〈테베〉로 해석하기도 한 다.[3] 그러나 하나님은 니느웨를 "피의 성"이라고 부르셨고, 사자처럼 무서 운 침략자였던 앗시리아가 이제는 사냥당하는 사자처럼 되게 하시며[2:11-13], 아무도 멸망할 것이라고 상상할 수 없었던 대제국 앗시리아가 반드시 침략당하고 멸망당할 것이라고 말씀하셨다[3:1-17]. 나훔 선지자는 하나님이 해주셨던 그 모든 말씀으로 예언하였다. 그 결론은 "앗수르 왕이여"라는 문장으로 시작되는 3장 18-19절에 기록되어 있다. 이 마지막 문장도 문학 적인 대구를 이루는 형식으로 이루어져 있다.

3:18   서문 - 호출: 앗수르 왕이여!
       네 목자-잠을 잠 / 네 귀족-누워 쉼 / 네 백성-산들에 흩어짐 /
       - 그들을 모을 사람이 없음
       네 상처-고칠 수 없음 / 네 부상-중함 / 네 소식 - 듣는 자 /
       - 다 너를 보고 손뼉을 침 /
3:19   결어 - "이는 그들이 항상 네게 행패를 당하였음이 아니더냐."[3:19]

나훔서의 마지막 본문인 3장 18-19절은 대구법 형식의 문장으로 기록 되었지만, 마지막 요소인 "네 소식을 듣는 자"가 앗시리아 백성이 아니라 앗시리아 제국에게 살육당하고, 정복당하고, 멸망 당했던 사람들로 바뀌면 서 '보복하시는 하나님'[1:2]이 마침내 대제국 앗시리아를 심판하셨음을 더 욱 분명하게 재확인할 수 있도록 해준다. 구약성경에서는 하나님께 속한 것을 언급한 주제 본문들이 곳곳에 기록되어 있다. 생명[시 36:9]과 전쟁[삼상]

3   Ralph L. Smith, *Micah-Malachi*, Word Biblical Commentary, vol. 32, (Waco: Word Books, 19840), 87-88.

17:47과 이 세계와 거기에 충만한 모든 것시 50:12이 하나님께 속한 것이고, 성물이 하나님의 것이듯이 이스라엘은 하나님의 것출 19:5, 렘 2:3이며, 원수갚는 것과 보복하는 것신 32:35이 다 하나님께 속한 것이라고 구약성경은 우리에게 분명하게 가르쳐 주고 있다. 그렇기에 구약은 하나님이 시간과 공간과 역사의 창조주이시며, 마지막 때의 심판주라고 표현하였고전 12:1, 14, 하나님은 처음과 마지막사 48:12이라고 선포하고 있다. 나훔서는 결국 보복과 원수갚는 것이 하나님의 것이며, 그 말씀이 실제 역사 가운데 실현될 것임을 예언했던 나훔 선지자의 예언을 통하여, 이 세상 역사의 주권자가 주 하나님이시라는 사실을 다시금 재확인해주고 선포한 책이라고 할 수 있다.

『하박국』- 예언자의 질문에 대답하시고 실행하시는 주 하나님

하박국서는 주전 7세기에 바벨론 제국의 세력 확장과 유대 침략이 본격화되던 국제정세의 급격한 변화 시기에 선지자 하박국에 의해 기록된 책이다. 하박국서는 하나님께 하나님의 섭리와 결정의 정당성에 관한 '신정론'적인 질문을 하고 그 대답을 기다려서 들었던 하박국 선지자와 하나님의 대화 형식으로 시작되는 특징이 매우 인상적이다. 1-2장은 하박국 선지자의 두 가지 질문_{유다의 사회정의, 바벨론의 전쟁범죄}과 하나님의 응답 예언이며, 3장은 찬양과 예언으로 이루어진 말씀의 기록이다. 하박국서는 하나님을 향한 조건 없는 사랑과 신앙의 고백으로 마무리되는 예언서이다.

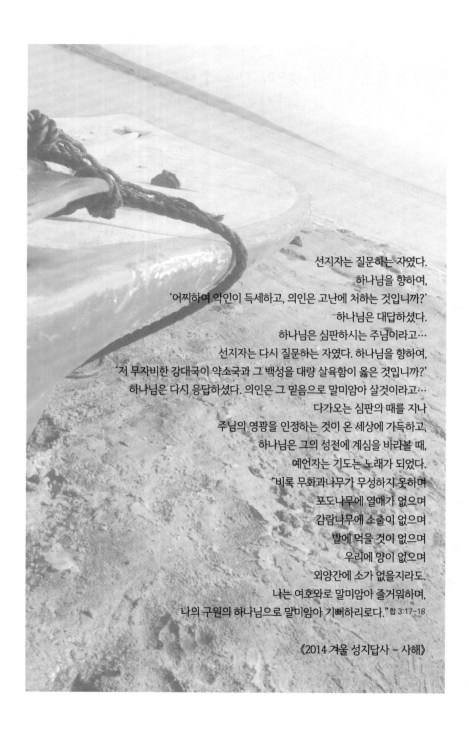

선지자는 질문하는 자였다.
하나님을 향하여,
'어찌하여 악인이 득세하고, 의인은 고난에 처하는 것입니까?'
하나님은 대답하셨다.
하나님은 심판하시는 주님이라고…
선지자는 다시 질문하는 자였다. 하나님을 향하여,
'저 무자비한 강대국이 약소국과 그 백성을 대량 살육함이 옳은 것입니까?'
하나님은 다시 응답하셨다. 의인은 그 믿음으로 말미암아 살것이라고…
다가오는 심판의 때를 지나
주님의 영광을 인정하는 것이 온 세상에 가득하고,
하나님은 그의 성전에 계심을 바라볼 때,
예언자는 기도는 노래가 되었다.
"비록 무화과나무가 무성하지 못하며
포도나무에 열매가 없으며
감람나무에 소출이 없으며
밭에 먹을 것이 없으며
우리에 양이 없으며
외양간에 소가 없을지라도.
나는 여호와로 말미암아 즐거워하며,
나의 구원의 하나님으로 말미암아 기뻐하리로다." 합 3:17-18

《2014 겨울 성지답사 – 사해》

구약을 그리다

「하박국」[1] – 주님, 어떻게 이러실 수 있나요?: 선지자의 질문에 대답하시는 주 하나님

"비록 무화과나무가 무성하지 못하며 포도나무에 열매가 없으며 감람나무에 소출이 없으며 밭에 먹을 것이 없으며 우리에 양이 없으며 외양간에 소가 없을지라도, 나는 여호와로 말미암아 즐거워하며 나의 구원의 하나님으로 말미암아 기뻐하리로다."합 3:17-18

하박국서는 주전 7세기에 바벨론 제국의 세력 확장과 유대 침략이 본격화되던 국제정세의 급격한 변화 시기에 선지자 하박국에 의해 기록된 책이다. 하박국서는 하나님께 하나님의 섭리와 결정의 정당성에 관한 '신정론'적인 질문을 하고 그 대답을 기다려서 들었던 하박국 선지자와 하나님의 대화 형식으로 시작되는 특징이 매우 인상적이다.

이 작품은 1094년에 건축된 베니스의 '성 마가의 바실리카'St Mark's Basilica 안에 있는 '임마누엘 돔'Dome of Immanuel을 장식한 모자이크이다.[2] 돌과 조각 하나씩 맞추어서 색감을 맞추고 하박

---

1   하박국 참고 문헌: 임동원, "하박국서의 문학적인 분석," 『한국기독교신학논총』 24-1 (2002), 53-73; 조병수, "쿰란 하박국주석(1QpHab)의 성경 해석 방식," 『신학정론』 27-2 (2009), 187-215; 김래용, "하박국서에 나타난 미쉬파트 연구," 『구약논단』 19-2 (2013), 99-125; 임봉대, "1QpHab VII.5-VIII.3에 나타난 의인(義人)의 구원에 관한 이해," 『구약논단』 22-2 (2016), 66-95; 김래용, "나훔서, 하박국서, 스바냐서의 메시지의 연관성: 하박국의 불평과 야웨의 답변을 중심으로," 『구약논단』 30-3 (2024), 120-53.

국 선지자의 표정까지 묘사하기 위한 집중적인 작업의 결과로 나오게 되었을 이 작품은 눈을 부릅뜨고, 미간을 찌푸린 상태로 집중하여 경청하는 하박국 선지자의 얼굴을 매우 인상적으로 묘사해 주었다. 하박국 선지자는 그 당시 유다 왕국의 현실과 바벨론 제국과 관련된 신정론적인 질문을 하나님께 드렸고, 그 대답을 기다렸다[1:2-4, 1:17-2:1]. 그리고 하나님의 말씀을 경청한 선지자 하박국은 받은 말씀을 기록하였다.

구약시대 참예언자와 거짓예언자의 구별은 실제로 듣고 보았는가 아닌가의 문제로 판가름 났다. 예언자는 유창하고 현란한 언변으로 '자기 말을 외치는 자'가 아니라 하나님이 친히 들려주신 말씀과 보여주신 천상회의[환상]를 '보고 들은 대로 전달하는 자'였다. 그러므로 현대의 목회자들에게도 '듣는 것'이 먼저이다. 성경 말씀 앞에 앉아서 본문에 집중하고, 하박국 선지자처럼 먼저 기다리고 스스로 말씀을 경청하는 시간이 있어야 한다. 그 다음이 말씀의 선포와 전달이다.

하박국 선지자는 율법이 해이해지고, 폭력이 가득하며, 사회적 정의와 공의가 사라진 현실을 바라보며 하나님께서 주관하시는 현실과 역사에 관하여 질문하였고, 이방 나라를 사용한 심판의 말씀을 듣게 되었다. 다시 더 무자비하고 악한 나라를 통하여 하나님의 백성을 벌하시는 것이 정당한가에 대한 질문을 했던 선지자 하박국은 2장 3-4절에 기록된 대로 믿음과 구원에 관한 하나님의 말씀을 듣게 되었다. 이 본문은 로마서 1장 17절에 인용되었으며, 종교개혁자 마틴 루터가 이 본문을 근거로 '이신칭의' 교리를 주장하면서 개신교 성도들에게 잘 알려진 본문이 되었다. 하박국의 이 본문은 히브리서 10장 37-38절에서도 많이 변형된 형식으로 인용되었으며, 구약과 신약 본문들 사이의 여러 형태로 나타나는 '본문상호성'의 관계를

---

2   Dome of Immanuel in St Mark's Basilica, ⟨Habakkuk⟩, mosaic, Venice Italy, 1094, 그림과 해설 출처: https://commons.wikimedia.org/wiki/File:Dome_of_Immanuel_in_St_Mark%27s_Basilica-Habakkuk.jpg

보여주는 본문들로 해석될 수 있다.[3]

　두 가지 큰 질문과 대답이 하박국서의 1-2장을 구성하고 있으며, 3장은 전쟁과 심판의 위기를 직면한 상황 가운데서 하박국 선지자가 전했던 '감사의 노래'로 이루어져 있다. 그 가운데 3장 17-18절은 1차 산업이 온 나라의 주요 생산기반이었던 시대에 모든 것이 다 무너지고 사라진 환경 가운데서 "나는 여호와로 말미암아 즐거워하며 나의 구원의 하나님으로 말미암아 기뻐하리로다."[3:18]라는 고백은 오직 믿음으로만 살겠다는 결단과 기도였고, 예언자 하박국은 이 신앙고백과 믿음의 기도를 감사의 노래로 불렀다[3:19].

　그런데 신약성경에서 사도 바울이 어떤 형편에서든지 자신에게 능력 주시는 자 안에서 가난함도 부요함도 어떤 상황도 문제가 될 수 없음을 고백했던 신앙고백에서 울리는 하박국서 본문의 반향을 들을 수 있다: "내가 궁핍하므로 말하는 것이 아니니라 어떠한 형편에든지 나는 자족하기를 배웠노니, 나는 비천에 처할 줄도 알고 풍부에 처할 줄도 알아 모든 일 곧 배부름과 배고픔과 풍부와 궁핍에도 처할 줄 아는 일체의 비결을 배웠노라. 내게 능력 주시는 자 안에서 내가 모든 것을 할 수 있느니라."[빌 4:11-13] 사도 바울은 오랜 투옥 생활 가운데 빌립보 교회 성도들을 향하여 아무것도 염려하지 말고, 항상 기뻐할 것을 권면과 감사로 가득한 서신을 보냈다[빌 4:4-7, 1:1]. 하박국 선지자는 전쟁의 상황을 예견하면서, 오직 하나님으로만 기뻐하고 구원의 하나님만으로 즐거워하는 신앙고백으로 감사의 노래를 불렀다[합 3:17-19].

3　　"복음에는 하나님의 의가 나타나서 믿음으로 믿음에 이르게 하나니 기록된 바 오직 의인은 믿음으로 말미암아 살리라 함과 같으니라"(롬 1:17) "잠시 잠깐 후면 오실 이가 오시리니 지체하지 아니하시리라. 나의 의인은 믿음으로 말미암아 살리라 또한 뒤로 물러가면 내 마음이 그를 기뻐하지 아니하리라 하셨느니라"(히 10:37-38). Mertin J. J. Menken, Steve Moyise, *The Minor Prophets in the New Testament*, 우리말연구소 옮김, 『신약성경의 열두 소예언서 사용』(서울: 기독교문서선교회, 2021), 200-204.

『스바냐』 - 조건 없는 사랑의 주 하나님

히스기야 왕과 친족 관계였던 스바냐는 주전 7세기 유다 왕 요시
야의 시대에 하나님의 선지자로 소명을 받고 예언자가 되었다.
스바냐서도 유다의 죄악에 대한 심판과 하나님의 구원하심에 관
한 두 가지 성격의 예언으로 이루어져 있다. 1장 1절부터 3장 8
절은 심판 예언이고, 3장 9-20절은 구원 예언이다. 하나님의 조
건 없는 사랑의 노래로 마무리되는 예언서이다.

날카롭게 양날 세운 말씀의 검을 들어 올린다.
여호와의 날은 불의함에도 불구하고 붙여지는 안전보장의 부적과도 같은 날이 아니며,
여호와의 날은 범죄함으로 인하여 멸망한 백성의 피와 붉은 빛 수치가 흩뿌려지는
날이라.
선지자 되어 외치는 슬픈 포효.
패역함과 더러움이 교만함과 함께 씻겨져 사라지는 그날,
악을 행치 않고, 거짓 없는 남은 자는
비로소 두려움마저 떨치고 일어나 노래하리라.

"너의 하나님 여호와가 너의 가운데에 계시니
그는 구원을 베푸실 전능자이시라
그가 너로 말미암아 기쁨을 이기지 못하시며
너를 잠잠히 사랑하시며
너로 말미암아 즐거이 부르며 기뻐하시리라…" 습 3:17

《2024. 봄 영국 – 케임브릿지》

『스바냐』[1] – 하나님의 기쁨은 무엇일까?:
백성을 잠잠히 사랑하고, 기뻐하시는 주 하나님

"너의 하나님 여호와가 너의 가운데에 계시니 그는 구원을 베푸실 전능자이시라 그가 너로 말미암아 기쁨을 이기지 못하시며 너를 잠잠히 사랑하시며 너로 말미암아 즐거이 부르며 기뻐하시리라 하리라."습 3:17

히스기야 왕과 친족 관계였던 스바냐는 주전 7세기 유다 왕 요시야의 시대에 하나님의 선지자로 소명을 받고 예언자가 되었다. 스바냐서도 유다의 죄악에 대한 심판과 하나님의 구원에 관한 두 가지 성격의 예언으로 이루어져 있다.

1   스바냐 참고 문헌: 배희숙, "스바냐와 요시야 개혁," 『성경원문연구』 제49호 (2021.06), 83-104; 유윤종, "12예언서 내 스바냐의 정경적 위치와 그 함의," 『성경원문연구』 제51호 (2022), 99-124; 임효명, "생태 위기 시대에 성서 읽기: 스바냐의 야웨의 날을 중심으로," 『구약논단』 28-3 (2022), 372-401; 이준혁, "스바냐 3:8의 이해와 번역 제안," 『성경원문연구』 제55호 (2024), 7-26.

존 마틴John Martin이 1851년에 그렸던 〈주님의 진노의 날〉The Great Day of His Wrath[2]이라는 작품은 구약성경의 요엘1:15과 아모스5:18와 말라기4:5과 함께 스바냐1:7, 14-18에서도 공통으로 언급된 "여호와의 날" 또는 " 여호와의 크고 두려운 날"을 표현한 그림이었다. 마틴의 그림은 무너지는 산, 구름과 흑암, 용사, 주민들의 대량 살상의 내용 등을 말하였던 스바냐 1장의 이미지들과 흡사한 특징들을 보여주고 있다.

스바냐 선지자는 "여호와의 날"1:7, 14이 "여호와의 분노의 날"2:2-3이며, 환난과 고통의 날이며, 캄캄하고 어두운 날이고, 구름과 흑암의 날1:15이라는 반복된 표현으로 유다 왕국의 심판을 예언하였으며, 이 심판은 블레셋과 모압과 암몬에도 내릴 것이라고 선포하였다2장. 모압과 암몬의 심판 예언 가운데 특이한 점은 〈소돔〉과 〈고모라〉를 언급한 점이다. 창세기 19장은 롯의 가족 이야기와 함께 연결된 모압과 암몬의 기원에 관한 내용을 비교해 볼 수 있으며, 이 내용은 창세기 19장과 스바냐 2장의 상호관계성을 확인해 볼 수 있다.[3] 그러나 유다 백성과 지도층과 성직자들의 죄악을 벌한 후에 하나님은 이스라엘의 남은 자를 구원하시고3:13, 열방의 입술도 깨끗하게 하여 여호와의 이름을 부르며 함께 섬기게 되는 모두의 구원을 말씀하셨다3:9.

〈심판〉에 관한 예언 뒤에 이어진 〈구원〉에 관한 예언은 3장 14절 이하의 본문에서 본격적으로 나타난다. '시온의 딸'과 '이스라엘'과 '예루살렘 딸'이라는 호칭이 반복적으로 등장하며, 기쁨의 노래를 부르라는 명령으로 시작된 본문은 스바냐 선지자에게 선포하게 하셨던 하나님의 심판 이후 계획과 구원의 뜻을 기록하고 있다. "의인화된 예루살렘"을 향한 하나님의

---

2 John Martin (1789-1854), 〈The Great Day of His Wrath〉(1851), 196.5×303.2cm, 그림과 해설 출처: https://en.wikipedia.org/wiki/File:John_Martin_-_The_Great_Day_of_His_Wrath_-_Google_Art_Project.jpg

3 Robert B. Chisholm, 『예언서개론』 685.

구원 의지가 서술된 스바냐 3장에서[3:11-19], '백성의 입술을 깨끗하게 한다'는 9절의 표현은 '입술'이라는 히브리어를 '언어'로 해석할 경우에 바벨탑에서의 언어 혼잡 사건을 뒤집는 의미를 발견할 수 있으며, 통일된 언어를 가지고 여러 나라들이 하나님을 섬기게 될 것을 예언한 내용으로 해석할 수 있다.[4] 그 본문들 가운데 스바냐 3장 17절은 하나님이 자기 백성을 어떤 사랑으로 사랑하시는가를 너무도 선명하게 알려준다. 아무 조건 없는 그 사랑을 하나님은 하나님을 사랑하고 하나님을 경외하는 이들에게 나타내 주시는 분이심을 스바냐서가 이야기해주고 있다. 마치 조건 없는 사랑으로 자녀를 보살피고 사랑하는 부모님의 마음과 같이 하나님은 그런 사랑으로 성도들을 사랑하신다는 하나님의 '속마음'을 드러내 보여주는 고백과도 같은 말씀이 기록되어 있다.

---

4   같은 책. 687.

『학개』 - 무너진 성전을 다시 세우시는 주 하나님

학개와 스가랴 선지자는 페르시아 제국의 다리오 왕 때^{Darius, 주전 520, 학 1:1} 총독 스룹바벨과 대제사장 예수아와 함께 중단되었던 성전 재건을 도왔던 예언자이다^{스 4:24-5:1}. 스가랴서는 포로귀환 공동체의 성전재건에 관한 예언을 수록하였지만, 그 외에도 예루살렘의 회복에 관한 환상과 메시아 예언과 종말의 때에 관한 여러 예언 가운데 하나로 언급하였다. 그러나 학개서의 내용은 성전재건^{주전 536-515}의 주제에만 초점을 맞추고 있다는 점에서 차이를 보여주고 있다. 1장은 성전재건을 위한 예언 선포와 중단되었던 사역의 재개에 관한 기록이고, 2장은 하나님의 약속에 관한 예언의 기록이다.

"여호와께서 시온의 포로를 돌려 보내실 때에 우리가 꿈꾸는 것 같았도다.
그때에 우리 입에는 웃음이 가득하고 우리 혀에는 찬양이 찼었도다
그때에 뭇 나라 가운데에서 말하기를 여호와께서 그들을 위하여 큰일을 행하셨다
하였도다." 시 126:1-2 그렇게 웃으며, 노래하며 돌아왔던 고향 땅 예루살렘…

현실은 꿈꾸었던 이상과 달랐다.
어제와 같은 오늘이 반복되던 일상,
다윗과 솔로몬 시대의 영광을 회복하기 위한 희망보다는
오늘 무엇을 먹고, 어떻게 살아야 하나를 묻고, 가족의 생계 대책을 마련해야 하는
하루하루의 생존을 위한 투쟁, 전투와도 같은 삶의 현장 속 하루가 지나면,
피곤에 찌들고, 만신창이가 되어 버린 몸과 마음을 추스르기도 전에
잠깐의 안식을 위해 불면의 잠자리에 몸을 던진다.
그러나 하나님은 말씀하셨다. "너희는 산에 올라가서
나무를 가져다가 성전을 건축하라
그리하면 내가 그것으로 말미암아 기뻐하고
또 영광을 얻으리라…" 학 1:8
씨 뿌려도 수확이 적었고,
먹어도 배부르지 아니하였고,
마셔도 흡족하지 아니하며,
삯을 받아도 풍요로움은 없었다.
그러나 '만군의 여호와께서
말씀하신다.'

"너희는 오늘 이전을 기억하라 아홉째 달 이십사일 곧 여호와의 성전 지대를 쌓던 날부터
기억하여보라… 그러나 오늘부터는 내가 너희에게 복을 주리라." 학 2:19
학개 선지자의 선포를 통하여 비로소 깨달았다.
'지소선후'知所先後 의 뜻을… 무엇이 먼저이어야 하고, 무엇이 나중이어야 하는지….

《2017 겨울 성지답사 – 예루살렘 박물관》

구약을 그리다

『학개』[1] - 하나님의 복은 언제부터 시작될까?: 예언과 성취의 주 하나님

"너희는 오늘 이전을 기억하라 아홉째 달 이십사일 곧 여호와의 성전 지대를 쌓던 날부터 기억하여 보라. 곡식 종자가 아직도 창고에 있느냐 포도나무, 무화과나무, 석류나무, 감람나무에 열매가 맺지 못하였느니라 그러나 오늘부터는 내가 너희에게 복을 주리라."[학 2:18-19]

학개는 페르시아 제국의 다리오 왕 때 총독 스룹바벨과 대제사장 여호야다와 함께 성전재건을 추진했던 예언자이다. 에스라 5장 1절에서는 학개와 스가랴를 성전건축에 관하여 예언했던 두 명의 선지자로 기록하였다. 스가랴서는 포로귀환 유대 공동체의 성전재건에 관한 예언을 수록하였지만, 그 외에도 예루살렘의 회복에 관한 환상과 메시아 예언과 종말의 때에 관한 여러 예언 가운데 하나로 언급하였다. 그러나 학개서의 내용은 성전재건의 주제에만 초점을 맞추고 있다는 점에서 차이를 보여주고 있다.

---

1   학개 참고 문헌: 김지은, "학개의 성전재건 선포에 대한 역사적 연구," 『구약논단』 1-8 (2000), 83-101: 신우철, "고대 신전재건의 계시를 통해서 본 학개서의 목적," 『구약논단』 17-2 (2011), 145-64: 조경미, "스룹바벨 성전재건의 함의: 학개서를 중심으로," 『생명과 말씀』 28-3 (2020), 323-56.

폰 카롤스펠트 Julius Schnorr von Carolsfeld , 1794-1872가 1847년에 펜화로 그렸던 〈예루살렘 성전의 재건〉Wiederaufbau des Tempels zu Jerusalem 이라는 제목의 작품은 포로귀환 유대 공동체의 상황과 시대를 배경으로 하는 그림이다.[2] 제사장 복장을 한 사람들이 제사드리고 기도하고 있고, 성전건축을 위한 돌을 옮겨 놓는 사람과 함께 악기를 연주하고 노래하면서 동참하는 남녀노소 유대인들과 제사장 복장은 아니지만, 함께 기도하고 있는 그림 속 오른쪽 가장자리의 인물까지 모두는 각자의 역할을 감당하면서 '하나님의 성전' 재건 사업에 동참하고 있음을 보여주었다.

에스라 5장 1-2절에서는 선지자 학개와 스가랴가 예언하고, 이에 총독 스룹바벨과 대제사장 예수아가 일어나 "하나님의 전" 건축하기를 시작했고, 선지자들이 도왔다고 말하고 있다. 화가의 그림은 그 감격스러운 시작의 장면을 그렸던 것으로 보인다. 손을 높이 든 중앙 인물은 제사장의 복장을 갖추어 입은 것으로 보아 대제사장일 수 있으며, 경건하게 기도하는 제사장들과 또 다른 노인의 모습을 한 인물이 있고, 나팔 부는 이들과 소고치며 춤추는 여인들과 어린 아기를 데리고 나온 어머니와 성전재건 공사에 필요한 돌을 옮기는 사람들과 그림의 중앙 뒤편 번제단까지 묘사한 화가는 성전재건의 역사가 이스라엘 자손의 '남녀노소'와 '성직자와 일반인' 모두가 함께 한 일이었음을 말하고 있는 듯하다.

학개 선지자는 '하나님의 성전'과 '유다 백성의 삶'이 분리된 일이 아님을 이야기해주었다. 선지자 학개의 가르침대로 이후 유다인들의 모든 삶은 재건된 성전을 중심으로 이루어지게 되었다. '성막-솔로몬성전-제2성전'으로 이어진 예수님 당시의 예루살렘 성전은 46년간 헤롯 왕의 보수공

---

2 Julius Schnorr von Carolsfeld (1794-1872), 〈Wiederaufbau des Tempels zu Jerusalem〉(1847), 14,8× 14,3cm, Feder in Schwarz über Spuren von Bleistift auf Velin. 그림과 해설 출처: https://it.m.wikipedia.org/wiki/File:Schnorr_von_Carolsfeld_Wiederaufbau_des_Tempels_zu_Jerusalem.jpg

사가 이루어진 것이었으며, 성전과 관련된 주제는 예수께서 유대인과 사마리아인과 나누셨던 대화의 중심 주제로 등장하기도 했다요 2:19-21, 요 4:20. 그리스도인들은 성령이 함께 하시는 성도들 각 사람이 하나님의 성전이라고 인식하였다고전 3:16, 6:19-20.

역사서로 분류되는 에스라서는 무너졌던 예루살렘 성전재건을 시작했던 일스 3:8-13과 아닥사스다 왕 때에 성전재건 사업 동참을 요청했으나 거절당했던 사마리아인들 가운데 비슬람과 미드르닷과 다브엘과 동료들의 고소로 성전재건 사업이 중단되었고 다리오왕 2년에 이르게 되었던 일스 4:1-24과 다리오 왕 때 학개와 스가랴 선지자의 예언으로 스룹바벨과 예수아여호수아가 다시 중단되었던 성전재건 사업이 재시작하게 되었던 일스 5:1-5과 다리오 왕 6년 아달월 3일에 제2성전이 완공된 일6:13-15까지 그 모든 우여곡절의 과정을 자세하게 기록하였다. 예언서에 속한 학개서는 에스라 5장 1절과 관련하여 볼 수 있듯이, 성전재건 사업이 시작은 되었으나 사마리아인들의 고소로 중단되었던 시기를 배경으로 할 수 있음을 알 수 있다. 그런 와중에 성전재건 사역의 재시작을 가능하게 만들었던 학개 선지자의 예언은 과연 무엇이었는지를 학개서는 우리에게 알려주고 있다. 학개서 1장 1절은 소선지서들에서 통일성을 보여주는 표제어와 같은 역할을 하는 본문인데 다리오왕 2년 여섯째달 1일에 "여호와의 말씀"이 선지자 학개로 말미암아 총독 스룹바벨과 대제사장 여호수아에게 임했다는 매우 특이한 문장으로 시작되었다. 그런데 이 내용은 에스라 4장 24절과 상응한다.

1) 학개 1장 3절에 다시 "여호와의 말씀"이 학개 선지자에게 임했다는 문장이 기록되어 있다. 하나님의 말씀은 성전건축을 다시 시작하라는 분명한 명령이었다1:8. 하나님이 함께 하심의 약속이 선포되었고1:13, 이에 총독 스룹바벨과 대제사장 여호수아와 모든 백성의 마음을 여호와께서 움직이

게 하셨으며, 다리오 왕 2년 여섯째달 24일에 마침내 중단되었던 "하나님의 전" 역사를 다시 시작할 수 있었다[1:14-15].

2) 다시 일곱째달 21일에 "여호와의 말씀"이 학개 선지자에게 임했고[2:1], 하나님이 함께 하심의 두 번째 말씀이 전달되었다[2:4].

3) 아홉째달 24일에 여호와의 말씀이 또 학개 선지자에게 임하였으며[2:10], 2장 18-19절의 아홉째달 24일에 "여호와의 전" 지대를 쌓던 날부터 추억하여 보라는 명령은 이 단락의 마지막 구절에 해당하는 말씀이었다. 이 본문은 그 이전과 그 이후의 유대 포로 귀환 공동체의 삶은 변곡점을 맞이하였다는 뜻을 담고 있는 말씀으로 해석할 수 있다. 왜냐하면 그 이전에는 유대인들이 중단된 성전재건의 역사를 방치한 채로 생계유지와 생존을 위한 일에 급급했지만, 오히려 그들에게는 궁핍과 핍절만 있었을 뿐이었다. "그러나 오늘부터는 내가 너희에게 복을 주리라"라는 하나님의 말씀이 학개 선지자를 통하여 선포되었다[학 2:19].

4) 아홉째달 24일에 다시 학개에게 임한 여호와의 말씀은 2장 20-23절에 기록되어 있으며, 스룹바벨을 선택하신 만군의 여호와 하나님께서 열방을 심판하심과 그를 인장으로 삼으셨음을 이야기하는 내용으로 마무리 되었다.

역사서로서 에스라서는 예언서로서 학개서와 스가랴서의 하나님의 '말씀'으로서 〈예언〉이 구체적으로 어떻게 현실 역사 가운데서 실제 '사건'으로 〈성취〉 되었는가를 보여주는 책이라고 할 수 있다. 학개서는 하나님의 구원 역사 속에서 하나님의 구체적인 〈구원 사건〉의 동기와 동력과 출발점이 되었던 〈하나님의 말씀〉이 무엇이었는지를 보여주는 책이다. 예언서와 역사서로서 학개서와 에스라서는 '예언-성취'의 구조를 보여주고 있다.

『스가랴』 - '하나님'이라는 이름의 주님

스가랴 선지자는 잇도의 손자 베레갸의 아들로 소개되어 있다[슥 1:1]. 제사장 가문의 예언자 였던 스가랴에게 페르시아의 다리오 왕 때 "여호와의 말씀"이 임했다. 스가랴서는 1-8장의 여러 가지 환상 예언과 9-14장의 종말에 관한 묵시론적 예언들로 구성되어 있다. 학개과 함께 성전재건을 도왔던 스가랴 선지자는 주전 6세기[520년경]에 활동했던 예언자였다[슥 5:1].

동서남북 바람과 같이
흩어져 버렸던 민족
이스라엘,
"네 조상들을 본받지 말라"
주님은 그들에게 말씀하셨다.
다시 예루살렘을 택하시고,
거룩한 땅에서
유다를 소유 삼으시고,
주님은 그들의 주가 되시겠다 말씀하셨다.
대제사장 여호수아와 총독 스룹바벨은
두 감람나무가 되고, 기름 부음 받은 자들이 되며,
이방 땅 포로된 자들에게 '예표의 사람' 되리라 주님이 말씀하신다.
예루살렘 성전재건의 날에 이스라엘은 이방인들의 축복이 되고,
새 왕은 나귀 새끼를 타고 예루살렘에 이르러 공의와 구원을 베풀 것이라슥 9:9.
'주님과 짝'이 되어, 선한 '목자'가 되어야 했던 지도자들을 심판하시고,
예루살렘 성전과 거주민이 함께 멸망한 후에 이르게 되는 '여호와의 날',
그날은 주님의 이름이 '하나'가 되어, 그분을 '하나님'이라 부르게 되는 날슥 14:9.
예루살렘에서 동해와 서해로 가는 물이 다시 흐르고,
예루살렘을 치기 위해 올라왔던 열방은 하나님을 섬기며,
그들이 초막절을 지키러 올 것이라.
하나님은 그렇게
스가랴에게 말씀으로 임하셨다.

《2017 겨울 성지답사 – 요르단 와디럼》

『스가랴』[1] – 종말의 때 부르게 될 만군의 주 여호와의 이름은?슥 14:9: 성전재건의 주 하나님

"그가 내게 대답하여 이르되 여호와께서 스룹바벨에게 하신 말씀이 이러하니라 만군의 여호와께서 말씀하시되 이는 힘으로 되지 아니하며 능력으로 되지 아니하고 오직 나의 영으로 되느니라. 큰 산아 네가 무엇이냐 네가 스룹바벨 앞에서 평지가 되리라 … 스룹바벨의 손이 이 성전의 기초를 놓았은즉 그의 손이 또한 그 일을 마치리라 하셨나니 만군의 여호와께서 나를 너희에게 보내신 줄을 네가 알리라 하셨느니라."슥 4:6-9

살로몬 코닝크Salomon Koninck가 그렸던 〈성전에 있는 선지자 스가랴〉The prophet Zechariah in the temple는 제사장 복장의 예언자 스가랴를 1650년에 그렸던 작품으로 알려졌지만, 이 그림을 해설하는 자료들에 따라서는 천사로부터 세례 요한의 탄생 고지를 듣고 있는 제사장 사가랴눅 1장로 소개한 경우들도 있다.[2] 그러나 누가복음 1장 9-10절에는 세례 요한의 아버지 사가랴가 제사장 직무를 성전에서 수행하고 있던 상황을 "분향하는 시간"이라고 명시한 본문의 기록 때문에, 성전 안에서 분향

---

1   스가랴 참고 문헌: 장세훈, "스가랴서의 관점에서 본 하나님의 구원 계획," 『헤르메네이아 투데이』 제41호 (2008), 48-64; 김영혜, "편집비평적 시각에서 본 스가랴의 환상," 『한국기독교신학논총』 80-1 (2012), 35-57; 김래용, "스가랴서에 나타난 윤리적 교훈에 대한 연구," 『장신논단』 45-4 (2013), 13-39.

2   Salomon Koninck (1609-1656), 〈The prophet Zechariah in the temple / annunciation of the birth of John the Baptist to Zechariah〉(1650), 64×45.3cm, Staatliches Museum Schwerin. 그림과 해설 출처: https://commons.wikimedia.org/wiki/File:Toegeschreven_aan_Salomon_Koninck_-_De_profeet_Zacharias_in_de_tempel_-_G_298_-_Staatliches_Museum_Schwerin.jpg

에 관련된 내용이 그림에 전혀 묘사되어 있지 않았고, 그림 속 인물이 책을 들고 있는 모습으로 그려진 것이라면 신약의 사가랴 제사장 보다는 구약의 스가랴 선지자라는 설명이 더 적절해 보인다. 스가랴 선지자는 잇도의 손자 베레갸의 아들로 소개되어 있다슥 1:1. 제사장 가문의 예언자였던 스가랴에게 페르시아의 다리오 왕 때에 "여호와의 말씀"이 임했다. 스가랴서는 1-8장의 여러 가지 환상 예언과 9-14장의 종말에 관한 묵시론적 예언들로 구성되어 있다. 스가랴 4장 6-9절은 이스라엘 사람들이 '메노라'라고 부르는 일곱 가지 등잔 대와 두 감람나무에 관한 환상 예언의 중간에 수록된 하나님의 성전재건과 완공에 관한 예언의 본문이다. 스가랴는 에스라서에서 포로귀환 유대인들에 의해 세워진 제2 성전건축을 독려했던 두 예언자학개, 스가랴 가운데 한 사람으로 5장 1절에 언급되었던 예언자였다. 그는 느헤미야 12장 4절에서 페르시아의 총독 스룹바벨과 함께 포로 귀환했던 제사장 명단에 속한 잇도의 손자였기 때문에 가문의 계보에 따라 제사장으로 살아가던 인물이었던 것으로 보인다.

1824년에 알렉산더 이바노프Alex-ander Ivanov, 1806-1858가 그렸던 그림은 누가복음 1장의 내용을 그대로 반영하여 예언자 직분을 담당하던 제사장 사가랴를 천사 가브리엘이 만나는 장면을 묘사하였으며, 그가 벙어리가 된 내용을 작품의 제목과 연결시키기도 했다.[3] 제사장 사가랴가 분향하던 향이 성소의 공간 안에 가득한 상황으로 그렸던 특징도 앞에서 살펴본 코닝크의 그림 해석의 내용과 비교해

볼 수 있다. 스가랴 1장 1-8에는 선지자 스가랴에게 임했던 여호와의 말씀이 환상과 예언의 형식으로 기록되어 있다. 이스라엘 민족의 조상들에게 하나님은 많은 선지자를 보내어 외치게 하셨지만, 그들은 악한 길과 악한 행실을 떠나서 만군의 여호와께 돌아오지 않았고, 하나님의 말씀은 그들에게 심판의 현실로 임했다는 내용이었다. 이어진 본문들은 스가랴 선지자가 보았고, 하나님께서 깨닫게 해주셨던 환상의 예언들로 구성되어 있다. 우선 1-6장의 다양한 예언은 하나님의 심판이 예루살렘과 유다에 내려진 이후 70년이 되었음을 확인한 후에 이루어지게 되는 하나님의 위로와 구원과 회복에 관한 환상으로 이루어져 있으며, 스가랴서는 천사와 환상과 종말에 관한 내용이 많이 나타나고 있는 특징으로 인하여 묵시론적 성격의 예언서로 파악되기도 한다.[4] 7-8장은 포로기 때 강조되었던 '금식'에 관한 교훈과 이스라엘 역사와 심판에 관한 회고[7]와 예루살렘의 회복에 관한 예언으로 이루어져 있다[8].

그때 벧엘 사람은 여호와의 전에 있는 제사장과 선지자들에게 **"내가 여러 해 동안 행한 대로 오월 중에 울며 근신하리이까?"**[7:2-3]라고 질문하였다.

만군의 여호와의 말씀이 스가랴 선지자에게 임하였다. **"온 땅의 백성과 제사장들에게 이르라 너희가 칠십 년 동안 다섯째 달과 일곱째 달에 금식하고**

3　Alexander Ivanov (1806-1858), 〈Archangel Gabriel struck dumb Zachariah〉(1824), Russian Museum, an-nunciation of the birth of John the Baptist to Zechariah. 그림과 해설 출처: https://commons.wikimedia.org/wiki/File:Alexandr_Ivanov_010.jpg

4　스가랴 1-6장의 환상과 예언
　　1. 1:7-17　말과 말탄 자의 환상 (천사: 70년이 되었음. 만군의 여호와의 말씀: 위로의 대답)
　　2. 1:18-21　네 뿔과 대장장이 네 명의 환상
　　3. 2:1-13　측량줄 잡은 자의 환상
　　4. 3:1-10　대제사장 여호수아의 환상
　　5. 4:1-14　순금 등 대와 두 감람나무의 환상 (총독 스룹바벨과 성전건축)
　　6. 5:1-4　날아가는 두루마리의 환상
　　7. 5:5-11　에바와 여인의 환상
　　8. 6:1-8　네 병거의 환상
　　9. 6:9-15　면류관을 쓴 대제사장 여호수아에 관한 예언 (대제사장 여호수아와 성전건축)

애통하였거니와 그 금식이 나를 위하여, 나를 위하여 한 것이냐?… 여호와가 옛 선지자들을 통하여 외친 말씀이 있지 않으냐 하시니라."[7:7-9]

　　하나님은 스가랴 8장 8-14절에서 이사야[1:17-23]와 예레미야[21:12]와 미가 [6:8] 선지자의 예언을 인용하여 말씀하셨다. 사회 정의의 실천이 없는 금식과 경건은 헛된 것임을 다시금 말씀하셨다[cf. 사 58: 1-14 금식과 안식일]. 9-14장은 종말론적 예언에 해당하는 내용이다. 9장은 열방의 심판에 관한 예언이지만, 9장 9-10절에는 겸손하여 나귀 새끼를 탄 메시아에 관한 예언이 기록되어 있는데, 이 본문은 예수님의 공생애 사역을 기록한 복음서 가운데 마태복음 21장 5절과 요한복음 12장 12-16절에서 인용되었다. 이 내용은 기독교에서 '종려주일'의 전통으로 이어져 오고 있다. 10장의 유다 족속 구원 예언과 11장의 심판 예언은 내용적으로 대조를 이루고 있다. 11장에는 레바논 백향목과 삼림의 파괴[11:1-3]와 목자들의 심판 예언이 주를 이루고 있는데, 두 막대기의 유비[은총과 연락, 11:7]와 각각이 의미하는 언약의 폐함[11:10]과 의가 끊어짐[11:14]이라는 예언의 해석과 은 삼심을 토기장이에게 던지라는 11장 13절의 본문이 포함되어 있다. 11장 13절의 은 삼십과 토기장이에 관한 내용은 복음서 가운데 마태복음 27장 9절에서 예수 그리스도를 배신했던 가룟 유다에게 적용되었다. 12-14장은 종말의 때에 구원에 관한 예언이며, 12장은 사람의 심령을 창조하신 하나님이 예루살렘 거민에게 은총과 간구하는 심령을 부어주실 것과 회개에 관하여 예언하였고, 13장은 다윗의 족속과 예루살렘 거민을 위한 죄와 더러움을 씻는 샘과 남은 자 삼분의 일이 받을 연단과 시험에 관한 예언이다.

　　13장 7절의 목자를 친다는 내용의 예언은 마태복음 26장 31절과 마가복음 14장 27절에서 예수께서 십자가 고난을 받으시게 된 체포 과정에 적용되었다. 14장은 열방의 심판과 유다와 예루살렘의 구원 주제와 연관된

'여호와의 날'에 관한 예언이다. 여기서 특이한 예언의 내용 한가지는 종말의 때에 여호와의 이름을 〈하나〉라는 표현으로 부르게 될 것이라는 14장 9절 본문의 내용이다. 스가랴서는 포로귀환 유대 공동체의 총독 스룹바벨과 대제사장 여호수아의 실명을 거론하면서 환상과 예언을 기록한 점이 특이하며, 복음서에 기록된 예수 그리스도의 공생애 사역 가운데 고난 주간과 관련하여 인용된 본문들이 여러 개가 있다는 점도 이 책의 특징이라고 할 수 있다. 구약과 신약의 신명을 이미 개신교 전래기부터 〈하나님〉이라고 부르고 있는 한국 그리스도인들에게 종말의 때에 부르게 되는 여호와의 이름이 "하나"가 될 것이라는 스가랴서의 예언은 매우 큰 의미를 가질 수 있다.[5] 한국 기독교인들은 이미 〈하느님〉이라는 신명과 함께 〈하나님〉이라는 성경적 신명을 쓰면서 신앙생활을 하고 있기 때문이다.[6] 포로귀환과 성전의 재건과 종말의 때와 구원은 모두 하나님이라 부르는 만군의 여호와의 영으로 되는 일이며 사람의 힘과 지혜와 능력과 계획과 수를 써서 되는 일이 아니라는 사실을 스가랴서는 우리에게 가르쳐 주고 있다.

5 국어학자 주시경은 게일(James, S. Gale) 선교사를 만나서 〈하나님〉이라는 신명이 고구려 시대에도 우리 민족의 조상들이 부르던 거룩한 절대자의 신명이었다고 설명해 주었다. 옥성득, "개신교 전래기의 신 명칭 용어 논쟁 구약성경 번역기(1893-1911)를 중심으로," 『기독교사상』 통권 418호 (1993.10), 200-222(213-214).

6 김중은, "하나님과 하느님," 『성서마당』 79 (2006.09), 5-8 ; 김중은, "하나님인가, 하느님인가?," 『성경원문연구』 50호 별책 (2022.08), 84-93 참조.

『말라기』 - 질문하시는 하나님

말라기는 '나의 사자'my messenger라는 뜻의 이름이며, 주전 5세기경 예언 활동을 했던 선지자이다. 히브리어로 기록되었던 구약성경은 역대기로 끝나지만, 기독교 성경에서는 말라기가 구약의 끝에 놓여 있다. 말라기서의 마지막 두 구절은 하나님께서 마지막 때에 엘리야 선지자를 보내실 것이라는 예언이었다말 4:5-6. 신약에서는 이 예언이 세례 요한에게서 성취되었다고 설명함으로써눅 1:17, 구약의 마지막 책과 신약의 첫 번째 부분인 복음서를 연결해 주었다. 말라기서에는 그 외에 하나님과 유다 백성의 대화 형식으로 기록된 여러 신앙적 주제들을 살펴볼 수 있다. 말라기서는 1장 1절부터 3장 15절은 하나님의 질문과 백성들의 응답에 관한 하나님의 꾸짖음을 대언한 예언과 3장 16절부터 4장 6절은 '여호와의 날'과 '하나님의 심판'에 관한 예언으로 구성되어 있다.

내가 너희를 사랑하였다.
"주께서 어떻게 우리를 사랑하셨나이까?"…

대답하지 않는 편이 나으련만,
하나님은 갑갑한 가슴 부둥켜안고, 기어이 답을 하신다.
정말로 사랑했다라고…

차라리 묻지 않으면 좋으련만,
기어코 따져 물으신다. 하나님은…

"너희가 내게 어떻게 이렇게 할 수 있느냐?"
"내가 언제 그랬나요?" 되묻는 이들에게

나는 정성과 마음을 담은 제사를 원한다,
결혼의 증인이 바로 나다,
십일조는 내 것이다,
나의 사자인 제사장이 그러면 안 된다,
악한 말로 나를 대적하는 너희도 그러면 안 된다,
구구절절 답하신다. 하나님은…

내가 와서 노여움으로 심판하기 전에
모세의 율법을 기억하라
말씀하신다. 하나님은…

내가 와서 저주로 그 땅을 치기 전에
마음을 돌이킬 엘리야를 보내리라
말씀하신다. 언제나처럼 하나님은 …

그-때 두 사람 위해 처음 가죽옷 지어주실 때처럼,
오늘도 여전히… 하나님은!

《2023 겨울 성지답사 – 이스라엘의 황혼과 저녁》

「말라기」[1] – 하나님은 지금 여기 있는 내게 무엇을 물으실까? : 질문하시는 하나님

········· 선지자 엘리야 예언은 무슨 뜻일까?

히브리어로 기록되었던 구약성경은 역대기서로 구약성경이 끝나지만, 기독교 성경에서는 예언서 가운데 가장 마지막 책인 말라기가 구약의 마지막에 놓여 있다. 말라기서의 마지막 두 구절은 하나님께서 마지막 때에 엘리야 선지자를 보내실 것이라는 예언말 4:5-6이었다.[2] 신약에서는 이 예언이 세례 요한에게서 성취되었다고 설명함으로써, 구약의 마지막 책과 신약의 첫 번째 부분인 복음서를 연결해 주었다. 말라기서에는 그 외에 하나님과 백성들의 대화 형식으로 기록된 여러 신앙적 주제들을 살펴볼 수 있다. 복음서 가운데 세 번째 책인 누가복음 1장에는 세례 요한의 탄생에 관한 이야기가 먼저 나온다. 이스라엘이 로마의 식민 통치하에 놓여 있던 유대 왕 헤롯 때에 성소에서 순서에 따라서 책임 맡은 제사장의 직무를 수행하며 분향하게 되었던 제사장 사가랴에게 주의 사자가 나타났다눅 1:11. 가브리엘 천사가 제사장 사가랴에게 전해준 내용은 그와 그의 아내 엘리사벳 사이에서 태어날 아기의 이름은 '요한'이라고 하라는 것과 그의 사역에 관한 예언이었다눅 1:13-19.

그런데 여기서 말라기 4장 5-6절의 예언이 해석된 형태로 인용되었다:

---

1 말라기 참고 문헌: 김지은, "레위 사람 제사장직에 대한 말라기서의 변호," 『한국기독교신학논총』 32-1 (2004), 25-47; 김창대, "소선지서의 통일성 관점에서 호 14:4와 말 4:2의 치료(אפר)에 대한 고찰," 『성경과 신학』 제56호 (2010), 283-312; 이영미, "구약의 제사장과 현대의 목회자," 『신학사상』 제160호 (2013), 9-42; 유윤종, "말라기에 나타난 '신정론적 문제 제기'의 문학적, 신학적, 정경적 의미," 『서양고대사연구』 제69호 (2024), 33-66.

2 "보라 여호와의 크고 두려운 날이 이르기 전에 내가 선지자 엘리야를 너희에게 보내리니, 그가 아버지의 마음을 자녀에게로 돌이키게 하고 자녀들의 마음을 그들의 아버지에게로 돌이키게 하리라 돌이키지 아니하면, 두렵건대 내가 와서 저주로 그 땅을 칠까 하노라 하시니라"(말 4:5-6).

"그가 또 엘리야의 심령과 능력으로 주 앞에 먼저 와서 아버지의 마음을 자식에게, 거스르는 자를 의인의 슬기에 돌아오게 하고 주를 위하여 세운 백성을 준비하리라."눅 1:17 다른 복음서에서는 단순하게 '엘리야'에 관한 말라기 4장의 내용을 문자적으로 인용하였으나마 17:12, 누가복음 1장은 다른 오해를 피할 수 있도록 "엘리야의 심령과 능력"을 가지고 세례 요한이 사역하게 될 것이라는 설명을 해주었다. 타종교의 윤회설처럼 환생의 개념은 처음부터 유대교와 기독교에는 없었다. 누가복음 1장은 엘리야의 마음과 능력과 같은 영성이 세례 요한에게 있었다고 표현해 주었으며, 세례 요한에게서 말라기 4장 5-6절의 예언이 성취되었음을 확인할 수 있다.

렘브란트는 〈세례 요한의 설교〉Preaching of Saint John the Baptist라는 제목의 그림을 1634-1635년에 그렸다.[3] 세례 요한은 누가복음 1장에서 가브리엘 천

3   Rembrandt Harmenszoon van Rijn (1606-1669), 〈Preaching of Saint John the Baptist〉(1634-1635), oil on canvas, 63×81.3cm, Gemäldegalerie Berlin. 그림과 해설 출처: https://en.m.wikipedia.org/wiki/File:Rembrandt_Harmensz._van_Rijn_-_Preaching_of_Saint_John_the_Baptist_-_Gem%C3%A4ldegalerie_Berlin.jpg

사가 전해주었던 하나님의 말씀처럼 하나님의 말씀이 그에게 임하자, 요단강에서 "죄사함을 얻게 하는 회개의 세례"를 전파하였다. 세례 요한은 자신이 메시아 곧 그리스도가 아니며, 그리스도가 오시면 성령과 불로 세례를 주실 것이라고 사람들에게 전하였다[눅 3:15-17 cf. 마 3:1-12, 막 1:1-8, 요 1:19-28]. 렘브란트는 말라기 4장의 예언과 이사야 40장의 예언과 같이 "광야에서 외치는 자의 소리"로서 역할을 감당하며, 회개의 세례를 전파하면서 백성들의 마음을 하나님께 돌아올 수 있도록 하고, 예수 그리스도의 오심을 예비하였던 세례 요한의 설교하는 모습을 그림으로 그렸다[cf. 말 3:1].

세례 요한이 말라기 이후에 단절되었던 선지자로 등장하여 임박한 하나님의 심판과 메시아의 오심에 관한 설교를 시작하고 회개의 세례를 요단강에서 베풀자 많은 사람이 세례 요한에게 나아왔다. 우리는 그런 장면과 사람들의 모습을 마음속으로 상상하기만 하였지만, 렘브란트는 예술가로서 상상력을 사용하여 문자로 기록된 성경 말씀을 다른 이들이 확인하고 볼 수 있도록, 자신이 마음속에 그렸던 장면을 그림으로 그려서 예술작품으로 표현해 주었다.

세례 요한의 출현은 분명히 구약의 '말씀'[예언]이 신약에서 '사건'[성취]으로 현실에 나타났음을 확증해 주는 일이었다. 말라기는 주전 5세기경에 활동했던 예언자로 파악되고 있다. 페르시아 왕 고레스의 칙령[주전 538]에 따라 바벨론에 포로로 붙잡혀 갔던 이스라엘 민족이 예루살렘으로 돌아온 후에 100여년 가까운 시간이 지나면서, 유대 백성들은 신앙적인 열정과 다윗의 자손 메시아의 출현과 유다 왕국의 회복에 대한 희망도 점차 잃어가게 되었고, 종교 생활은 여전히 이어지고 있었으나 신앙생활은 생명력을 잃어버리게 되었다. 에스라와 느헤미야의 때[주전 550년경 전후 시기]에 있었던 종교개혁의 결단도 사람들은 잃어버렸고, 율법을 강조했던 유대 종교의 모습은 형식과 위선으로 병들어 가고 있었다. 그때 하나님의 말씀이 말라기 선지자에게 임하였고^{주전 430년경의 시기}, 선지자 말라기는 이스라엘 민족을 향하신 하나님의 경고를 예언으로 전하게 되었다^{말 1:14}.

.... 하나님의 질문에 우리는 어떤 대답을 준비해야 할까?

말라기서는 파격적인 문학적 이미지와 상징을 활용하였는데, "금을 연단하는 자의 불"과 "표백하는 자의 잿물"^{3:2}로 하나님에 관련된 진술을 하였으며, 심판의 상징으로 쓰였던 "풀무불"^{4:2}도 언급되었다. "의로운 해"와 "치료하는 날개^{광선}"^{4:2}는 페르시아의 왕권을 의미하는 상징이었던 날개 달린 태양과 연관될 수 있으며, 포로기 이전의 유다 왕권을 상징했던 날개 달린 태양과 날개 달린 태양 원반과 관련된 이미지들로 해석될 수 있는 표현들이었다.[5]

또한 말라기서는 하나님의 질문과 사람들의 반문과 함께 하나님의 말씀과 유다 사람들의 이야기와 예언자의 말을, 때로는 대화 형식으로, 때로는 논쟁의 형식으로 기록했으며, 그 내용 가운데 당시의 시대 상황과 관련된 종교-사회 문제들을 깊이 있게 다루었다. 1장에서 "내 이름을 멸시하는 제사장들아 나 만군의 여호와가 너희에게 이르기를 아들은 그 아버지를, 종은 그 주인을 공경하나니 내가 아버지일진대 나를 공경함이 어디 있느냐?… 너희는 이르기를 우리가 어떻게 주의 이름을 멸시하였나이까 하는도다"^{말 1:6}라는 본문에서 볼 수 있는 것처럼, 이 충격적인 하나님의 질문을 통해서, 하나님을 경외하는 일에 본이 되어야 할 성직자들이 그 반대의 모습으로 살아가고 있었다는 사실을 확인할 수 있다. 이런 질문과 반문과 대

---

4 「스페셜성경」 1327.
5 Richard S. Hess, *The Old Testament*, 705-706.

화와 논쟁과 예언이 4장까지 계속 이어지는 형태로 말라기서의 내용이 전개되었다.

말라기 1장의 제물에 관한 말씀과 제사장과 레위인을 향한 말씀들은 레위기와 민수기와 신명기의 율법서 혹은 성경의 다른 관련 본문들과 비교 가능한 '본문상호성'을 갖는 본문들이라고 할 수 있는데[6], 그 가운데 제사장이 '율법을 행할 때 사람에게 치우친다'[2:9]는 표현은 목회자와 직분을 맡은 사람이 하나님을 대신하여 하나님의 일을 하고 봉사를 한다고 하면서 공평과 정의를 잃어버리고, 사람을 편애하며, 치우친 모습으로 사역을 하게 될 때 나타나게 될 비극적인 상황을 경고하는 말씀으로 해석할 수 있다. 목회자[직분자]의 눈은 소외된 사람이 없도록 공동체를 바라보는 눈이 되어야 하고, 목회자[직분자]의 손과 발은 소외된 사람이 없도록 돌보고 세우는 손과 발이 되어야 하며, 목회자의 교훈은 힘 있는 자와 힘 없는 자의 사이에서 치우치지 않은 가르침이 되어야 한다. 하나님의 말씀인 율법이 치우치게 될 때 하나님의 계명은 놓치고 "장로들의 전통과 사람의 계명"[막 7:5-8]으로 전락할 수 있기 때문이다. 예수님은 율법을 지키며 더 중요한 바인 율법의 본래 뜻과 정신[정의, 긍휼, 믿음]도 잃지 않아야 한다고 가르치셨다[마 23:23].

2장에서는 이혼의 주제가 다루어졌다[2:10-16]. 주전 5세기 유대 사회의 가부장적인 문화와 전통 속에서 이혼은 남성에 의해 일방적으로 결정 될 수 있었다. 본문에서 남편에게 함부로 이혼하거나 거짓을 행하지 말라는 하나님의 말씀이 남성만 언급했기 때문에 아내의 경우에는 해당하지 않는다고 말할 수 없다. 현대에는 남편과 아내를 포함하는 배우자 각자에게 해당하는 하나님의 말씀일 수밖에 없다. 거짓을 행하고 오히려 이혼을 추진하는 것은 하나님의 미워하시는 바이다. 왜냐하면 하나님이 짝을 지어 주

---

[6] 예를 들어, '제사와 제물'(말 1:7-8 / 레 1:6-9, 22:17-19)과 '언약의 파괴'(말 2:2-3 / 신 28:15-68)과 '야곱과 에서' 전승(말 1:2 / 롬 9:13) 등의 비교 본문들에서 그러한 특징을 확인할 수 있다. 위의 책, 708 참조.

시고^{마 19:6}, 결혼의 증인 역할을 하신 분이기 때문이다^{말 2:14}.[7] 그러므로 현대 인과 현대 사회에서 간통법이 폐지되고, 결혼제도가 효율성과 합리적 의미를 잃어버렸다고 해서 그리스도인들이 똑같이 따라갈 이유는 없다. 왜냐하면 남성과 여성의 결혼과 이혼에 관한 하나님의 말씀이 폐기되거나, 의미가 변경되었다는 말씀은 없기 때문이다. 그 외에 사람들의 악행과 제물과 십일조와 언어생활에 관한 여러 주제가 말라기서에서 다루어진다.

말라기서는 우리에게 질문하시는 하나님, 사람들에게 물으시는 하나님에 관하여 이야기해주고 있다. 사람을 향하신 하나님의 물음은 '지금 여기'^{hic et nunc, here and now}에서 살아가고 있는 모든 이들에게 주어지는 물음이다. 그렇다면 하나님의 질문에 과연 어떤 대답을 준비하며 살아가야 할까? 궁극적인 하나님의 질문 앞에서 대답을 준비하며 살아가는 사람의 삶은 동시에 그리스도인으로서 사람들의 물음에 응답하기 위한 준비를 하는 삶이 될 수 있겠다.

"너희 마음에 그리스도를 주로 삼아 거룩하게 하고 너희 속에 있는 소망에 관한 이유를 묻는 자에게는 대답할 것을 항상 준비하되 온유와 두려움으로 하고 선한 양심을 가지라…."^{벧전 3:15-16}

소예언서는 어떤 뜻을 담은 책일까?

히브리서 1장 1절에는 "옛적에 선지자들을 통하여 여러 부분과 여러 모양으로 우리 조상들에게 말씀하신 하나님이 이 모든 날 마지막에는 아

---

7 김진명, "구약과 신약에서 말하는 '성'과 '결혼'의 주제에 대한 종합적 이해에 대한 연구: 창세기 1장 27절과 2장 18-25절 본문의 정경적 전개에 관한 주석적 연구," 『장신논단』 51-5 (2019.12), 9-36.

들을 통하여 우리에게 말씀하셨으니 이 아들을 만유의 상속자로 세우시고 또 그로 말미암아 모든 세계를 지으셨느니라."라고 기록되어 있다. 하나님은 정말 얼마나 여러 부분과 여러 모양과 여러 방법을 사용하여 하나님의 말씀을 다양한 사람들에게 전하고자 하셨는지를, 대예언서와 소예언서에 기록된 여러 선지자의 삶과 예언의 주제들을 통해 구체적으로 확인할 수 있다. 예언서를 기록한 히브리어의 문법적인 특징 가운데 〈예언적완료〉Perfectum Propheticum로 알려는 완료형의 문장은 이사야 11장 9절에서도 확인할 수 있는 바와 같이, 앞으로 되어질 미래의 일을 예언자가 예언하면서, 미완료형이 아닌 완료형으로 하나님의 말씀을 기록한 특징을 보여준다.

예언자는 하나님의 말씀이 그에게 임하시는 경험을 하면서, 하나님의 임재하심을 체험하였다. 또한 예언자는 그에게 임한 하나님의 말씀을 받아 전하면서, 하나님께서 한번 말씀하시는 말씀은 그 자체로 사건이 되고, 역사가 되고, 반드시 이루어질 것을 확신할 수밖에 없었다. 그의 영적인 인식 가운데서 예언자는 하나님의 말씀이 이미 완료된 사건으로 인식되었고, 그러한 '확신'을 가지고 하나님의 말씀을 선포했던 예언자들은 하나님께서 명하신 그 말씀을 전하면서, 때로는 목숨을 잃기도 했다.

그렇다면 우리도 '옛적의 선지자들'처럼 다양한 방식으로 하나님의 말씀을 전할 수 있어야 한다. 호세아 선지자처럼 하나님의 마음을 공감하면서, 우리 그리스도인들도 예수 그리스도의 심장을 가지고 복음을 전할 수 있어야 한다. 하박국 선지자처럼 우리도 하나님께 질문할 수 있어야 하지만, 말라기 선지자와 같이 하나님께서 우리에게 물으시는 물음에 응답할 수 있어야 한다. 들리는 음성과 언어로 하나님의 말씀을 전하기도 하지만, 소리 없는 언어인 행위와 삶으로 주님의 복음을 전하고, 때로는 예술작품으로, 때로는 미디어 매체와 상황과 환경과 모든 기술을 활용하여 하나님의 말씀을 전할 수 있어야 한다.

구약의 예언자들이 '말씀'〈다바르〉을 '사건'〈다바르〉 자체로 경험하고, 인식하며, 하나님의 말씀을 대언했던 것처럼, 우리는 먼저 성경 본문에 기록된 하나님의 말씀을 경청하고, 경험하며, 배우고, 행함으로 확신할 수 있어야 한다. 우리가 먼저 하나님의 말씀을 신뢰하고, 깨닫고, 확신할 수 있을 때, 비로소 하나님의 말씀을 진심으로 대언할 수 있을 것이다. 왜냐하면 하나님의 말씀을 대언하는 일은 연극과 광고와 눈속임과 말장난과 같은 '무대 활동'이 아니라 실재이며, 현실이고, 생명과 죽음의 선택과 결단이며, 구원과 심판의 결과로 이어지는 순간과 영원함의 갈림길로 인도하는 '삶'이기 때문이다. 성령의 도우심 없이 걸어갈 수 없고, 기도 없이 감당할 수 없으며, 하나님의 은혜와 예수 그리스도의 사랑으로만 순종하고, 살아낼 수 있으며, 경험할 수 있는 살아있는 생명이 곧 하나님의 말씀이기 때문이다. 그러므로 하나님의 말씀을 읽고, 묵상하고, 연구하며, 암송하고, 때로는 읊조리며, 말씀으로 기도하며, 말씀과 함께 살아가는 일상이 바로 예수 그리스도 안에서 하나님과 동행하는 삶이기도 하다.

예언서의 신학 산책

예언서는 메뚜기 재앙과 지진과 같은 자연 현상과 재해가 하나님의 일을 미리 보여주는 징조로 사용되기도 하고, 경고의 수단으로 사용되기도 하였음을 보여주고 있다. 때로는 사람들의 죄악과 범죄로 인하여 심판받을 때 피조 세계와 생명체가 함께 비참한 처지에 놓이게 되고, 함께 고통을 겪는 일들에 관하여도 이야기 한다렘 14:1-6, 욜 4:11. 하나님의 관심과 구원의 대

상은 사람과 더불어 육축과 들짐승과 생명체들 모두가 포함되었음을 보여
주며, 심지어 하나님은 들짐승과 공중의 새와 곤충들과도 언약을 맺으시며
구원을 베푸실 것을 예언하기도 했다호 2:18, 그러므로 예언서도 사람과 생
태계와 전체 구성원으로서 모든 생명을 향한 하나님의 불쌍히 여기시는
마음과 구원을 위한 하나님의 열심을 느끼고 깨달을 수 있다. 구약성경 전
체가 사람과 들짐승과 가축과 동물과 땅을 향한 하나님의 사랑과 인애과
은혜를 확인할 수 있도록 예언서의 본문들도 이야기해주고 있다고 요약해
볼 수 있다.

　　그 밖에도 예언서 연구에서는 오래된 논쟁 주제들이 있었고, 이사야서
의 구성과 저작 문제도 그 가운데 하나로 볼 수 있다. 좀 더 구체적으로 살
펴본다면 "이사야서는 한 권의 책일까? 혹은 세 권의 책일까?"라는 문제의
논의로 요약해 볼 수 있는데, 전통적으로 교회에서는 이사야서를 이사야
선지자 한 사람의 예언서로 읽어 왔지만, 구약학계에서는 역사적 이사야로
서 제1이사야1-39와 포로기의 제2이사야40-55와 포로기 이후의 제3이사야
56-66에 의해 기록된 저작물의 최종 편집 작품으로 연구되기도 했다Bernhard
Duhm, *Das Buch Jesaja*, 1892.[8] 미래에 되어질 일들에 대해 예언자들이 선포했던 것
으로 보았던 본문들은 이러한 전제 위에서 '사건 후 예언'으로 설명되기도
한다.[9] 예언의 양식으로 서술된 문장들이 실은 발생한 역사적 사건을 목격
한 후에 선지자의 이름을 빌려서, 누군가가 예언서의 본문에 추가적으로
기록한 허구적인 진술의 결과라는 해석이 나오기도 했다.

　　이렇게 구약 예언서를 읽고 해석한다면, 〈예언과 성취〉의 구속사와 앞
으로 되어질 일을 경고하시는 하나님의 말씀을 듣고 돌이키거나, 심판과

8　　박대영, 『선지서』 69.
9　　윤동녕, "요나 예언에 나타난 고대 근동 예언적 요소들." 145-81.

구원에 관한 하나님의 말씀으로 파악되었던 전통적 예언 본문들은 모두 공허한 거짓말로 취급될 수 있다. 하지만 최종본문이 증언하고 있고, 말하고 있는 본문이 어느 예언서 연구자의 가설과 충돌할 때, 어떤 시각으로 예언서의 성경 본문을 이해하고, 해석하고, 대언할 것인가를 선택하고, 결정하는 것은 그 본문을 정하여, 공부하는 연구자의 몫이다. 최종본문을 어떻게 받아들일 것인가의 문제는 결국 성경 본문에 관한 해석학과 인식론의 문제이며, 구약 예언서의 각 책에서 초월성과 계시의 차원을 배제하고 본문의 의미를 해석할 것인가 아니면 하나님의 살아계심과 실제로 예언자에게 들려주셨던 말씀의 기록으로 인식하고 예언서 본문을 해석할 것인가의 문제가 될 수 있다. 성경 본문을 지금은 누군가 알 수 없는 고대 구약 시대 사람의 말로 보고 그 내용을 교회의 강단에서 선포할 수 있을까? 교회에서 선포되어야 할 구약성경의 본문은 성서신학이라는 비평적 학문 분야의 획일적인 대상과 전유물로만 다루어질 수 없으며, 신앙을 위한 종교적 경전으로서 구약성경 본문은 하나님의 말씀으로서 전제된 상태에서도 연구되고, 해석되고, 인식될 수 있는 내용과 책이기도 하다.[10]

연구자가 경험하지 못했다고 해서, 모든 것이 특정 연구자의 경험 범위 내에서만 해석되어야 한다고 구약 본문을 제한하고 해석 방법을 규정하는 것은 정당성을 확보할 수 없으며, 구약의 본문과 예언서의 기록은 연구자 개개인의 인식과 경험의 범위를 넘어서는 것일 수 있음을 인정하고, 구약성경 본문 연구를 진행해 갈 수도 있다. 예를 들어 선지자 예레미야는 그에게 임한 하나님의 말씀을 말하였고, 서기관 바룩은 예레미야의 구전대로 두루마리에 받아 적었다고 증언하는 최종 본문의 기록렘 36:4과 본문의 의미를 연구자 자신이 하나님의 음성을 듣는 경험을 하지 못한 경험을 근

---

10   영지 김중은은 "신학은 교회를 바르게 세우고, 신앙을 바르게 하는 학문"이라고 수업 시간에 신학생들에게 가르치곤 했다(장로회신학대학교 제18대 총장 역임).

거로 성경의 모든 기록을 객관성 없는 허구로 전제하고 본문을 해석한다면 이러한 문제는 '일반화'의 오류라는 논리적 문제에 이를 수 있다.[11]

역사비평적 입장에서 구약성경 본문의 실재성과 통일성을 부정하는 주장과 더불어 이에 반대하는 연구자들의 목소리도 공존하고 있음을 볼때, 예언서 분야의 여러 주제 연구들에서도 유사한 논쟁과 토론의 틀은 이어져 왔다고 평가할 수 있다. 소예언서 연구에 있어서도 전통적으로 개별 책들에 관한 연구가 이루어져 왔다면, 반대로 책들 사이의 밀접한 연관성을 갖는 것으로 보고 소예언서 연구를 시도하는 견해들이 이어지고 있는 현실도 함께 살펴볼 필요가 있다.[12] 예언서 연구의 흐름과 동향은 과거에 예언서의 배경과 역사와 형성 과정에 집중했던 분석적인 성격의 역사비평적 연구가 주를 이루었다면, 1970-80년대 이후에 성경 전체의 맥락과 최종 본문의 단계를 강조하는 공시적 연구가 등장한 이후로 새로운 연구 방법들을 적용한 다양한 연구들이 시도되고 있으며, 통시적 연구와 공시적 연구가 구약학계에서 공존하고 있는 현실을 볼 수 있다.[13]

---

11   박정관, 『성서해석학』(서울: 복있는 사람. 2018) 참조.
12   박대영, 『선지서』 259 참조.
13   천사무엘 외 15인 공저, 『구약성서개론』(서울: 대한기독교서회, 2004), 537-538.

구약성경은
하나님의
말씀이다

마무리

구약성경은 하나님의 말씀이다. 하나님의 진리와 계시와 기적을 함께 담고 있는 매우 독특한 성격의 책이다. 구약성경은 1000년 이상의 기록 기간을 거쳐서 우리에게 전달된 책이다. 기록된 내용보다는 생략된 내용이 많을 수밖에 없는 기록이며, 구약성경 39권에 기록된 내용은 선별되고 선택된 정보와 자료라고 할 수 있다. 인류의 고대사에 속하는 시대와 역사를 배경으로 하는 구약성경의 관습과 사고와 가치 체계와 문화를 반영한 본문들을 해석하는 데 있어서 어려움은 현대인들의 관점에서 발생할 수 있는 오해와 왜곡된 가치 판단과 평가의 문제라고 할 수 있다. 그러므로 성경을 읽고 해석할 때 성령의 영감을 구하고, 기도하며, 연구하는 자세가 필요하다고 할 수 있다.[1]

구약성경을 해석할 때는 성경 본문 자체의 중요성을 존중하고, 구약성경의 궁극적인 저자로서 하나님을 생각하고 인식하는 일이 중요하다. 성경을 해석하는 사람의 느낌과 생각과 지식보다 성경 각 책의 본문과 저자의 의도는 여전히 중요한 문제라는 인식은 성경을 해석하는 이가 성경 본문의 '주인행세 하는 사람'이 아니라, 먼저 '경청하는 사람'으로서 성경 앞에 나아와 마주한 사람이며, 거듭난 그리스도인과 하나님의 사람으로서 혹은 더 나아가 말씀의 종으로서 하나님의 말씀을 먼저 듣고, 깨닫고, 순종하면서 전하는 자라는 자신의 위치를 재확인하는 일과 연결될 수 있다.

종교개혁자들은 '성경은 그 자신의 해석자다'sacra scriptura sui ipsius interpres라

---

1   김중은, 『옛것과 새것: 영지 김중은 구약학 공부문집 제2권』(서울: 한국성서학연구소, 2013), 98-99.

는 성경 해석의 원칙을 가지고 성경을 연구하였으며, 교회의 전통과 교황의 권위를 성경과 대등한 위치에 놓고 기독교의 가르침을 왜곡시켰던 당시 구교^{로마 가톨릭}의 타락상을 지적하고, 성경의 본질적인 정신과 가르침을 되찾기 위한 노력과 열정적 헌신 가운데서 종교개혁과 신교^{프로테스탄트}의 역사가 시작될 수 있었던 과정을 함께 기억해야 할 필요가 있다. 무엇보다도 균형감을 가지고 과거 학문적 연구 영역의 장점을 활용하면서, 새로운 구약 연구의 영역이 가지고 있는 가능성을 모색하고, 묵상하고, 연구하며 구약성경을 공부해 가는 일이 구약을 바르게 공부하고자 하는 사람들에게 요구되는 시대라고 할 수 있다.

이 책은 온고지신^{溫故知新} 혹은 법고창신^{法古創新}이라는 옛 어른들의 가르침을 생각하며, 과거 신실한 신앙인으로서 예술가의 삶을 살았던 기독교 화가들의 성화들과 그 성화에 반영된 구약성경 본문의 내용을 확인하면서, 본문 해석의 문제를 생각해 보고, 다시 각 책의 내용을 살펴보면서 중요한 내용을 정리해가는 형태로 구약성경을 공부한 결과물이다. 기독교 성화를 그렸던 화가들의 예술작품은 문학 분야의 시와 같은 특징을 보여주는 경우들이 많다. 때로는 생략하고, 때로는 미적인 요소들을 결합하여 성경 본문을 바라보면서, 신앙의 눈으로 혹은 신학적인 생각을 가지고 나름대로 성경 본문을 묵상하고 씨름했던 결과를 그림으로 표현한 작품들은 그 자체로 성경 본문 주석의 가시적인 산물이라고 할 수 있다는 생각에서 출발하여 성경 본문과 먼저 대화하고 예술가들과 대화하는 마음으로 구약성경 본문과 그에 관한 성화를 함께 살펴보면서 공부하였다. 동시에 그리스도인으로서 구약성경을 이해하고 해석하기 위해 신약의 성경 말씀을 함께 묵상하며 구약성경의 각 책을 살펴보는 경우가 많았다. 그러한 내용을 반영하여 나름대로의 시각과 방법을 가지고 구약성경 전체를 개괄적으로 살펴

보고, 함께 공부하며, 대화하기 위한 자료로서 이 책을 제안한다.[2]

　우리는 구약성경과 하나님의 진리와 예수 그리스도를 믿는 믿음과 아는 것과 성령에 관하여 묻는 이들에게 대답할 것을 예비하고, 성경의 해석이 올바르게 이루어지고 있는지, 과연 그러한지를 끊임없이 다시 묻고 대답을 찾아가며, 겸손하고 두려운 마음과 온유한 마음으로 기도하며 구약성경을 공부해 가야 하겠다[벧전 3:15-16].

---

[2]　성경 본문과 그 본문과 관련된 성화 작품을 해석하고, 통섭적으로 연구하는 이러한 주석적 연구는 '미학적-성서적 접근'(Aesthetic-Biblical Approach)이라고 이름 붙일 수 있다. '미학적 성서해석'(Aesthetic Biblical interpretation)이라는 용어를 사용하기도 했으며, 성경과 성화에 관한 주석적 연구의 방법론적 접근은 문학과 영상과 미디어와 음악 분야에도 적용하고 응용할 수 있다.

"여호와께 감사하라. 그는 선하시며 그 인자하심이 영원함이로다."

시편 146:1

참고문헌

단행본

강사문 외 3인 공저. 『구약성서개론』. 서울: 한국장로교출판사, 2000.

김중은. 『옛것과 새것: 영지 김중은 구약학 공부문집 제2권』. 서울: 한국성서학연구소, 2013.

김진명. 『하나님이 그려주신 꿈 레위기』. 서울: 하늘향, 2015.

_____. 『민수기』, 한국장로교총회창립 100주년기념 표준주석. 서울: 한국장로교출판사, 2012.

박정관. 『성서해석학』. 서울: 복있는 사람, 2018.

_____. 『룻기』. 서울: 복있는 사람, 2024.

방석종. 『호세아, 요엘』, 대한기독교서회 창립100주년 기념 성서주석 26. 서울: 대한기독교서회, 1996.

천사무엘 외 15인 공저. 『구약성서개론』. 서울: 대한기독교서회, 2004.

Albertz, R. *A History of Israel in Exile*. 배희숙 역. 『포로시대의 이스라엘 역사』. 서울: 크리스찬다이제스트, 2006.

Bright, John. *A History of Israel*. 박문재 역. 『이스라엘의 역사』. 서울: 크리스챤다이제스트, 1981.

Levenson, J. D. *Sinai and Zion*. 홍국평 역. 『시내산과 시온』. 서울: 대한기독교서회, 2012.

Cassuto, Umberto. *Documentary Hypothesis*. 배제민 역. 『반문서설』. 서울: 기독교문사, 1991.

Chisholm, Robert B. *Handbook of the Prophets*. 강성열 옮김. 『예언서개론』. 고양: 크리스챤다이제스트, 2006.

Davies, Graham I. *The Way of the Wilderness*. Cambridge: Cambridge University Press, 2009.

Hess, Richard S. *The Old Testament: Historical, Theological, and Critical Introduction*. Grand Rapid: Baker Academic, 2016.

Hoerth, Alfred J. *Archaeology and the Old Testament*, 강대흥 번역,『고고학과 구약성경』(서울: 미스바, 2003).

Kaiser, Walter C., and Duane Garrett, eds. *The Archeological Study Bible*. 스페셜성경편찬위원회 역.『스페셜성경』. 서울: 아가페출판사, 2009.

Kaiser, Walter C. *A History of Israel*. 류근상 옮김.『이스라엘의 역사』. 서울: 크리스챤출판사, 2010.

Miller, J. Maxwell, and John H. Hayes. *A History of Ancient Israel and Judah*. 박문재 옮김.『고대 이스라엘 역사』. 서울: 크리스챤다이제스트, 2009.

McConville, Gordon. *The Prophets, Exploring the Old Testament*, vol. 4. 박대영 옮김.『선지서』. 서울: 성서유니온, 2014.

Price, J. Randall, and H. Wayne House. *Zondervan Handbook of Biblical Archaeology: A Book by Book Guide to Archaeological Discoveries Related to the Bible*. Grand Rapid: Zondervan, 2017.

Provan, Ian, and V. Pillips Long, Tremper Longman III. *A Biblical History of Israel*. 김구원 옮김.『이스라엘의 성경적 역사』. 서울: 기독교문서선교회, 2013.

Smith, Ralph L. *Micah-Malachi,* Word Biblical Commentary, vol. 32. Waco, TX: Word Books, 1984.

Sweeney, Marvin A. *The Prophetic Literature*. 홍국평 옮김.『예언서』, 구약학입문시리즈 5. 서울: 대한기독교서회, 2015.

Wellhausen, Julius. *Prolegomena to the History of Ancient Israel*. Cleveland: The World Publishing Company, 1961.

Wood, Leon J. *Survey of Israel's History*.『이스라엘의 역사』. 김의원 역. 서울: 기독교문서선교회, 1985.

Wright, Christopher J. H. *The Mission of God*. 정옥배, 한화룡 옮김.『하나님의 선교』. 서울: IVP, 2014.

Yamauchi, Edwin M. *Persia and the Bible*. Grand Rapid: Baker Publishing Group, 1996.

논문

강승일. "『성경전서 개역개정판』아가 번역의 개정을 위한 주석적 제안."『구약논단』16-4 (2010), 93-113.

강철구. "심판 선언 양식을 통해 본 니느웨에 대한 요나의 숨은 의도."『구약논단』25-3 (2019), 130-57.

구아름. "설교에서 애통의 중요성에 관한 연구(Lament-Driven Preaching): 예레미야애가를 중심으로."『장신논단』54-2 (2022.6), 125-49.

기민석. "요엘 2:1-11에 나타난 전쟁 이미지 연구."『복음과 실천』59-1 (2017), 39-64.

김구원. "이사야 6장의 문체 구조 분석: 평행법 구조를 중심으로."『성경원문연구』제43호 (2018.10), 122-60.

_____. "[구약] 사무엘상을 어떻게 설교할까?."『성서마당』제144호 (2022.12), 146-56.

_____. "[구약] 사무엘하를 어떻게 설교할까?."『성서마당』제145호 (2023.3), 150-61.

김도형. "구약 제2내러티브(역대상~에스더)의 구조와 스토리텔링."『대학과 선교』제58호 (2023), 33-58.

_____. "르우벤과 유다의 발언에 대한 문학비평적 분석-창세기 37장 21-22, 26-27절을 중심으로."『구약논단』제17권 제4호 (2011.12), 86-104.

김래용. "스 3장 1절-4장 5절의 양식비평적 분석."『구약논단』14-3 (2008.9), 88-108.

_____. "예레미야 25-44장의 메시지: 3단계 구성을 중심으로."『구약논단』28-3 (2022), 10-42.

_____. "요엘서의 구원신탁 연구."『구약논단』25-2 (2019), 118-45.

_____. "하박국서에 나타난 미쉬파트 연구."『구약논단』19-2 (2013), 99-125.

_____. "나훔서, 하박국서, 스바냐서의 메시지의 연관성: 하박국의 불평과 야웨의 답변을 중심으로."『구약논단』30-3 (2024), 120-53.

_____. "미가서의 구조와 메시지: 3개의 주제(미 6:8)와 남은 자 개념을 중심으로."『구약논단』30-2 (2024), 44-75.

_____. "스가랴서에 나타난 윤리적 교훈에 대한 연구."『장신논단』45-4 (2013), 13-39.

김상래. "에스겔 40-48장에 나타난 '새 성전'의 정체성." 『구약논단』 16-1 (2004), 215-44.

_____. "요나의 기도(욘 1:17-2:10)에 묘사된 요나의 성격 이해." 『구약논단』 20-3 (2014), 223-55.

김선종. "성결법전의 수사학과 신학." 『구약논단』 22-4 (2016.12), 192-217.

김재구. "민수기의 거시구조에 대한 재조명 (The Reconsideration of the Macro-structure of the Book of Numbers)." 『구약논단』 23-1 (2017.3), 41-73.

김순영. "모호한 이름 코헬렛의 정체성 탐색." 『구약논단』 24-4 (2018), 94-124.

_____. "A Viewpoint on Daily Life and Labor in the Book of Qoheleth : Ecclesiastes 2:18-26." 『성경원문연구』 42 (2018), 22-44.

김영혜. "편집비평적 시각에서 본 스가랴의 환상." 『한국기독교신학논총』 80-1 (2012), 35-57.

김유기. "예레미야 34장 17절의 דרור(드로르)의 의미." 『구약논단』 28-2 (2022), 77-104.

김정우. "잠언 8장 22-31절에 나타난 지혜의 성격과 창조에 있어서 그의 역할에 대한 번역적 고찰." 『성경원문연구』 제24호 (2009), 7-33.

김주환. "에스겔의 닫힌 입과 열린 입에 관한 묘사가 가진 함의." 『구약논단』 27-1 (2021), 36-60.

김중은. "하나님과 하느님." 『성서마당』(2006. 9), 5-8.

_____. "하나님인가, 하느님인가?," 『성경원문연구』 50호 별책 (2022. 8), 84-93.

_____. "레위 사람 제사장직에 대한 말라기서의 변호." 『한국기독교신학논총』 32-1 (2004), 25-47.

김지은. "학개의 성전재건 선포에 대한 역사적 연구." 『구약논단』 1-8 (2000), 83-101.

김지찬. "아가서의 문예적 독특성과 신학적 메시지." 『신학지남』 74-3 (2007), 121-62.

김진명. "고대 서아시아 종교의 배경 속에서 본 룻기의 기록 목적에 관한 연구," 『구약논단』 19-2 (2013.6), 43-67.

_____. "〈그리스도의 세례〉에 관한 미학적 성경주석 -운보 김기창의 〈요한에게 세례받음〉과 배경 본문(마 3:13-17, 레 8:6, 12)에 관한 연구." 『구약논

단』27-2 (2021.6), 169-96.

_____. "레위기 17:10-14의 정경적 전개에 관한 주석적 연구: '율법'과 '피'의 의미 해석."『선교와 신학』제47집 (2019.2), 155-88.

_____. "레위기 18장의 정경적 전개에 관한 주석적 연구 - 땅이 토해낸다는 표현의 의미 해석."『구약논단』20-1, (2014.3), 96-121.

_____. "레 19장의 정경적 전개에 관한 주석적 연구."『구약논단』13-2 (2007.6), 74-91.

_____. "레위기의 동성애 금지규정(18:22, 20:13)에 관한 주석적 연구."『장신논단』49-2 (2017.6), 35-59.

_____. "'발람 이야기'(민 22-24장)의 단락 범위 재설정을 위한 제언: 민수기 22-25장의 정경적 전개에 관한 연구."『구약논단』18-4 (2012.12), 12-37.

_____. "'안식일에 나무하는 자' 이야기의 의미와 역할에 대한 해석: 민 15장 32-36절에 대한 편집비평과 구조주의 비평 연구."『구약논단』17-2 (2011. 6), 33-53.

_____. "창세기 1장 1절과 김영길의 〈천지창조의 비밀〉에 관한 '미학적 성서 해석' - 요한복음 1장 1절의 연결성과 해석학적 지평의 확장 문제를 중심으로."『한국문학과 예술』제46집 (2023.6), 199-223.

_____. "출애굽기 4장 24-26절은 과연 누구의 이야기인가? - 맛소라 본문(MT)과 칠십인경(LXX)과 사마리아오경(SP)의 본문 비교 연구 -."『구약논단』25-4 (2019.12), 253-81.

_____. "구약과 신약에서 말하는 '성'과 '결혼'의 주제에 대한 종합적 이해에 대한 연구: 창세기 1장 27절과 2장 18-25절 본문의 정경적 전개에 관한 주석적 연구."『장신논단』51-5 (2019.12), 9-36.

김창대. "소선지서의 통일성 관점에서 호 14:4와 말 4:2의 치료(רפא)에 대한 고찰."『성경과 신학』제56호 (2010), 283-312.

_____. "전도서에서 헤벨과 신중한 삶."『장신논단』50-5 (2018), 39-66.

김태훈. "아모스 6:4-7의 〈마르제아흐〉 비판: 혼합종교에 대한 것인가, 사회적 불의에 대한 것인가?."『신학과 사회』24-2 (2011), 9-38.

김회권. "통일군주 다윗의 남북화해와 통일정치."『구약논단』19-1 (2013.3), 95-132.

박경식. "아비멜렉 이야기에 등장하는 세 개의 불명예 패턴."『구약논단』23-3 (2017.9), 38-74.

_____. "호세아의 결혼 비유에 담긴 사회정치학적 수사학 연구."『구약논단』 24-2 (2018), 62-92.

_____. "요나 4장 10-11절의 열린 결말에 대한 내러티브 비평 연구."『구약논단』 28-1 (2022), 93-123.

_____. "ChatGPT와 엔돌의 신접한 여인 이야기(삼상 28:3-25)의 상호맥락성 (intercontex- tuality) 읽기를 통한 구약신학적 비평 연구."『구약논단』 30-3 (2024. 9), 154-87.

박동현. "예레미야애가 번역 연습."『성경원문연구』 제24호 부록 (2009), 7-29.

배정훈. "새 계시(New Revelation) 논쟁으로 바라보는 다니엘서의 형성."『구약논 단』 25-3 (2019), 158-79.

_____. "성전 멸망을 선포한 예언자."『장신논단』 47-1 (2015), 41-67.

_____. "연대기로 읽는 다니엘서의 종말론."『구약논단』 19-3 (2013), 323-47.

_____. "전도서에 나타난 잠정적인 지혜."『구약논단』 17-4 (2011), 10-32.

_____. "포로의 신학으로 읽는 다니엘서."『구약논단』 15-4 (2009), 69-86.

_____. "포로이해를 통해 본 예언서의 리더십."『구약논단』 22-3 (2016), 168-95.

_____. "구약 시온의 노래: 보복을 기원하는 시편 137편."『성서마당』 제81호 (2007. 3), 44-54.

_____. "스바냐와 요시야 개혁."『성경원문연구』 제49호 (2021. 6), 83-104.

배희숙. "아모스의 열방 심판 말씀(1:3-2:5) - 이웃 민족의 '서너 가지 죄'의 성격 과 유다 심판 말씀의 기능."『장신논단』 54-5 (2022. 12), 9-34.

_____. "이사야 56장 1-8절의 재건공동체."『장신논단』 39 (2010. 12), 11-34.

_____. "형상과 측량의 의미로 본 에스겔의 새 성전 답사(겔 40:1-43:12)."『장 신논단』 53-5 (2021. 12), 9-35.

_____. "느헤미야와 '하나님의 집' 재건: 느헤미야서 통째로 읽기."『선교와 신 학』 제47집 (2019. 2), 217-45.

_____. "에스라·느헤미야에 나타난 유다 재건 정책,"『장신논단』 제30집 (2007. 12), 45-77.

_____. "입다의 서원과 입다의 딸의 희생의 의의(삿 10-11장),"『장신논단』 55-5 (2023. 12), 157-84.

_____. "'텅 빔'에서 '충만'으로 - 우리말 성서 번역 재고(룻 1:9; 2:7; 3:16)." 『성 경원문연구』 제53호 (2023.10), 90-110.

_____. "하나님의 형상과 땅의 통치(창 1:26-28): 인간의 본질과 과제에 대한 새 관점." 『장신논단』 49-2 (2017.6), 61-83.

소형근. "에스라-느헤미야서 연구의 난제들과 그 해법들," 『구약논단』 제25권 제 4호 (2019.12): 342-364.

신우철. "고대 신전재건의 계시를 통해서 본 학개서의 목적," 『구약논단』 제17권 제2호 (2011), 145-164.

안근조. "시편 80편의 다의성." 『구약논단』 24-2 (2018), 93-117.

_____. "시편의 죄 관념 재고." 『구약논단』 15-3 (2009), 87-107.

_____. "아가서의 정경성과 신학." 『신학연구』 제73호 (2018.12), 109-36.

_____. "잠언의 의인화된 지혜여성: 그 수사학적 기능과 신학적 의미." 『구약 논단』 27-1 (2021), 131-65.

_____. "지혜문학 연구의 제방법론." 『구약논단』 18-1 (2012), 34-59.

양인철. "에스겔의 아내를 향한 묵언의 애도(겔 24:15-27): 에스겔의 트라우마의 관점으로 본 해석." 『구약논단』 26-2 (2020), 115-48.

_____. "트라우마의 관점에서 본 예레미야 16장 해석." 『구약논단』 29-2 (2023), 104-35.

_____. "미하일 바흐찐(Mikhail Bakhtin)의 대화 이론(Dialogism)에 기반한 사 사기 4-5장 분석," 『구약논단』 29-1 (2023.3), 127-51.

_____. "출애굽기 연대 가설: 아멘호테프 2세와의 연관성에 대한 논고." 『구약 논단』 30-3 (2024.9), 188-208.

옥성득. "개신교 전래기의 신 명칭 용어 논쟁 구약성경 번역기(1893-1911)를 중 심으로." 『기독교사상』 (1993.10), 200-22.

왕대일. "본문 비평 없이 성서 해석이 가능한가? - 민수기 22:5a의 본문 비평과 본문 해석." 『Canon & Culture』 2-1 (2008.4), 179-208.

_____. "성서해석에 있어서 Intertextuality의 활용: 레위기 17:11, 14의 경우," 『구약논단』 1-9 (2000.10), 9-38.

_____. "보습을 쳐서 칼로, 낫을 쳐서 창을 (욜 3:10a/미 4:10a)." 『구약논단』 22-4 (2016), 14-43.

우진형. "이삭을 바친 아브라함의 제사: 창 22장 1-19절의 편집 비평적 접근." 『구약논단』 15-2 (2009.6), 132-50.

우택주. "자랑을 조롱으로 바꾸시는 하나님." 『복음과 실천』 32-1 (2003), 65-86.

_____, 정원제. "제3이사야서의 배경에서 본 이사야 6장의 내러티브 비평." 『신학논단』 제65권 (2011), 121-45.

유윤종. "12예언서 내 스바냐의 정경적 위치와 그 함의." 『성경원문연구』 제51호 (2022), 99-124.

_____. "말라기에 나타난 '신정론적 문제 제기'의 문학적, 신학적, 정경적 의미." 『서양고대사연구』 제69호 (2024), 33-66.

_____. "호세아에 나타난 두운법." 『성경원문연구』 제45호 (2019), 70-92.

윤동녕. "나훔서에 등장하는 구원신탁의 요소들." 『구약논단』 18-4 (2012), 151-76.

_____. "에돔에 대한 적의와 호의: 오바댜서를 중심으로." 『선교와 신학』 제48권 (2019), 273-302.

_____. "요나 예언에 나타난 고대 근동 예언적 요소들." 『구약논단』 29-3 (2023), 145-81.

윤영준. "나훔서의 역사적 맥락에 관한 연구: 에살핫돈의 왕위계승조약과의 관계를 중심으로." 『Canon&Culture』 15-1 (2021), 123-54.

윤형. "창세기 원역사에 나타난 노동과 주권 (Arbeit und Herrschaft in der biblischen Urgeschichte, 창 1-11장)." 『구약논단』 17-3 (2011.9), 136-57.

이동수. "미가서에 나타난 정의와 공의." 『장신논단』 제15권 (1999), 56-73.

이미숙. "신 10장 12절 - 11장 32절에 나타난 땅 표현양식과 땅 사상." 『구약논단』 15-4 (2009.12), 51-68.

_____. "요시야 왕의 죽음과 역대하 36장." 『구약논단』 21-4 (2015.12), 134-66.

_____. "지리적 관점에서 본 북 왕국의 역사와 수도(首都)들." 『구약논단』 25-1 (2019.3), 214-44.

이삭. "사무엘상 9-15장과 사무엘상 31-사무엘하 4장의 사울과 다윗 왕위 등극 역사 편집사 재평가: 최신 학계 동향과 편집사 새 모델 제안." 『신학논단』 제115호 (2024.3), 163-209.

이상원. "바빌로니아 포로 시대 이후 이스라엘에서의 제의중앙화규정: 신명기역사서 이후 역사서에서의 제의중앙화규정의 역할에 대하여." 『구약논단』 29-3 (2023. 9), 182-215.

_____. "신명기사가에게 요시야가 갖는 의미에 대한 고찰." 『구약논단』 27-1 (2021. 3), 166-91.

이영미. "구약의 제사장과 현대의 목회자." 『신학사상』 제160호 (2013), 9-42.

이유미. "아가의 반전(反轉)의 신학." 『구약논단』 20-2 (2014), 156-85.

이윤정. "욥의 아내의 말이 지닌 해석적 열쇠." 『Canon&Culture』 15-2 (2021. 10), 77-107.

이일례. "고난받는 자에게 미치는 사회적 관계성(Social Relationship)." 『구약논단』 22-4 (2016), 102-28.

_____. "룻기 1:8하반절에 나타난 룻의 선행의 성격과 ka'aser 'asitem의 우리말 번역을 위한 제언: 룻기 3:10의 hesed 이해를 중심으로." 『성경원문연구』 제31호 (2012. 10), 24-46.

이은우. "오경 문서비평의 새로운 방향 찾기 출애굽기 13장 17절-14장 31절을 중심으로." 『구약논단』 29-1 (2023. 3), 244-66.

_____. "쉐마(신 6:4-9)의 수용사(Reception History) 연구." 『구약논단』 17-2 (2011) 245-68.

_____. "소위 신명기 역사 연구의 최근 동향." 『구약논단』 14-3 (2008. 9), 67-86.

_____. "에발 산? 그리심 산? 예루살렘?: MT 여호수아 8장 30-35절의 본문과 문서의 역사연구." 『장신논단』 48-2 (2016. 6), 13-35.

이창엽. "예루살렘에 거주한 베냐민 지파의 후손인 사울: 대상 9:35-38; 참조. 대상 8:29- 32," 『구약논단』 20-2 (2014. 6), 73-93.

이준혁. "스바냐 3:8의 이해와 번역 제안." 『성경원문연구』 제55호 (2024), 7-26.

이희학. "북 왕국 멸망의 사회적 원인들과 예언자 아모스의 심판 선포." 『구약논단』 14-2 (2008), 29-48.

_____. "잠언에 등장하는 '음녀'와 '이방 계집'의 번역 문제." 『성경원문연구』 제21호 (2007), 7-33.

임동원. "하박국서의 문학적인 분석." 『한국기독교신학논총』 24-1 (2002), 53-73.

임봉대. "1QpHab VII. 5-VIII. 3에 나타난 의인(義人)의 구원에 관한 이해." 『구약논단』 22-2 (2016), 66-95.

임효명. "생태 위기 시대에 성서 읽기: 스바냐의 야웨의 날을 중심으로." 『구약논단』 28-3 (2022), 372-401.

장세훈. "스가랴서의 관점에서 본 하나님의 구원 계획." 『헤르메네이아 투데이』 제41호 (2008), 48-64.

정미혜. "예레미야서 37-39장에 나타난 시드기야의 정치 세력." 『구약논단』 29-4 (2023), 349-79.

정희성. "상실의 관점에서 읽는 욥기." 『한국기독교신학논총』 70-1 (2010), 337-59.

조경미. "스룹바벨 성전재건의 함의: 학개서를 중심으로." 『생명과 말씀』 28-3 (2020), 323-56.

조병수. "쿰란 하박국주석(1QpHab)의 성경 해석 방식." 『신학정론』 27-2 (2009), 187-215.

조정호. "거룩함의 변주, 사랑." 『구약논단』 26-4 (2020. 12), 126-54.

차준희. "예언서의 윤리사상: 미가 6:6-8을 중심으로." 『한국기독교신학논총』 55-1 (2008), 55-78.

최종원. "여호수아 24장 1-13절의 전승사와 육경의 구성사적 접근에 대한 연구." 『구약논단』 29-4 (2023. 12), 170-200.

_____. "신명기 계약 신학의 범주로서 아모스 읽기." 『구약논단』 24-3 (2018), 201-29.

하경택. "'세계의 어머니'로서의 시온-시편 87편에 대한 주석적 연구." 『구약논단』 47-2 (2021. 12), 15-34.

_____. "욥과 욥기의 문제." 『한국기독교신학논총』 31-1 (2004), 47-76.

한동구. "레위기 17장의 문헌비평적 분석과 형성사." 『구약논단』 제1집 (1995. 9), 56-74.

_____. "에스겔의 성전 비판과 야훼의 성전 되심(겔 8-11장)." 『구약논단』 21-2 (2015), 9-37.

홍성민. "에스겔 44장 17-31절 사독 제사장법의 목적과 기능." 『구약논단』 26-2 (2020), 149-77.

홍성혁. "요엘 4장의 묵시적 종말론 모티프와 그 기능: 야훼의 시온 통치를 통한 새 세상 도래 부각." 『구약논단』 20-2 (2014), 186-216.

_____. "호세아 9장 13절의 의미와 번역에 관한 제안: 호세아 9장 10-17절의

맥락 속에서."『구약논단』 26-4 (2020), 155-86.

홍혜경. "신화적 관점으로 본 요나의 삶과 현대적 적용."『연세상담코칭연구』제 3호 (2015), 355-74.

Bae, Hee-Sook. "Bin ich Hueter meines Bruders? Eine Ueberlegung zur Stellung Kains in Gen 4,1-16." *Vetus Testamentum* 66-3 (2016), 365-77.

_____. "Reconsidering Barak's Response in Judges 4." *Biblica* 98-4 (2017), 504-19.

_____. "Another Look at the Speeches of Reuben and Judah in Genesis 37." *Biblische Zeitschrift* 64-2 (2020), 307-19.

_____. "A New approach to Jephthah's vow: Antanaclasis (Judges 10-11)." *Journal for the Study of the Old Testament* 48-1 (2023), 3-17.

Beck, John A. "Why did Moses strike out? The Narrative-Geographical shaping of Moses' disqualification in Numbers 20:1-13." *The Westminster Theological Journal* vol. 65 (2003), 135-41.